RÉPUBLIQUE FRANÇAISE

LIBERTÉ — ÉGALITÉ — FRATERNITÉ

MINISTÈRE DES COLONIES

ORGANISATION

ET

FONCTIONNEMENT DU SERVICE DES DOUANES

AUX COLONIES

NOTE

À L'USAGE DE L'INSPECTION DES COLONIES

PARIS

IMPRIMERIE NATIONALE

MDCCCCXIV

ORGANISATION

ET

FONCTIONNEMENT DU SERVICE DES DOUANES

AUX COLONIES

RÉPUBLIQUE FRANÇAISE

LIBERTÉ — ÉGALITÉ — FRATERNITÉ

MINISTÈRE DES COLONIES

ORGANISATION

ET

FONCTIONNEMENT DU SERVICE DES DOUANES

AUX COLONIES

NOTE

À L'USAGE DE L'INSPECTION DES COLONIES

PARIS

IMPRIMERIE NATIONALE

MDCCCCXIV

ABRÉVIATIONS.

A. ou Arr.	Arrêté.
A. ou Arr. G. G.	Arrêté du Gouverneur général.
C. ou Circ.	Circulaire.
C. ou Circ. man.	Circulaire manuscrite.
C. ou Circ. min.	Circulaire ministérielle.
C. (D. g. D.)	Circulaire de la Direction générale des Douanes.
C. compt. publ. ou C. c. p.	Circulaire de la Direction générale de la Comptabilité publique.
Cass.	Cour de cassation.
Col.	Colonies.
D.	Décret.
Déc.	Décision.
Déc. adm.	Décision administrative.
Déc. min.	Décision ministérielle.
Doc. lith.	Document lithographié.
Fin.	Finances.
L.	Loi.
Lett. comm.	Lettre commune.

TABLE ANALYTIQUE DES MATIÈRES.

TITRE PREMIER.

LÉGISLATION DOUANIÈRE COLONIALE.

TITRE II.

ORGANISATION ET FONCTIONNEMENT DU SERVICE.

CHAPITRE PREMIER.

ORGANISATION DU SERVICE.

CHAPITRE II.

ORGANISATION DU PERSONNEL.

CHAPITRE III.

CHAPITRE IV.

SERVICE DES BRIGADES. — POLICE DES CÔTES ET DES FRONTIÈRES.
CONCOURS AUX AUTRES SERVICES.

TITRE III.

RÉGIME DES DOUANES.

CHAPITRE PREMIER.

RÉGIME GÉNÉRAL.

CHAPITRE II.

RÉGIMES SPÉCIAUX.

CHAPITRE X.

STATISTIQUE COMMERCIALE

TITRE IV.

COMPTABILITÉ.

CHAPITRE PREMIER.
COMPTABILITÉ FINANCIÈRE.

CHAPITRE II.

MODE DE POURSUITE ET DE CONSTATATION DES INFRACTIONS.

CHAPITRE III.

REMISE ET MODÉRATION DES PEINES.

CHAPITRE IV.

MODE D'ÉCRITURES DU CONTENTIEUX..........

CHAPITRE V.

EMPLOI DU PRODUIT DES AMENDES ET CONFISCATIONS.

CHAPITRE VI.

GARANTIES RESPECTIVES DE L'ADMINISTRATION ET DES REDEVABLES.

TITRE VI.

CONTRÔLE DE L'INSPECTION DES COLONIES.....

ORGANISATION

FONCTIONNEMENT DU SERVICE DES DOUANES

AUX COLONIES.

TITRE PREMIER.

LÉGISLATION DOUANIÈRE COLONIALE.

La Section des finances du Conseil d'État avait émis l'*avis*, le *17 janvier 1893*, que l'article 17 de la loi du 11 janvier 1892 avait supprimé la faculté conférée aux conseils généraux des colonies par le sénatus-consulte du 4 juillet 1886 et le décret du 11 août suivant de fixer, sauf approbation par décret, les règles d'assiette et de perception des droits de douane. Des considérants qui motivent cet avis, il résultait que l'extension aux colonies des taxes douanières de la métropole avait entraîné *ipso facto* l'application des règles en vigueur en France sur l'assiette et les règles de perception des mêmes droits. Il avait été admis, par voie de conséquence, que l'autorité qui a qualité pour fixer les règles de perception d'un impôt est également compétente pour établir les pénalités qui forment la sanction de ces règles. Le Département des Colonies avait donc estimé que les peines en vigueur en France étaient par cela même devenues applicables aux colonies. Mais un *arrêt de la Cour de cassation* (Civ.) *du 27 avril 1894* déclara que la loi du 11 janvier 1892 a bien étendu aux colonies les *tarifs des douanes* et les règlements métropolitains qui en déterminent les bases, les exceptions, les tempéraments et les échéances, mais qu'aucune de ses dispositions n'emporte application des pénalités correspondantes. Il résulte de cette jurisprudence qu'en ce qui concerne les pénalités, lesquelles sont toujours de droit étroit, les textes métropolitains n'ont aucune force légale aux colonies s'ils n'ont été expressément promulgués. Pour remédier à la lacune signalée par la Cour suprême, et conformément à l'article 6, 1°, du sénatus-consulte du 3 mai 1854, les décrets des *16 février 1895*, *25 octobre 1897* et *20 août 1905* ont appliqué aux colonies soumises à la loi du 11 janvier 1892 un certain nombre d'actes relatifs aux douanes, et celui du *18 octobre 1898* a étendu à l'Indo-Chine diverses lois douanières.

Est-ce à dire que seuls sont applicables dans les colonies du premier groupe les textes métropolitains qui leur ont été expressément étendus par des lois ou décrets? Ce n'est pas douteux en ce qui concerne les dispositions répressives.

Mais la jurisprudence même du Conseil d'État et de la Cour de cassation autorise à admettre que les actes métropolitains déterminant le mode de perception des droits de douane sont devenus applicables dans ces possessions en même temps que les tarifs de la métropole. La plupart des textes douaniers sont, au surplus, rappelés dans les observations préliminaires du tarif général. Une dépêche ministérielle (Colonies), adressée le 2 avril 1908 à la Réunion, adopte cette interprétation, en disposant que tous les articles des lois douanières en vigueur en France et susceptibles d'intéresser les colonies sont en vigueur dans les possessions du premier groupe, les uns formellement parce qu'ils sont visés dans les décrets de 1895, 1897, 1898, 1905, etc., les autres implicitement, en vertu de la jurisprudence qui rendait précisément leur mention expresse inutile dans ces actes.

Il n'en est pas moins difficile d'expliquer pourquoi les décrets précités n'ont pas visé exclusivement les actes édictant des pénalités. Il semble dès lors que l'énumération qu'ils contiennent est limitative, aussi bien pour les textes répressifs que pour les dispositions n'ayant pas ce caractère.

Dans l'une ou l'autre interprétation, une *promulgation locale* résultant d'un *arrêté du chef de la colonie* est, en vertu du principe de la spécialité de la législation coloniale, nécessaire pour rendre les textes douaniers métropolitains applicables dans une possession d'outre-mer. Mais les textes et tarifs déjà *publiés* en France deviennent exécutoires aux colonies, *sans nouvelle publication*, dès qu'ils ont été l'objet d'arrêtés insérés au *J. O.* local les déclarant en vigueur (Cass. civ., 14 mars 1893).

La Cour de cassation (Crim., 29 janvier 1892 et req., 16 mai 1899) avait jugé qu'à défaut de preuve de la promulgation directe d'une loi, le principe de son applicabilité résultait suffisamment du fait même de l'application constante qui en aurait été faite (il s'agissait de l'application à la Martinique du décret du 27 vendémiaire an II sur la francisation et le congé des bâtiments de mer et de la loi de douane du 22 août 1791).

Mais un autre arrêt de la Cour suprême du 18 juillet 1900 a déclaré ensuite que cette même loi n'est devenue applicable à la Guadeloupe qu'à partir du jour de sa promulgation dans l'île, c'est-à-dire du 17 mai 1895.

Pour Madagascar, en vertu d'une jurisprudence constante de la Cour d'appel de Tananarive, confirmée par un arrêt de la Cour de cassation (Req.) du 29 décembre 1909, il est admis que par le fait de l'annexion de la grande île, le 6 avril 1896, comme colonie de la métropole française, toutes les lois de la métropole compatibles avec les nécessités et les circonstances locales y sont devenues de plein droit applicables sans promulgation spéciale [il s'agit des lois antérieures au 8 mai 1896, date d'insertion dans la *Gazette malgache*, (tenant lieu alors de journal officiel), de l'arrêté du résident général qui avait promulgué le décret du 28 décembre 1895 et ordonné le dépôt de ce décret au greffe des tribunaux de 1re instance]; spécialement, la mise en vigueur des lois douanières dans la nouvelle colonie a été la conséquence forcée de l'institution de la douane qui n'aurait pu fonctionner sans elles.

L'arrêt précité du 29 décembre 1909 dispose, au surplus, que lorsqu'un service similaire à ceux de la métropole est régulièrement introduit dans une colonie, les lois et règlements métropolitains qui en assurent le fonctionnement y deviennent exécutoires par voie de conséquence.

La Chambre criminelle de la Cour de cassation a, dans un arrêt du

14 mai 1910, adopté la thèse de la Chambre des requêtes en date du 29 décembre 1909 relative à l'applicabilité à Madagascar de toute la législation métropolitaine antérieure à l'annexion.

Mais cette jurisprudence est combattue par un groupe important de jurisconsultes qui estiment que le législateur, en réglant le mode de publication des lois françaises à Madagascar, avait entendu exiger la publication même de ces lois dans l'île. Le Conseil d'État (Cont., 5 novembre et 3 décembre 1909) s'est prononcé en faveur de cette doctrine.

Toutefois, si cette haute assemblée n'admet pas l'applicabilité en bloc de toutes les lois françaises dans la colonie en vertu des décrets des 28 décembre 1895 et 9 juin 1896, théorie édifiée précisément pour légitimer l'application de la législation douanière, elle admet cependant l'applicabilité de la législation douanière, en tirant argument de la loi du 16 avril 1897 qui a placé Madagascar et ses dépendances sous le régime douanier institué par la loi du 11 janvier 1892. Pour le Conseil d'État (Arrêt du 25 novembre 1910), — comme d'ailleurs pour la Cour de Tananarive (Arrêt du 8 juillet 1903), — la loi du 16 avril 1897 a eu, en effet, pour conséquence de soumettre la grande île non seulement au régime douanier résultant de le loi de 1892, mais encore à la législation douanière que le décret du 16 février 1895 a rendu applicable aux colonies et pays de protectorat dans lesquels la loi du 11 janvier 1892 est en vigueur. La haute assemblée a sans doute estimé que le décret du 16 février 1895 fait corps avec la loi de 1892 (qui, sans lui serait d'une application à peu près irréalisable) et que, par suite, toute extension de la loi doit entraîner l'application du décret.

Or, dans un arrêt plus récent du 17 juin 1912, la Cour de cassation (Ch. civ.) s'est bornée à décider, comme l'avait déjà fait le Conseil d'État par son arrêt du 25 novembre 1910, que les lois douanières sont devenues applicables à Madagascar en vertu d'un texte spécial, la loi du 16 avril 1897 : c'est l'abandon explicite de la théorie de l'application en bloc de toutes les lois françaises en 1895 et 1896, car si la législation douanière avait déjà été applicable au cours de ces deux années, il aurait été superflu de l'introduire légalement l'année suivante. Il ressort au surplus des termes du même arrêt de la Cour de cassation que la loi du 16 avril 1897, (qui se borne à placer Madagascar parmi les colonies soumises au tarif métropolitain), a eu pour effet de rendre applicable dans la colonie *toute* la législation douanière métropolitaine. Cette décision fait échec à celle du célèbre arrêt du 27 avril 1894 qui portait, au contraire, que la loi de 1892, spéciale aux tarifs, n'emportait pas l'application d'office des lois douanières de procédure et en particulier des pénalités. Et c'est précisément cet arrêt de 1894 qui avait motivé le décret du 16 février 1895, rendant un certain nombre de lois douanières métropolitaines applicables aux colonies soumises au régime institué par la loi de 1892. Comment, dès lors, concilier les deux jurisprudences contraires de 1894 et de 1912 de la Cour suprême?...

En admettant, avec le Conseil d'État, que depuis la parution du décret du 16 février 1895, et en vertu de ce texte, toute extension de la loi du 11 janvier 1892 doive entraîner, par voie de conséquence, l'application des

1.

décrets et des lois que ledit décret de 1895 énumère, il n'en convient pas moins de rappeler que l'acte de 1895 a fait un choix dans les lois douanières. Et il reste encore à se demander si ce sont les seules lois ou portions de lois visées au décret ou *toutes* les lois douanières qui sont devenues applicables à Madagascar. Cette question, ainsi que nous l'avons déjà dit plus haut, ne manque pas d'intérêt, aussi bien pour la grande île que pour les autres colonies soumises au tarif métropolitain.

Cette diversité d'opinions fait ressortir combien la controverse est délicate. Aussi le Gouvernement, afin de mettre un terme à une situation aussi imprécise, a-t-il jugé opportun d'introduire, dans le projet de loi sur le régime douanier colonial déposé à la Chambre des députés, le 12 décembre 1912, l'article 4 ci-après : « Des règlements d'administration publique détermineront dans quelle mesure l'extension des tarifs métropolitains entraîne, dans les colonies qui y sont soumises, l'application des lois douanières de la métropole et des pénalités qui les sanctionnent. Ces mêmes règlements fixeront pour tous les autres cas l'autorité compétente et la procédure à suivre pour l'établissement des règlements nécessaires ».

En ce qui concerne les colonies non soumises au tarif métropolitain, certaines d'entre elles, telles que les Établissements français de l'Océanie (décret du 9 mai 1892), la Côte d'Ivoire (décret du 26 janvier 1897), le Dahomey (décret du 28 septembre 1897), la Côte des Somalis (décret du 18 août 1900 modifié par celui du 20 octobre 1910), les îles Saint-Pierre et Miquelon (décret du 23 avril 1914) possèdent une réglementation qui permet, dans une certaine mesure, au Service des Douanes, d'y fonctionner normalement. Au surplus, les articles 112 du décret du 26 janvier 1897, 120 du décret du 28 septembre 1897 et 128 du décret du 18 août 1900 disposant expressément que, pour tous les cas non prévus à ces actes, la douane se conformera aux lois et règlements en vigueur dans la métropole, la Cour d'appel de l'Afrique Occidentale française a pu décider, par exemple, que la loi du 28 avril 1816 est applicable à la Côte d'Ivoire par cela seul qu'il a été organisé dans la colonie un Service de Douane au fonctionnement duquel elle est nécessaire, et aussi en vertu des prescriptions de l'article 112 du décret du 26 janvier 1897 précité.

Mais, dans les autres possessions du second groupe, si certaines matières ont été réglementées par décret, l'on se trouve souvent en présence de simples arrêtés locaux ou même de traditions qu'aucun acte n'a consacrées et dont la valeur légale peut aisément être contestée par les redevables. Les tribunaux et cours de ces colonies sont par suite dans l'obligation, la plupart du temps, de suppléer à l'absence, au silence ou à l'obscurité des textes par des interprétations, des assimilations ou des extensions de la législation métropolitaine qui laissent toujours la porte ouverte aux actions en répétition des redevables. C'est ainsi que la Cour d'appel de l'Afrique Occidentale (29 juin 1911) a été amenée à déclarer que le décret du 23 novembre 1899 déterminant les pénalités applicables au Sénégal, au cas de fausses déclarations en douane de quantité et de valeur, ne s'applique pas aux fausses déclarations sur la qualité et l'espèce des marchandises, lesquelles tombent sous l'application de l'article 21 de la loi organique des douanes du 22 août 1791, loi dont la mise en vigueur au Sénégal a été la conséquence nécessaire de l'établissement dans la colonie d'un Service des Douanes similaire à celui de la métropole. Or, le Service des Douanes est réglementé au Sénégal par un arrêté local du 29 juin 1865 que la Cour de cassation n'hésite pas à appliquer (Crim. rej., 28 décembre 1893). Si la législation métropolitaine sur les douanes, qui renferme des dispositions entièrement différentes sur la compétence, a été applicable dès l'origine, ainsi que le déclare la Cour de l'Afrique Occidentale dans son arrêt précité, còmment l'arrêté de 1865 a-t-il pu y déroger?... Le même arrêt, pour déclarer applicable au Sénégal l'article 19 de la loi du 27 juillet 1822 sur l'expertise légale, se fonde sur le renvoi prononcé par l'article 9 de la loi du 11 janvier 1892 à l'article 4 de la loi du 7 mai 1881 qui lui-même modifie l'article 19 de la loi du 27 juillet 1822. Or les lois de 1881 et 1892 sont des lois sur le tarif général des douanes qui ne contiennent aucun article les rendant applicables aux colonies, mais qui renferment des dispositions visant les colonies. S'il faut considérer qu'elles sont applicables aux colonies dans leur ensemble, il était inutile de viser la loi de 1892; celle de 1881 suffisait. Mais il est douteux que les dispositions des articles en question qui ne concernent en aucune façon les colonies, leur soient applicables de plein droit. Enfin, en admettant même l'applicabilité, par ailleurs, de la loi de 1822, elle n'emporterait pas celle des lois de 1881 et 1892, étant de règle qu'une loi modificative d'une loi applicable aux colonies n'y est pas elle-même applicable de plein droit (Cass. crim. rej., 8 mars 1900).

On voit combien l'organisation douanière de nos colonies a une base légale incertaine. Cette situation n'est pas sans présenter de graves inconvénients qu'il importe de faire disparaître.

Il appartient à l'Inspection d'examiner avec soin, en vérifiant le Service des Douanes, quelle est la valeur légale des textes douaniers appliqués dans la colonie et de proposer les réformes qui lui paraissent de nature à remédier aux imperfections du service et aux difficultés éventuelles.

Textes intervenus postérieurement au décret du 16 février 1895 pour l'application aux colonies de la législation douanière métropolitaine :

Décret du 25 octobre 1897, portant application aux colonies soumises au tarif métropolitain des lois des 28 décembre 1895 (art. 16 et 17) et 29 mars 1897 (art. 57).

Décret du 18 octobre 1898, appliquant en Indo-Chine la loi du 5 juillet 1836 (art. 5 modifié par l'art. 13 de la loi du 11 janvier 1892), la loi du 2 décembre 1897 et la loi de finances du 13 avril 1898 (art. 20).

Loi du 3 mai 1902, autorisant l'entrée en franchise des dons et secours destinés aux prisonniers de guerre.

Décret du 20 août 1905, portant application aux colonies soumises au tarif métropolitain de la loi du 1ᵉʳ mai 1905.

Article 8 de la loi du 10 avril 1906, relative aux fraudes commises dans l'intérieur des navires, rendant ladite loi applicable à toutes les colonies.

TITRE II.

ORGANISATION ET FONCTIONNEMENT DU SERVICE

CHAPITRE PREMIER

ORGANISATION DU SERVICE.

SECTION PREMIÈRE.

COLONIES AUTRES QUE L'INDE ET L'INDO-CHINE.

Dans chaque colonie, le *Service des Douanes* comporte un organe de direction et de contrôle et des organes d'exécution. *La direction et le contrôle* sont en effet cumulativement exercés par un chef de service qui remplit ainsi les attributions conférées séparément dans la métropole aux directeurs et aux inspecteurs. *L'exécution* est assurée par les agents du *service sédentaire ou des bureaux* et par ceux du *service actif ou des brigades.*

Dans les groupes de colonies de l'Afrique Équatoriale française et de l'Afrique Occidentale française, il existe, en outre, au-dessus et en dehors de cette organisation, un organe de centralisation et de contrôle (dénommé *Inspection des Services des Douanes en Afrique Occidentale française* et *Services des Affaires économiques et commerciales en Afrique Équatoriale française*) qui est dirigé, sous l'autorité immédiate du Gouverneur général, par un fonctionnaire investi du rôle de *conseiller technique* (Instructions locales [A. É. F.] du 1ᵉʳ septembre 1909 ; Arrêté [A. O. F.] du 1ᵉʳ septembre 1913 et Décret [A. O. F.] du 5 octobre 1913 [art. 1ᵉʳ et 4]). Ce conseiller technique n'a aucune action directe sur les services locaux, lesquels relèvent exclusivement des lieutenants-gouverneurs. *En Afrique Équatoriale,* il se borne à centraliser et étudier les affaires intéressant les colonies du groupe et à proposer les mesures qu'elles comportent de manière à réaliser ou maintenir l'unité de direction. *En Afrique Occidentale,* l'action de l'Inspection des Douanes, confiée à un inspecteur principal assisté, s'il y a lieu, d'un inspecteur servant au titre métropolitain, se manifeste par le *contrôle permanent mobile* des divers services douaniers du groupe (Décret du 5 octobre 1913, art. 1ᵉʳ et 4) et par l'avis qui lui est demandé sur toutes les questions de régime douanier, sur toutes les mesures d'organisation des services et sur les mutations et l'avancement du personnel des bureaux. En outre, l'inspecteur principal des Douanes et son adjoint peuvent être chargés de missions dans l'étendue de l'Afrique Occidentale et dans les colonies voisines françaises ou étrangères (Décret 5 octobre 1913, art. 4).

Il y aura lieu d'apprécier les résultats pratiques de l'organisation instituée en Afrique Occidentale par le décret du 5 octobre 1913, de rechercher les améliorations dont elle est susceptible et d'examiner s'il y aurait des avantages à l'étendre aux autres Gouvernements généraux. Examiner également les conditions dans lesquelles les lieutenants-gouverneurs transmettent au Gouverneur général les propositions et vues de réformes des chefs de service locaux; voir si elles reçoivent la suite voulue et si le conseiller technique du Gouverneur général n'entrave pas l'action des lieutenants-gouverneurs.

En outre de ses *attributions ordinaires* (application des droits d'entrée sur les marchandises étrangères et des taxes accessoires de navigation et sanitaires, liquidation des droits établis à l'exportation des produits coloniaux, application générale des lois et règlements de douane et de navigation maritime), le *Service des Douanes coloniales* est chargé de la liquidation : de l'*octroi de mer*, des *taxes de consommation* perçus à *l'importation*, des *centimes communaux sur les droits de sortie* (Guadeloupe, Arrêté 29 décembre 1857, art. 34).

Dans certaines colonies les services distincts des Douanes et des Contributions indirectes se trouvent placés sous la direction unique du chef du Service des Douanes (Guadeloupe, Arrêté 28 janvier 1904; Réunion, Arrêté 13 mai 1911; Nouvelle-Calédonie). A Madagascar, ce dernier est investi de tous les pouvoirs dévolus dans la métropole aux inspecteurs des Contributions indirectes (Décret 20 août 1899, art. 32) et le personnel des Douanes concourt à l'exécution du même service (exercice des distilleries, surveillance des salines) [Arrêtés (Madagascar) 7 avril 1900 et 3 novembre 1909)].

On trouve même ce personnel chargé, à la Réunion, du service sémaphorique, de l'entretien des feux et de la surveillance maritime dans les localités où le Service des Ports et Rades n'est pas représenté (Arrêtés 17 mars 1910 et 2 mai 1911).

Les *liquidations*, arrêtées par les bureaux des douanes, vérifiées et visées par le chef du service, sont transmises au *Trésorier-payeur ou à ses agents* auxquels incombe en principe la perception des droits (Décret 30 décembre 1912, art. 115 et 119; Décret [Saint-Pierre et Miquelon] 23 avril 1914, art. 24). Toutefois, la Douane effectue directement certaines perceptions (droits sur les bagages des voyageurs; produit de la vente des imprimés; droits de timbre sur papier de douane; sommes versées pour garantir l'exécution des transactions; droits de plombage, produit des taxes appliquées aux marchandises ou aux produits importés ou exportés par colis-postaux, etc. Voir pour le Sénégal Arr. G. G. 29 août 1911). Il existe, en outre, à Madagascar, des *receveurs des Douanes* chargés des perceptions et, au chef-lieu de la colonie, un *comptable centralisateur* qui centralise les opérations effectuées par ces receveurs (Arrêtés 30 mars 1904, 3 novembre 1909 et 10 juin 1911; Instructions 25 et 26 février 1905).

Attributions respectives du service sédentaire et du service actif. — Les attributions des fonctionnaires et agents des Douanes aux colonies ont été spécialement réglementées par les ordonnances des 25 octobre 1829 (Antilles), 16 avril 1837 (Réunion), 30 avril 1846 (Guyane). On trouve dans ces textes, au sujet des attributions du chef de service, diverses prescriptions qui ont été reproduites dans le décret du 5 mai 1896 organisant le Service des Douanes à Saint-Pierre et Miquelon (art. 2 et 3) et reprises en partie par le décret du 2 mars 1912 (art. 3) fixant le statut du personnel des Douanes coloniales dans les colonies autres que l'Inde et l'Indo-Chine. Enfin les articles 94 à 99 du décret financier du 30 décembre 1912 énoncent diverses dispositions d'ordre général relatives à l'organisation, la direction, la gestion des services financiers aux colonies. Mais, dans l'exercice de leurs attributions les fonctionnaires et agents des Douanes coloniales sont nécessairement amenés à se reporter aux prescriptions des circulaires, décisions et instructions métropolitaines qui complètent les textes précités. Les vieilles ordonnances disposent d'ailleurs que chaque service local reçoit de la direction générale des Douanes, par l'intermédiaire du Département des Colonies, les instructions relatives aux détails du service (Ordonnance 16 avril 1837, art. 1er). A signaler que le décret du 2 mars 1912 ne prévoit plus expressément l'intervention de la Direction générale des Douanes (art. 3). Il n'est cependant pas douteux que les actes émanant de cette Administration sont applicables aux colonies lorsqu'ils ne sont pas contraires aux prescriptions spéciales à ces possessions. Cette opinion trouve une base juridique dans une jurisprudence de la Cour de Cassation (Arrêts civ., 20 juin 1888, et req., 29 décembre 1909) suivant laquelle l'introduction dans une colonie d'un service similaire à ceux de la métropole entraîne avec elle l'application des textes métropolitains qui règlent son fonctionnement. Toutefois, lorsqu'un arrêté local n'a pas donné à ces actes force d'exécution dans la colonie, la porte reste ouverte à de graves controverses sur leur légalité.

Quoi qu'il en soit, le personnel des Douanes coloniales exerce les principales attributions suivantes :

Les agents du Service sédentaire ou des bureaux sont chargés de la reconnaissance des marchandises, de la liquidation des droits et de la délivrance des actes et expéditions; ils veillent à la régularité des opérations auxquelles donnent lieu les différents régimes de marchandises (entrepôts, transit, cabotage, admission temporaire, etc.), appliquent les règlements sur la navigation maritime, assurent le travail intérieur des bureaux, tiennent les écritures concernant la comptabilité, la navigation, la statistique, le contentieux, etc.

Les agents du Service actif ou des brigades surveillent les côtes et les frontières; leur rôle essentiel est d'empêcher ou de réprimer la fraude et la contrebande.

Les inspecteurs des douanes, lorsqu'ils n'exercent pas en même temps la direction, veillent à l'exécution du service, procèdent à des vérifications fréquentes et en rendent compte dans leurs rapports. Les uns, appelés *inspecteurs divisionnaires,* exercent une action complète sur les deux services (sédentaire et actif) de leur circonscription. Dans l'organisation militaire des brigades, ils ont le grade de chef de bataillon. Les autres, désignés sous le nom d'*inspecteurs sédentaires,* ont pour mission de suivre le mouvement commercial et maritime, de veiller à l'exacte application du tarif et de contrôler le travail des sections, notamment la visite des marchandises.

Direction du Service. — Aux colonies, le *chef du Service des douanes* est un fonctionnaire servant au titre métropolitain, appartenant au cadre supérieur (Madagascar, Réunion, Antilles, Guyane, Sénégal) ou au cadre supérieur ou principal (autres colonies), désigné après entente entre les deux Départements des Colonies et des Finances. Il est appelé avec voix consultative aux séances du Conseil privé ou d'administration pour les affaires concernant son service. Il transmet et fait exécuter, sous sa responsabilité, les ordres de l'Administration supérieure dont il reçoit l'impulsion. La désignation du chef de service intérimaire au delà de trois mois doit être ratifiée par le Département des Colonies (Décret 2 mars 1912, art. 3).

Dans le cas où le chef du Service des douanes a fait au Secrétaire général des propositions ou des représentations qui n'ont point été accueillies, il est en droit de demander qu'elles soient examinées par le Gouverneur en Conseil dans la séance la plus prochaine et s'il y a urgence, dans une séance extraordinaire. (Saint-Pierre et Miquelon, décret 5 mai 1896, art. 3.)

Le chef de service veille à l'exécution ponctuelle des lois, ordonnances et instructions. Il donne seul des ordres aux employés attachés à son service (Décret [Saint-Pierre et Miquelon] 5 mai 1896, art. 8) et a seul le droit d'adresser des instructions à ses subordonnés par voie de circulaire (C. [d. g. d.] 30 janvier 1817).

Les agents du Gouvernement, Gouverneurs ou autres, ne peuvent, sous quelque prétexte que ce soit, prendre des arrêtés ni accorder aucune permission contraire aux lois et tarifs (Arr. 9 germinal an IV).

Le chef de service doit vérifier chaque année, d'une manière approfondie, un certain nombre de bureaux, de brigades et de postes. Pour un chef de service nouveau, une tournée générale est de rigueur, la première année de sa prise de fonctions; elle doit autant que possible suivre de près son installation (Déc. 4 juillet 1884).

Il apporte directement ou provoque de la part de l'Administration supérieure les améliorations que le fonctionnement du service lui paraît comporter (C. 23 août 1852, n° 54); correspond directement avec le commerce et les Administrations locales; préside la Commission des mercuriales ou en fait partie; examine les questions de tarif qui lui sont soumises, les résout si la solution lui incombe; suit les affaires contentieuses; centralise et vérifie les comptabilités financière et matières; centralise le service de la statistique commerciale; prend ou provoque les mesures nécessaires pour la répression de la contrebande; veille à l'observation de la discipline; détermine les attributions des agents placés sous ses ordres; prépare les propositions pour l'avancement et les distinctions honorifiques; établit annuellement le dossier des notes confidentielles et le transmet au Gouverneur; prépare le projet de budget des recettes et des dépenses de son service ainsi que le compte définitif; engage les dépenses dans la limite des crédits mis à sa disposition et sous réserve de l'approbation de l'ordonnateur local. Dans certaines colonies, il tient même les contrôles de solde, établit les mandats du personnel qui sont ensuite transmis à l'ordonnateur, liquide les factures de matériel après en avoir assuré l'enregistrement et la prise en charge; détermine l'affectation des immeubles mis à sa disposition, etc.

Les agents métropolitains et locaux des brigades, jusqu'au grade de brigadier et de patron inclusivement, sont nommés par le chef de service agissant par délégation du directeur général des douanes (Décret 2 mars 1912, art. 4, Ia.; Instr. 7 juin 1912).

Les mêmes agents sont soumis au règlement des punitions et des récompenses applicable au personnel similaire de la métropole. Le chef de service exerce à leur égard les attributions d'un directeur métropolitain. Mais toute peine supérieure au déplacement disciplinaire est susceptible de recours devant le Gouverneur statuant en Conseil (art. 7, IV du décret 2 mars 1912; Instr. [Colonies] 7 juin 1912; art. 26 à 31 du décret [Finances] 28 juillet 1911).

Le chef de service peut seul accepter définitivement la démission d'un agent nommé par lui (C. 14 oct. 1822, n° 759, et 8 février 1833, n° 1372), ou délivrer des certificats de service et autres attestations (C. lith., 17 juin 1828).

Il doit rendre compte au chef de la colonie de tous les faits importants au fur et à mesure qu'ils surviennent. Il établit un rapport trimestriel sur la marche du service et, dans les trois premiers mois de chaque année, l'état de commerce et de navigation de la colonie pour l'année écoulée. Ces rapports, dressés en double exemplaire sont transmis au Ministre des Colonies qui fait parvenir une de ces expéditions à la Direction générale des Douanes (Ordonnance [Réunion] 16 avril 1837, art. 2; Décret [Saint-Pierre et Miquelon] 5 mai 1896, art. 8).

Le chef de service ne doit pas toujours aux parties intéressées une copie textuelle des lettres ou instructions qu'il a reçues de l'autorité supérieure; suivant les circonstances de simples extraits peuvent suffire (Déc. 14 octobre 1843).

Dans l'exécution du service, il peut régler certains détails sous sa responsabilité sans que l'Administration supérieure ait à intervenir (Déc. 25 juillet 1843). Le chef le plus élevé dans la hiérarchie doit être obéi (Déc. 2 février 1857). Mais en cas de faute dans l'exécution, la responsabilité générale du chef n'interdit pas de mettre en jeu celle de l'agent subordonné. Il existe en effet une certaine solidarité entre la direction et l'exécution qui laisse au subordonné toute latitude pour présenter des observations convenables (Déc. 28 mai 1857).

Les règlements généraux peuvent comporter, dans l'application, selon la diversité des faits et des lieux, des exceptions qu'il est utile de régulariser. Chaque concession doit faire l'objet d'une décision spéciale de l'autorité supérieure (Déc. 28 mars 1839).

À l'égard des tolérances tout à fait locales et trop anciennes pour qu'il soit possible de les supprimer sans jeter le trouble dans les opérations commerciales, il importe, tout en prévenant les abus, de rechercher les moyens

2.

d'amener, avec le temps, la cessation de; irrégularités (Déc. 28 avril 1857).

Dans les rapports et propositions que les chefs de tous grades ont à faire, ils sont tenus de prendre des conclusions motivées. C'est une responsabilité à laquelle ils ne doivent jamais se soustraire (C. 30 janvier 1817, et Déc. 5 février 1839).

Le chef de service a le droit d'annuler et de réformer ceux des actes de ses subordonnés qu'il juge contraires aux lois, décrets, règlements en vigueur ou aux ordres qu'il a donnés lui-même, sauf toutefois en ce qui concerne les procès-verbaux d'infractions aux règlements de douanes. En cette matière il ne peut que prendre ou provoquer les décisions relatives aux poursuites, aux transactions ou au classement pur et simple des affaires.

La Circulaire ministérielle (Colonies) du 25 décembre 1897 règle ses pouvoirs en matière de transactions.

L'Instruction ministérielle (Colonies) du 7 juin 1912 indique, *in fine*, la nomenclature, les conditions d'établissement et d'envoi au Département, des pièces périodiques concernant la situation et les mutations du personnel des douanes.

Chaque année le chef de service doit transmettre à l'Administration supérieure l'état des employés invalides susceptibles d'être admis à la retraite (Circ. man., 5 septembre 1863 et 10 nov. 1877).

Le chef de service a près de lui, pour l'expédition des affaires et la suite de tous les détails, des employés désignés sur sa proposition par le chef de la colonie. Il doit suivre lui-même les affaires de la direction et signer la correspondance qui s'y rapporte excepté lorsque, se trouvant malade ou en tournée, il a délégué la signature à l'agent qui doit régulièrement le suppléer (Déc. 24 février 1841).

Quand il juge convenable de renforcer le service d'une localité en y détachant provisoirement un employé de bureau, il doit en informer le chef de la colonie par lettre spéciale. Toute mutation de cette nature est formellement interdite si elle n'est faite que dans l'intérêt de l'agent (Déc. 24 décembre 1847).

Les *dépenses du Service des Douanes* (personnel et matériel) sont comprises dans les dépenses obligatoires des colonies (Loi du 11 janvier 1892, art. 6; Lois de finances des 13 avril 1900, art. 33, § 2, et 13 juillet 1911, art. 127 B).

SECTION II.

INDE.

Il n'existe pas de service de douane dans nos établissements de l'Inde où, en vertu des conventions internationales et en raison de la situation spéciale de nos possessions qui se trouvent enclavées dans le territoire anglais, aucun droit de douane n'est perçu.

SECTION III.

INDO-CHINE.

L'Indo-Chine possède une organisation douanière qui lui est propre, comportant un personnel exclusivement local, européen et indigène, chargé non seulement du service des douanes mais aussi des différentes régies (alcools, opium, sels, tabacs, allumettes, huiles minérales). L'organisation du service est réglée par le titre Ier du décret du 10 juin 1905 portant réorganisation du personnel européen, texte dont l'article 1er a été modifié par un décret du 5 avril 1912 (art. 1er) substituant à l'ancien directeur général un directeur nommé par décret sur la proposition du Ministre des Colonies. Un décret du 4 août 1912 a apporté de nouvelles modifications au décret du 10 juin 1905 modifié par les décrets des 5 septembre 1906, 22 novembre 1909 et 5 avril 1912.

Le Service comporte : une direction; des sous-directions dans chaque pays de l'Union; des recettes comptables; des recettes subordonnées; des recettes auxiliaires; des postes de surveillance; des distilleries; des entrepôts ou magasins; des manufactures et ateliers; des dépôts régionaux d'alcool.

Le directeur est secondé : 1° par un inspecteur en chef ou de 1re classe, choisi par lui, qui prend le titre d'adjoint au directeur; 2° par des inspecteurs placés à la tête de chacune des divisions administratives de l'Indo-Chine avec le titre de sous-directeurs. Ces fonctionnaires sont nommés, sur sa proposition par arrêté du Gouverneur général.

Le Conseil d'administration des Douanes et Régies est composé du directeur ou de son adjoint et de deux inspecteurs désignés par arrêté du Gouverneur général. Cette assemblée peut être appelée par le Gouverneur général à donner son avis sur l'ensemble des mesures budgétaires et de comptabilité ou d'administration générales intéressant le Service ainsi que sur les actes des agents pouvant donner lieu à des sanctions disciplinaires (art. 29).

Un décret du 23 avril 1913 a supprimé la recette principale des Douanes et Régies et chargé les receveurs comptables de Haïphong, Tourane, Saïgon et Pnom-Penh de centraliser la comptabilité des receveurs qui leur sont subordonnés.

Autres textes à consulter : arrêté du 15 décembre 1897 fixant les attributions du directeur;

Décision du directeur des Douanes et Régies du 31 octobre 1908 fixant les attributions du secrétariat et des bureaux de la direction;

Décision locale du 3 septembre 1910. Sous-directions : nombre et attributions des bureaux (Annam et Cambodge).

Vérification. — En ce qui concerne l'organisation du service, la vérification portera principalement sur les points suivants :

Examen des textes locaux (s'il en existe) qui régissent cette organisation. Rechercher si elle satisfait aux besoins du service en ce qui concerne notamment le nombre, la force et la position des brigades, l'emplacement et la composition des bureaux, la résidence des chefs, l'étendue de la circonscription où leur action s'exerce. Pour contrôler l'importance du service, relever le mouvement commercial et la marche des recettes, le nombre des contraventions; celui des contre-visites et les différences reconnues par le chef de service, ou son délégué, dans les résultats accusés par les agents. Consulter les registres de correspondance, les rapports généraux du chef de service, les dossiers des principales affaires traitées par lui. De quelle façon s'acquitte-t-il de ses attributions? Fait-il des tournées fréquentes? Quels en sont les résultats? Son contrôle est-il efficace sur les diverses opérations du service sédentaire ou des brigades? Toutes les recettes sont-elles vérifiées au moins une fois par mois? Y a-t-il des redressements importants? Vérifier les services de la statistique commerciale, des comptabilités financière et matières, la préparation du projet de budget. Rapprocher les réalisations des prévisions de recettes. Suivre le rendement comparatif des produits au cours d'une période de plusieurs années. Examiner les variations, dans les divers bureaux, des perceptions les plus importantes, et en rechercher les causes. Engagement et liquidation des dépenses. Reddition des comptes. Comment sont suivies les affaires contentieuses? Sont-elles nombreuses? Les abandons de poursuites et les transactions n'ont-ils pas lieu abusivement? Nature et intensité des fraudes pratiquées dans la colonie. Mesures prises ou provoquées pour les combattre. Résultats obtenus. Relations avec le commerce et les Administrations. Exercice des droits de nomination, de mutation, et des pouvoirs disciplinaires. Notes du personnel. Correspondance, éprouve-t-elle des retards? Envoi des documents périodiques. Tenue des registres, etc.

CHAPITRE II.

ORGANISATION DU PERSONNEL.

SECTION I⁰ʳ.

COLONIES AUTRES QUE L'INDE ET L'INDO-CHINE.

Par application du principe que le Service des Douanes est assuré aux colonies par des fonctionnaires et agents *faisant partie du cadre métropolitain*, mais placés sous les ordres du Ministre des Colonies (Décret du 2 mars 1912, art. 1ᵉʳ), nommés et promus sur sa proposition (art. 4), le décret du 2 mars 1912 complété par le décret du 6 juin 1912 et l'Instruction du 7 juin 1912 portant application de ces actes, ont étendu aux colonies la plupart des prescriptions du décret (Finances) du 28 juillet 1911, modifié le 19 décembre 1911, portant réorganisation des services extérieurs de l'Administration des Douanes en France, c'est-à-dire : les titre Iᵉʳ (Organisation générale), titre II (Recrutement), titre III (Avancement), titre IV, articles 26 à 31 inclus (Régime disciplinaire), et les articles 33 à 36 inclus (Mises hors cadres et en disponibilité), en y apportant les modifications imposées par la situation particulière du personnel détaché outre-mer.

D'après les dispositions combinées du décret (Finances), du 28 juillet 1911 modifié par les décrets des 19 décembre 1911, 25 octobre 1913 et 20 janvier 1914 et des décrets (Colonies) des 2 mars et 6 juin 1912, le personnel des douanes coloniales est reparti en deux cadres : le *cadre métropolitain* et le *cadre local ou auxiliaire*.

Le *cadre métropolitain* se divise en : 1° *cadre supérieur* (directeurs, inspecteurs principaux, inspecteurs, receveurs principaux); 2° *cadre principal* se subdivisant en : *Service des bureaux* (contrôleurs principaux chefs de section, contrôleurs-rédacteurs, vérificateurs et contrôleurs, receveurs particuliers, contrôleurs-adjoints) et en *Service des brigades* (capitaines et lieutenants); 3° *cadre secondaire* comportant également le *Service des bureaux* (commis principaux, commis, receveurs subordonnés) et le *Services des brigades* (gardes-magasins, brigadiers et patrons, sous-brigadiers et sous-patrons, préposés et matelots).

En vertu du décret financier du 30 décembre 1912 (art. 115 et 119), ce sont les trésoriers-payeurs et leurs subordonnés qui remplissent aux colonies les fonctions dévolues dans la Métropole aux receveurs principaux et receveurs des douanes.

Le *cadre local*, créé dans chaque colonie par arrêté du Gouverneur soumis à l'approbation ministérielle, comprend des *commis* et des *agents inférieurs des brigades* ne pouvant ni passer dans le cadre métropolitain, ni avoir sous leurs ordres le personnel de ce cadre (Décret du 2 mars 1912, art. 5 et Instr. 7 juin 1912). Les indigènes peuvent y être admis (même instr.).

Les principaux textes métropolitains qui régissent le recrutement, l'avancement, les conditions et programmes des concours et examens, l'établissement des feuilles signalétiques et des tableaux d'avancement, les listes de bonification d'ancienneté, etc., ont été reproduits en annexes à la suite du décret du 2 mars 1912 et de l'instruction du 7 juin 1912. Il n'y a qu'à s'y reporter. Voir également : l'Arrêté ministériel (Fin.) du 5 mai 1904, modifié par l'Arrêté du 11 novembre 1913 (mode de décompte des Services militaires pour l'avancement); Décret du 14 juin 1894, Arrêté (Fin.) 19 juillet 1894, Arrêté (Fin. et Col.) 5 mai 1899, relatifs à la création et à la concession de la médaille douanière; Circulaire du 22 décembre 1913 (Recrutement des contrôleurs-rédacteurs et des vérificateurs); Circulaire du 17 février 1914, n° 4498 (Règlement pour le concours de la sous-brigade); 2 Arrêtés du 18 mars 1914 (concours pour les grades de brigadier et de sous-brigadier).

Les *cadres* ainsi que les *traitements et allocations* du personnel douanier dans chaque colonie sont réglés par des décrets contresignés par les Ministres des Colonies et des Finances sur la proposition du Gouverneur général ou du Gouverneur (Décret 2 mars 1912, art. 3; Instr. 7 juin 1912; Loi de Fin. du 13 juillet 1911, art. 127 B). Les décrets déjà parus concernent : les Établissements français de l'Océanie (11 juillet 1913); la Nouvelle-Calédonie

(31 juillet 1913); la Côte des Somalis (1er août 1913); la Réunion (8 août 1913); Saint-Pierre et Miquelon (8 août 1913); la Guyane (22 sept. 1913); l'Afrique Occidentale (5 oct. 1913 et 25 janvier 1914); l'Afrique Équatoriale (9 oct. 1913); Madagascar (31 décembre 1913); Guadeloupe (17 février 1914); Martinique (23 février 1914). En ce qui a trait aux autres colonies, un décret du 23 février 1914 a prorogé encore de deux mois le délai prévu par l'article 10 du décret du 2 mars 1912 et déjà prorogé d'une année par le décret du 9 novembre 1912 et de quatre mois par celui du 25 septembre 1913.

Le personnel des douanes coloniales est régi par les dispositions du *décret du 2 mars 1910* (solde et accessoires du personnel colonial), modifié par le *décret du 12 juin 1911* et autres actes subséquents, sous réserve des dispositions du décret du 2 mars 1912 (art. 4, § 1er) rendant applicables aux colonies les articles 26 à 36 (régime disciplinaire, mises hors cadres et en disponibilité) du décret (Fin.) du 28 juillet 1911. Il est également soumis aux prescriptions du décret du 3 juillet 1897, modifié par les décrets des 6 juillet 1904 et 13 juin 1912, sur les déplacements et passages du personnel colonial.

La quotité du supplément colonial n'est pas la même dans toutes les colonies.

Les fonctionnaires, employés ou agents peuvent recevoir des *remises* sur les produits de certaines taxes (octroi de mer, taxes de consommation, etc.) Ces remises peuvent être remplacées par une *indemnité fixe* (Instr. 7 juin 1912).

Une *indemnité spéciale,* d'un taux variable par colonie, est allouée par décret aux *agents chargés du service de la vérification* (voir décrets précités concernant les cadres et traitements du personnel dans les diverses colonies).

Uniforme du service sédentaire : déterminé par les arrêtés ministériels des 10 mai 1884 et 22 février 1890 et la lettre commune n° 966 du 10 mars 1890. Le port de la casquette d'uniforme est obligatoire dans les gares de chemins de fer, sur les quais des ports, dans les salles de visite des voyageurs et les magasins de visite des marchandises. Dans les autres circonstances, l'usage de la tenue pour le service sédentaire demeure absolument facultatif (Arr. min. 22 février 1890, art. 3). Ont seuls droits à la tenue militaire les directeurs, les inspecteurs principaux ou divisionnaires. Les inspecteurs sédentaires ne sont autorisés à la porter qu'autant qu'ils sont chefs de bataillon (lett. comm. n° 837 du 2 juin 1886). Cette tenue militaire est celle des officiers de douane avec un nombre de galons ou de soutaches variable suivant le grade.

En ce qui concerne le *logement* des agents du service sédentaire, consulter l'Instruction du 7 juin 1912.

La *pension de retraite* des agents des douanes (partie sédentaire et partie active) est réglée par les lois des 9 juin 1853 et 30 décembre 1913. Celle des employés du service sédentaire est également calculée d'après la loi du 1853 (art. 6) et la loi du 30 décembre 1913 modifiant la loi du 9 juin 1853; celle des agents du service actif, jusqu'au grade de capitaine inclusivement, est, depuis le 1er avril 1887, établie d'après les tarifs de la gendarmerie conformément aux lois de finances des 26 février 1887 (art. 24) et 13 avril

1898 (art. 46). Voir C. (d. g. d.) n° 4499 du 18 février 1914 notificative de la loi du 30 décembre 1913.

Le personnel du cadre métropolitain est mis à la disposition des Gouverneurs généraux et Gouverneurs pour être affecté suivant les besoins du service (Instr. du 7 juin 1912): dans les Gouvernements généraux il forme un cadre unique pour l'ensemble du groupe. Toutefois les chefs de service sont commissionnés spécialement pour l'une des colonies et le personnel des brigades est distinct par colonie (Décrets 5 oct. 1913 [A. O. F.] et 9 oct. 1913 [A. E. F.]).

Les chefs de service sont notés par les chefs de colonies; les autres agents par leurs chefs hiérarchiques et les chefs de colonies (Instr. 7 juin 1912; C. [d. g. d.] 25 mai 1908, n° 3800; lett. comm. n° 1162 du 7 avril 1909).

Les employés des douanes ne peuvent être requis par un autre service qu'en cas d'absolue nécessité et en vertu d'un ordre du Gouverneur (Décret [Saint-Pierre et Miquelon] 5 mai 1896, art. 8).

Ils ne doivent ni accepter des occupations étrangères, ni recevoir aucune rémunération ou rétribution illicite. Les chefs doivent veiller à l'observation rigoureuse de cette règle (C. 17 mars 1830, n° 1204; déc. 1ᵉʳ oct. 1839). Toute rémunération exceptionnelle autorisée par l'Administration supérieure, sur la proposition du chef de service, doit être versée à la caisse du receveur pour être répartie ensuite entre les ayants droit (C. 25 mars 1844, n° 2011).

Quand il se produit une vacance dans les sections, il appartient aux chefs d'exiger des agents du service sédentaire une plus forte somme de travail. De même l'autorisation de profiter d'un congé ne doit être accordée qu'autant que le service est assuré par les agents du bureau (Déc. 4 septembre 1880).

Serment et commission des agents. — (Voir Service des brigades.)

Garanties, prérogatives et immunités. — Les agents des douanes sont protégés par la loi; il est défendu à toute personne de les injurier ou maltraiter et même de les troubler dans l'exercice de leurs fonctions à peine d'une amende individuelle de 500 francs ou d'une autre peine suivant la nature du délit. Les autorités militaires et civiles sont tenues de leur prêter main-forte et les troupes de ligne ou de gendarmerie doivent y obtempérer à la première réquisition sous peine de désobéissance (Loi 22 août 1791, titre XIII, art. 14).

Les communes sont responsables des violences commises par tout rassemblement ou attroupement à l'encontre des agents des douanes (Loi 10 vendémiaire an IV, titre IV, art. 6 et arrêté du Gouvernement du 4ᵉ jour complémentaire an XI, art. 14).

Ceux-ci ont droit au parcours gratuit sur les chemins de fer lorsqu'ils voyagent dans l'intérêt du service et à la franchise télégraphique et postale pour la correspondance officielle.

Ils sont dispensés des fonctions de jurés (Lois 9 juin 1853; tableau n° 2); de membres des commissions scolaires (Loi du 21 nov. 1872, art. 3). Les agents du service sédentaire à partir d'un certain grade sont classés parmi les non disponibles et dispensés de rejoindre immédiatement leur corps en cas de mobilisation. En temps de paix, ils ne sont astreints ni aux périodes d'exercice, ni aux revues d'appel, ni aux déclarations de changement de résidence.

SECTION II.

INDO-CHINE.

Le *décret du 10 juin 1905*, modifié par les décrets des *5 septembre 1906*, *22 novembre 1909*, *5 avril et 4 août 1912*, règle la composition du *personnel européen* des Douanes et Régies de l'Indo-Chine, son recrutement, son avancement, son régime disciplinaire, sa situation au point de vue de la solde, des frais de déplacement et de passage ainsi que de la retraite. Un *décret du 18 novembre 1913* a, en ce qui concerne les accessoires de solde, placé ce personnel sous le régime instauré par le *décret du 12 juin 1911*. Toutefois les frais de service et de tournées attribués au directeur demeurent fixés par décret (se reporter au décret du 5 avril 1912 [art. 2] qui a fixé la solde coloniale et les frais de service et de tournées du directeur).

Les *cadres du personnel européen* sont fixés par arrêté du Gouverneur général soumis au préalable à l'approbation du Ministre des Colonies (Décret 10 juin 1905, art. 11). L'arrêté du Gouverneur général du *25 janvier 1906* a déterminé la composition de ces cadres qui comportent : pour le *service sédentaire :* un directeur, un inspecteur en chef, des inspecteurs de quatre classes, des contrôleurs principaux de deux classes, des contrôleurs de trois classes, des commis principaux de deux classes, des commis de quatre classes; pour le *service actif :* des chefs de brigade, des brigadiers-chefs, des brigadiers, des sous-brigadiers, des préposés de quatre classes.

Il existe en outre des dames comptables de deux classes.

Principaux textes à consulter : Dépêche ministérielle du 10 février 1899 au sujet des sous-officiers classés pour l'emploi de préposé des contributions indirectes en Indo-Chine; arrêté du Gouverneur général du 13 décembre 1906 modifié par les arrêtés du Gouverneur général des 1er mars et 17 décembre 1907 et 15 mai 1908 : organisation du *cadre spécial des agents européens de la flottille et des ateliers;*

Décision ministérielle du 7 septembre 1906 : situation des agents des douanes et contributions indirectes métropolitains détachés en Indo-Chine;

Arrêté du Gouverneur général du 18 avril 1907 modifié par les arrêtés du Gouverneur général des 15 janvier 1910 et 20 mars 1912 : organisation du *personnel indigène des Douanes et Régies;*

Arrêtés du Gouverneur général des 21 novembre 1907 et 4 mars 1908 autorisant les agents assermentés à requérir la force armée.

Décret du 8 octobre 1911, modifié le 12 juillet 1912, imposant au personnel européen, comme condition d'avancement à certains échelons, la *connaissance d'un dialecte indigène ou de la langue chinoise;*

Arrêté du Gouverneur général du 26 février 1908 : rang conféré aux fonctionnaires nommés par permutation dans l'Administration des Douanes et Régies;

Décret du 1ᵉʳ avril 1908 : Serment professionnel des agents;

Décret du 26 juin 1900 et arrêté du 18 novembre 1900 : création et concession d'une médaille d'honneur en argent spéciale au personnel des Douanes et Régies de l'Indo-Chine;

D'autres arrêtés ont réglementé les examens d'entrée dans le cadre sédentaire et, pour les différents grades, fixé les conditions d'établissement des tableaux d'avancement, etc.. S'y reporter. (V. notamment Arr. 11 et 28 février 1909 et les 4 Arr. du 2 février 1912.)

Vérification. — Pour l'ensemble du personnel les principaux points à examiner sont les suivants :

Importance respective du cadre métropolitain et du cadre local. La répartition du personnel entre les deux cadres répond-elle aux besoins du service? Des économies sont-elles possibles? Le recrutement sur place est-il facile et donne-t-il de bons résultats? La formation des tableaux d'avancement est-elle conforme aux prescriptions réglementaires? Conditions dans lesquelles les concours ont lieu dans la colonie. Comparer les dépenses de personnel au chiffre des recettes du service de façon à faire ressortir leur action sur la marche des produits. Examiner les traitements et indemnités diverses. Y a-t-il des allocations abusives ou irrégulières ? Économies réalisables. Discipline du personnel. Sa valeur professionnelle. Les agents du service sédentaire s'absentent-ils souvent de leur résidence? Ces absences sont-elles autorisées ? Y a-t-il de fréquentes indisponibilités? Les déplacements temporaires et les mutations sont-ils réguliers et effectués dans le seul intérêt du service ?

CHAPITRE III.

BUREAUX.

Des arrêtés des Gouverneurs généraux ou Gouverneurs portent *création*, *déplacement* ou *suppression des bureaux de douanes* aux colonies, déterminent leurs opérations, les marchandises qui y sont admises et les heures où ils seront ouverts au public,

Pour l'Indo-Chine consulter l'arrêté du 1ᵉʳ février 1908 modifié en dernier lieu par les arrêtés des 11 janvier et 30 mars 1912. Voir aussi décret (Océanie) 9 mai 1892, article 5.

Les employés sont tenus *d'être présents à leur service* pendant les heures de vacation des bureaux à peine de répondre des dommages-intérêts des redevables qu'ils auraient retardés (Loi du 22 août 1791, titre XIII, art. 5). Ils doivent conserver la plus grande *correction d'attitude à l'égard des contribuables* et leur donner à l'occasion toutes les explications qu'ils solliciteraient

2.

(Note [Finances] 18 octobre 1911 transmise par la C. [d. g. d.] du 3 novembre 1911, n° 4205).

Nul ne peut être admis à travailler dans les bureaux, à quelque titre que ce soit, s'il n'est employé (C. 9 septembre 1824, n° 875).

Le droit de tenir les bureaux fermés les *dimanches et autres jours fériés* peut être invoqué à l'égard des opérations du commerce proprement dites; mais il doit céder aux exigences de service légitimes telles que les passages des voyageurs, les besoins agricoles et urgents (Déc. 3 septembre 1838), l'acquittement des droits sanitaires par les navires qui, entrés en relâche dans un port, continuent immédiatement leur navigation (C. man. 13 septembre 1847), etc. Au surplus, il peut toujours être accordé certaines facilités aux opérations qui s'effectuent sous la surveillance des brigades sans le concours des agents du service sédentaire (Déc. 24 juillet 1857).

L'intervention des employés du service sédentaire et des officiers dans les opérations en dehors des heures légales ne comporte pas d'indemnité (Déc. 1" mars 1875).

Pour la commodité du commerce local et pour lui permettre d'effectuer des opérations ailleurs que par les bureaux régulièrement ouverts, sous les garanties et les formalités fixées par les règlements douaniers, des arrêtés locaux créent parfois des *bureaux ambulants de douanes* qui se transportent sur les lieux de chargement ou de déchargement à la demande des redevables. Les frais de déplacement (et dans certains cas l'entretien) du personnel composant ces bureaux sont supportés par les chargeurs ou déclarants (Voir arrêté [Réunion] 13 février 1911).

Un *tableau indicateur des bureaux* doit être apposé au-dessus ou auprès de la porte extérieure, à peine de nullité de la saisie des marchandises qui auraient dépassé un établissement dépourvu des indications prescrites (L. 22 août 1791, titre XIII, art. 3; C. 13 septembre 1830, n° 1226; déc. 24 novembre 1882) ou y auraient été introduites sans déclaration préalable (Cass. 16 février 1818).

Les tarifs des droits dont la liquidation incombe au service des douanes doivent se trouver dans chaque bureau (et constamment tenus à jour, C. 4 avril 1844, n° 2015), pour être communiqués, ainsi que les lois et autres actes rendus pour leur exécution, à ceux qui voudraient en prendre connaissance (Loi 22 août 1791, titre XIII, art. 3).

Aucune autorité locale, aucun tribunal n'a le pouvoir d'augmenter, de diminuer ni de modifier en dehors des formes légales, la quotité des droits portés au tarif (tarif).

Les circulaires officielles et toutes les instructions imprimées destinées à former collection sont la propriété des emplois et non celle des titulaires qui doivent les faire relier ou cartonner pour les remettre complètes et en bon état à leur successeur (C. 28 novembre 1815, n° 88; 21 janvier 1832, n° 1298 et 20 février 1857, n° 448).

Les registres doivent être reliés, les feuillets cotés par premier et dernier et, quant à certains registres désignés, paraphés sans frais par le juge de paix (Loi 22 août 1791, titre XIII, art. 27). C'est le chef de service qui doit coter les registres qui ne sont pas paraphés par le juge de paix (Déc. 18 mai 1832).

Chaque registre doit porter en tête une instruction sur sa tenue et les opérations qui s'y rattachent (C. 10 décembre 1816, n° 228).

Les registres doivent être arrêtés à la fin de chaque année par les chefs locaux.

Les registres de douanes sont authentiques en ce sens qu'ils font foi des faits y mentionnés; mais il est interdit de les communiquer au public. (Code pr. civ. art. 846; déc. 29 mars 1836).

Les registres de douanes ne doivent être déplacés, pour être transférés au greffe d'un tribunal, qu'en vertu d'un jugement dûment signifié. Ils peuvent être communiqués à un juge de paix sur sa réquisition écrite relatant l'ordre du chef du parquet (Déc. 30 octobre 1844).

Les registres de déclaration, payement des droits, soumission des redevables et de leurs cautions et décharge d'acquits-à-caution, tenus dans chaque bureau, doivent être sans aucune lacune ni interligne et les sommes y être inscrites sans chiffres ni abréviations, sauf, après qu'elles ont été inscrites en toutes lettres, à les tirer en chiffres hors lignes. En cas de perte des expéditions, lesdits registres peuvent seuls servir à la décharge des redevables (Loi du 22 août 1791, titre XIII, art. 26).

En dehors des registres sus-indiqués et autres, spéciaux au fonctionnement du service, on doit trouver dans les bureaux les registres et documents réglementaires suivants :

Registre d'ordre pour la transcription textuelle des circulaires manuscrites et des lettres portant instructions, à tenir avec exactitude par tous les chefs sans exception, jusques et y compris les chefs de poste. Les brigadiers et chefs de poste copient aussi sur ce registre les circulaires imprimées donnant avis des moyens de fraude (C. 4 septembre 1821, n° 674 et 3 octobre 1840, n° 1836).

Deux registres distincts dits d'*arrivée* et de *départ* pour l'enregistrement par extrait, le premier des lettres reçues, le second des lettres expédiées, à tenir par chaque chef, y compris les receveurs particuliers dans la partie sédentaire et les officiers dans la partie active.

Inventaire du matériel en service (C. 16 mai 1846, n° 2113).

Compte des impressions reçues et envoyées (C. 28 septembre 1829, n° 1082; 23 septembre 1831, n° 1277; 11 novembre 1843, n° 1993).

Les registres et impressions du Service des Douanes sont constitués en huit séries. Les séries M et N pourvoient au service maritime; la série T comprend tout ce qui est relatif aux douanes des frontières de terre; la série E se rapporte aux opérations intérieures de l'Administration; la série C concerne les écritures de comptabilité et les comptes de gestion, etc.

Chaque chef doit conserver les minutes et dossiers de toutes les lettres expédiées, les minutes des rapports périodiques de service, des rapports de tournées, des bulletins de commerce et de navigation ainsi que les lettres reçues et autres documents de service, pour être remis comme archives à son successeur avec les registres de correspondance. A chaque mutation, l'état et la consistance des archives sont constatés par un procès-verbal de récolement contresigné par le fonctionnaire sortant et son successeur ou intérimaire (C. 3 octobre 1840, n° 1836).

Tout acte, acquit-à-caution, passavant, acquit de payement, expédition, etc. que délivre le Service des Douanes doit porter la signature (lisible et parfaitement reconnaissable [Déc. 23 février 1891]) de deux employés (chef de bureau, receveur ou son délégué, conjointement avec un autre employé). [Circulaire 28 brumaire an xi.]

Les tribunaux ne peuvent rendre aucun jugement pour tenir lieu des acquits de payement, acquits-à-caution, congés, passavants, décharges de soumission (Loi 22 août 1791, titre XI, art. 2).

Quand la douane est appelée en cause, elle ne doit délivrer aucune pièce dont on pourrait se servir contre elle; c'est à la justice à ordonner (Déc. 29 mars 1841).

Les extraits, copies ou duplicata d'actes de douane peuvent être délivrés sur l'autorisation du chef du service et même, en cas d'urgence, sur celle du chef local. Cette délivrance, hors le cas où elle est prescrite par un jugement ou par une réquisition de l'autorité judiciaire, ne doit être faite que sur la demande directe ou la production du consentement par écrit de la personne qui a souscrit l'acte original ou au nom de laquelle cet acte a été libellé.

S'il s'agit de duplicata d'acquits-à-caution ou de passavants de cabotage, on fait souscrire à l'expéditeur l'engagement cautionné de payer, outre l'amende prévue par la loi, la valeur des marchandises étrangères dont l'introduction frauduleuse pourrait être opérée au moyen de ces duplicata.

Les duplicata de reconnaissances de consignation et d'acquits de payement ne sont délivrés que sous les réserves et garanties prescrites par la décision ministérielle du 24 novembre 1791, transmise par Circulaire du 29.

Les duplicata d'expéditions sont donnés sur une feuille détachée des registres courants. La souche ne porte aucun numéro d'ordre et le volant prend le numéro de l'expédition primitive. C'est sur la souche que sont signés les réserves et engagements nécessaires. On doit écrire le mot duplicata sur la souche et le volant et y mentionner la date de l'autorisation en vertu de laquelle le duplicata est délivré et la qualité du chef de qui émane cette autorisation (C. 12 mai 1848, n° 2247).

Tout duplicata d'un acte soumis au timbre doit être timbré (C. 18 brumaire an x et 12 mai 1848, n° 2247) sauf s'il s'agit du duplicata d'un acquit-à-caution perdu par le service ou par la poste (Déc. 8 juin 1855).

L'Administration est déchargée envers les redevables, trois ans après l'expiration de l'année où la perception a été faite (Déc. 3 décembre 1821), de la garde des registres de recettes et autres; elle n'est plus tenue, après ce délai, de les représenter s'il reste des instances pendantes.

Les registres, formules et impressions hors d'usage sont remis aux Domaines pour être vendus (C. 2 août 1827, n° 1057).

On doit garder en dépôt, pour ne les livrer aux Domaines qu'après les délais déterminés par la décision du 31 août 1875, un certain nombre de registres énumérés par cette décision et par la circulaire lithographiée du

5 décembre 1884, la circulaire (C. p.) 7 novembre 1857, n° 73, la décision du 25 octobre 1884, etc. Ces délais sont de cinq, six, dix, quinze, trente ans en outre de celui de trois ans susindiqué. Certains documents doivent même être indéfiniment conservés (registres d'ordre, registre des événements de service, soumissions de francisation, etc.).

Chaque bureau doit être constamment pourvu des poids, balances et instruments (trousse alcoométrique, etc.) nécessaires aux vérifications. Ce matériel doit être entretenu en bon état. Les instruments de plombage doivent être placés sous clef après les heures de service (C. 22 mars 1832, n° 1312).

Vérification. — La vérification de l'inspection pourra porter sur les principaux points suivants : Installation matérielle des bureaux. Répond-elle aux conditions d'hygiène requises et aux besoins du commerce? Les logements officiels répondent-ils à leur destination? État des divers mobiliers. Les heures de vacation des bureaux sont-elles fixées de façon rationnelle? Les bureaux fonctionnent-ils souvent en dehors des heures prescrites ou les dimanches et jours fériés? Dans quelles conditions? N'y a-t-il aucun abus à relever à cette occasion? Tenue matérielle des registres. Le bureau possède-t-il les registres réglementaires? État des archives et du matériel de vérification. Examiner, en un mot, si les différentes prescriptions résumées ci-dessus sont observées et dans quelles conditions elles le sont.

CHAPITRE IV.

SERVICE DES BRIGADES. — POLICE DES CÔTES ET FRONTIÈRES.
CONCOURS AUX AUTRES SERVICES.

SECTION PREMIÈRE.

OFFICIERS DE DOUANES.

Dans la plupart des colonies, le service actif des douanes ne comporte pas d'officiers. Il existe cependant un lieutenant à la Guadeloupe et à la Réunion et le décret du 5 octobre 1913 prévoit un capitaine dans les cadres du service actif de l'Afrique Occidentale française.

L'officier de douane dirige le service des brigades concurremment avec les brigadiers. Il s'assure que le service ordonné par les chefs de poste est bien conçu; il en vérifie souvent l'exécution sur le terrain par des tournées de jour et de nuit. Chaque fois qu'il se présente dans une brigade, il doit apposer son visa sur les registres, notamment sur le registre de travail. Il rectifie ce que les ordres de service donnés par les brigadiers peuvent avoir de défectueux. Il tient les écritures de l'habillement, s'occupe de la bonne tenue et de l'hygiène des postes et de la conservation des objets mobiliers dont ils sont pourvus, suit le fonctionnement du service de santé, s'enquiert des besoins des hommes, veille à leur instruction administrative et militaire, au maintien de la discipline, etc. Il rend compte au chef de service des résultats de son contrôle et de tous les faits qui se produisent dans sa circonscription (C. 3o janvier 1817, n° 247).

L'attention de l'officier de douane doit être constamment portée vers la répression de la fraude et de la contrebande et il doit, à cet effet, prendre toutes les mesures possibles de défense en se renseignant sur les occupations et les mouvements des principaux fraudeurs connus. Voir, pour l'Indo-Chine, lettre du Gouverneur général du 23 janvier 1903, circulaire du directeur des douanes du 23 janvier 1903, circulaire du Gouverneur général du 21 mars 1907 au sujet de l'entente entre les Administrations locales et le Service des douanes et régies en vue de la répression de la fraude.

Tous les actes de contrôle des chefs doivent être constatés par un visa sur les registres où sont consignés les faits qui en sont l'objet et après les dernières annotations, non en marge (C. 31 mars 1829, n° 1153; déc. 8 janvier 1835 et 16 septembre 1850). Le visa fait acte d'autorité (Déc. 20 avril 1821).

SECTION II.

BRIGADES.

1° COMPOSITION, HIÉRARCHIE. — *Une brigade de douanes* est un poste composé d'un brigadier qui le commande, d'un ou de plusieurs sous-brigadiers et d'un certain nombre de préposés.

On distingue deux sortes de brigades : *les brigades de ligne*, chargées de la garde d'une *penthière* (étendue de terrain qui sépare, à droite et à gauche, un poste de ses voisins) et les *brigades ambulantes* qui sont des forces mobiles destinées à lier, appuyer, éclairer et surveiller le travail des brigades de ligne (Déc. 15 avril 1854).

Le *brigadier* ordonne et dirige tout le service de la brigade sous l'impulsion et la surveillance de l'officier de douanes (lorsqu'il en existe un); il répond de tous les ordres qu'il a donnés ou approuvés et de l'exécution du service auquel il participe avec les préposés (C. 3o janvier 1817, n° 247).

Le *sous-brigadier* alterne avec le brigadier le travail de la brigade. Il est en tous points subordonné à ce dernier; il commande une section et surveille les préposés en faisant avec eux le service ordonné. Il est responsable du service de la section placée sous son commandement et lorsqu'il est chargé d'ordonner ou d'inscrire l'ordre, il a les mêmes obligations que le brigadier.

Le *préposé* est un simple agent d'exécution et dès lors irréprochable quand il a fait uniquement et fidèlement le travail qui lui a été ordonné (C. 3o janvier 1817, n° 247).

Les *patrons*, *sous-patrons* et *matelots* sont spécialement chargés du service maritime, organisé pour la surveillance, en mer et dans les ports, des mouvements de la navigation ou pour l'exploration et la protection des côtes, de concert avec les brigades placées sur le rivage de la mer.

Les *gardes-magasins*, recrutés parmi les brigadiers libérés de toutes obligations militaires (Lett. comm. 5 février 1891, n° 984) sont chargés, dans les grandes douanes, du classement et de la surveillance des marchandises dans les docks et entrepôts.

Le *préposé-visiteur*, placé dans les bureaux importants, est l'auxiliaire du contrôleur pour le travail manuel de la visite. Il est interdit de l'employer aux manutentions qui incombent au commerce (par exemple, déplacer les colis qui doivent être pesés et plombés, préparer ces colis à recevoir le plombage, etc.) [Déc. 7 avril 1840, 19 oct. 1843, 3 février 1847].

Un ou deux préposés, selon l'importance du service, peuvent être employés comme plantons à la direction. Ils doivent être choisis autant que possible parmi les préposés que leur âge ou leur état de santé rendent inaptes aux fatigues du service (C. 19 oct. 1802; déc. 3 juin 1854; C. man. 22 nov. 1872).

Les receveurs peuvent disposer d'un planton pour le service de leur caisse et de leur cabinet (Déc. min. 18 avril 1873; C. in-4° du 30).

L'officier de douane peut employer à ses écritures un préposé qui ne participe pas moins aux travaux de la brigade, surtout au service de nuit (dans la proportion de 10 nuits sur 30), sauf les exceptions jugées nécessaires par le chef de service (Déc. 11 février 1839, 31 octobre 1850 et 3 juin 1854).

Les brigadiers et sous-brigadiers ne doivent pas être employés à un travail de bureau. La participation de ces sous-officiers au service sédentaire ne concerne que le mouvement des marchandises et la visite (Déc. 3 mars 1819 et 31 octobre 1850).

Aucun agent de brigade ne peut être employé, à *titre permanent*, aux écritures des bureaux. Lorsque l'insuffisance *momentanée* du personnel d'un bureau nécessite le détachement d'un sous-officier ou d'un préposé, le chef de service doit demander au préalable l'assentiment de l'Administration supérieure ou, s'il a autorisé d'urgence la mesure, l'en informer immédiatement (Lett. comm. 7 avril 1882, n° 562).

Les agents des brigades ne peuvent, sous aucun prétexte, être employés par leurs chefs à des travaux privés, même avec rémunération. Cette défense est absolue (Déc. 9 juin 1858).

2° BUT, ACTION, MODE DE SERVICE. — Le service des brigades a pour mission d'empêcher ou de réprimer à l'entrée, à la sortie et, dans les rayons spéciaux à la circulation, tout transport irrégulier de marchandises. Aucune règle absolue n'astreint le service actif. Il est organisé suivant les lieux et en raison des forces mises à la disposition de chaque chef dans le double but d'empêcher l'introduction des marchandises prohibées et la fraude des droits (C. 30 janvier 1817, n° 247).

Dans les ports et sur les côtes, il consiste presque uniquement en factions, en observations et en patrouilles continues.

Sur les frontières de terre, il se compose de marches, de combinaisons particulières, de mouvements secrets et d'embuscades propres à déjouer les tentatives des contrebandiers. Partout le service de nuit doit avoir d'autres combinaisons que le travail exécuté de jour (C. 30 janvier 1817, n° 247).

En principe, le travail journalier est ordonné pour 24 heures et exécuté par la moitié de la brigade de sorte que les deux sections qui la composent alternent tous les deux jours (C. 30 janvier 1817, n° 247).

Le service ordinaire s'exécute par divers moyens, notamment le rebat, l'observation, la faction, l'embuscade, la circulation, la patrouille et l'investigation.

Le *rebat* est la reconnaissance quotidienne, faite chaque matin après l'apparition du jour, de toute la penthière (droite et gauche) pour la recherche des pistes ou traces quelconques des passages. Il est dit de *jonction* quand il est effectué par deux préposés qui partent du centre de chaque poste dans les directions opposées pour visiter la penthière et explorer la côte. Il est *croisé* lorsqu'il est effectué par un seul préposé de chaque poste se rendant du centre de son poste au centre du poste voisin. Il est *brisé* lorsque les préposés ne pouvant opérer aucune jonction sont obligés, après avoir atteint les extrémités de leur penthière, de rétrograder sur-le-champ.

Le *contre-rebat* est un contrôle, mais pas une répétition, du rebat exécuté généralement par un sous-officier partant d'un poste opposé à celui du rebatteur (C. 30 janvier 1817; C. 10 mars 1819, n° 474; déc. 19 janvier 1857).

Le *service d'observation* effectué de jour, consiste à surveiller, sans être vu, une étendue de rayon.

Le *service de faction* s'exécute dans les ports pour la garde des quais, des issues des magasins, salles de visite, etc.

L'*embuscade* est un service de nuit destiné à surprendre des contrebandiers.

Le *service de circulation* (appelé *patrouille* s'il a lieu la nuit) consiste en un service mobile d'observation.

Les *services d'investigation* circulent dans le rayon et même au revers du rayon, dans l'intérieur, en vue de rechercher les renseignements relatifs à la fraude.

Le *service d'écor* se rapporte à la reconnaissance numérique de la composition des chargements soit à l'embarquement, soit au débarquement ou bien à l'entrée ou à la sortie des magasins, entrepôts, etc. Il assure la prise en charge de toutes les marchandises qui entrent et garantit que la décharge des taxes intérieures ou des droits de douane n'est accordée qu'aux marchandises effectivement exportées.

a. *Service en mer.* — Pour exercer sa surveillance en mer, la douane peut avoir des embarcations à vapeur, à voiles ou à rames. Ces embarcations facilitent la visite des navires et empêchent, par des mouvements continuels en mer, que des versements frauduleux soit effectués sur les côtes (Loi 22 août 1791, titre XIII, art. 6; C. 26 août 1834, n° 1454).

Les chaloupes et pataches des douanes forment, du côté de la mer une première ligne de défense pour empêcher la contrebande de pénétrer par cette voie dans l'intérieur.

Le service des embarcations est momentané ou permanent. Dans le premier cas, les marins coopèrent aux observations, aux veillées et aux rebats; dans le second cas, leur action est indépendante des brigades et alors dirigée par l'officier de douane ou le chef du service local.

L'action des brigades s'étend dans les 2 myriamètres (20 kilomètres) en mer (Loi 4 germinal an II, titre II, art. 3 et 7). Le capitaine de navire arrivé dans cette zone est tenu de remettre, lorsqu'il en est requis, une *copie de son manifeste* aux préposés des douanes qui viennent à son bord et qui en visent l'*original* (Loi 4 germinal an II, titre II, art. 3). Dans la pratique, en pleine mer, à l'entrée dans les rivières ou à l'entrée dans les ports, les préposés de douane se bornent à viser le manifeste original de manière à rendre toute substitution, suppression ou addition frauduleuse impossible. A cet effet, en apposant leur visa, ils doivent croiser de barres les blancs existant sur le manifeste et parapher les renvois et ratures (Déc. 11 décembre 1829 et 30 décembre 1840). En pleine mer, ils n'ont pas à comparer les indications du manifeste avec la cargaison (Déc. 3 septembre 1840). Aucune autre signature ne peut remplacer celle du capitaine sur le manifeste (Déc. 13 avril 1842 et 22 mars 1845). Le capitaine n'a pas la faculté de modifier à son arrivée dans le port ni de remettre à la douane un autre manifeste que celui qu'il avait en mer et que les préposés ont visé ou pu viser (Déc. adm. 15 mars 1838). Le refus du capitaine de remettre copie du manifeste constitue une opposition aux fonctions des préposés.

Pénalités. — Absence de manifeste dans les 2 myriamètres des côtes : Payement d'une somme égale à la valeur des marchandises omises au manifeste, amende de 1,000 francs, retenue préventive du bâtiment pour sûreté de l'amende (Loi 22 août 1791, titre II, art. 4 et titre XIII, art. 20; loi 4 germinal an II, titre II, art. 1 et 2; Décrets 26 janvier 1897 [Côte d'Ivoire] et 28 septembre 1897 [Dahomey], art. 4).

Cargaison comprenant des marchandises prohibées : confiscation des marchandises et des moyens de transport et amende de 500 francs (Loi du 22 août 1791, titre V, art. 1er; loi du 4 germinal an II, titre II, art. 10; loi du 27 mars 1817, art. 15).

b. *Visites à bord.* — Les agents des douanes, les officiers ou marins des bâtiments de l'État peuvent visiter tous les bâtiments au-dessous de 100 tonneaux de jauge nette qui sont à l'ancre ou louvoient dans les 2 myriamètres des côtes (hors le cas de force majeure) et rechercher à bord les marchandises dont l'entrée ou la sortie est prohibée (Loi du 4 germinal an II; titre II, art. 7).

Pénalités. — Cas où des marchandises prohibées sont trouvées à bord des bâtiments, qu'elles figurent ou non au manifeste : confiscation des bâtiments et de la cargaison, amende égale à la valeur des marchandises sans pouvoir être inférieure à 500 francs (Loi du 4 germinal an II, titre II, art. 7; loi du 17 décembre 1814, art. 15; loi du 67 mars 1817, art. 12 et 13).

Les préposés qui donnent la chasse à une embarcation aperçue à l'ancre ou

4.

louvoyant dans les 2 myriamètres des côtes peuvent la saisir valablement au delà de ces deux myriamètres (C. du 29 germinal, an xi).

L'exercice du droit de visite doit être combiné avec l'observation des règlements sanitaires.

c. *Police dans les ports, rades et rivières.* — Les préposés des douanes peuvent aller à bord de tout bâtiment entrant ou sortant, montant ou descendant les rivières, y demeurer jusqu'à leur déchargement ou sortie, ouvrir leurs écoutilles, chambres, armoires, caisses, balles, ballots, tonneaux et autres enveloppes (Loi du 4 germinal, an ii, titre II, art. 8).

Ils ont le droit de visiter également les navires de guerre mais seulement de jour et en se conformant aux prescriptions de l'article 10, titre XIII, de la loi du 22 août 1791. Il leur est recommandé de ne recourir à cette visite qu'avec circonscription et seulement lorsqu'ils la jugent nécessaire. Ce droit leur est refusé à la Côte d'Ivoire (Décret 26 janvier 1897, art. 13), au Dahomey (Décret 28 septembre 1897, art. 13) et à la Côte des Somalis (Décret 18 août 1900, art. 13).

Dans les autres possessions où aucun texte formel n'établit ou ne prohibe le droit de visite de la douane, les bâtiments de l'État doivent être considérés en principe, comme soumis aux mêmes obligations que la marine marchande (C. [Colonies] 8 octobre 1903, B. O. *Guyane*, p. 423).

Voir aussi décret (Col.) 30 août 1913, étendant aux colonies le décret (Marine) du 21 mai 1913 réglementant pour le temps de paix les visites des bâtiments de guerre étrangers dans les mouillages et ports du littoral et des protectorats français.

Le capitaine d'un *navire*, chargé ou sur lest, *sortant d'un port* est tenu de représenter le *manifeste* et les *expéditions* concernant le chargement à toutes réquisitions des préposés (Loi du 5 juillet 1836, art. 2).

L'exhibition aux préposés des *connaissements* est également obligatoire à l'entrée et à la sortie (Loi 30 mars 1872, art. 3 et 6). Mais les marchandises chargées par le capitaine d'un navire pour son propre compte sont dispensées du *connaissement* (tarif).

Les boutres, chaloupes et autres embarcations de faible tonnage ne peuvent sortir des ports sans un bulletin d'expédition, délivré par la douane faisant connaître leur destination. Ce permis est représenté à toute réquisition des agents des douanes sous peine de confiscation des embarcations. Les pirogues de pêche sont dispensées de la formalité des permis.

Les capitaines des navires sont aussi tenus, à leur entrée dans les ports de présenter aux agents des douanes dès que ceux-ci abordent le navire, le *journal de bord*, lequel est visé au bas de la dernière ligne d'écriture par le chef ou l'un des préposés des douanes. (Loi du 2 juillet 1836, art. 7).

L'ouverture des colis dont le débarquement immédiat n'est pas réclamé ne doit s'effectuer qu'en cas de soupçons de fraude ou de circonstances exceptionnelles (C. 4 mai 1845, n° 2057). Dans les ports ou rades lorsqu'il n'y a pas moyen de faire autrement, les préposés peuvent faire transporter de jour, au bureau, pour y être vérifiés, les colis présumés contenir des marchandises prohibées ou non déclarées (Loi 22 août 1791, titre 13, art. 8). Ce droit ne doit être exercé qu'avec réserve et après assentiment du chef de service local.

En ce qui concerne les navires qui sont dans les ports, les préposés peuvent, au coucher du soleil, fermer les écoutilles pour n'être ouvertes ensuite qu'en leur présence (Loi du 4 germinal an II, titre II, art. 5). Dans ce cas les capitaines et armateurs n'ont aucun droit de plombage ou de cachets à payer (C. man. 8 juin 1847).

Consulter les décrets des 26 janvier 1897 (Côte d'Ivoire) et 28 septembre 1897 (Dahomey), art. 13, 14 et 15 et le décret du 18 août 1900 (Côte des Somalis), 23 avril 1914 (Saint-Pierre et Miquelon). Se reporter également à la loi du 10 avril 1906, relative aux fraudes commises dans l'intérieur des navires se trouvant dans les limites des ports et rades de commerce.

Lieux de débarquement. — Hors le cas d'échouement par suite de naufrage, aucun *débarquement, embarquement ou transbordement* ne peut s'effectuer que dans l'enceinte des ports et rades où le service est régulièrement établi (Loi 22 août 1791, titre XIII, art. 9). Les capitaines de navires peuvent toutefois être autorisés à opérer dans les localités où la douane n'est pas installée à condition de prendre à leurs frais à bord les préposés nécessaires au contrôle des opérations. L'Administration supérieure règle les conditions de ce service spécial (indemnités, etc.).

N'est considéré comme port que l'espace gardé par un bureau de douane (C. 9 juillet 1832, n° 1333).

Heures légales de déchargement. — Les chargements et déchargements ne peuvent se faire que de 6 heures du matin à 6 heures du soir (ou aux autres heures fixées par l'autorité locale) sous la surveillance de la douane, avec une interruption de deux heures dans le milieu du jour suivant les usages de chaque port. Les opérations sont en principe interdites les dimanches et jours fériés sauf pour les paquebots à service régulier transportant des voyageurs et leurs bagages, pour les navires chargés de marchandises dont la nature exige le transport immédiat sous peine d'avarie et dans tous les autres cas autorisés par l'Administration locale.

En cas de nécessité absolue, le chef local de la douane peut accorder aux intéressés des autorisations exceptionnelles de débarquement et d'embarquement en dehors des heures et des jours réguliers, moyennant le payement d'une indemnité (d'un taux variable) qui est fixée par le chef de la colonie, et versée à la caisse du receveur pour être ensuite payée mensuellement, sur état collectif dûment émargé, *aux agents du service actif* chargés de cette surveillance (Déc. min. 7 décembre 1874, déc. 20 mai 1876. Voir Côte des Somalis, Arr. local du 20 juillet 1907).

L'exclusion du travail rétribué ne doit être appliquée aux agents que comme punition ou en cas d'inaptitude absolue. Toutefois les préposés visiteurs ne doivent pas y prendre part. (Déc. 9 octobre 1883).

Consulter pour l'Indo-Chine l'arrêté local du 23 mars 1903 sur l'embar

quement et le débarquement des marchandises en dehors des heures légales
et les dimanches et jours fériés.

Pénalités. — Refus de laisser les préposés visiter un navire : amende
de 500 francs sans préjudice des peines à appliquer en cas de contravention
constatée sur le navire (Loi 22 août 1791, titre 13, art. 8 et 10 et loi 4 germinal an II, titre II, art. 8. — Décret 20 septembre 1809, art. 2). Non-
présentation du manifeste à la sortie : amende de 500 francs et retenue
préventive du navire (Loi 5 juillet 1836, art. 2). Refus d'exhiber les
connaissements : amende de 100 à 600 francs (Loi 30 mars 1872,
art. 3 et 6). Versement de bord à bord dans une rade sans permis, chargement et déchargement de marchandises sans permis dans un port, opérations
hors d'un port sans permis : confiscation des marchandises et amende
de 100 francs réduite à 50 francs pour les marchandises exemptes de droits
ou dont les droits ne s'élèvent pas à 3 francs. (Loi 22 août 1791,
titre II, art. 13 et 30, titre XIII, art. 9). Embarquement ou débarquement
de marchandises avec permis en dehors des jours et heures réglementaires :
confiscation des marchandises (Loi 22 août 1791, titre XIII, art. 9).

Se reporter également aux décrets des 26 janvier 1897 (Côte d'Ivoire),
28 septembre 1897 (Dahomey), 18 août 1900 (Côte des Somalis), 23 avril
1914 (Saint-Pierre et Miquelon).

d. Police des côtes et en deçà des côtes (à terre). — Le travail des brigades
pour la garde des côtes comprend en général : un service de jour ou d'observation, un service de nuit et le service de rebats et contre-rebats ou service
du matin. Le service de vingt-quatre heures ainsi divisé est dit tiercé.

Les observateurs de jour examinent ce qui se passe en mer, préviennent
les embarquements et les débarquements clandestins, suivent la marche des
bâtiments rapprochés du littoral afin de se porter sur les lieux où ces bâtiments pourraient aborder; ils rendent compte à leurs chefs de la reconnaissance des épaves à laquelle ils procèdent ou des événements de mer,
naufrages, etc., dont ils peuvent être témoins.

Le service de nuit commence, sans aucun intervalle dès que se termine
celui de jour. Il consiste en marches et contre-marches sur la penthière jusqu'à
l'heure déterminée par l'ordre écrit: en embuscades ou en patrouilles dont la
durée et les points sont indiqués par le même ordre.

Il est interdit de confier un service de nuit à un seul préposé (Déc. du
10 janvier 1842 et 19 janvier 1857).

Enfin le rebat et le contre-rebat ont lieu chaque matin, dans les colonies
où la situation du personnel le permet.

Dans la métropole, l'action de la surveillance douanière en deçà des côtes
s'exerce, en vertu de la loi du 8 floréal an XI (art. 85), sur la portion de
territoire située dans l'intérieur à un myriamètre des côtes et des rives des
fleuves, rivières et canaux qui aboutissent à la mer, mais seulement jusqu'au
dernier bureau de douanes. Ce texte n'ayant pas été promulgué aux colonies,
les seules présomptions de fraude que les douanes coloniales puissent
invoquer sur les côtes sont celles qui résultent de la présence à bord des

navires de marchandises prohibées non manifestées (Cass. crim. 20 prairial an xi) ou de la présence à bord d'un navire de faible tonnage louvoyant sur les côtes, de marchandises prohibées même avec inscription au manifeste (Pallain). Dans l'île de Corse seulement, la législation métropolitaine a établi sur les côtes un rayon de surveillance restreint de 5 kilomètres mais comportant les mêmes présomptions de fraude que le rayon des frontières de terre (Lois 17 mai 1826, art. 22, et 26 juin 1835, art. 1er). Ces lois n'ont pas été promulguées aux colonies, mais il serait parfaitement légal de les rendre applicables dans celles de nos possessions dont la situation géographique correspond à celle de la Corse. L'inspection devra porter son attention sur cette question d'une importance capitale au point de vue de la répression de la contrebande.

Droit de libre parcours des préposés des douanes. — Lorsque les besoins de leur service l'exigeront et s'il n'existe pas de passage public, les préposés des douanes auront le droit de traverser les propriétés particulières situées sur les bords de la mer (Cass. 20 juin 1860).

Les propriétaires riverains ne peuvent, sans se rendre coupables d'entrave à l'exercice des fonctions des préposés (contravention prévue par les lois des 22 août 1791, titre XIII, art. 14, et 4 germinal an II, titre IV, art. 2), élever aucun obstacle au droit de libre parcours des bords de la mer qui ressort, comme une servitude inhérente à l'action de l'autorité publique, des lois du 22 août 1791 (titre Ier, art. 1er et 2, titre II, art. 13, titre V, art. 1er, titre XIII, art. 9, 35, 36), du 4 germinal an II (titre III, art. 10, titre VI, art. 1er) et du 21 avril 1818 (art. 34).

Pénalités. — Opposition simple à l'exercice des fonctions des préposés : amende individuelle de 500 francs (Loi 4 germinal an II, titre IV, art. 2). Injures, mauvais traitements envers les préposés, trouble apporté à l'exercice de leurs fonctions: amende individuelle de 500 francs sans préjudice, si l'infraction le comporte, des peines édictées par le Code pénal (Loi 22 août 1791, titre XIII, art. 14; loi 4 germinal an II, titre IV, art. 2: Cass. crim. 11 novembre 1904). Voir aussi : Saint-Pierre et Miquelon, décret 23 avril 1914, art. 31.

Poursuites à vue et saisies à domicile. — **Les** agents des Douanes peuvent, en cas de poursuite de fraude, saisir la marchandise en deçà d'un myriamètre des côtes *pourvu qu'ils l'aient vu pénétrer et qu'ils l'aient suivie sans interruption* (Loi 22 août 1791, titre XIII, art. 35; décrets 1897 [Côte d'Ivoire et Dahomey]).

Si un ou plusieurs préposés, poursuivant des marchandises importées en fraude, les voient introduire dans des maisons ou tous autres lieux, ils peuvent y pénétrer pour procéder à leur saisie même la nuit. Si l'ouverture des portes leur est refusée, ils peuvent les faire ouvrir en présence d'un officier public du lieu qui assiste alors à la rédaction du procès-verbal de saisie (Loi 22 août 1791, titre XIII, art. 36); décrets 1897 (Côte d'Ivoire et Dahomey).

Aucune disposition légale aux colonies ne permet à l'Administration des

Douanes de saisir l'objet de la contrebande au delà du *rivage de la mer* et des côtes, *s'il n'y a eu poursuite à vue*. La promulgation d'une loi de la métropole dans une colonie n'en changeant ni le sens ni la portée, les lois métropolitaines relatives à la police du rayon des frontières *de terre* promulguées en bloc à la Guadeloupe ne sauraient s'appliquer au *rayon des côtes* (Cass. 21 novembre 1901).

e. *Police des frontières de terre.* — Sur les frontières de terre, la zone dans laquelle la présence de certaine marchandises, sans titre de mouvement ou sans justification de dépôt, constitue une présomption d'importation frauduleuse consiste en une bande de territoire comprise entre la frontière politique (ou la frontière douanière, lorsqu'il existe une zone franche) et une ligne imaginaire tracée parallèlement à cette frontière à une distance de 2 myriamètres en ligne droite et sur un plan parfaitement horizontal (Loi 8 floréal an XI, art. 84; loi 28 avril 1816, art. 36 à 39; Cass. [civ.] 28 juillet 1806). Ce rayon peut être étendu par décret sur une zone variable, jusqu'à la distance de 2 myriamètres et demi de l'extrême frontière (Loi 28 avril 1816, art. 36).

Réglementation des dépôts. — La détention de toutes marchandises, même de celles frappées de prohibition, est libre dans les communes du rayon frontière qui comptent au moins 2,000 âmes de population agglomérée (Loi 22 août 1791, titre XIII, art. 37; loi 1er vendémiaire, an IV, art. unique).

En ce qui concerne les communes au-dessous de 2,000 habitants, situées dans les 2,500 mètres de la frontière, aucune quantité de marchandises prohibées à l'importation ou tarifées à 20 francs et au delà par 100 kilogrammes ou à 10 p. 100 de la valeur ne peut exister chez un marchand sans être inscrite à un compte ouvert tenu au bureau de Douane le plus voisin (Arr. 22 thermidor, an X, art. 1er et suivants). Dans la deuxième partie du rayon, les dépôts des mêmes marchandises, autres que celles du crû du pays, sont interdits si ces marchandises se trouvent encore en balles ou ballots et si on ne peut représenter pour elles une feuille d'expédition délivrée dans la journée (Loi 22 août 1791, titre XIII, art. 37 et 38). Aux colonies le délai de date de l'expédition doit être évidemment augmenté, par exemple à raison d'un jour par 15 kilomètres séparant le lieu du dépôt du plus prochain bureau de douane.

L'article 39, titre XIII de la loi de 1791, édicte des sanctions contre ceux qui constituent des entrepôts irréguliers et autorise les préposés des Douanes à effectuer des recherches dans les maisons où ces entrepôts seront formés. Ces recherches ne doivent pas être faites la nuit.

Réglementation de la circulation. — Pour la circulation, l'Administration fait publier la liste des produits et marchandises exempts de la formalité du passavant ou soumis à des formalités spéciales (Loi 28 avril 1816, art. 37 et 38). En fait, la formalité du passavant n'est exigée qu'à l'égard des marchandises pour lesquelles la fraude est à craindre.

Une déclaration au bureau de douane le plus rapproché est obligatoire avant tout enlèvement de marchandises qui, existant dans le rayon frontière, doivent y circuler ou être transportées dans l'intérieur (Loi 22 août 1791, titre III, art. 15).

Les titres qui accompagnent les marchandises circulant dans le rayon sont : *la quittance des droits* pour les marchandises arrivant de l'étranger; les *acquits-à-caution* de transit ou autres; un *passavant* délivré par le bureau le plus voisin pour les marchandises provenant d'une localité située dans le rayon (Décret 19 novembre 1899, art. 2).

Pour la délivrance des passavants, la douane exige le plus souvent des justifications d'origine.

Tout passavant, acquit-à-caution de payement, présenté aux bureaux de contrôle ou de passage, y est visé et il en est fait mention sur un registre *ad hoc* (C. 20 juillet 1818).

Le défaut d'identité entre les objets présentés pour obtenir un passavant et les termes de la déclaration, entraîne une amende de 500 francs et la retenue préventive, pour sûreté de l'amende, des marchandises présentées (Loi 7 juin 1820, art. 15).

Le défaut de représentation des marchandises dans le lieu où, suivant la déclaration du propriétaire ou du conducteur, elles devaient être enlevées donne lieu à une amende de 500 francs (Loi 19 vendémiaire, an VI, art. 2).

Le défaut de visa, au bureau de seconde ligne, des acquits-à-caution de transit et passavants d'admission temporaire relatifs à des marchandises entrant dans le rayon de 2 myriamètres des frontières de terre ou en sortant, donne lieu à une amende de 500 francs. Le conducteur et les soumissionnaires sont tenus solidairement au payement de cette amende (Loi 9 février 1832, art. 12; loi 19 mars 1875, art. 12).

La circulation des marchandises ne peut, sous peine de saisie et de confiscation, avoir lieu entre le lever et le coucher du soleil, même avec passavant, si la permission expresse de la douane ne s'y trouve mentionnée (Arr. 22 thermidor, an X, art. 8).

Les marchandises prohibées ou taxées à 20 francs ou plus les 100 kilogrammes, circulant sans expédition valable dans le rayon frontière, sont assimilées à celles importées sans déclaration et en contrebande (Loi 22 août 1791, titre III, art. 15 et 16; loi 19 vendémiaire an VI; arr. 22 thermidor an X; loi 28 avril 1816, art. 39).

La circulation dans le rayon, sans expédition, de marchandises taxées à moins de 20 francs et soumises à la formalité du passavant entraîne leur confiscation et une amende de 100 francs (Loi 22 août 1791, titre III, art. 15).

Le décret du 16 février 1895 n'a expressément appliqué aux colonies que les articles 15 et 16 du titre III, 37, 38 et 39 du titre XIII de la loi du 22 août 1791 et les articles 25, 31, 38 et 39 de la loi du 28 avril 1816. Les articles 84 et 85 de la loi du 8 floréal an XI, fixant la ligne des douanes en France, ne sont pas en vigueur dans nos possessions. Il serait d'ailleurs à la fois difficile et inutile d'y organiser un service des frontières de terre comme dans la métropole, en raison de la situation géographique de ces colonies et de l'importance souvent nulle de la contrebande à réprimer. Aussi l'Administration supérieure se borne-t-elle à installer aux points de la frontière terrestre, où la contrebande peut s'effectuer, des postes de douane chargés d'exercer la surveillance nécessaire.

f. *Autres obligations des agents des brigades.* — Indépendamment des obligations qui constituent les devoirs généraux des agents, le Service des brigades doit, par sa surveillance, assurer l'exécution des lois et règlements comprenant :

1° L'importation, la circulation et l'exportation des marchandises ;

2° Les postes (transport irrégulier des correspondances) (Arr. 27 prairial an IX, art. 3) ;

3° La police sanitaire (décret 24 décembre 1850), la police de la chasse et de la pêche ;

4° Les naufrages et les échouements (Loi 22 août 1791, 27 thermidor an VII; arr. 6 germinal an VIII), la police des pêches maritimes; la police de la navigation à la Guadeloupe (arr. du 17 janvier 1910) concurremment avec le service de l'inscription maritime :

5° La protection du balisage et des plages maritimes (Service des Travaux publics) ;

6° Les armes et munitions de guerre.

7° *La visite des voyageurs.* — Le Service avertit les voyageurs des obligations à remplir (C. 11 septembre 1817, n° 321). Un *avis aux voyageurs*, traduit en plusieurs langues, doit être affiché dans tous les bureaux de passage (C. 16 mars 1843, n° 1963). A défaut de local spécial, lorsque le nombre des voyageurs n'est pas susceptible de motiver des dépenses exceptionnelles, la visite doit s'effectuer au bureau ou, ce qui vaut mieux, au point même d'arrivée, par exemple à bord des navires ou devant le bord. Des dispositions doivent être prises afin d'assurer avec la plus grande célérité possible le débarquement sous la surveillance des brigades et la visite régulière des voyageurs et de leurs bagages.

Les visites corporelles doivent s'exercer avec ménagement (C. 16 mai 1856, n° 379). Elles n'ont lieu que sur l'ordre soit du chef de service local soit d'un officier de douane.

Le droit pour la douane de procéder à des visites corporelles résulte de la loi qui ordonne la recherche et la saisie de tous les objets de contrebande (Déc. min. 3 frimaire an X; C. du 28; loi de finances du 25 juin 1841, C. lith. du 18 novembre 1841). Tout individu qui se refuse à cette visite fait opposition à l'exercice des préposés (Cass. 2 janvier 1856; C. 16 mai 1856, n° 379).

Les femmes ne peuvent être visitées que par des personnes de leur sexe (Déc. min. 13 brumaire an X; C. du 28; C. 25 octobre 1827, n° 1068; C. lith. 18 novembre 1841), probes, intelligentes, de bonnes mœurs, d'une tenue décente, de formes polies et sans infirmités. Ces femmes visiteuses doivent être exclusivement choisies parmi les femmes, les veuves ou les filles des employés. Elles doivent être âgées de 21 ans au moins si elles sont mariées ou veuves et de 25 ans si elles sont filles (C. lith. 18 novembre 1841);

8° Le timbre (timbre des lettres de voiture, connaissements, récépissés de chemins de fer, timbres de quittances (Lois 11 juin 1842, 30 mars 1872, 23 août 1871);

9° Les agents des brigades peuvent concourir à la répression des contraventions en matière de *contributions indirectes*. A la Réunion ce concours est important : les rhums provenant des distilleries locales et destinés à la réexportation sont en effet placés dans des magasins surveillés au port d'embarquement, par les agents des Douanes qui sont au surplus chargés de la reconnaisance : des quantités, de la richesse alcoolique des rhums exportés et de la constatation des infractions. A la Guadeloupe les arrêtés des 8 avril 1904 et 18 octobre 1906 ont investi le personnel du service actif des douanes des pouvoirs conférés aux employés des contributions;

10° Ils concourent enfin à l'arrestation des déserteurs et espions, des individus suspects ou en rupture de ban, etc.

Serment des préposés. — Commission. — Les agents des douanes de tous grades doivent être assermentés (Loi 1er juin 1791, art. 6; loi 22 août 1791, titre XIII, art. 12; loi du 28 avril 1816, art. 96; C. 3 mai 1848, n° 2245). L'acte, qui doit être enregistré dans les 5 jours au greffe du tribunal, est valable pour tout le temps où l'employé reste en exercice; en cas de mutation, il fait transcrire et viser ledit acte au greffe du tribunal de 1re instance de sa nouvelle circonscription (Loi 21 avril 1818, art. 65). La prestation de serment est relatée à la suite de la commission (Loi 22 août 1792, titre XIII, art. 12).

Voir, pour l'Indo-Chine : arrêté 8 avril 1899 relatif à la perception d'un droit de 20 centièmes de piastre pour l'enregistrement des prestations de serment des agents indigènes des Douanes et Régies.

Une commission est délivrée, au moment de son admission, à tout employé qui a accompli sa vingtième année (C. man. 6 avril 1829). Les préposés doivent, dans l'exercice de leurs fonctions, être munis de leur commission qu'ils sont tenus d'exhiber à la première réquisition (Loi 22 août 1791, titre XIII, art. 16).

Pour les agents nommés par l'Administration supérieure, une nouvelle commission n'est délivrée que dans le cas de changement de grade ou de direction (Déc. 25 janvier 1862).

Honneurs, marques de respect à échanger entre l'armée (de terre et de mer) et le personnel des douanes. — Consulter les décisions ministérielles des 3 janvier 1878 (Guerre) et 16 février 1875 (Marine).

g. *Logement, habillement, armement, équipement, soins médicaux.* — Ces différents points sont traités dans l'instruction ministérielle (Colonies) du 7 juin 1912 pour l'application du décret du 2 mars 1912. S'y reporter.

Voir également : C (d. g. d.) n° 3378 du 28 novembre 1903 : descripti. de l'uniforme des sous-officiers préposés et matelots ; lettre commune n° 1132 du 29 juillet 1905 : descriptif de l'uniforme des officiers ; Circulaire n° 2903 du 23 avril 1898 et n° 3770 du 25 février 1908 : allocation sur les fonds du budget d'une indemnité d'équipement de 250 francs aux brigadiers promus lieutenants ; Arrêté du Gouverneur général du 5 juillet 1912 (Indo-Chine) : déterminant l'habillement, l'armement, l'équipement du personnel des Douanes et Régies mis à la disposition de l'autorité militaire en cas de mobilisation.

A la Réunion, un arrêté du 13 décembre 1910 alloue une indemnité fixe annuelle d'habillement et d'équipement aux sous-officiers et préposés. La gratuité des soins médicaux a fait l'objet dans cette colonie d'un arrêté du 4 avril 1910 concernant également les agents du service actif.

La circulaire ministérielle (Colonies) du 7 août 1911 est relative au classement des sous-officiers et préposés des douanes dans les établissements hospitaliers aux colonies.

Les armes doivent être entretenues en bon état (C. 4 septembre 1846, n° 2126). Les détenteurs en sont responsables.

L'arrêté du Gouverneur général du 15 août 1906, modifié le 31 juillet 1908, porte règlement sur le casernement du service actif en Afrique Occidentale.

h. *Objets divers.* — Les agents du service actif ne doivent pas contracter mariage sans l'autorisation du chef de service et avant d'avoir accompli la première année de service (C. 30 novembre 1842, n° 1943 ; 14 décembre 1849, n° 2360 ; C. min. [Colonies] 10 juin 1903).

Il est interdit aux employés des brigades : de s'absenter ou d'interrompre leur service sans autorisation (Arr. min. [Fin.] 25 avril 1854 ; C. 11 mai 1854, n° 205) de faire aucun commerce par eux-mêmes ou par leurs femmes (C. 21 nivôse et 16 prairial an VIII), de chasser (C. 16 avril 1844, n° 2019), de pêcher (C. 20 octobre 1851, n° 2466), de rien recevoir ou exiger au delà des allocations réglementaires, telles que traitements, gratifications, parts de saisies, indemnités pour travail en dehors des heures légales, de toucher ces allocations autrement que par l'intermédiaire de l'Administration (C. 30 janvier 1817, n° 247 ; 17 mars 1830, n° 1204 ; 25 mars 1844, n° 2011, 4 décembre 1845, n° 2092. Décisions ministérielles [Fin.] 7 décembre 1874 et 30 mars 1875).

Tout préposé destitué de son emploi ou qui le quitte, est tenu de remettre à l'instant au chef de service sa commission, les registres et autres effets dont il est chargé pour le service et de rendre ses comptes ; sinon, et faute de ce faire, il est décerné contre lui une contrainte qui, après avoir été visée par l'un des juges du tribunal de 1re instance est exécutée par toutes voies de droit (Loi 22 août 1791, titre XIII, art. 24).

i. *Organisation militaire.* — Le personnel du service actif des brigades entre dans la composition des forces militaires de la France (Loi du 21 mars 1905, art. 8 et 90 ; décret 22 septembre 1882 ; Règl. 18 septembre 1904 et lettre du Ministre de la Guerre notifiée le 1ᵉʳ février 1905). Pour l'Indo-Chine, voir : Décret 24 août 1910 : Utilisation du personnel en cas de guerre : obligations; assimilations de grade. Arrêté du Gouverneur général du 17 décembre 1912 : constitution en détachements du personnel des Douanes et Régies destiné à être mis à la disposition de l'autorité militaire en cas de mobilisation.

Pour l'Afrique Occidentale française, voir : Décret du 3 octobre 1913 relatif à l'utilisation en temps de guerre, du personnel des douanes de ce groupe des colonies.

Les agents du service actif, non-officiers, à moins qu'ils n'aient une propriété ou une habitation fixe, peuvent ne pas figurer sur les rôles des contributions personnelles et mobilières et des prestations en nature (Déc. min. 22 février 1883 transmise le 5 août suivant).

j. *Registres, carnets et états tenus dans les brigades.* — *Registre de travail*, qui reçoit l'inscription de l'ordre (service commandé) et du rapport ainsi que l'indication soit de tout événement de service, ou des accidents survenus aux agents, soit de l'absence de ceux-ci, soit des épaves trouvées ou des minuties saisies. Il est tenu par le brigadier qui le place sous clef au corps de garde ou, ou à défaut, à son domicile. L'ordre doit y être inscrit avec précision et signé par le brigadier.

L'inscription des services suit l'ordre dans lequel ils doivent être exécutés (Déc. 12 décembre 1855). Le service doit être inscrit avant son exécution et signé au retour par tous les préposés qui y ont pris part. Le brigadier reçoit le rapport des observateurs, veilleurs ou rebatteurs; il inscrit leur compte rendu au registre de travail et le leur fait signer après leur en avoir donné lecture. Il fait pareillement son propre rapport. Les rapports doivent être signés par les agents dès leur rentrée au poste (C. 30 janvier 1817, n° 247 ; déc. 3 juin 1854, 25 janvier et 9 juin 1883);

Registre des événements de service, qui reçoit les observations faites par les différents chefs tant sur les dispositions prises que sur le travail exécuté et la conduite des agents. On y rappelle avec précision tout accident arrivé aux agents dans l'exercice de leurs fonctions (C. 31 mars 1829, n° 1153 et 11 décembre 1843, n° 1997). Si cet accident est susceptible de conséquences sérieuses, il est dressé un procès-verbal circonstancié qui doit être classé au dossier de l'intéressé (C. 15 mars 1833, n° 1377 et 11 décembre 1843, n° 1997);

Registre d'ordre, tenu par le brigadier, pour la transcription textuelle des circulaires manuscrites, des lettres portant instruction et des circulaires imprimées donnant avis des moyens de fraude (C. 4 septembre 1821, n° 674 et 3 octobre 1840, n° 1836);

Carnet d'enregistrement des punitions ;

Carnet de santé destiné à constater les visites de médecin ;

Inventaire des meubles et ustensiles affectés au service du corps de garde et de la caserne ;

Registre des entrées et des sorties des navires (Instr. annexée à la C. 30 janvier 1817, n° 247). Dans les ports où il n'existe qu'une brigade sans bureau, le mouvement de la navigation est signalé au registre de travail ;

Carnet des épaves indiquant la destination qu'elles ont reçue ;

Carnet des préposés d'écor présentant le détail de chaque opération suivie par le service actif ;

Carnet de visites des navires venant de l'étranger ;

Journal de bord relatant le travail de chaque embarcation ;

Carnet d'emploi des matières consommables pour l'entretien du corps de garde et des embarcations du poste.

Aux colonies, les traitements, indemnités diverses du personnel des douanes sont payés généralement sur mandats individuels ou sur états collectifs mis à l'appui d'un mandat établi au nom d'un employé remplissant les fonctions de billeteur. On ne trouve donc pas le *registre d'appointements* où l'officier établit le décompte des préposés et où ceux-ci reconnaissent par leur émargement, le payement de toutes les sommes qu'ils ont réellement reçues (C. 8 juin 1827, n° 1049).

Pour *l'habillement*, *l'équipement* et *l'armement* il est tenu une comptabilité matières et, le cas échéant, une comptabilité financière dont les éléments varient suivant les colonies. Les livres essentiels se rapportant à cette comptabilité peuvent consister en un *registre des recettes et des dépenses* (deniers), un *registre des recettes et consommations* (matières), un *registre des effets et objets distribués et réintégrés*, un *inventaire des armes en service*, etc.

Les objets d'habillement, d'équipement et d'armement sont inscrits au fur et à mesure des délivrances, sur les *livrets* dont les préposés doivent être constamment détenteurs (Règlement 25 février et C. 4 mars 1815 : C. 3 août 1840, 9 novembre 1847, 19 février 1850, 20 mai 1850, 6 mars 1852; C. man. 1er mai 1852). Les livrets des hommes ne doivent pas être conservés au delà du temps strictement nécessaire pour l'inscription des fournitures (C. 2 décembre 1882, n° 629).

Vérification. — Principaux points sur lesquels peut porter la vérification de l'Inspection :

En arrivant à la brigade, s'assurer que le registre de travail est sous clef; le viser. S'assurer que la répartition du travail entre les préposés est aussi équitable que possible. Consulter à cet égard le tableau récapitulatif des heures de service, dont on peut contrôler par épreuve l'exactitude en le rapprochant du registre de travail. Rechercher pour une certaine période, par la lecture des ordres inscrits au registre de travail et par celle des rapports figurant au même registre, si le travail prescrit a été fidèlement exécuté. La surveillance sur mer, sur les côtes et à terre est-elle bien organisée et efficace?

Le brigadier vérifie-t-il fréquemment les préposés sur le terrain ?

Recherche et répression de la fraude, importance des saisies et arrestations, causes des insuccès (registre des événements de service).

Conduite des hommes (carnet de punitions).

Reconnaître, d'après le registre des saisies de minuties, l'existence des objets saisis et non encore déposés au bureau.

Faire le récolement des objets mobiliers décrits à l'inventaire du matériel en service.

Carnet de santé. Les hommes sont-ils souvent malades? Le médecin fait-il les visites nécessaires?

Les armes sont-elles bien entretenues?

La force numérique de la brigade est-elle proportionnée aux besoins de la surveillance?

S'assurer que les hommes sont à leur poste sur les quais, dans les magasins, etc. et qu'ils s'acquittent bien de leur service. Examiner quelques carnets d'écor.

Conditions dans lesquelles s'effectuent les opérations de chargement et de déchargement des navires, les quais sont-ils encombrés?

En ce qui concerne les chefs : relever sur les registres les visas apposés par eux, leurs observations écrites.

Examiner les inscriptions des livrets des hommes, les rapprocher des documents de comptabilité-matières (habillement).

Examiner le registre d'ordre, le registre des entrées et des sorties des navires : comparer les inscriptions de ce dernier registre avec les registres correspondants tenus au bureau de douane et à la Direction du port.

Vérifier la comptabilité de l'habillement, de l'équipement, de l'armement. Procéder à un recensement par épreuves du magasin d'habillement. Comment s'effectuent les achats et les délivrances? Le magasin est-il bien tenu? État des locaux et du matériel flottant.

Voir si les employés ne sont pas détournés de leurs fonctions, abusivement affectés au service des bureaux, si les prescriptions réglementaires sont observées pour le payement des indemnités de travail.

Rechercher, en un mot, si les différentes prescriptions réglementaires résumées au présent chapitre sont observées.

TITRE III.

RÉGIME DES DOUANES.

CHAPITRE PREMIER.

RÉGIME GÉNÉRAL.

SECTION PREMIÈRE.

RÈGLES GÉNÉRALES RELATIVES AUX IMPORTATIONS ET AUX EXPORTATIONS PAR TERRE ET PAR MER.

A. IMPORTATIONS. — Les marchandises qui entrent dans les colonies peuvent y recevoir l'une des affectations suivantes :

Mise en consommation, dont sont exclues les marchandises prohibées.

Mise en entrepôt, applicable, pour l'entrepôt réel, à toutes les marchandises, tarifées ou prohibées, et, pour l'entrepôt fictif, aux seules marchandises tarifées et limitativement désignées.

Expédition en transit. — Toutes les marchandises, tarifées ou prohibées, peuvent être expédiées en transit, mais seulement par des bureaux déterminés. En outre, les marchandises prohibées ne peuvent être expédiées en transit que par certains des bureaux ouverts au transit.

Admission temporaire. — Peuvent être déclarées pour l'admission temporaire les marchandises auxquelles une loi a accordé le bénéfice de cette opération.

Réexportation et transbordement. — Applicables à toutes les marchandises et toujours précédées de la visite de la douane et d'autres opérations qui seront indiquées plus loin.

B. EXPORTATIONS. — Contrairement au régime en vigueur dans la métropole, il existe aux colonies de nombreux droits de sortie. Ces droits sont le plus souvent établis dans un but purement fiscal. En France, des décrets, pris en vertu de la loi du 17 décembre 1814, peuvent seulement interdire l'exportation de marchandises expressément dénommées.

Certaines exportations peuvent entraîner : *Décharge*, lorsqu'il y a exportation de marchandises passibles à l'intérieur de taxes perçues par le Service des Contributions indirectes ; *Restitution de droits* s'il y a remboursement autorisé, à la sortie d'un produit, des droits sur les matières premières qui ont servi à le fabriquer; *Allocation de primes* pour favoriser l'exportation de certains produits et denrées.

SECTION II.

TARIFS DE DOUANES.

Les tarifs de douanes peuvent être *spécifiques* c'est-à-dire s'appliquer à l'unité adoptée (poids, longueur ou volume), ou être *ad valorem* c'est-à-dire perçus en raison de la valeur de la marchandise.

Dans la métropole les droits *ad valorem* sont rarement appliqués. Aux colonies leur emploi est fréquent qu'il s'agisse des droits d'importation, de sortie, de consommation ou d'octroi de mer. (Voir notamment : pour l'A. O. F. le décret du 14 avril 1905; pour l'Afrique Équatoriale le décret du 11 octobre 1912 pour Saint-Pierre et Miquelon. le décret du 23 avril 1914, article 2.)

Mercuriales pour la perception des taxes ad valorem. — Pour éviter les inconvénients des droits à la valeur (déclarations inexactes des redevables, arbitraire des agents de la douane, etc.) on a jugé expédient dans la plupart des colonies de *mercurialiser*, c'est-à-dire de fixer pour une période de temps déterminée (six mois ou un an), la valeur des marchandises frappées de droits *ad valorem*. A cet effet des arrêtés du Gouverneur général ou du Gouverneur, (pris en Conseil), déterminent la composition et le fonctionnement des commissions locales d'évaluation chargées d'établir et de reviser les mercuriales (Décret du 11 octobre 1912, art. 6). Ces commissions composées de commerçants et de représentants de l'Administration sont généralement présidées par le Chef du Service des douanes de la colonie. Les mercuriales sont arrêtées par le Gouverneur général en Conseil de Gouvernement ou en commission permanente de ce Conseil.

Elles sont établies : Pour les marchandises à importer, d'après leur valeur au lieu d'origine, augmentée des frais d'emballage, de transport, d'assurances et autres de toute nature jusqu'au port de débarquement, non compris les droits d'entrée. Ces frais accessoires peuvent faire l'objet d'une évaluation forfaitaire (15 p. 100 au Moyen-Congo).

Pour les marchandises à exporter, d'après leur cours moyen en Europe, déduction faite des frais de transport, d'assurances, de douane et autres qui peuvent frapper la marchandise après sa sortie de la colonie (Voir Décret du 11 octobre 1912, art. 5).

Un décret du 13 juin 1906 a créé une mercuriale mensuelle à la Martinique pour la fixation des valeurs des marchandises importées.

Un arrêté du 8 juillet 1909, modifié le 25 juillet 1913, a institué en Indo-Chine une commission permanente des valeurs en douane. Il existe également à Madagascar une commission des valeurs en douane.

Un arrêté du 30 septembre 1911 a établi en Afrique Occidentale française uue mercurialisation semestrielle des caoutchoucs pour la perception des droits de sortie.

Le rôle des commissions des mercuriales doit se borner à constater les cours moyens des produits, mais il arrive fréquemment que ces assemblées les fixent avec arbitraire soit pour tenir compte de la situation commerciale de la colonie, soit dans un but de protection économique. Ces procédés ont pour conséquence de modifier les droits établis par des décrets soumis au Conseil d'État et par suite le régime douanier que la métropole a entendu appliquer à la colonie pour sauvegarder les intérêts du marché français et de l'industrie nationale.

Aussi l'Inspection doit-elle examiner l'établissement des mercuriales, relever s'il y a lieu les errements dont il s'agit et rechercher si des droits spécifiques ne pourraient pas remplacer les taxes *ad valorem* pour certaines marchandises. Si en effet la mercurialisation remédie en partie aux inconvénients des déclarations inexactes, elle aboutit en réalité à l'institution de véritables droits spécifiques dont la quotité est susceptible de varier, même d'un mois à l'autre, à chaque revision des mercuriales.

Il importe d'examiner si les modifications trop fréquentes de la valeur imposable n'entrainent pas des perturbations dans le rendement des taxes et n'influent pas sur la situation commerciale et économique de la colonie. Rechercher également si les valeurs indiquées dans les statistiques douanières sont bien celles des mercuriales.

Établissement des tarifs de douanes. — En ce qui concerne la métropole, il appartient au Pouvoir législatif d'établir les droits de douane. Le Parlement est secondé dans cette tâche par le Ministère du Commerce (Direction des Affaires commerciales et industrielles) et le Département des Finances (Direction générale des Douanes) qui étudient et préparent les projets de modification du tarif. Mais pour atteindre le but de ce tarif, qui est de protéger les produits nationaux (industriels et agricoles), il a fallu donner au Pouvoir exécutif le droit de modifier également par décrets les tarifs existants. (Consulter les lois des 17 décembre 1814, art. 34; 13 décembre 1897 [loi dite du cadenas]; 29 mars 1887; 5 avril 1898; 12 juillet 1906; 29 mars 1910, art. 3.)

En ce qui concerne les colonies et pays de protectorat autres que l'Algérie, la Tunisie et le Maroc, la question de l'établissement des tarifs est examinée au chapitre II : Régimes spéciaux; § 1er : Régime douanier des colonies.

Pouvoirs du Gouvernement quant à l'application du tarif des douanes. — Dans la métropole des décrets peuvent :

1° Déterminer la forme des déclarations à faire en douane (Loi 7 mai 1881, art. 5);

2° Déterminer les bureaux ouverts au transit ou à l'importation et à l'exportation de certaines marchandises (Loi 5 juillet 1836, art. 4; loi 17 décembre 1814, art. 34, 4°; loi 16 mai 1863, art. 22; lois 24 juillet 1881, art. 25; 29 juillet 1881, art. 25);

6.

3° Modifier les tares légales des marchandises qui acquittent les droits sur le poids net (Loi 6 mai 1841, art. 19);

4° Autoriser l'entrepôt réel dans les villes qui le demandent (Loi 27 février 1832, titre Ier, art. 1er);

5° Déterminer pour les marchandises admises au transit, les conditions et formalités de ce transit (Loi 16 mai 1863, art. 18);

6° Prendre les mesures nécessaires pour concilier l'exploitation des chemins de fer avec l'application des lois et règlements sur les douanes (Loi 15 juillet 1840, art. 25);

7° Modifier (dans les limites fixées par la loi) les règlements relatifs à la circulation des marchandises dans le rayon des frontières (Loi 28 avril 1816, art. 37);

8° Dispenser du plombage les marchandises expédiées par cabotage et celles dirigées sur les entrepôts intérieurs (Loi 2 juillet 1836, art. 20, §4);

9° Modifier les méthodes de jaugeage (Loi 5 juillet 1836, art. 6);

10° Modifier les heures d'ouverture et de fermeture des bureaux (Loi 6 mai-14 juin 1850, art. 1er, 2, 3; loi 30 janvier 1907, art. 9);

11° Établir à l'entrée des ports de France des surtaxes de navigation sur les navires des pays qui soumettraient les bâtiments français à des droits particuliers (Loi 19 mai 1866, art. 6);

12° Étendre le rayon douanier jusqu'à 25 kilomètres (Loi 28 avril 1816, art. 36); fixer le chiffre de population à partir duquel on peut établir dans les villes qui s'y trouvent situées des dépôts de marchandises taxées à plus de 20 francs les 100 kilogrammes (Loi 28 avril 1816, art. 37);

13° Interdire l'entrée et la sortie des animaux atteints de maladies contagieuses (Loi 21 juillet 1881, art. 25, 26 et 29; loi 21 juin 1898, art. 56, 57 et 60; décrets 11 juin 1905, art. 11 et 12, et 13 septembre 1910); interdire en cas de guerre l'exportation des armes et munitions (Loi 14 août 1885, art. 11), etc.

Enfin le législateur, qui s'est réservé d'accorder par une *loi* le bénéfice de l'*admission temporaire* à telle ou telle industrie, a laissé au Gouvernement le pouvoir d'accorder des autorisations d'admission temporaire dans certains cas (introductions d'objets pour réparations, essais, expériences; introductions présentant un caractère individuel et exceptionnel; introductions de sacs et emballages à remplir). [Loi du 11 janvier 1892, art. 13.]

En ce qui concerne les colonies, aucun texte n'a expressément déterminé les pouvoirs respectifs du pouvoir central et des autorités coloniales pour la réglementation des matières énumérées plus haut. Voir toutefois: Océanie, décret du 9 mai 1892, article 5, et Saint-Pierre et Miquelon, décret du 23 avril 1914, article 4. Dans la pratique, tantôt on se base sur la jurisprudence de la Cour de cassation et du Conseil d'État pour procéder par voie de décret en Conseil d'État ou le Conseil d'État entendu (régime des entrepôts), tantôt on laisse aux Gouverneurs généraux et Gouverneurs le soin de rendre les arrêtés jugés nécessaires en tenant compte de la situation particulière des colonies ou des bureaux de douane intéressés. Il est à remarquer que l'avis du Conseil d'État du 17 janvier 1893, relatif à l'application des règlements douaniers métropolitains aux colonies, ne vise que les colonies soumises à la loi du 11 janvier 1892. Il peut être intéressant, en cours de vérification, d'examiner et de discuter les errements suivis dans la colonie inspectée en attendant l'adoption par le Parlement de l'article 4 du projet de loi sur le régime douanier colonial qui doit régler la question pour les colonies du premier groupe. (Voir *supra* : titre Ier.)

Exécution des tarifs de douane. — Pour s'assurer l'exécution des tarifs, les formalités et précautions prescrites sont :

a. *Les déclarations*, à l'aide desquelles les expéditeurs ou les destinataires font connaître la nature des objets exportés ou importés :

b. *Les expéditions*, par lesquelles les préposés, après avoir vérifié les marchandises ou perçu les droits autorisent l'entrée, la circulation ou la sortie des matières ou objets. Elles comprennent notamment :

L'acquit simple ou acquit de payement ou quittance, remis aux redevables en échange des sommes versées par eux, qui énonce le titre en vertu duquel les préposés ont perçu les droits et en toutes lettres les sommes payées (Loi 22 août 1791, titre XIII, art. 29 et 26).

L'acquit-à-caution, qui est un titre autorisant : soit le transport et la circulation des marchandises avant le payement des droits dont elles sont passibles, soit la sortie momentanée de produits passibles de droits de sortie, soit même l'entrée et la sortie momentanée de marchandises prohibées à l'importation ou à l'exportation.

Le passavant, qui est un titre qui accompagne : soit les marchandises non passibles de droits sortant d'un port de la colonie pour aller à un autre port de la colonie; soit les marchandises exemptes de droits d'entrée mais passibles de droits de sortie qui transitent à travers la colonie; soit les marchandises non passibles de droits, mais pour lesquelles la fraude est à craindre, qui circulent dans le rayon frontière. Le passavant ne peut être délivré que dans les bureaux de la douane (Cass. 21 messidor an VII) et après la déclaration faite dans la même forme que pour l'acquittement des droits (Loi 22 août 1791, titre III, art. 15). Il doit être écrit avec soin, sans rature, ni surcharge; tout renvoi doit être paraphé, tout espace blanc croisé par des barres. Il indique les lieux de départ et de destination, les qualités, quantités, poids, nombre ou mesure des marchandises ou denrées, le nombre des colis dont les marques et numéros sont présentés en marge. Il fixe, en toutes lettres, la route à parcourir, le temps nécessaire pour le transport, la date et l'heure du jour où il est délivré (Arr. 22 thermidor an X, art. 6); il indique le nom du destinataire (Loi 28 avril 1816, art. 25 et décret 12 juin 1834); il porte obligation de le représenter ainsi que les marchandises : 1° aux bureaux qui se trouvent sur la route pour y être visé (Arr. 22 thermidor an X, art. 6); 2° à toute réquisition, aux employés des différents postes, qui peuvent conduire les objets au plus prochain bureau pour y être vérifiés, sauf les dommages et intérêts envers le conducteur et le propriétaire s'il n'y a ni fraude, ni contravention et si le bureau n'est pas sur la route (Arr. 22 thermidor an x, art. 6; loi 22 août 1791, titre III, art. 16). Le passavant doit accompagner la marchandise; son exhibition tardive ne peut couvrir la contravention (Cass. 5 messidor et 8 thermidor an viii). Il est nul après l'expiration des délais qu'il détermine (Loi 22 août 1791, titre III, art. 16, et Cass. 19 ventôse an xii).

c. *Les plombs*, au moyen desquels les préposés peuvent sceller, dans certains cas, les enveloppes, caisses ou wagons, qui renferment les objets déclarés, pour garantir la douane contre les soustractions ou substitutions possibles;

d. *Les estampilles*, qui servent à marquer certains tissus pour constater leur origine.

Application des tarifs métropolitains aux colonies. — Tous les changements de tarifs des lois des 11 janvier 1892 et 29 mars 1910 votés pour la métropole sont applicables aux colonies où cette loi est en vigueur; mais la promulgation par le Gouverneur est indispensable, car ces changements ne sont pas exécutoires du seul fait de l'arrivée dans la colonie du *Journal officiel de la République française* (C. [Colonies] du 13 septembre 1895). Toutefois, lorsqu'il s'agit de produits soustraits au tarif métropolitain et placés sous un régime particulier, les décrets spéciaux intervenus à cet effet restent en vigueur jusqu'à ce qu'ils aient été régulièrement modifiés (C. [Colonies] du 29 septembre 1897). Les Gouverneurs ont un délai de six mois pour promulguer les changements de tarifs; au cas où les conseils locaux auront demandé une exception au nouveau tarif, ladite promulgation sera retardée jusqu'à ce qu'il soit statué définitivement sur leurs propositions. (Avis du Conseil d'État du 28 juin 1898; C. ministérielle 9 août 1898.)

Le projet de loi sur le régime douanier colonial fixe ce délai à un an et laisse aux Gouverneurs la faculté, en cas d'urgence, de décider par arrêté que les nouveaux tarifs entreront immédiatement en vigueur (art. 3 *in fine*).

Marchandises omises au tarif. — A l'entrée, toute marchandise omise au tarif est traitée comme l'objet le plus similaire (Loi 28 avril 1816, art. 16). A la sortie, les marchandises omises au tarif sont exemptes de droits (Loi 16 mai 1863, art. 2).

Ne sont considérées comme omises au tarif d'entrée que les marchandises dont le régime n'est déterminé ni par le tableau des droits, ni par les notes explicatives ou le répertoire général (tarif).

Toute assimilation d'office n'est valable que pour le cas particulier auquel elle s'applique. Pour faire règle, elle doit avoir été sanctionnée par la Direction générale des douanes (tarif).

En cas de doute sur l'assimilation à adopter, la question est soumise à l'Administration supérieure qui en saisit s'il y a lieu le Comité consultatif des arts et manufactures; le régime du produit est finalement déterminé après entente entre les Départements des Finances et du Commerce (tarif).

Voir : Circulaire du 19 février 1914, n° 4500 : délai d'application en France des décisions concernant le tarif.

Le droit d'assimilation dont il s'agit s'entend uniquement de la désignation de l'article du tarif auquel le nouveau produit paraît assimilable; la taxe adoptée ne peut jamais être augmentée ou réduite. L'analogie et par suite l'assimilation, est déterminée par l'état, le degré de préparation, la valeur du produit et surtout l'emploi qu'il doit recevoir (Avis du Comité consultatif des arts et manufactures du 10 février 1875 : tarif obs. prélim.).

Les chefs locaux de douane doivent informer sans délai les chefs de service des assimilations qu'ils ont prononcées et des motifs qui les ont guidés en joignant des échantillons à leurs rapports. De leur côté les chefs de service sont tenus de rendre compte sans délai à l'Administration supérieure (tarif).

Les produits composés de matières ou substances diversement taxées, qui ne sont pas spécialement tarifés en cet état, doivent être soumis au droit qui affecte la partie du mélange la plus fortement imposée, excepté lorsque les parties constitutives du mélange peuvent être facilement séparées ou lorsqu'il ne s'agit que d'accessoires (Loi 11 janvier 1892, tableau A, n° 653).

En vérifiant l'exécution des tarifs, l'inspecteur examinera s'ils ont été régulièrement promulgués dans la colonie et relèvera au besoin les assimilations qui ont violé les prescriptions réglementaires.

SECTION III.

ORIGINE ET PROVENANCE DES MARCHANDISES.

Le régime des marchandises, c'est-à-dire leur tarification, diffère suivant leur *origine*, leur *provenance* et accessoirement leur *mode de transport*.

Le *pays d'origine* est celui où la marchandise a été récoltée ou fabriquée.

Le *pays de provenance* est celui d'où la marchandise a été importée en droiture.

Le transport direct ou *transport en droiture par mer*, est le transport effectué par un même navire depuis le lieu de départ jusqu'au lieu de destination, sans escale ou avec accomplissement des conditions auxquelles la faculté d'escale est accordée (tarif, obs. prélim.)

La preuve du transport direct résulte des connaissements, des livres et autres papiers de bord et du rapport de mer fait dans les vingt-quatre heures de l'arrivée.

La navigation entre la France et ses colonies peut être faite par des navires de tout pavillon (Décret 9 juillet 1869).

Les transbordements opérés à l'étranger interrompent en principe la droiture sauf en cas d'événements de mer dûment justifiés.

Toutefois, les compagnies de navigation françaises ou étrangères qui exploitent entre la France et les pays hors d'Europe une ligne principale de bateaux à vapeur à laquelle se rattachent des lignes secondaires, jouissent de la faculté du transbordement à condition que :

a. Le transport total soit fait sous un même pavillon et par des navires de la même compagnie ;

b. Le voyage effectué *depuis le port de transbordement jusqu'au port français de destination* constitue la partie principale du voyage total.

Le *transport direct par terre* est celui qui est effectué exclusivement par la voie terrestre, et sans station en entrepôt, depuis le pays d'origine jusqu'en France, les expéditeurs ayant le droit de choisir la route qu'ils jugent préférable. La justification, dans ce cas, résulte des écritures du chemin de fer, des factures, bulletins d'expédition, etc., attestant qu'au moment de son départ du lieu d'origine, la marchandise avait la France pour destination (tarif). .

La surtaxe d'entrepôt s'applique aux produits d'origine extra-européenne importés d'un pays d'Europe (Loi du 11 janvier 1892, art. 2, tableau C). *La surtaxe d'origine* s'applique aux produits européens importés d'un autre pays que celui d'origine (*Ibid.* tableau D).

Ces surtaxes, qui tendent à favoriser le transport en droiture par la marine nationale, ne sont pas appliquées aux colonies.

Toute marchandise importée de l'étranger est réputée étrangère. Toutefois, les marchandises françaises expédiées à destination des Établissements français de l'Océanie par la voie Colon-San-Francisco ou par la voie Sydney-Aukland sont considérées comme importées en droiture et admises, par suite, à bénéficier de leur origine privilégiée.

SECTION IV.

PRINCIPALES FORMALITÉS AUXQUELLES DONNE LIEU LE DÉDOUANEMENT DES MARCHANDISES.

§ Ier. IMPORTATIONS.

1° *Importations par mer.*

Les marchandises importées par mer donnent lieu à une double déclaration : elles doivent d'abord figurer au *manifeste* du navire puis être *déclarées en détail.*

Manifeste. — Appelé encore *déclaration de gros* et *déclaration sommaire.* C'est l'état général et complet du chargement du navire. Il doit être unique à bord (Loi 22 août 1791, titre II, art. 4).

Aucune marchandise n'est importée par mer sans un manifeste signé par le capitaine qui indique : le nombre de caisses, balles, barils, boucauts, etc., formant la cargaison du navire (Loi 22 août 1791, titre II, art. 4), la nature (ne pas confondre avec l'espèce ou la qualité qui sont indiquées dans la déclaration en détail) de cette cargaison, avec les marques et numéros, en toutes lettres, des colis (Loi 4 germinal an II, titre II, art. 1er) et l'indication du genre de transport, de la provenance, de la destination.

En ce qui concerne les *marchandises prohibées*, le manifeste doit mentionner, en outre, l'*espèce* et la *qualité* de la marchandise (Loi 9 février 1832, art. 4) à moins que la nature de celle-ci ne suffise à révéler qu'il s'agit d'objets prohibés (C. 28 septembre 1839, n° 1776).

Il est défendu de présenter au manifeste comme unités, plusieurs ballots ou autres colis fermés, réunis de quelque manière que ce soit [colis groupés en fardeaux au moyen d'une ligature; colis renfermés sous une enveloppe commune (Déc. adm., 27 février 1840)], sous peine de confiscation et d'une amende de 100 francs (Loi 27 juillet 1822, art. 16). Les outils, les tissus de coton, les fils, les toiles de toute sorte ne peuvent pas non plus être importés, en règle générale, autrement que dans des paquets séparés ne contenant chacun que des objets de la même espèce. C'est ce que l'on appelle les *restrictions d'emballage*. Mais les objets qui, par leur nature, ne se prêtent pas à la constitution de colis (plombs en saumons, planches, grosses pièces de bois ou de métal, etc.), peuvent n'être déclarés que pour leur nature sans détermination de leur nombre (Déc. adm. 20 octobre 1817, collection de Lille, t. X, p. 394).

Pour les navires faisant le cabotage, le manifeste de sortie, visé au départ, est représenté au port d'arrivée comme manifeste d'entrée (C. 30 novembre 1858, n° 561).

D'ailleurs le manifeste de sortie d'un port peut tenir lieu de manifeste d'entrée au port de destination pourvu qu'il en porte la mention et qu'il soit parfaitement d'accord avec le chargement (C. 14 novembre 1846, n° 2133). Mais, pour les navires autres que les caboteurs, les agents des douanes ne peuvent exiger le dépôt de ce manifeste uniquement destiné à assurer la police à la sortie (Déc. 11 juillet 1837; C. 30 novembre 1858, n° 561).

Les manifestes des navires qui doivent être fournis au service des douanes sont affranchis du *timbre* (Loi 2 juillet 1836, art. 7).

Un décret du 1er décembre 1893, rendu en exécution de la loi du 20 décembre 1892, a déterminé les règles d'après lesquelles doit être effectué l'arrimage des marchandises à bord des navires de commerce. Le capitaine est tenu de se soumettre aux prescriptions de cet acte s'il ne veut pas engager sa responsabilité.

Déclaration de gros. — Dans les vingt-quatre heures de l'arrivée et toujours avant de commencer les opérations, les capitaines doivent déposer leur manifeste au bureau de douane à titre de déclaration de chargement (Lois des 22 août 1791, titre II, art. 5, et 27 vendémiaire an II, art. 38).

Une deuxième expédition du manifeste peut être exigée par la douane lorsqu'elle le juge utile et s'il est libellé en langue étrangère, le capitaine est tenu d'en déposer également une traduction (Déc. 15 mars 1838, 3 septembre 1840; décret [Côte des Somalis] 18 août 1900, art. 5).

Les *actes de francisation et congés*, des navires français seulement (C. 11 thermidor an XII), mais non les passeports des navires étrangers, sont également, dans les vingt-quatre heures de l'arrivée, déposés à la douane et y restent jusqu'au départ (Loi 27 vendémiaire an II, art. 38). Le capitaine remet en outre à la douane *l'inventaire, les acquits-à-caution, les chartes-parties, le rapport de mer avec le livre de bord.*

La douane appose des timbres sur les connaissements créés à l'étranger (Loi 30 mars 1872, art. 4).

Les capitaines des navires sur lest sont affranchis de l'obligation du manifeste, mais ils doivent néanmoins faire la déclaration de gros pour les provisions de bord (Loi 22 août 1791, titre III, art. 1er, titre II, art. 5; C. n° 1185 du 22 octobre 1829, et n° 2100 du 16 janvier 1846).

Le délai pour le dépôt du manifeste court du moment de l'arrivée du navire dans le port (Déc. adm. 17 avril 1847) non compris les dimanches et jours de fête (Loi 22 août 1791, titre II, art. 4). L'heure de l'arrivée du navire est officiellement constatée par l'inscription faite par les agents du service actif sur le registre des entrées et sorties des bâtiments.

Dans les ports, le Service des bureaux tient d'ailleurs, comme le Service des brigades, un *registre des mouvements du port* (série N, n° 8) [Instruct. annexée à la C., n° 247, du 30 janvier 1817]. Ce registre doit indiquer : la date de l'arrivée ou du départ, l'espèce, le nom, le pavillon et le tonnage du bâtiment, le nom du capitaine, le nombre des officiers et matelots, le lieu d'arrivée et de destination, le numéro du manifeste général de la cargaison (Loi 27 vendémiaire an II, art. 8), la nature du chargement, la date et le numéro du rapport de mer; pour les navires français, la date du congé: les numéros de recette des droits de navigation et sanitaires.

Le bureau *contrôle* et complète au besoin les inscriptions de ce registre (qu'il tient à l'aide des papiers de bord ou des déclarations de gros), au moyen d'un bulletin série N, n° 9, indiquant le mouvement de la navigation pendant la journée précédente que lui adresse chaque matin la brigade (C. man., 3 juin 1829).

Il ne peut être rien changé ni retranché aux manifestes que les capitaines de navires ont présentés, remis ou déposés aussi bien dans les deux myriamètres des côtes que dans les ports et à terre (Loi 22 août 1791, titre II, art. 12; déc. 2 juillet 1844).

Le manifeste ainsi déposé par le capitaine est inscrit sommairement sur le *registre série M,* n° 2 (numéro d'ordre, date, indication des noms du navire et du capitaine, du pavillon, de la provenance et de l'arrivée avec chargement ou sur lest). Le numéro d'inscription est reporté sur le manifeste (Loi 22 août 1791, titre II, art. 5; loi 4 germinal an II, titre III, art. 6).

Lorsque des navires de l'État servent à un transport de marchandises, les commandants sont tenus de remplir toutes les formalités auxquelles sont assujettis les capitaines des navires marchands (Loi 22 août 1791, titre II, art. 7; déc. 3 octobre 1838).

Les approvisionnements de la Marine destinés au service de campagne, c'est-à-dire à la réexportation, sont déclarés pour l'entrepôt et placés dans les magasins de la Marine sous la double clef des services de la Marine et des Douanes (Lett. min. Marine 7 juillet 1857 et déc. du 14).

Visites à bord. — Le manifeste déposé en douane donne lieu à une visite sommaire à bord afin de reconnaître autant que possible si les colis sont en même nombre et si leur contenu est de même nature que ceux indiqués. Les agents des brigades procèdent à cette visite; ils sont d'ailleurs chargés de la surveillance du navire dès son arrivée et placés à bord toutes les fois qu'il y a nécessité.

Lorsqu'il s'agit de marchandises introduites dans la colonie ou de marchandises apportées en mutation d'entrepôt, les *permis* et une *copie série M n° 1 du manifeste* sont communiqués au chef de la visite qui désigne un employé de bureau pour procéder à la vérification. Une autre copie du manifeste est transmise au poste où, après inscription par navire sur un registre *ad hoc*, elle est remise au *préposé d'écor* ou *écoreur* lequel est également désigné par le chef de la visite. Le préposé d'écor suit le débarquement des marchandises au moyen d'un *carnet* où il inscrit au fur et à mesure le détail des opérations et constate les excédents de colis par rapport aux indications du manifeste.

Les brigadiers et sous-brigadiers de service et les officiers de douane surveillent les préposés d'écor et visent leur carnet à la suite du nombre ou du poids pris en leur présence (C. 7 novembre 1822, n° 763; déc. 20 oct. 1855 et 22 janvier 1857).

A la fin de l'opération, l'écoreur remet son carnet, avec la copie du manifeste, au sous-brigadier de penthière qui les dépose au poste. Les résultats y sont contrôlés et rappelés à l'article déjà ouvert sur le livre d'enregistrement des manifestes.

Les marchandises restent alors consignées à la garde des préposés de faction et ne peuvent être enlevées qu'après l'acquit des droits ou sur une autorisation spéciale du service.

Les agents de la brigade ont aussi à effectuer à bord, à l'issue du déchargement, une *contre-visite* pour s'assurer qu'aucun objet de fraude ne s'y trouve et certifier que le débarquement a été complet. Ils constatent, en même temps, l'espèce et la quantité des provisions restant sur les navires français venus de l'extérieur de la colonie.

La vérification du poids, de la nature ou de l'espèce des marchandises est une opération de bureau. Le service des brigades n'a pas à y intervenir et s'il concourt, par exception, à la pesée ou au dénombrement des marchandises, ce n'est que sous le contrôle et la responsabilité d'un employé du service sédentaire (C. 27 novembre 1882, n° 763).

Les agents de bureau n'ont à prendre part aux visites à bord des navires, avant, pendant ou après le déchargement, que s'ils ont reçu quelque avis de fraude. Dans ce cas, les agents des brigades ont toujours le droit d'opérer concurremment avec eux (Déc. 4 juin 1829).

Textes édictant des pénalités. — Non-dépôt du manifeste et des papiers de

7.

bord à la douane dans les vingt-quatre heures : amende de 500 francs, qui est réduite à 50 francs lorsqu'il s'agit de marchandises exemptes de droits ou passibles de droits ne s'élevant pas à 3 francs en totalité (Loi 22 août 1791, titre II, art. 4, 5, 30). Omission au manifeste de marchandises tarifiées; différences entre les marchandises et le manifeste : condamnation du capitaine au payement d'une somme égale à la valeur des marchandises omises ou différentes et à une amende de 1,000 francs (Loi 22 août 1791, titre II, art. 4, et titre XIII, art. 20; loi 4 germinal an II, titre II, art. 2).

Présentation comme unités dans les manifestes et déclaration de plusieurs colis réunis en un seul : confiscation et amende de 100 francs (Loi 27 juillet 1822, art. 13 et tarif).

Déficit dans le nombre de colis manifestés ou excèdent au manifeste par rapport au nombre de colis importés : amende de 300 francs par colis manquant (Loi 22 août 1791, titre II, art. 22). Voir aussi décrets (Colonies), 26 janvier et 28 septembre 1897 (Côte-d'Ivoire et Dahomey), 18 août 1900 (Côte des Somalis); 23 avril 1914 (Saint-Pierre et Miquelon).

Si les objets non inscrits au manifeste ou non représentés comme provisions de bord ne font pas partie de la cargaison, sont prohibés, taxés à 20 francs et plus par 100 kilogrammes ou passibles de taxes intérieures, les pénalités sont : confiscation de la marchandise, amende égale à sa valeur et de 500 francs au minimum, retenue préventive du navire (Loi 10 avril 1906, art. 1ᵉʳ. Voir aussi art. 3 de cette loi).

Déclaration en détail. — Les marchandises importées dans la colonie ne peuvent être débarquées qu'après déclaration détaillée en douane. Toutefois, les navires postaux sont autorisés à effectuer leur déchargement sur simple présentation d'un manifeste régulier. Des arrêtés du Gouverneur déterminent les garanties particulières qui peuvent être exigées ainsi que les conditions dans lesquelles les marchandises débarquées des paquebots doivent être placées pour permettre la surveillance douanière jusqu'à ce que la déclaration en détail ait pu en être faite (Décrets 26 janvier et 28 septembre 1897 [Côte-d'Ivoire et Dahomey] art. 21; 18 août 1900 [Côte des Somalis] art. 24).

Au surplus, aux termes du décret (fin.) du 18 avril 1897, art. 2, la douane peut autoriser le débarquement des marchandises avant le dépôt des déclarations en détail; elle détermine, dans ce cas, le nombre d'expéditions du manifeste à remettre au bureau à titre de déclaration sommaire.

Trois jours (si le troisième jour est un jour férié on ne le compte pas) après l'arrivée du bâtiment, l'armateur ou le capitaine ou le consignataire (c'est-à-dire toute personne munie des connaissements, C. 23 oct. 1810) remet, en double expédition, l'état signé des marchandises qui lui appartiennent ou qui lui sont consignées.

A la Côte des Somalis, le délai de dépôt de la déclaration en détail est de dix jours (Décret 20 octobre 1910).

La déclaration doit être exacte et complète, par article et par colis, et contenir les renseignements nécessaires pour l'application des tarifs (Loi 22 août 1791, titre II, art. 9; loi 4 germinal an II, titre II, art. 4, loi 28 avril 1816, art. 26). Elle doit énoncer en toutes lettres : l'origine, la nature, l'espèce et la qualité des marchandises, leur poids, leur mesure ou leur nombre ou leur valeur (suivant que les marchandises sont taxées au poids, à la mesure ou au nombre ou à la valeur). Elle indique aussi le lieu de chargement ou la provenance, celui de la destination ainsi que le nom du navire et du capitaine. Les marques et numéros des balles, caisses, tonneaux et futailles sont mis en marge (Loi 22 août 1791, titre II, art. 9 et 21 ; loi 4 germinal an II, titre II, art. 4 et 9; loi 28 avril 1816, art. 25; décrets (Colonies) 26 janvier et 28 septembre 1897 (art. 22), 18 août 1900 (art. 25); 23 avril 1914 (art. 8).

Les marchandises doivent être déclarées sous les dénominations employées dans les tarifs en vigueur ou dans les mercuriales officielles (Décrets 26 janvier et 28 sept. 1897. art. 23; 18 août 1900, art. 26).

Aucun article ne peut être porté en interligne sur les déclarations (Décret 23 avril 1914, art. 8).

L'indication du poids ou de la mesure n'est pas exigée pour les marchandises sujettes à coulage (liquides et fluides; sucres bruts, même étant en balles ou en sacs) [Loi 22 août 1791, titre II, art. 19; tarif officiel, obs. prél.].

La valeur à déclarer est celle que les marchandises ont dans le lieu et au moment où elles sont présentées à la douane (prix d'achat augmenté des frais postérieurs qui contribuent à former à l'arrivée dans la colonie le prix marchand de l'objet, à l'exclusion des droits d'entrée). (V. Arr. min. [Fin.], 25 juin 1827 et tarif offic.).

Chaque déclarant est tenu, à toute réquisition du service, d'exhiber (sous peine d'une amende de 100 à 600 fr.), à l'appui de toute déclaration, les connaissements, factures, lettres de voiture et autres pièces propres à fixer la douane sur l'origine, la provenance, l'espèce, la qualité, la valeur des marchandises déclarées (Décrets 26 janvier 1897 [Côte-d'Ivoire], 28 septembre 1897 [Dahomey], art. 25; décret 18 août 1900 [Côte des Somalis], art. 28).

Les marchandises exemptes de droits à l'entrée ou à la sortie doivent être déclarées d'après les spécifications et unités énoncées au tarif sous peine de 100 francs d'amende à défaut de déclaration ou en cas de fausse déclaration (Loi 16 mai 1863, art. 19; C. 31 octobre 1893, n° 2357).

Les déclarations anticipées sont interdites. Elles ne peuvent être reçues que pour les marchandises présentées immédiatement à la vérification et qui sont importées ou exportées sans délai (Loi 22 août 1791, titre II, art. 5, 6 et 8; loi 4 germinal an II, titre II, art. 9; déc. adm. 12 août 1848; décrets précités [Colonies], 26 janvier et 28 septembre 1897, art. 26 et 18 août 1900, art. 29).

Les déclarations sont exemptées du timbre (art. 7, loi 2 juillet 1836).

Elles peuvent être modifiées quant au poids, au nombre, à la mesure ou à la valeur tant que la visite n'est pas commencée (c'est-à-dire avant que les colis à visiter aient été désignés) et à condition que la modification ait lieu dans les vingt-quatre heures de leur dépôt et que les intéressés représentent les balles, caisses, colis ou futailles, etc., en même nombre, marques et numéros que ceux déjà énoncés ainsi que les mêmes espèces de marchandises

— 54 —

(Loi 22 août 1791, titre II, art. 12; décrets 26 janvier et 28 septembre 1897, art. 24; décret 18 août 1900, art. 27).

Déclarations provisoires. — Les destinataires ignorants du contenu des colis qui leur sont parvenus peuvent (avant d'établir leurs déclarations en détail) être autorisés par les chefs de la visite à procéder à l'ouverture des colis et à prélever des échantillons en vue de constater l'espèce, la qualité, la valeur ou la quantité de leurs marchandises (même prohibées). Cette opération a lieu sous la surveillance, mais sans la participation, du service. Les demandes auxquelles elle donne lieu s'appellent des *déclarations provisoires;* elles sont faites sur les formules en usage pour les déclarations définitives (C. 17 déc. 1817, n° 353; C. 13 février 1832, n° 1304).

Enregistrement des déclarations (Loi 4 germinal an II, titre III, art. 6). — Les déclarations sont sommairement enregistrées à la douane. Des deux expéditions fournies, l'une est visée pour servir de *permis,* l'autre reste au bureau comme annexe des registres d'inscription et reçoit ultérieurement l'indication des numéros de liquidation et de recette ou du numéro du sommier d'entrepôt. Le service doit rapprocher les déclarations des duplicata pour s'assurer qu'elles n'ont pas été frauduleusement altérées.

Les déclarations sont classées et enliassées suivant l'ordre des numéros d'inscription et conservées avec soin.

La date de l'enregistrement sert de base pour l'application du tarif (C. 3 août 1822, n° 743, et 24 mai 1839, n° 1755). Si le dernier jour valable pour appliquer un tarif est un jour férié, les bureaux doivent rester ouverts pour recevoir et enregistrer les déclarations pendant toute la durée des heures réglementaires telles qu'elles sont fixées pour les jours ouvrables.

Permis. — Un congé ou *permis,* délivré pour *chaque* déclaration de détail et inscrit en marge de ce document, est nécessaire pour effectuer le débarquement des marchandises (Loi 22 août 1791, titre II, art. 13).

Le permis rappelle le numéro de la déclaration avec la désignation des marques et numéros des colis (Loi 22 août 1791, titre II, art. 13; loi 8 floréal an XI, art. 74; loi 27 juillet 1822, art. 13; C. n° 2341).

Le débarquement des marchandises, même lorsqu'il a été autorisé par la délivrance du permis, doit toujours s'effectuer en présence des préposés des douanes, sinon il est censé avoir lieu sans permis (*ibid.*).

Dès qu'une marchandise est irrégulièrement débarquée, il y a présomption légale d'origine étrangère (Déc. 3 mai 1845).

Hors le cas d'urgente nécessité (où la sûreté des bâtiments est en cause) et les cas de paquebots subventionnés faisant le service postal, les navires sont mis en déchargement à tour de rôle suivant la date de leur déclaration (*ibid.*).

Le débarquement peut se faire au moyen d'*allèges* (Loi 22 août 1791, titre XIII, art. 11). Les marchandises ainsi débarquées doivent être accompagnées d'un permis énonçant les quantités et les qualités dont chaque allège est chargée. Les allèges peuvent être escortées par des préposés.

Si les marchandises débarquées doivent seulement transiter, le permis de débarquement n'est donné que sur une déclaration spéciale ou *manifeste de transit* entraînant la visite et l'escorte des marchandises par la douane jusqu'à la gare ou jusqu'au wagon même.

Les marchandises ne peuvent être déplacées des quais et autres lieux de décharge qu'avec le permis des préposés (Loi 4 germinal an II, titre VI, art. 3).

Les *marchandises prohibées* exactement déclarées sont renvoyées à l'étranger (Loi 22 août 1791, titre V, art. 4).

Régime des tentes ou magasins-cales. — Afin d'accélérer les opérations des navires, l'Administration peut autoriser après le dépôt du manifeste et avant les déclarations en détail et la délivrance des permis, le débarquement des marchandises et leur dépôt dans un magasin spécial appelé tente ou magasin-cale, fourni par les intéressés, agréé par la douane et qui est réputé être la cale même du navire. Ce magasin doit être situé près des quais, autant que possible près d'un corps de garde des douanes et séparé de toute autre partie du port. Les marchandises y sont placées sur les points indiqués par la douane. Elles en sont extraites pour la vérification au vu des permis réguliers de débarquement apposés sur les déclarations en détail.

Les capitaines des navires, armateurs ou représentants des compagnies de navigation qui demandent à jouir de cette facilité, souscrivent des *soumissions générales cautionnées* (Déc. 28 janvier 1885) remises au chef de service local, par lesquelles ils reconnaissent que la tente est substituée à la cale des navires et s'engagent : 1° à répondre, comme si elles étaient constatées à la sortie du bord, de toutes les infractions ou irrégularités constatées à la sortie du magasin-cale ou à la suite des recensements qui y seraient effectnés; 2° à obtempérer à toute réquisition d'assister à l'ouverture des colis pour contrôler les énonciations du manifeste qui devra être fourni en autant de copies que le demandera le service (V. décret [Fin.] 18 avril 1897, art. 2). Les intéressés doivent employer, pour le déchargement et l'emmagasinement, des ouvriers agréés par l'Administration, répondre envers elle de tous leurs actes et renvoyer immédiatement ceux auxquels elle croirait devoir retirer sa confiance (Déc. 17 janvier 1842).

Pendant les heures de travail la surveillance intérieure et la garde des portes extérieures sont assurées par des préposés; ceux-ci ne doivent laisser rien enlever ni passer d'un magasin dans un autre sans permis, ni faire sortir les colis pour la visite par une autre porte que celle d'entrée. Nul ne doit pénétrer dans le magasin-cale en l'absence des préposés, hors les cas de force majeure. Les portes en sont fermées par deux serrures et l'une des clefs doit rester entre les mains des agents des douanes.

Marchandises restées à bord ou débarquées par force majeure. — Les marchandises qui, à l'entrée du navire, sont déclarées devoir rester à bord et qui, en effet, ne sont pas débarquées, sont exemptées de la déclaration en détail et de la vérification, pourvu que leur destination effective pour l'étranger ou pour un autre port français soit justifiée par les papiers du bord (Loi 22 août 1791, titre Ier, art. 6). La même exemption est appliquée aux marchandises mises temporairement à terre à la suite d'événements de force majeure. Elles sont, dans ce second cas, transportées sous la surveillance de la douane dans le local qui leur est désigné et elles sont ensuite reconduites à bord sous escorte.

Lorsqu'il s'agit d'une cargaison dont une partie doit être déchargée et l'autre rester à bord, la douane indique, après le débarquement, sur les papiers de bord (connaissements, chartes-parties, etc.) la partie du chargement mise à terre (Déc. 16 mars 1841).

Transbordements. — Le transbordement de marchandises, ou versement de bord à bord, sans permis, donne lieu à l'application des peines édictées par la loi du 22 août 1791, titre XIII, article 11 et par les décrets des 25 janvier et 28 septembre 1897 (Côte-d'Ivoire et Dahomey) article 6 et le décret du 18 août 1900 (Côte des Somalis), article 7.

En principe une déclaration en détail, c'est-à-dire contenant toutes les indications utiles au calcul éventuel des droits et à la reconnaissance extérieure des colis, est nécessaire. Dans la pratique, la douane peut admettre une déclaration indiquant seulement le nombre, l'espèce, les marques et les numéros des colis ainsi que la nature de leur contenu et accorder des facilités pour la vérification.

Les propriétaires ou consignataires des marchandises se soumettent, par leur déclaration de transbordement, à rapporter sur le permis qui leur est délivré, les attestations des préposés qui ont assisté à l'embarquement et constaté le départ pour l'extérieur, sous peine des pénalités prévues pour les réexportations frauduleuses par la loi du 22 août 1791, titre II, article 13, et titre V, article 1er, et par la loi du 21 avril 1818, article 61.

Le transport, par mer, d'un port à un autre d'une même colonie ou de deux colonies d'un même groupe soumises au même régime douanier, de marchandises sujettes aux droits, qu'il s'agisse de mutation d'entrepôt ou de transbordement, peut avoir lieu suivant les règles établies pour le *transit* sans toutefois que les marchandises soient plombées. Mais il convient de remarquer que légalement le régime du transit exclut l'emprunt de la voie maritime.

Si l'on recourt aux formalités du transit, les déclarations donnent lieu à la délivrance d'acquits-à-caution.

Avitaillement des navires. — Par objets d'avitaillement, on entend les vivres et provisions destinés soit à être consommés par l'équipage et les passagers soit à être utilisés pour le service du bord (C. n° 2410 et loi du 30 juin 1893).

Les vivres et provisions des navires doivent être compris sur le manifeste et déclarés à l'arrivée des bâtiments, dans le même délai et la même forme que les marchandises qui composent les chargements (lois 22 août 1791, titre VIII, art. 1er et 5; 4 germinal an II, titre II, art. 12). Dans la pratique, ils sont déclarés sur le manifeste d'entrée en un article distinct constituant le *manifeste d'approvisionnements du bord*, lequel doit énoncer, en outre des indications prévues pour la cargaison, les poids et quantités des provisions.

Le manifeste qui donne à l'égard des vivres et des provisions les indications exigées pour la déclaration en détail peut tenir lieu de cette déclaration (C. 22 oct. 1829, n° 1185).

En effet, les vivres et provisions de bord doivent toujours faire l'objet d'une *déclaration détaillée* avant leur débarquement.

Les quantités restant à bord en excédent des besoins de l'équipage et des passagers sont mises sous clef et sous scellés et le capitaine ou l'armateur souscrit une soumission l'obligeant à les représenter intactes au moment de la sortie définitive (C. 22 oct. 1829, n° 1185).

La faculté de consommer en franchise de droits d'importation ou de consommation, dans les eaux territoriales d'un groupe de colonies ou d'une colonie, les provisions de bord venant de l'extérieur ou celles provenant des entrepôts, est limitée aux navires opérant des déchargements ou des chargements de cargaisons en provenance ou à destination de ports autres que ceux de ce groupe de colonies ou de cette colonie.

Lorsqu'un navire venu de l'extérieur se livre à des opérations de cabotage, les provisions qu'il possédait à bord au moment de son arrivée dans la colonie ne sont pas soumises aux droits, mais toutes les provisions qu'il reçoit ultérieurement du dehors sont traitées comme les marchandises importées à terre.

Les navires expédiés pour toute autre destination que le cabotage ou la pêche côtière peuvent extraire des entrepôts, sous les formalités de la réexportation, les denrées et autres objets destinés à leur avitaillement (tarif off.).

Apurement des manifestes. — En échange des facilités accordées pour le déchargement des navires, leurs consignataires remettent à la douane plusieurs expéditions du manifeste établies sur des formules série M n° 1. Une expédition reste entre les mains de l'employé chargé d'enregistrer les déclarations en détail. Au fur et à mesure du dépôt de celles-ci, l'employé relate les numéros des registres des déclarations en détail ou de dépôt dans les colonnes qui leur sont ouvertes sur la formule série M n° 1, en regard de chacun des articles auxquels ils se rapportent. Et pour que la destination de chaque article soit connue, le même agent inscrit, en même temps que les numéros, l'un des mots : consommation, entrepôt réel, entrepôt fictif, dépôt, transit, admission temporaire, etc. Le service s'assure ainsi que toutes les marchandises énoncées au manifeste ont reçu une destination régulière : c'est ce que l'on appelle l'apurement du manifeste.

Restriction d'entrée. — La nécessité de tenir compte de la situation particulière des différents bureaux de douane et de leurs moyens de vérification a motivé l'établissement des restrictions d'entrée basées à la fois sur l'importance des droits et sur les difficultés qu'offrent certaines vérifications. C'est ainsi que diverses marchandises ne peuvent être importées dans la métropole que par certains bureaux spécialement désignés à cet effet et que les produits coloniaux jouissant d'une modération de droits ou de la franchise complète ne peuvent être importés dans la métropole que par les ports d'entrepôt. Le tarif métropolitain indique toutes ces restrictions qui ne peuvent, évidemment, être étendues aux colonies que lorsqu'elles sont compatibles avec l'organisation et le fonctionnement du service des douanes dans ces possessions. Au surplus, il peut être nécessaire d'appliquer aux colonies certaines restrictions d'entrée eu égard à leur situation particulière. Dans ce cas, ces mesures font l'objet de dispositions édictées dans les formes réglementaires voulues.

Relâche des bâtiments dans un port ou dans une rade. — La relâche est l'entrée d'un navire dans un port qui n'est pas celui de sa destination. Elle est *forcée* et donne lieu à certaines facilités si le navire entre par fortune de mer, poursuite d'ennemis ou autre cause de *force majeure* que la loi du 4 germinal an II qualifie de *détresse*. Sinon elle est volontaire. Le *naufrage* suppose la perte d'un navire et l'*échouement* son jet à la côte.

En cas de relâche volontaire, le capitaine du navire est tenu de présenter son manifeste aux agents des douanes qui se rendent à bord. Dans les vingt-quatre heures de son arrivée. il doit faire, en outre, une déclaration sommaire énonçant le nombre de caisses, ballots et tonneaux de son chargement, représenter ses connaissements, indiquer le port de sa destination et prendre certificat du tout, à peine de 500 francs d'amende pour sûreté de laquelle les marchandises et le bâtiment seront retenus (Loi 22 août 1791, titre II, art. 4 et 30 : loi 4 germinal an II, titre II, art. 1er: décrets [Colonies] 26 janvier et 28 septembre 1897, art. 18 et 18, août 1900, art. 18).

La copie du manifeste permet à la douane d'apprécier dans quelle mesure sa surveillance doit être exercée; elle inscrit ensuite le navire au registre des mouvements du port, en rappelant les motifs de la relâche et conserve la copie du manifeste dans un dossier spécial revêtu du numéro d'ordre de ce registre ou du numéro du rapport de mer si ce document a été remis (Déc. 14 nov. 1850).

La relâche volontaire ne peut durer plus de trois jours. Ce délai expiré, si le navire n'est pas reparti les déclarations en détail doivent être produites.

La *relâche forcée* astreint le capitaine du navire à justifier par un rapport, dans les vingt-quatre heures de son arrivée, des causes de la relâche, et à remplir les formalités indiquées ci-dessus pour la relâche volontaire (Loi 22 août 1791, titre VI, art. 1er et 3; décrets [Colonies] 26 janvier et 28 septembre 1897 et 18 août 1900, art. 19).

L'état de relâche forcée doit être constaté par les préposés des douanes (Loi 4 germinal an II, titre II, art. 11).

En l'absence d'un bureau de douane, le rapport fait par le capitaine devant le tribunal de commerce ou à défaut devant le juge de paix (Code de Com., art. 243) doit être visé par les préposés des douanes du poste le plus voisin.

Si le navire a besoin d'être radoubé ou de subir de grosses réparations qui exigent le débarquement des marchandises, celles-ci sont mises en dépôt à terre, au vu du manifeste original et avec le permis de la Douane, aux frais du capitaine, sous sa clef et sous celle des agents de la Douane, jusqu'au départ du navire (Loi 4 germinal an II, titre II, art. 6; loi 22 août 1791, titre VI, art. 2). Le capitaine peut aussi, avec l'autorisation de la Douane, transborder tout ou partie de son chargement sur d'autres navires (Loi 22 août 1791, titre VI, art. 2). Voir aussi décrets (Colonies) 9 mai 1892, article 28; 26 janvier 1897, 28 septembre 1897, 18 août 1900, article 20; 23 avril 1914, article 28.

Pénalités. — Défaut de déclaration dans les vingt-quatre heures du chargement d'un navire en relâche forcée : confiscation des marchandises et amende de 500 francs (Loi 22 août 1791, titre VI, art. 1er et 3).

Marchandises sauvées des naufrages. — Elles ne peuvent être livrées à la consommation qu'aux conditions générales des tarifs et après que les droits ont été payés ou garantis.

Elles sont débarquées sous la surveillance de la Douane, qui détient une clef du dépôt provisoire où elles sont placées, assiste aux procès-verbaux de reconnaissance et de description des objets sauvés et signe les actes rédigés par les officiers compétents et dont il lui est délivré des expéditions qui sont taxées avec les frais de sauvetage (Loi 22 août 1791, titre VII, art. 2. V. aussi décret [Océanie] 9 mai 1892, art. 27).

Les agents des Douanes assistent obligatoirement aux ventes de ces marchandises, (lesquelles ont lieu, faute de réclamation dans le délai d'un an, aux enchères publiques), et veillent à ce que les adjudicataires se conforment aux règles des déclarations, visites et payement des droits (Loi 22 août 1791, titre VII, art. 4).

Lorsque la vente ne peut avoir lieu sous condition du payement des droits ou de la réexportation, les marchandises peuvent être adjugées libres de taxes, mais le produit de la vente est alors appliqué jusqu'à due concurrence, aux droits et aux frais.

Les marchandises prohibées ne sont vendues ou remises à ceux qui les réclament qu'à charge de renvoi à l'étranger. Elles restent déposées dans les magasins de la Douane jusqu'à leur réexportation qui ne peut être différée, à peine de confiscation, au delà des trois mois de la mise en dépôt (Loi 22 août 1791, titre VII, art. 6).

Ceux qui sont trouvés par les préposés en possession de marchandises naufragées enlevées sans permis régulier, sont incarcérés; les préposés remettent leur procès-verbal au Procureur de la République ou à son représentant et les marchandises sont déposées dans un magasin en attendant qu'il soit statué sur leur propriété ou sur leur destination (Loi 22 août 1791, titre VII, art. 7).

2° *Importations par terre.*

La matière est régie par les principaux textes suivants : 1° Textes promulgués aux colonies par le décret du 16 février 1895 : loi du 22 août 1791, titre II, articles 1er et 2; loi du 4 germinal an II, titre III, articles 4 et 5;

8.

loi du 22 avril 1816, articles 25 et 31 : loi du 18 floréal an XI, article 42 (appliqué par l'article 31 de la loi de 1816); 2° Textes non promulgués : loi du 28 avril 1816, articles 26, 27, 29. 30, 34, 35.

Toutes marchandises et denrées importées par terre doivent être conduites par la voie la plus directe au bureau de douane le plus voisin du point où elles franchissent la frontière, à peine de confiscation et d'amende. La même peine est applicable si le bureau est dépassé ou si la marchandise avant d'y avoir été présentée est introduite dans une auberge ou dans une maison (Loi 22 août 1791, titre II, art. 1er et 2. Loi 4 germinal an II, titre III, art. 4 et 5).

Les importations par terre donnent lieu à la remise au premier bureau d'entrée d'une déclaration en détail semblable à celle prévue pour les importations par mer, mais indiquant, en outre, le nom, l'état ou profession et le domicile du destinataire (Loi 28 avril 1816, art. 25). Les marchandises ne sont ensuite retirées du bureau qu'après leur visite par la Douane, le payement des droits et la délivrance au conducteur d'un acquit de payement nécessaire à la circulation (Loi 28 avril 1816, art. 26).

Transport d'un premier bureau sur un second. — Sont seules exceptées de la déclaration en détail et d'une visite complète au premier bureau d'entrée, les marchandises qui doivent être transférées à un deuxième bureau pour être soumises à ces formalités (Loi 28 avril 1816, art. 27).

Dans ce cas, il est fait une déclaration du nombre des balles, caisses ou futailles à introduire et il est produit les lettres de voiture délivrées dans le lieu du chargement ou de dernière expédition sur le pays étranger, lesquelles doivent indiquer l'espèce des marchandises, les marques, les numéros et poids de chaque colis.

Les objets ainsi déclarés ne sont assujettis au premier bureau qu'à une vérification sommaire du nombre de colis et de leur poids si les préposés l'exigent; ils peuvent ensuite être expédiés, sous plomb et sous acquit-à-caution, à destination du bureau où doit se faire la vérification en détail (Loi 28 avril 1816, art 28).

Ceux qui présentent les marchandises s'engagent conjointement avec une caution à les représenter intacts au bureau de destination.

La déclaration sommaire faite au bureau d'entrée ne peut être rectifiée, par la déclaration en détail et définitive à fournir au deuxième bureau, que pour la distinction des marchandises assujetties à des droits différents suivant leur qualité mais dont l'espèce a été indiquée sans fraude dans les lettres de voiture, et pour l'indication du poids des colis, dans le cas seulement où l'on n'aurait pas constaté au premier bureau un excédent de poids au-dessus du dixième pour les marchandises ordinaires et du vingtième pour les métaux.

Sont considérées comme introduites en fraude toutes marchandises prohibées qui n'ont pas été désignées et distinguées dans la déclaration sommaire au bureau d'entrée et toutes celles qui se trouvent dans les colis non déclarés à ce bureau (Loi 28 avril 1816, art. 30).

Pénalités. — Déficits dans le nombre des colis ou substitutions de marchandises reconnus à l'arrivée : amende de 2,000 francs par colis manquant ou contenant une marchandise différente, appliquée au voiturier ou au batelier avec retenue préventive des moyens de transport pour sûreté de l'amende. Déchargement ou échange de colis en cours de transport entre le premier et le deuxième bureau : confiscation des colis déchargés ou échangés et amende de 5oo francs (Lois des 28 avril 1816, art. 31 et 8 floréal an xi, art. 42).

§ II. Exportations.

1° *Exportations par mer.*

Aucune marchandise ne peut être exportée par mer sans *déclaration* préalable à la Douane et *présentation* à ce service pour être vérifiée s'il le juge à propos. En fait, la vérification s'effectue généralement sur le quai d'embarquement (Loi 22 août 1791, titre II, art. 6). La déclaration doit contenir les mêmes indications que celles exigées à l'entrée (art. 9). Elle est transcrite sur le registre *des déclarations à l'exportation* (art. 8).

Un *permis* est nécessaire pour l'embarquement, qui ne peut avoir lieu que dans l'enceinte d'un port et en plein jour (Loi 22 août 1791, titre XIII, art. 9), sauf les exceptions admises en ce qui concerne le travail en dehors des heures légales. Les marchandises sont, après la remise du permis, immédiatement transportées à bord.

Aucun navire français ou étranger, chargé ou sur lest, ne peut prendre la mer sans être muni d'un *manifeste de sortie* que le capitaine n'est pas tenu de remettre en double et qu'il doit simplement faire viser par la douane. Le manifeste de chargement distingue les marchandises de réexportation suivant leur provenance étrangère ou des colonies françaises (Loi 5 juillet 1836, art. 2 et Déc. adm. 30 décembre 1840).

Il est enregistré sommairement par la douane. Il a le caractère d'un simple papier de bord soumis pour la police de la navigation au visa de la douane, ne remplissant pas même l'office d'une déclaration sommaire et établi après les déclarations en détail dont il est la conséquence et le résumé.

Les patrons des barques qui transportent des denrées indigènes de consommation journalière entre les lieux les plus rapprochés de la côte ou entre le continent et des îles du littoral appartenant à la France sont dispensés de la production du manifeste.

Pénalités. — Non-représentation du manifeste de sortie à toutes réquisitions des préposés : amende de 5oo francs en garantie de laquelle le navire peut être retenu (Loi 5 juillet 1836, art. 2).

Capitaines de navire se mettant en mer ou sur les rivières affluentes sans être porteurs de l'acquit de payement des droits ou autres expéditions concernant les marchandises de réexportation ou soumises à des droits de sortie : confiscation et amende de 100 francs (Loi 22 août 1791, titre II, art. 13).

Les fausses déclarations à l'exportation sont réprimées suivant les mêmes règles qu'à l'importation.

Tentatives d'exportation en fraude par mer de marchandises proh   s (mêmes pénalités qu'en cas de débarquement sans permis ou de débarquement avec permis en dehors des heures réglementaires). Voir décrets 26 janvier et 28 septembre 1897 (Côte d'Ivoire et Dahomey) et décret 18 août 1900 (Côte des Somalis).

2° *Exportations par terre.*

Pour les exportations par terre, les mêmes formalités que pour les exportations par mer sont exigées en ce qui a trait aux déclarations, aux visites, etc. En outre, les marchandises doivent être conduites au bureau de seconde ligne (c'est-à-dire le plus voisin de l'intérieur), par le chemin le plus direct et le plus fréquenté; il est défendu de prendre aucune voie oblique tendant à contourner ou à éviter les bureaux de douane (Loi 22 août 1791, titre II, art. 3 ; loi 4 germinal an II, titre III, art. 1er et 2).

Après la vérification, les marchandises sont immédiatement, sans délai, ni emmagasinage, ni transport rétrograde, conduites à l'étranger.

Pénalités. — Exportation sans déclaration exacte de marchandises prohibées : confiscation des marchandises et des moyens de transport et amende de 500 francs (Loi 22 août 1791, titre V, art. 3; Loi 4 germinal an II, titre II, art. 10 ; Loi 14 fructidor an III, art. 4).

Les fausses déclarations sont réprimées suivant les mêmes règles qu'à l'entrée.

Vérification. — En ce qui concerne les importations et les exportations, l'Inspection doit s'assurer que les différentes prescriptions résumées ci-dessus sont bien observées. Elle recherchera, s'il y a lieu, les raisons pour lesquelles des dérogations sont apportées à ces dispositions réglementaires, se justifient, et dans quelles conditions elles peuvent devenir légales.

Les principaux points à examiner sont les suivants :

Importations par mer. — Dépôt du manifeste dans les vingt-quatre heures de l'arrivée.

Déclaration en détail dans les trois jours.

Visite à bord des navires par les préposés du service actif.

Conditions dans lesquelles s'effectuent les débarquements ; surveillance exercée. Fonctionnement du service d'écor.

Comment fonctionnent les magasins-cales ? La surveillance y est-elle exercée de façon à éviter la fraude et la contrebande ? Mesures prises pour assurer la garde des marchandises qui, en raison de l'exiguïté des magasins-cales doivent séjourner sur les quais.

Vérifier l'apurement de quelques manifestes sur les copies série M, n° 1. Toutes les marchandises ont-elles reçu une destination régulière : consommation, entrepôt, transit, admission temporaire, etc.?

Réviser un certain nombre de permis de marchandises déclarées pour la consommation.

Le régime appliqué aux provisions de bord doit retenir l'attention.

Importation par terre. — Déclarations en détail et visite. Pour les colis expédiés d'un premier bureau sur un second, le service observe-t-il les formalités prescrites par la loi du 28 avril 1816?

Exportations. — Les marchandises sont-elles exactement visitées et les exportations régulièrement constatées.

Transbordements, — Comment ils s'effectuent. Surveillance exercée.

Principaux registres à examiner : Registre série N n° 8. Mouvement des navires à l'entrée et à la sortie:

Registre série M n° 2. Inscription sommaire des manifestes ;

Même registre spécial au cabotage ;

Registre destiné à l'inscription sommaire des déclarations en détail ;

Registre des déclarations à l'exportation ;

Registre destiné à l'inscription sommaire des déclarations relatives aux marchandises exportées, expédiées en transit avec simple passavant ou chargées en cabotage (série M n° 24) ;

Registre pour la constatation des opérations de transit, de réexportation, de transbordement ;

Registre des permis de navigation ;

Registre de renvoi des passavants:

Registre des soumissions cautionnées ;

Registre des congés, etc.

§ III. Vérification des marchandises et liquidation des droits.

Lieu pour la visite. — Après dépôt de la déclaration, et délivrance du permis dans les ports, les marchandises sont conduites au bureau ou à tel autre endroit convenu entre la douane et le commerce pour être vérifiées si les préposés l'exigent. Le cas échéant, la vérification peut même se faire au lieu de l'embarquement ou du débarquement (Loi 22 août 1791, titre II, art. 1, 3, 6, 14 et 15, loi 4 germinal an II, titre VI, art. 3).

L'exemption des droits, à l'entrée ou à la sortie, ne dispense pas le commerce de l'accomplissement des obligations imposées pour la présentation des marchandises (C. 10 mai 1851, n° 2436 et 12 décembre 1857, n° 522).

Objet de la visite. — La visite ou vérification en douane, a pour but de contrôler les déclarations du commerce (Déc. 29 septembre 1835). Elle consiste : 1° dans la reconnaissance du contenu des colis, c'est-à-dire de la nature et au besoin de l'espèce ou de la qualité des marchandises ; 2° dans la pesée des colis ou dénombrement, mesurage, pesée des marchandises selon le mode de tarification qui leur est applicable (C. 28 sept. 1839, n° 1776 C. man. 28 novembre 1840 ; C. 20 mai 1848, n° 2248).

Conditions de la visite. — La visite ne peut s'effectuer qu'en plein jour et pendant les heures légales d'ouverture des bureaux.

Elle ne peut avoir lieu qu'en *présence du déclarant* ou de son représentant, S'il refuse d'y assister, les marchandises sont constituées en dépôt (Loi 22 août 1791, titre II, art. 16; tarif).

Le transport, le déballage, le remballage, le pesage, l'arrimage, etc., et tous autres frais quelconques de manipulation des marchandises désignées pour la visite sont à la charge du déclarant (Loi du 22 août 1791, titre II, art. 15).

Droit des employés. — Les employés des douanes ont le droit : soit de tenir les déclarations pour exactes, soit de procéder à la vérification des marchandises.

Les taxes sont perçues, dans le premier cas, suivant l'espèce, le poids, le nombre ou la mesure déclarés; dans le second cas, d'après le résultat de la vérification, et ce, indépendamment, quand il y a lieu, des peines encourues pour fausse déclaration (Loi 22 août 1791, titre II, art. 14 et 17; loi 4 germinal an II, titre III, art. 10).

La vérification peut être *intégrale;* mais elle peut aussi être effectuée *par épreuves,* soit pour la quantité ou pour l'espèce ou la qualité, soit à la fois pour la quantité et pour l'espèce et la qualité (Décret [Fin.] 27 août 1911, art. 19).

Les marchandises sont pesées : jusqu'à l'hectogramme, sans égard à la quotité du droit, pour les colis d'un poids supérieur à 10 kilogrammes l'*un* et jusqu'au gramme pour les colis ne dépassant pas 10 kilogrammes, que la pesée ait lieu par unités ou par groupes de colis. Pour ceux pesant plus de 300 kilogrammes l'*un,* la pesée est arrêtée au demi-kilogramme; mais, en fin d'opération, après déduction de la tare réelle ou légale, le net à liquider est établi jusqu'à l'hectogramme (Décret 27 août 1911, art. 16).

Les vérifications de poids par épreuves s'appliquent aux colis ou objets d'un *poids uniforme* et portant les *mêmes marques,* c'est-à-dire de mêmes formes, dimensions et marques, dont le poids ne présentent pas entre eux un écart de plus de 5 p. 100.

On peut y recourir également lorsqu'il a été remis à l'appui de la déclaration une note du poids distinct de chaque colis ou objet. Cette *note,* dite *de détail,* doit être datée et signée par le déclarant: mais elle ne fait pas partie intégrante de la déclaration; elle n'a légalement que la valeur d'un simple bordereau destiné à faciliter la vérification (Décret 27 août 1911, art. 20).

A l'importation et sous réserve de l'appréciation du service, suivant les circonstances, les épreuves, quant au poids, doivent porter sur un colis au moins lorsque le nombre des colis ne dépasse pas cinq; sur deux au moins si leur nombre est de vingt au plus et sur 1/10ᵉ au moins du nombre total s'il y a plus de vingt colis. Dans tous les cas, les épreuves doivent porter séparément sur chaque lot distinct. Les mêmes proportions sont observées pour la vérification des quantités en ce qui concerne les marchandises taxées autrement qu'au poids (Décret 27 août 1911, art. 21).

Lorsqu'il s'agit de marchandises faiblement taxées et si l'expédition comprend un grand nombre de colis, la proportion des épreuves de poids peut être réduite à 5, 2, ou même 1 p. 100 suivant les circonstances (*Ibid.*, art. 22).

En cas d'importation directe de l'étranger, l'ouverture ou le sondage pour la vérification de l'*espèce* et de la *qualité* ne peut pas descendre au-dessous des mêmes proportions. Pour les sucres, tous les colis doivent être sondés en vue de la formation des échantillons (*Ibid.*, art. 23).

En ce qui concerne les colis postaux, la vérification doit porter sur 80 p. 100 au moins de leur nombre avec obligation d'effectuer le plus souvent possible la visite intégrale des colis d'un train ou d'un navire (Décr. précité, art. 24).

Pour les sorties d'entrepôt ou les arrivages en suite de transit ou de transbordement ayant donné lieu à une vérification de détail, le nombre des épreuves peut être réduit (*Ibid.*, art. 25).

Le commerce a toujours le droit de récuser les résultats des vérifications par épreuves et de demander que la vérification soit complète (*Ibid.*, art. 26).

L'admission comme conforme sans pesée, dénombrement ou mesurage, ne peut avoir lieu qu'en vertu d'une autorisation du chef de la visite donnée par écrit sur le permis ou sur le carnet (C. 20 mai 1848, n° 2248).

A l'*importation* des marchandises exemptes de droits, on doit toujours vérifier la *qualité* sauf à ne procéder que par épreuves (tarif).

Il est interdit d'accorder des bonifications de poids basées sur l'état d'humidité des marchandises (Déc. 27 février 1852).

La *visite complète* est nécessaire toutes les fois : qu'à l'*entrée*, la visite des premiers colis fait ressortir des inexactitudes notables dans l'énoncé de la déclaration ou fait craindre des tentatives d'abus, ou que les déficits sur le 1/5° ou le 1/10° des colis sont hors de proportion avec la nature des marchandises, et qu'à la *sortie*, les déficits reconnus sur le 1/5° des caisses, balles ou ballots vérifiés excèdent ce que l'on peut attribuer à la dessiccation des marchandises ou aux variations légères résultant de l'emploi d'instruments différents (C. 28 septembre 1839, n° 1776).

C'est avec les instruments du service que les marchandises doivent être pesées (Déc. 21 juin 1844). Les poids qu'ils accusent doivent être fréquemment vérifiés.

La vérification d'un colis contenant divers objets doit autant que possible être terminée dans une même séance. Si l'opération se trouve suspendue, la douane reste dépositaire du colis; aussi faut-il entourer alors celui-ci d'une ligature arrêtée au moyen d'un cachet dont l'intégrité doit être reconnue en présence du déclarant au moment de la reprise de la visite (Déc. 19 janvier 1853).

La douane peut procéder à la contre-vérification des marchandises et denrées tant que celles-ci, non retirées par les destinataires ou expéditeurs, sont encore sous sa main (Cass. 23 octobre 1905). Mais ce droit doit être exercé avec ménagement (Obs. prélim. du tarif).

Les préposés-visiteurs, en raison de leur concours matériel, ont des parts dans les saisies dites de bureau, alors que les agents du service actif ne participent qu'au produit des contraventions constatant des déficits ou des excédents sur les manifestes. Les préposés-visiteurs assistent et concourent aux opérations de la visite pour établir l'équilibre des balances et appeler les poids à haute voix. Les agents vérificateurs seuls désignent les colis à vérifier (C. lith. 15 avril 1847), et ils doivent, sous leur responsabilité, s'assurer de l'exactitude du poids de chaque colis.

Exceptionnellement les chefs de service peuvent, sauf à en rendre compte, utiliser pour la visite le concours des agents des brigades qui, sous la surveillance et la responsabilité d'un agent vérificateur, en suivent les opérations sur un carnet. L'agent vérificateur doit toujours reconnaître lui-même la nature et, le cas échéant, l'espèce ou la qualité des marchandises (Déc. 20 octobre 1855).

Portatif et certificat. — Sauf pour les exportations simples, les détails de la visite sont inserits au fur et à mesure sur un carnet spécial dénommé portatif. Le receveur reçoit ensuite un certificat de visite (C. 25 avril 1806) sur lequel l'agent vérificateur a indiqué la quotité des droits et établi la liquidation au moyen des calculs nécessaires (C. 30 janvier 1817, n° 247; déc. 18 octobre 1838). Ce décompte est contrôlé par l'agent qui tient le registre de liquidation.

Aux colonies, il est procédé comme suit : les bagages des voyageurs font l'objet de déclarations verbales qui peuvent être contrôlées en tout ou en partie et dont le montant est centralisé par les vérificateurs de douanes. Il est justifié des perceptions au moyen de liquidations établies par le vérificateur sur un registre à souches duquel est détachée la quittance à remettre au voyageur. Après la vacation, revision est faite de ces liquidations. Leur montant, comprenant séparément les droits de douane et d'octroi de mer, est versé en bloc au Trésor qui en donne reçu sur ledit registre (Arr. Guadeloupe 6 février 1899). Voir aussi Arrêté du Gouverneur général de l'Afrique Occidentale du 29 août 1911 : perception par la douane du Sénégal des droits sur les bagages des voyageurs et sur les colis postaux.

En ce qui concerne les vérifications des marchandises et objets autres que les bagages des voyageurs, il n'est pas tenu de portatif, ni établi de certificat de visite; le registre de liquidation est seul en usage. Les liquidations sont faites sur les déclarations en détail elles-mêmes.

Les trésoriers-payeurs, trésoriers particuliers et percepteurs recouvrent les droits au moyen des titres émis par la douane qui les avise de leur émission. Les redevables leur présentent d'ailleurs ces mêmes titres en venant se libérer à leur caisse. C'est à la douane et non au trésorier-payeur qu'incombe le soin de renseigner les redevables sur le détail des liquidations les concernant (Dépêche ministérielle Saint-Pierre et Miquelon 19 août 1899).

Les déclarations liquidées sont adressées mensuellement, par les différents bureaux, à la direction du service, pour être soumises à un contrôle destiné à redresser les erreurs matérielles ou les fausses applications du tarif.

Infractions relatives aux marchandises déclarées et présentées à la visite. —
Fausse déclaration portant sur l'origine, la qualité, l'espèce ou la valeur de
la marchandise : confiscation de la marchandise et amende de 100 francs si
la fausse déclaration tend à éluder un droit de 12 francs et au-dessus; amende
de 100 francs et retenue préventive des marchandises pour sûreté de l'amende
s'il s'agit d'un droit de moins de 12 francs (Loi 22 août 1791, titre II,
art. 21; loi 16 mai 1863, art. 19; loi 7 mai 1881, art. 4; décrets 26 janvier 1897 [Côte-d'Ivoire] et 23 septembre 1897 [Dahomey], art. 29; décret
18 août 1900 [Côte des Somalis], art. 33. Consulter également la loi de
finances du 13 avril 1898, art. 20).

Fausse déclaration tendant à faire admettre une marchandise prohibée
comme marchandise tarifée ou exempte : confiscation de la marchandise et des
moyens de transport, amende égale à leur valeur sans être inférieure à
500 francs; 3 jours à un mois de prison (Lois des 28 avril 1816, art. 41,
42, 43; 21 avril 1818, titre II, art. 37; 2 juin 1875, art. 1 et 4).

Excédent au-dessus du vingtième pour les métaux et les marchandises
taxées à plus de 10 francs par 100 kilogrammes et du dixième pour les autres
marchandises) sur le poids, le nombre ou la mesure déclarés des marchandises : quadruple droit sur l'excédent (Loi fin., 28 décembre 1895, art. 16).

Pour la Côte d'Ivoire, le Dahomey et la Côte des Somalis, voir les décrets
des 26 janvier 1897, article 31; 28 septembre 1897, article 30 et 18 août
1900, article 35.

Les déficits ne peuvent jamais compenser les excédents (Déc. 5 oct. 1847).

Lorsque la différence porte sur la nature des marchandises, celles-ci sont
considérées comme n'ayant pas été déclarées (C. 5 juin 1875, n° 1273).

En cas de vols ou de substitutions de colis ou de marchandises juridique-
ment prouvés, aucune peine n'est encourue par le déclarant (Loi du 22 août
1791, titre II, art. 21).

Consulter également le décret du 23 novembre 1899 déterminant les pénalités applicables au Sénégal au cas de fausses déclarations en douane de
quantité et de valeur. Voir aussi pour l'Océanie, le décret du 9 mai 1892,
articles 17, 18 et 19, et pour Saint-Pierre et Miquelon, le décret du 23 avril
1914, articles 18 et 19.

Préemptions et expertise légale. — La loi du 7 mai 1881 a abrogé dans la
métropole les dispositions de la loi du 4 floréal an IV, qui donnaient aux
agents des douanes le droit de préempter les marchandises taxées à la valeur
lorsqu'elles leur paraissaient mésestimées. C'est au Comité d'expertise légal,
qui fonctionne dans les conditions prévues par les lois des 27 juillet 1822
(art. 19), 7 mai 1881 (art. 4), 11 janvier 1892 (art. 9), qu'il appartient
de statuer sur les constatations relatives à la valeur des marchandises aussi
bien que sur celles qui se rapportent à la nature, l'espèce ou la qualité.

Le décret du 16 février 1895 n'a pas compris les articles précités des lois
de 1822 et 1881 parmi les textes douaniers applicables aux colonies régies
par la loi du 11 janvier 1892. De sorte qu'il règne une certaine incertitude
à cet égard. En fait, l'expertise légale ne fonctionne qu'à l'occasion des con-

9.

testations relatives à la perception des droits d'octroi de mer, parce que les décrets relatifs à ces taxes l'ont expressément prévue et réglementée. Ces actes prévoient même l'intervention de la Commission d'expertise attachée au Ministère du Commerce, suivant les prescriptions des lois des 22 juillet 1822, 7 mai 1881 et 11 janvier 1892 (Guadeloupe : décret 5 septembre 1903, art. 12 et 13; Réunion, décret 17 février 1891, art. 15; Martinique, décret 27 août 1898, art. 11 et 12; Guyane, décret 11 mars 1897, art. 20 et 21).

Les décrets des 9 mai 1892 (Océanie), 26 janvier 1897 (Côte d'Ivoire), 18 août 1900 (Côte des Somalis), prévoient expressément que la douane pourra détenir une marchandise qu'elle jugera mésestimée, à charge de payer au déclarant, dans les quinze jours qui suivront la notification du procès-verbal, une somme égale à la valeur déclarée augmentée du dixième (déduction faite des droits dus). Elle doit ensuite faire vendre la marchandise aux enchères publiques. Aux termes des mêmes décrets et du décret du 28 septembre 1897, spécial au Dahomey, lorsque le déclarant ou son représentant refuse d'accepter la constatation de la douane, celle-ci l'assigne devant le tribunal civil qui statue après expertise sur le droit applicable. L'expertise a lieu alors d'après les règles du droit commun (décrets 26 janvier 1897, art. 50 et 28 septembre 1897, art. 52; décret 18 août 1900, art. 50).

Le recours à l'expertise s'impose lorsque la contestation porte sur l'*espèce*, la *qualité*, l'*origine* ou la *valeur* des marchandises. Ce recours est inutile lorsque la douane a la certitude absolue de la fausseté de la déclaration et que cette certitude résulte de constatations matérielles portant par exemple sur le poids, la mesure ou la provenance.

Non-réfaction des droits. — La loi du 16 mai 1863 (art. 21) dispose que les droits doivent être perçus intégralement sur les quantités présentées à la douane et sans égard à la qualité, à la valeur relative ou à l'état des marchandises, même dans le cas où elles seraient avariées par suite d'événements de mer. Ce texte a donc abrogé les lois des 8 floréal an XI (art. 79 et suiv.) et 21 avril 1818 (art. 51 à 59) qui prévoyaient la réfaction des droits, c'est-à-dire une réduction de droits proportionnelle à la dépréciation subie par les marchandises, dépréciation qui devait être constatée par une vente publique. Les importateurs conservent d'ailleurs le droit de trier les marchandises avariées et de les détruire ou de les ré exporter (Tarif; Décrets [Colonies] 26 janvier 1897, art. 56, et 28 septembre 1897, art. 63; 18 août 1900, art. 54; 23 avril 1914, art. 26). Voir, toutefois, l'article 26 du décret (Océanie) du 9 mai 1892 qui autorise la réfaction des droits.

Tares. — En principe, les droits s'appliquent au poids brut. Mais la tarification au poids net est généralement appliquée aux marchandises dont les droits sont élevés ou qui exigent un genre d'emballage disproportionné avec leur volume ou leur pesanteur spécifique. (Consulter la loi du 16 mai 1863, art. 24, la loi du 22 août 1791, titre Ier, art. 3, et le décret [Fin.] du 27 août 1911, art. 4, 32 et 33.)

Pour l'application des droits à l'importation, on entend : par *poids brut*, le poids cumulé du contenu et de toutes ses enveloppes, tant extérieures qu'intérieures; par *poids net réel*, le poids de la marchandise dépouillée de tous ses emballages extérieurs et intérieurs; par *poids net légal*, le poids obtenu en déduisant du poids brut la tare dite légale, c'est-à-dire la tare que la loi ou les décrets réglementaires ont déterminé, selon le mode d'emballage et l'espèce des marchandises, pour le cas où le déclarant réclamerait la liqu'dation au poids net légal ou n'aurait pas demandé en temps utile la liquidation au poids net réel; par *poids demi-brut*, le poids cumulé du contenu et de ses emballages *intérieurs* pour les marchandises énumérées à l'article 6 du décret du 27 août 1911.

Le poids net légal est la base de la liquidation pour les marchandises imposées au net, lorsqu'il y a lieu d'appliquer la tare légale (Décret 27 août 1911, art. 5). Mais le déclarant a le droit de réclamer l'application de la tare réelle.

Toutes les fois que les marchandises ont été taxées au net, les emballages sont ensuite imposés suivant le droit qui leur est propre. Ceux qui n'ont pas de valeur marchande, notamment les caisses et futailles, sont admis en franchise (Décret 27 août 1911, art. 8 et 9).

Se reporter au décret du 27 août 1911 sur les tares et emballages et au tableau des tares légales annexé à ce texte. Voir également le décret du 13 juillet 1912 modifiant les articles 43 à 48 inclus du décret du 27 août 1911. Voir aussi décret (Saint-Pierre et Miquelon) du 23 avril 1914, article 2.

Échantillons. — Toute faible partie d'une chose, exclusivement destinée et propre à la faire connaître, est réputée échantillon.

On ne considère comme échantillons des objets fabriqués que des articles uniques, dépareillés ou incomplets et dont la destination se prouve par la réunion de choses toutes dissemblables les unes des autres (tarif).

A l'importation, les échantillons suivent généralement le même régime que les marchandises qu'ils représentent. Ceux qui pourraient être utilisés comme marchandises jouissent du bénéfice de la *franchise temporaire* moyennant consignation des droits.

Le délai normal de réexportation est de six mois. Il peut être porté à un an dans certains cas.

Les échantillons sont plombés ou estampillés dans les bureaux d'entrée; le nombre de plombs, cachets ou estampilles est mentionné sur la reconnaissance de consignation qui doit être représentée au moment de la réexportation.

Les échantillons prélevés sur les denrées de consommation et autres marchandises analogues, soit à l'importation, soit en entrepôt, sont soumis aux conditions du tarif.

Vérification. — L'Inspection examinera dans quelles conditions la visite des marchandises s'effectue, et les diverses prescriptions réglementaires sont observées. Le bureau est-il constamment muni des poids, balances et instruments nécessaires aux vérifications? Les opérations des vérificateurs sont-elles contrôlées par des contre-visites aussi nombreuses que possible? Toutes les liquidations sont-elles revues par le chef de service ou un fonctionnaire à ce délégué, avant leur transmission au comptable chargé de la perception des droits? Revoir un certain nombre de liquidations pour s'assurer que les tarifs sont appliqués exactement. Vérifier le registre des liquidations; le comparer aux liquidations originales. Voir si le décret du 27 août 1911 a été régulièrement promulgué dans la colonie.

§ IV. *Acquittement des droits.*

Nul ne peut prétendre à aucun privilège ni être exempté des droits de douane (Lois 22 août 1791, titre Ier, art. 1er, et loi du 4 germinal an II, titre Ier, art. 3).

Les objets importés ou exportés pour le compte du Gouvernement et des administrations publiques sont soumis aux dispositions du tarif comme ceux qui appartiennent au commerce ou à de simples particuliers (Décret 6 juin 1807).

Toutefois la loi du 3 mai 1902 autorise l'entrée en franchise des dons et secours destinés aux prisonniers de guerre.

Les droits de douane doivent être *payés au comptant* sans escompte et en monnaie ayant cours légal (Déc. min. 26 messidor an XI).

A la Guyane, les droits de circulation sur l'or natif, institués par le décret du 27 août 1908, peuvent être perçus en nature. L'or provenant de ces recettes est vendu aux enchères publiques par les soins du chef du service des douanes ou de son délégué (Décision locale du 24 juillet 1908).

La marchandise étant le gage des droits ne peut en principe être retirée des douanes ou bureaux qu'après que les redevables ont justifié du payement des droits par la production de leur quittance (Loi 22 août 1791, titre XIII, art. 30; loi 15 février 1875, art. 1er).

Toutefois, en vue de donner au commerce toutes les facilités conciliables avec les intérêts de la colonie, il peut être fait exception à cette règle dans les cas suivants :

1° Quand le redevable a consigné les droits;

2° Quand il a obtenu du trésorier-payeur le crédit d'enlèvement ou le crédit des droits.

En outre, les services publics peuvent jouir de délais spéciaux leur permettant d'observer, pour l'acquittement des droits, toutes les règles de la comptabilité budgétaire en matière d'ordonnancement des dépenses. (Voir Arrêtés G. G. [A. O. F.] des 10 janvier et 16 février 1911).

1° *Consignations en garantie de droits.*

On entend par consignations, les versements en numéraire opérés en vue d'obtenir la faculté de prendre la marchandise avant règlement définitif des droits en cours de liquidation, ou sans payement des droits, suivant les circonstances et en raison des destinations des marchandises.

Il est ainsi possible d'éviter les avaries auxquelles sont exposées les marchandises séjournant trop longtemps sur les quais, de dégager rapidement les locaux affectés à la visite et de permettre au commerce de prendre dans les délais les plus courts possession de ses colis.

Les versements doivent toujours correspondre aux droits revenant ou pouvant revenir au Trésor; ils comportent toujours, soit leur application aux droits définitifs, soit leur restitution. Les personnes qui ont consigné ont seules qualité, lorsqu'il y a restitution, pour délivrer acquit libératoire, ou pour donner procuration de recevoir en leur nom la somme consignée.

Le trésorier-payeur peut, sous sa responsabilité, accepter des consignations en traites. Ces traites ainsi remises à titre de consignation sont susceptibles d'être échangées, lors du règlement, soit contre d'autres traites à 90 jours, soit contre du numéraire (Décret [Dahomey] 23 janvier 1902, art. 19).

Toute consignation donne lieu à la délivrance d'un récépissé, extrait d'un registre à souche. La quittance doit toujours être remise immédiatement au redevable, qui est tenu de la représenter lors du règlement du compte (Lettre comm. du 2 octobre 1879, n° 458).

Sur la remise du récépissé de consignation, le chef du bureau des douanes autorise l'enlèvement des marchandises déclarées, mais seulement après qu'elles ont été reconnues et vérifiées et jusqu'à concurrence de la somme consignée. (Décret 23 janvier 1902, art. 21).

Après établissement de la liquidation, le liquidateur en inscrit le montant au verso du récépissé de consignation. Il indique également, s'il y a lieu, le montant du supplément à verser par le consignataire ou du reliquat à lui rembourser (Même décret, art. 22).

Le trésorier-payeur ou le comptable qui a reçu la consignation ne peut rembourser tout ou partie de la somme reçue que sur présentation du récépissé dûment visé par le liquidateur et portant la mention de la somme à rembourser (Même décret, art. 23).

Les consignataires sont tenus, pour permettre le contrôle, de produire au bureau de douane qui a émis la liquidation, et ce dans les dix jours suivants, l'acquit de payement qui leur est délivré en échange de la quittance de consignation (Décret 23 janvier 1902, art. 24).

Le délai maximum pour l'apurement des consignations est de six mois pour celles qui garantissent le payement des droits d'entrée (C. compt. publ., 10 décembre 1856).

Consulter le décret (Dahomey) du 23 janvier 1902 (art. 18 à 25).

L'arrêté du 6 février 1899, établissant à la Guadeloupe le régime des consignations pour les droits liquidés par le service des douanes, a prescrit l'ouverture, dans les comptes du trésorier-payeur, aux correspondants administratifs, sous la rubrique «Droits consignés à régulariser ultérieurement», d'un compte destiné à recevoir le montant des droits consignés.

2° *Crédits.*

On distingue le crédit d'enlèvement, qui donne lieu à la remise de *soumissions* cautionnées et le crédit des droits à la garantie duquel s'appliquent les *traites* cautionnées.

a. *Crédit d'enlèvement.* — (Organisé dans la métropole par les lois de fin. des 29 déc. 1884 [art. 11] et 26 février 1887, art. 5). Dans tous les bureaux de douane il peut être permis de faire enlever les marchandises aussitôt après la visite et avant la liquidation des droits d'entrée ou de sortie, sous la responsabilité absolue du trésorier-payeur (Dépêche min. 14 avril 1886, *B. O. Guadeloupe*, p. 330), moyennant une soumission cautionnée par laquelle le déclarant s'engage à acquitter le montant de ces droits dans le délai réglementaire de huit jours partant du lendemain de leur inscription au registre de liquidation. Ces droits doivent, au surplus, être exactement portés en liquidation dans les quarante-huit heures qui suivent la visite des marchandises (Loi de fin. du 29 décembre 1884, art. 11: C. n° 4064 du 21 décembre 1910 notifiant une décision ministérielle du 7 décembre 1910).

Passé ce délai total de dix jours, contrainte est décernée contre les redevables retardataires, après un avis donné vingt-quatre heures à l'avance.

En compensation des risques qu'ils font courir au trésorier-payeur et des facilités qui leur sont accordées, les redevables admis au bénéfice du crédit d'enlèvement doivent payer une remise de *un franc pour mille francs* du montant des droits liquidés; cette remise est attribuée par parties égales au budget général ou local et au trésorier-payeur.

Les comptables ne peuvent jamais prétendre qu'à la moitié de cette remise (C. compt. publ., 21 février 1885, n° 118). En France, en vertu de la loi de fin. du 29 décembre 1884 (art. 11), la répartition de la remise de un pour mille entre le comptable et le trésorier est faite par arrêté ministériel.

La remise de un pour mille ne doit être perçue que pour les marchandises dont les droits, provisoirement garantis par une soumission cautionnée, *sont acquittés en numéraire* (C. 6 août 1886, n° 1794).

Les soumissions ainsi souscrites doivent être rédigées sur papier timbré et enregistrées aux frais des soumissionnaires (C. lith. du 13 octobre 1845); elles doivent aussi être renouvelées chaque année (C. 27 février 1883, n° 1601). Elles sont d'ailleurs toujours révocables à la volonté du trésorier-payeur.

Le choix des cautions incombe uniquement au trésorier-payeur.

Ne sont admis au bénéfice de la soumission cautionnée que les redevables présentant, ainsi que leurs cautions, une solvabilité notoirement suffisante.

La liste des redevables admis au crédit d'enlèvement, principaux obligés et cautions, est établie annuellement ou semestriellement, suivant les colonies, avec la fixation du crédit ouvert à chacun d'eux. Le trésorier-payeur adresse cette liste au chef du service des douanes.

Le chiffre maximum du crédit accordé à chaque redevable peut être modifié dans le cours de l'année ou du semestre, notamment dans les cas d'opérations d'une importance imprévue, après entente entre la douane et le trésorier-payeur.

En cas de retrait de l'autorisation, le trésorier-payeur en informe en temps utile le chef du service des douanes.

Au Dahomey, les commerçants admis à jouir du crédit d'enlèvement sont tenus (comme les consignataires de droits) de présenter leur quittance au bureau des douanes liquidateur dans le délai de dix jours à compter de la date de la liquidation. Tout retard dans le payement ou dans la présentation de la quittance entraîne la déchéance du crédit d'enlèvement (Décret 23 janvier 1902, art. 29).

A la Réunion, ce sont les déclarations liquidées qui, après leur communication au trésorier-payeur à l'appui des bulletins de liquidation, doivent être retournées au bureau d'émission dans un délai maximum de quinze jours, revêtues du numéro de la recette, de la date du recouvrement et de la signature de l'agent percepteur du Trésor (Arr. local, 30 novembre 1911, art. 2). Le numéro de la recette est alors porté au registre de liquidation en regard de la liquidation correspondante et le contrôle des recouvrements devient ainsi très facile.

La loi de finances du 29 décembre 1884 dispose en son article 11 que les conditions auxquelles est subordonnée la concession du crédit d'enlèvement, les garanties qu'elle comporte, les règles concernant les voies et moyens de recouvrement ainsi que la juridiction, sont les mêmes que celles en vigueur pour le crédit afférent aux droits payés en traites.

Un arrêté du Gouverneur général du 14 décembre 1899 a promulgué en Indo-Chine l'article 11 de la loi du 29 décembre 1884 et l'article 5 de la loi du 26 février 1887.

b. *Crédit des droits.* — Régi dans la métropole par la loi du 15 février 1875.

Les redevables de droits d'entrée, de sortie, de droits d'octroi de mer, ou de taxes de consommation perçues par la douane, peuvent être admis à présenter des obligations, dûment cautionnées, à quatre mois d'échéance, lorsque la somme à payer, d'après chaque décompte, s'élèvera à 300 francs au moins (Loi du 15 février 1875, art. 2; C. du 19, n° 1259).

Le mot *décompte* implique que le crédit ne doit être concédé que pour les liquidations inscrites dans une même journée, au nom du même redevable et motivant ensemble une perception d'au moins 300 francs (C., n° 1259).

Le crédit donne lieu : 1° à un intérêt de retard de 3 p. o/o (Loi du 15 fév. 1875, art. 3; arr. minist., 17 février 1875; C. n° 1259); 2° à une remise spéciale au comptable qui concède le crédit. Cette remise est payable au moment du dépôt de l'obligation. Elle ne peut pas dépasser un tiers de franc pour cent (Loi du 15 février 1875, art. 3). Elle se calcule sur le montant des droits dus, c'est-à-dire des droits en principal, intérêt de retard non compris (C. in-4° du 12 avril 1875). Le comptable ne conserve la remise intégrale que pour les crédits dont le total ne dépasse pas mensuellement 500,000 francs. Au-dessus de cette somme, la remise ne lui est acquise que dans les proportions suivantes : de 500,000 à 900,000 francs : un dixième pour cent; de 900,000 à 1,700,000 francs : un vingtième pour cent; au-dessus de 2 millions : un quarantième.

Aux colonies le taux de l'intérêt de retard et de la remise est variable.

Chaque traite doit correspondre au montant du droit dû au Trésor majoré de l'intérêt à percevoir pour 4 mois de crédit (C. n° 1259).

La durée du crédit part de la liquidation (C. 8 mars 1838, n° 1675 et 12 octobre 1839, n° 1778). Les traites doivent donc être émises du jour où les droits sont liquidés (Déc. 16 novembre 1880).

Les principaux obligés, endosseurs ou cautions des effets de crédit doivent être d'une solvabilité notoire. Les cautions doivent être entièrement séparées d'intérêts, c'est-à-dire ne se trouver : ni en associations commerciales; ni en communauté de biens, soit entre elles, soit avec le principal obligé ou avec une première caution (Déc. 13 janvier 1858).

Les succursales des établissements de crédit autorisés par l'État et dont le siège social est en France sont admises à donner caution (Déc. min. [Finances] du 23 décembre 1899 et lettre [Finances. compt. publ.] n° 2299 du 20 avril 1910 adressée au Ministre des Colonies).

Le trésorier-payeur est tenu, sous sa responsabilité, de s'assurer de l'authenticité des signatures dont sont revêtus les effets de crédit. Aucun de ces effets ne peut être accepté s'il ne porte la signature d'au moins deux personnes ayant leur domicile dans la résidence du trésorier-payeur ou dans celle du comptable subordonné, chargé de la perception, qui se trouve installé auprès du bureau de douane liquidateur (Déc. 10 août 1822, 21 mai 1823, 6 juin 1860).

Le trésorier-payeur peut se contenter, en remplacement de la deuxième signature, du transfert en son nom à titre de nantissement, de marchandises existant dans les entrepôts réels ou dans les magasins généraux de dépôt (C. 8 avril 1848, n° 2236).

La caution solidaire, *dans ses rapports avec la douane*, est un redevable au même titre que le principal obligé au profit duquel ne milite pas la disposition de l'article 2037 du Code civil (Jug. trib. civ. Nantes, 29 avril 1886).

Les obligations cautionnées souscrites par les redevables de droits ne constituent pas des *effets commerciaux*. C'est donc la juridiction *civile* qui est seule compétente pour statuer sur les difficultés relatives à ces effets (Cass., 16 février 1876).

Elles peuvent consister, soit en titres directs créés spécialement par les redevables eux-mêmes, soit en effets de commerce ou de portefeuille (lettres de change ou billets à ordre). Les uns et les autres sont transmissibles par la voie de l'endossement. Les bons du Trésor ne sont pas reçus comme obligations de crédits (Déc. du 17 déc. 1857).

Quelle que soit leur nature, les obligations cautionnées doivent être : sur papier timbré; à terme fixe; passées à l'ordre du comptable; libellées suivant les prescriptions des articles 187 et 188 du Code de commerce et des règlements administratifs, avec cette mention expresse *valeurs en droits de douanes* ; sans fraction de franc quant au droit principal; payables au domicile du trésorier-payeur. *La solidarité* doit toujours être stipulée dans l'engagement des cautions acceptées (Déc. min. 15 oct. 1840).

Il est formellement interdit d'accorder le crédit en dehors des cas prévus par les règlements et sous d'autres conditions que celles qu'ils déterminent. Les comptables qui n'observeraient pas les prescriptions réglementaires seraient pécuniairement responsables envers la colonie des pertes que celle-ci subirait de leur fait (C. 27 mai 1820, n° 570; Arr. min. [Fin.] 9 décembre 1882, art. 8). La responsabilité dont il s'agit pèse exclusivement sur les trésoriers-payeurs, jamais sur leurs subordonnés (C. 27 mai 1820, n° 570 et 16 décembre 1822, n° 771).

L'intérêt de retard n'est dû qu'à l'échéance (C. in-4° du 12 avril 1875) mais reste en principe acquis au budget local alors même que la traite est payée avant l'échéance (Lett. comm. 1er avril 1884, n° 721), à moins que le payement anticipé n'ait lieu à la demande de l'Administration ou dans l'intérêt du budget; dans ce cas, le remboursement partiel de l'intérêt de retard est dû.

Les redevables ne peuvent prétendre à aucun escompte lorsqu'ils payent les droits au comptant (Loi du 16 février 1875, art. 1er).

Le trésorier-payeur qui a fait crédit des droits est, autorisé, en cas de refus ou de retard de payement, à décerner contrainte en donnant en tête de ce document un extrait du registre qui contient les soumissions des redevables (Loi du 22 août 1791, titre XIII, art. 31). Les contraintes sont visées sans frais par le juge de paix et exécutées même par corps (art. 32). Aucune opposition ou autre acte ne peut en suspendre l'exécution (art. 33).

Si les effets admis en payement sont protestés à l'échéance, le remboursement est effectué, sur la production du protêt, par le trésorier-payeur qui fait ensuite les poursuites nécessaires pour sauvegarder les droits de la colonie et en recouvrer le montant (Déc. min. [Fin.] trans. par la C. 19 avril 1822, n° 719). Ces valeurs figurent dans son encaisse sous le titre : «Traites en souffrance».

Le trésorier-payeur se constitue provisoirement en débet du montant du remboursement en attendant qu'il soit définitivement statué sur sa responsabilité pécuniaire.

Cette question de responsabilité doit être examinée et résolue aussitôt que la faillite du débiteur est déclarée ou seulement connue (Déc. min. 12 février 1831; C. n° 1248).

Il y a lieu de racheter les traites toutes les fois que les garanties de la colonie sont diminuées (C. compt. 29 août 1848, n° 48 et 13 avril 1878, n° 108). Le comptable, à défaut de payement immédiat, doit exiger comme garantie supplétive, l'aval d'une nouvelle caution (C. 13 avril 1878, n° 108).

Au moment du règlement de compte avec les débiteurs de traites et obligations en souffrance, les intérêts de retard dus, du jour de l'échéance au jour de l'acquittement des droits, sont ajoutés au compte de la créance et on en crédite le budget local au titre des «Recettes accidentelles».

En *Indo-Chine*, les receveurs comptables des douanes et régies sont autorisés à accepter, sous leur responsabilité, des traites dûment cautionnées à quatre mois d'échéance offertes par les redevables en payement des droits de douane et de consommation ainsi que des autres taxes locales dont la perception incombe au Service des Douanes et Régies. Ces traites, non négociables, sont majorées d'un intérêt à 5 p. o/o l'an et d'une remise de 1/2 p. o/o pour les traites souscrites par un commerçant européen et de 1 p. o/o pour celles souscrites par les commerçants asiatiques. Le payement de cette majoration est effectué immédiatement. En cas de retard dans le payement, après échéance de quatre mois, l'intérêt est porté de droit à 7 p. o/o l'an (Décret 23 avril 1913, art. 4 et 5).

La question du crédit d'enlèvement et du crédit des droits est assez complexe dans nos colonies. La matière n'y est pas réglementée de façon uniforme, car les lois des 15 février 1875, 29 décembre 1884 et 26 février 1887 ne sont pas comprises dans l'énumération du décret du 17 février 1895. Elle a fait l'objet tantôt de décrets tantôt de simples arrêtés locaux d'une légalité discutable. Au surplus ces textes s'écartent souvent, sans raison apparente, des principes qui viennent d'être rappelés. Le chiffre de la remise des comptables varie d'une colonie à l'autre et atteint parfois des taux exagérés surtout pour le crédit d'enlèvement dont la durée dépasse souvent les dix jours réglementaires largement suffisants aux colonies comme dans la métropole. C'est ainsi qu'aux Îles Saint-Pierre et Miquelon le payement des liquidations n'est jamais exigible au cours du premier mois du débarquement et le budget local supporte la charge résultant de l'allocation au trésorier-payeur de la remise de 1 p. 1000 sur le montant des liquidations soumissionnées (Décret 8 mars 1900, art. 1ᵉʳ et 2). Le Département des Finances (Lettres [comp. publ.] du 19 mai 1909 et n° 2299 du 20 avril 1910 a d'ailleurs insisté auprès du Ministre des Colonies pour que la remise des comptables soit déterminée par un arrêté ministériel comme dans la métropole. Mais si cette manière de voir peut s'admettre en ce qui concerne le crédit des droits, il convient de remarquer que la remise afférente au crédit d'enlèvement est acquise pour moitié aux budgets des colonies. Il semble par suite que l'acte à intervenir, pour régler la perception de cette recette, doive, en principe, être établi dans les formes prévues par l'article 74 du décret financier du 30 décembre 1912.

L'attention de l'inspecteur devra se porter sur les conditions dans lesquelles les textes en vigueur sur la matière ont été rendus dans la colonie. En principe la réglementation du crédit devrait faire l'objet de décrets en Conseil d'État. Examiner la raison d'être des dérogations apportées aux principes posés par les actes métropolitains et la discuter au besoin.

Les principaux actes actuellement appliqués sont les suivants :

Circulaire (Marine et Colonies) du 14 avril 1886 et dépêche ministérielle (Guyane) du 24 mars 1891, relatives aux droits et à la responsabilité des trésoriers-payeurs en matière de crédit d'enlèvement et de crédits de droits;

Arrêté du 16 février 1891 modifié par l'arrêté du 30 janvier 1893 (Guinée française);

Arrêté du 17 mars 1891, relatif au crédit des droits (Gabon-Congo);

Arrêté du 19 décembre 1891 (Guyane);

Décret du 9 mai 1892, article 25 (Océanie);

Décret du 17 décembre 1895 (Côte d'Ivoire);

Décrets des 8 mars 1900 et 23 avril 1914 [art. 25] (Saint-Pierre et Miquelon);

Décret du 8 janvier 1902 autorisant l'application du régime des traites de douane en payement des taxes locales perçues par le Service des Douanes et Régies de l'Indo-Chine complété par l'article 2 du décret du 10 décembre 1906;

Décret du 23 avril 1913 (art. 4 et 5) supprimant la recette principale des douanes et régies de l'Indo-Chine;

Décret du 23 janvier 1902 modifié par le décret du 19 mars 1903 (Dahomey);

Décret du 22 février 1907 (Nouvelle-Calédonie);

Arrêté du Gouverneur général du 8 janvier 1909 (Sénégal); Arrêté du Gouverneur général du 1er juin 1912 (Guinée, Dahomey, Haut-Sénégal et Niger).

Arrêté local du 19 décembre 1910 modifié par l'arrêté local du 30 novembre 1911 (Réunion).

SECTION V.

PRIVILÈGE ET HYPOTHÈQUE DE L'ADMINISTRATION
SUR LES BIENS DES REDEVABLES.

La Douane a privilège sur les meubles des redevables (principaux obligés ou cautions, Cass. req., 12 décembre 1822; Cass. civ., 4 janvier 1888), pour le recouvrement des droits, confiscations, amendes, restitutions et en général pour toutes créances qui tiennent à la perception des droits ou à la répression de la fraude (Loi 4 germinal an II, titre VI, art. 4; avis cons. d'État 7 fructidor an XII; Cass. 11 février 1843; loi 22 août 1791, titre XIII, art. 22).

Le privilège de la douane est général et ne peut être primé que :

1° Par les frais de justice avancés pour mettre sous la main de la justice le gage commun, en réaliser et en attribuer le prix (Loi 22 août 1791, titre XIII, art. 22);

2° Par les créances énoncées à l'article 2101 du Code civil (Loi 22 août 1791, titre XIII, art. 22);

3° Par le privilège des contributions directes (personnelle-mobilière, portes et fenêtres, patentes);

4° Par celui des droits de timbre et amendes pour les contraventions y relatives;

5° Par la créance des propriétaires pour six mois de loyers échus (Loi 22 août 1791, titre XIII, art. 22);

6° Par le droit conféré au propriétaire des marchandises en nature qui sont sous balle et sous corde de les revendiquer contre la Douane (*ibid.*) dans les conditions prévues par l'article 2102, n° 4, du Code civil ou l'article 576 du Code de commerce (Cass. civ., 12 février 1845). Toutefois cette revendication ne pourrait avoir lieu si les marchandises avaient été entreposées au nom du débiteur du Trésor (Trib. paix, le Havre, 6 mai 1839; Rouen, 7 juin 1817).

(Pour les marchandises en entrepôt, voir *infra* : Entrepôts, transferts);

7° Par celui des contributions indirectes pour le recouvrement des droits dus à cette Administration (Loi 1er germinal, an XIII, art. 47).

Les marchandises saisies ou confisquées non plus que le prix, qu'il soit consigné ou non, ne pourront être revendiqués par les propriétaires ni réclamés par aucun créancier même privilégié, sauf leur recours contre les auteurs de la fraude (Côte d'Ivoire, décret 26 janvier 1897, art. 108; Dahomey, décret 28 sept. 1897, art. 116; Côte des Somalis, décret 18 août 1900, art. 124).

A remarquer que dans la loi du 28 mai 1858 (art. 4 et 8) sur les magasins généraux, le privilège général de l'Administration a été classé après celui du créancier gagiste (porteur de warrant ou souscripteur originaire qui en a opéré le remboursement) [Cass. civ., 1er mai 1901].

La Douane est, bien entendu, payée de préférence aux créanciers gagistes pour les droits afférents aux marchandises qui constituent le gage.

Les créances pour dépenses faites en vue de la conservation de la chose (par exemple la créance du prêteur à la grosse en cours de voyage) prennent rang avant celle de la Douane. Les termes des articles 3 et 4 de la loi du 17 juillet 1856 montrent d'ailleurs qu'à moins de dispositions précises de la loi, le privilège de l'État pour recouvrement de l'impôt, passe après celui qui est attaché aux dépenses faites pour la conservation de la chose.

Sur un navire saisi appartenant à des redevables de droits, le privilège de la Douane ne peut être primé par celui d'un prêteur à la grosse qui a fourni des fonds pour l'armement de ce navire (Cour d'Aix, 13 janvier 1823; C. n° 791).

La Douane est préférée au Crédit Foncier pour payement des annuités échues sur les revenus ou récoltes des immeubles qui lui ont été hypothéqués et dont il a été mis en possession (décret 28 février 1852, art. 30).

Sa créance est également préférée sur le produit des récoltes et sur le revenu des propriétés drainées, à celle des prêteurs ou entrepreneurs qui ont contribué à l'établissement de travaux de drainage sur ces propriétés (Loi 17 juillet 1856, art. 3 et 4).

Le privilège de l'Administration ne peut s'étendre au prix des immeubles que les syndics ont fait vendre (Douai, 22 juillet 1851); mais il en est autrement du reliquat du prix des immeubles vendus par le syndic d'une faillite après payement des créanciers privilégiés et hypothécaires (Cass. civ. 16 mai 1888).

Le créancier hypothécaire doit être préféré à la Douane pour toute créance contre le propriétaire d'un navire autre que les droits de tonnage ou droits de quai du navire en litige et les droits de magasinage afférents aux agrès et apparaux qui auraient été mis en dépôt dans les magasins de la Douane (art. 191 du Code de com. modifié par les art. 27 de la loi du 10 décembre 1874 et 34 de la loi du 12 août 1885 adoptant une solution analogue à celle de la loi du 28 mai 1858 sur les magasins généraux).

Voir : Côte d'Ivoire, décret 26 janvier 1897, articles 106 à 108 ; Dahomey, décret 28 septembre 1897, articles 114 à 116 ; Côte des Somalis, décret 18 août 1900, articles 122 à 124.

Indo-Chine : Un décret du 5 janvier 1898 autorise les agents assermentés des Douanes et Régies à procéder à la vente des biens meubles et immeubles des redevables.

SECTION VI.

PRESCRIPTION EN MATIÈRE DE DROITS DE DOUANE.

L'Administration n'est plus recevable à former en justice une demande de payement de droits *un an* après que ces droits auraient dû être payés. Toutefois cette prescription ne saurait s'appliquer qu'aux droits que les employés ont pu constater dans les formes et délais prescrits par les règlements. Si cette constatation a été rendue impossible par des actes dolosifs, la Douane rentre dans le droit commun qui ne permet pas qu'un débiteur puisse opposer la prescription à l'encontre du créancier lorsque celui-ci peut le convaincre de manœuvres frauduleuses (Cass. req. rej., 29 décembre 1909, Madagascar).

Aucune demande en restitution de droits ou de marchandises ne peut être formée contre la Douane *deux ans* après l'époque du payement des droits ou du dépôt des marchandises.

Mais les demandes en restitution de droits illégalement perçus ne sont pas soumises à la prescription dont il s'agit. C'est la prescription ordinaire de trente ans qui doit s'appliquer dans ce cas (Cass. rej., 16 février 1886 ; Cass. civ., 11 juillet 1895).

De son côté, la Douane est déchargée, envers les redevables, de la représentation des registres de recette et autres, trois ans après l'expiration de chaque période annuelle.

Les diverses prescriptions ci-dessus sont interrompues ou éteintes s'il y a contrainte décernée et signifiée, demande formée en justice, condamnation, promesse, convention, obligation particulière et spéciale relativement à l'objet en cause.

Consulter les textes suivants : loi du 22 août 1791, titre XIII, article 25 ; décret 26 janvier 1897 (Côte d'Ivoire), articles 57 à 60 ; décret 28 septembre 1897 (Dahomey), articles 64 à 67 ; décret 18 août 1900 (Côte des Somalis), articles 55 à 58.

Remboursements. — Les demandes de remboursement de droits, si elles sont formulées par écrit, doivent être établies sur timbre.

Une demande écrite n'est pas nécessaire lorsqu'il s'agit de la rectification d'une erreur matérielle imputable au service (Déc. 6 avril 1888).

Les droits régulièrement exigés et acquittés ne peuvent, sous aucun prétexte, être restitués. En règle stricte, il n'y a matière à remboursement qu'en raison d'une erreur dans la quotité de la taxe ou dans le calcul des droits. Le remboursement des droits peut également être accordé en cas de marchandise déclarée par erreur pour la consommation, pourvu qu'elle n'ait pas cessé d'être sous la main de la douane (C. 18 février 1824, n° 855 et déc. 3 juin 1879). Voir cependant Guadeloupe, décret 2 août 1890 (réexportations à la décharge des droits d'entrée).

Si la somme portée à tort en recette n'a pas été recouvrée, le comptable peut en faire immédiatement dépense à l'article «remboursements».

Lorsque l'erreur n'est reconnue qu'après le versement, il y a lieu d'établir une contre-liquidation, d'en déduire le montant de celui de la liquidation primitive et de provoquer le remboursement de la différence (déc. 11 avril 1845). Le Gouverneur en Conseil privé ou d'administration autorise le remboursement des droits sur la production de l'acquit de payement accompagné du certificat de contre-liquidation. Celui-ci est délivré par deux employés du bureau d'où émane la quittance et contient, outre l'exposé sommaire des causes qui motivent la restitution, une liquidation régulière. Le même document est visé par le chef du bureau, s'il n'est pas l'un des deux employés, et par le chef du service des douanes (déc. 20 janvier 1835, 27 octobre 1837 et 23 juin 1846).

Le montant des fausses perceptions reconnues le jour même de la liquidation, avant que le total des recouvrements soit reporté au livre-journal, peut être déduit sur le registre de recettes et être restitué sans autorisation spéciale, sauf à annexer à la souche du registre, l'acquit de payement revêtu de la quittance du déclarant (déc. 21 mai 1858).

Dans aucun cas, il n'y a lieu d'ajouter les intérêts au remboursement des droits indûment perçus (Cass. 6 novembre 1827, 26 août 1844, 19 février 1884; Cass. [civ.] 10 janvier 1911 [Nouvelle-Calédonie]).

SECTION VII.

DROITS DE SORTIE.

Il n'existe plus de droits de sortie dans la métropole (Loi du 7 mai 1881). Toutes les marchandises peuvent sortir librement sauf en cas d'application de mesures d'ordre public ou de salubrité (Loi du 11 janvier 1892, tableau B).

Au contraire, des taxes à l'exportation sont établies dans la plupart des colonies, soit *pour tenir lieu de l'impôt foncier* (Décret colonial, Antilles et Réunion, du 21 janvier 1841; décret 26 septembre 1855, art. 39), soit *en* remplacement de *l'impôt de capitation* (Madagascar), soit *comme redevances domaniales* (Madagascar, Afrique Occidentale, Afrique Équatoriale), soit enfin sur *les produits destinés à l'étranger ou non exportés en droiture sur la France et les colonies françaises.*

Les droits de sortie sont, en principe, *assimilés aux contributions indirectes* (Arrêt du Conseil d'État du 4 janvier 1878) par application de l'article 2 du sénatus-consulte du 4 juillet 1866 (Avis du Conseil d'État du 13 juin 1883, arrêt Cass. 6 février 1893).

Cependant le Ministère du Commerce dont le Conseil d'État, par analogie avec la procédure douanière, provoque toujours l'avis pour l'établissement des droits de sortie, reconnaît un caractère douanier à ces droits même lorsqu'ils ne sont pas différentiels. La raison de cette manière de voir est que les taxes à l'exportation ont une répercussion certaine sur le prix de vente des
. produits au lieu de consommation et prennent ainsi un caractère restrictif susceptible de porter atteinte aux intérêts de l'industrie et du commerce métropolitains.

En réalité, si les droits de sortie peuvent revêtir un caractère nettement douanier lorsqu'ils frappent les produits destinés à l'étranger ou non dirigés en droiture sur les pays français, ils sont le plus souvent établis uniquement pour créer des ressources aux budgets des colonies, c'est-à-dire dans un but purement fiscal ou pour tenir lieu d'impôts disparus ou trop difficiles à percevoir sur des bases suffisamment exactes.

Dans certaines colonies, les droits de sortie ne présentent que l'un de ces caractères; dans d'autres, les trois caractères ci-dessus s'y trouvent plus ou moins mélangés.

Quoiqu'il en soit, le Conseil d'État, d'accord avec le Département du Commerce, a une tendance de plus en plus marquée à assimiler les droits de sortie aux taxes douanières, en soumettant leur approbation, même lorsqu'il s'agit de droits de caractère nettement fiscal, à la procédure prévue, soit par l'article 2 du sénatus-consulte du 4 juillet 1866 (Antilles et Réunion) soit par l'article 3 de la loi du 7 mai 1881 (autres colonies), qui exige un décret, le Conseil d'État entendu. La procédure dont il s'agit s'inspire d'un arrêt de la Cour de cassation du 3 janvier 1906 aux termes duquel l'article 4 de la loi du 11 janvier 1892 applicable uniquement aux droits de douane *à l'importation*, le sénatus-consulte du 4 juillet 1866 et la loi du 7 mai 1881 sont restés en vigueur aux colonies en ce qu'ils n'ont pas de contraire à la loi de 1892.

Toutefois, le Conseil d'État, en examinant, en assemblée générale, le 16 décembre 1909, les projets de décrets établissant des droits de sortie sur les caoutchoucs et les bovidés exportés de Madagascar, a attribué à la taxe de sortie le caractère d'un *droit de statistique*, c'est-à-dire d'une taxe purement fiscale, imposée au commerce pour subvenir aux dépenses et aux frais de surveillance qu'occasionne l'établissement du mouvement général de l'exportation.

Le projet de loi sur le régime douanier colonial, présenté à la Chambre des députés le 12 décembre 1912, contient les dispositions suivantes : «Les droits de sortie sont établis dans les colonies par l'autorité compétente en matière de contributions et taxes locales; ils ne sont rendus exécutoires qu'après approbation par un décret au Conseil d'État rendu sur le rapport du Ministre des Colonies, après avis conforme du Ministre du Commerce et consultation du Ministre des Finances et pour une durée de cinq ans. Les droits de cette nature actuellement existants arriveront à expiration dans un délai de cinq ans à dater de la promulgation de la présente loi. »

La prescription limitant à cinq années l'application des droits de sortie établis aux colonies, a été édictée pour donner satisfaction tant à la manière de voir du Ministère du Commerce qu'à la jurisprudence du Conseil d'État. Mais on peut faire remarquer que ces taxes ne peuvent avoir un caractère provisoire sans menacer de compromettre le maintien de l'équilibre financier dont elles sont le gage et de la stabilité commerciale. Le défaut de permanence des droits de sortie peut inciter en effet le commerce local, — qui en escomptera toujours la suppression —, à restreindre ses opérations sur les produits taxés pendant le dernier trimestre d'application des droits et à diminuer ses achats au grand préjudice des producteurs, travailleurs ou éleveurs indigènes. Au surplus, la colonie se trouve sous le coup du déficit si les taxes ne sont pas renouvelées, ou simplement renouvelées à temps pour éviter tout arrêt dans la perception, car elle en fait état dans l'établissement de ses prévisions budgétaires.

Considéré comme représentatif de l'impôt foncier, le droit de sortie encourt le reproche de ne pas frapper indistinctement tous les produits du sol et de laisser indemnes ceux consommés sur place. Il arrive même dans certaines colonies que les producteurs adoptent deux prix différents pour la vente de leurs produits : l'un pour l'exportation, généralement réduit, de façon à diminuer le montant total des sommes à payer d'après la taxation *ad valorem*, l'autre plus élevé pour la vente aux consommateurs locaux (alcools de la Réunion).

Principaux textes à consulter : Guadeloupe, décrets 3 mai 1902 et 29 juin 1912;

Afrique Occidentale : décret 14 avril 1905; C. (d. g. d.) n° 3562 du 21 mars 1906;

Afrique Équatoriale : décret 11 octobre 1912; C. (d. g. d.) n° 4342 du 24 octobre 1912;

Indo-Chine : décrets des 29 décembre 1898, 11 juillet 1902, 3 juin 1903, 15 mai 1904, 25 décembre 1904, 16 octobre 1908 et 18 février 1909;

Madagascar : décrets des 21 août 1907, 18 janvier, 15 mars et 28 décembre 1909; Arrêtés du Gouverneur général des 14 et 24 février 1903;

Martinique : décrets des 15 décembre 1886 et 2 mai 1902.

A la Guadeloupe il existe des centimes communaux sur les droits de sortie (Arr. 29 décembre 1857, art. 34). Les arrêtés des 3 mars 1891 et 25 juillet 1901 réglementent la répartition de ces centimes additionnels entre les communes de la colonie.

Il existe des droits de sortie à caractère différentiel à Tahiti, sur la nacre, et à la Côte des Somalis sur les produits exportés vers toute autre destination que l'Abyssinie (sur les cafés, ivoires, chevaux, mulets, chameaux, ânes, bovidés, moutons, chèvres, etc.).

Vérification. — Examiner si les droits de sortie en vigueur dans la colonie sont légalement établis et si leur taux est normal. Signaler, le cas échéant, les inconvénients qu'ils présentent et leur répercussion au point de vue commercial et douanier. Reviser un certain nombre de liquidations.

SECTION VIII.

DROITS DE TRANSIT.

Il existe en *Indo-Chine* des droits de transit (Loi du 11 janvier 1892; décret du 29 novembre 1892) applicables aux marchandises étrangères qui traversent le territoire indo-chinois. Leur quotité est du cinquième des droits qui seraient perçus si la marchandise était déclarée à la consommation. Le transit ne peut avoir lieu que par des bureaux expressément désignés; la perception du droit est réglée par arrêté du Gouverneur général (V. arr. des 3 janvier 1893, et 19 mars 1907). La taxe a un caractère tantôt fiscal, tantôt protecteur, tantôt à la fois l'un et l'autre.

A la *Côte des Somalis* on trouve également des droits de contrôle sur les boissons alcooliques transitant par le Protectorat (Arr. 19 janvier 1909 et 19 mai 1910) et des droits de contrôle et de surveillance sur les armes et munitions également en transit (Arr. 17 octobre 1908, 19 mai 1910, et 26 août 1911). Ces droits, surtout destinés à créer des ressources au Protectorat, revêtent un caractère purement fiscal.

SECTION IX.

TAXES ACCESSOIRES PERÇUES PAR LA DOUANE.

Les taxes accessoires perçues par la douane rentrent dans la catégorie des *taxes et contributions locales.* La procédure à suivre pour leur établissement (assiette, règles de perception et quotité) doit, par suite, être celle prévue par l'article 74 du décret financier du 30 décembre 1912. C'est un point essentiel à examiner au début de la vérification.

Les textes coloniaux qui régissent les taxes accessoires sont généralement calqués sur la réglementation métropolitaine. Dans ce cas, ils doivent :

a. Reproduire textuellement les dispositions empruntées à la métropole (et ne pas se borner à une simple référence);

b. Indiquer expressément que les taxes envisagées sont assimilées aux droits de douane pour les déclarations, le recouvrement, le contentieux, etc.

1° *Droit de statistique.*

Créé dans la métropole par la loi du 22 janvier 1872 (art. 3) modifiée par la loi de finances du 8 avril 1910 (art. 28).

Est destiné à subvenir aux frais de la statistique commerciale.

Perçu à l'entrée et à la sortie, quelle que soit la provenance ou la destination, ce droit est une *simple taxe fiscale* dépourvue de tout caractère douanier (Cass. req. 30 juillet 1900, Compagnie générale Transatl. c. col. de la Martinique).

Aux colonies, sa quotité est variable avec les textes en vigueur.

Dans la métropole, elle est de 0 fr. 15 par unité de perception, sauf pour les animaux et marchandises ayant simplement transité qui sont tarifés à 0 fr. 10 (Loi 8 avril 1910).

Le droit de statistique est affranchi de toute taxe additionnelle.

Il est perçu par colis sur les marchandises en futailles, caisses, sacs ou autres emballages; par 1,000 kilogrammes ou par mètre cube sur les marchandises en vrac; par tête sur les animaux vivants ou abattus des espèces chevaline, bovine, ovine, caprine ou porcine.

Les colis ou fardeaux non enveloppés, mais simplement retenus par des liens en fer ou en cordes ayant pour but de faciliter la manutention, sont considérés comme étant en vrac.

Certaines marchandises, bien que formant des colis, peuvent acquitter le droit par 1,000 kilogrammes ou par groupe de colis : il en est ainsi, par exemple, pour le sel, dont l'unité de perception est la tonne de 1,000 kilogrammes, quels que soient le poids ou la nature de l'emballage (Annexe à la circulaire de la Direction générale des Douanes du 8 juin 1910, n° 3997).

Des décrets déterminent les marchandises en vrac pour lesquelles le mètre cube est substitué à la tonne comme unité de perception, ainsi que les marchandises emballées qui sont admises à ne payer la taxe qu'à la tonne métrique ou par groupe de colis (Loi 8 avril 1910. Voir décret [Fin.] 14 mai 1910).

Lorsqu'il s'agit de marchandises en vrac, la taxe est due *intégralement* pour toute fraction de 1,000 kilogrammes ou de mètre cube. Pour les marchandises emballées admises à n'acquitter le droit qu'à la tonne métrique ou par groupe de colis, la perception doit, en principe, être intégrale pour toute quantité au-dessous de 1,000 kilogrammes, pour toute fraction au-dessus de 1,000 kilogrammes et pour toute fraction de groupe de colis.

Les expéditions par transit direct, de même que les transbordements immédiats par le bureau ou le port d'importation, ne donnent lieu qu'à une seule perception (à l'entrée).

Le droit n'est pas perçu pour les animaux ou marchandises réexportés d'entrepôt lorsque la taxe a été déjà payée lors de l'entrée en entrepôt (Loi 8 avril 1910).

Il n'est pas davantage appliqué aux colis expédiés *par cabotage* d'un port à un autre d'une même colonie.

En outre, des exemptions sont prévues pour certaines marchandises : envois de fonds du Trésor, bagages accompagnant les voyageurs, colis postaux, poisson frais ou salé de pêche française, épaves, restants de provisions débarqués d'office pour le rationnement des équipages; échantillons sans valeur marchande; lest proprement dit, sans valeur marchande; matériel des lignes télégraphiques et téléphoniques subventionnées, etc.

Vérification. — Examiner si le droit de statistique est appliqué en conformité du texte en vigueur dans la colonie. Rapprocher un certain nombre de déclarations des énonciations des carnets de statistique et revoir un certain nombre de liquidations.

2° *Droit de magasinage et de garde.*

Dû sur les marchandises constituées en dépôt en douane :

a. Pour défaut de déclaration en détail dans le délai légal ;

b. Pour importation dans un port non ouvert aux importations (Loi du 4 germinal an ii, titre II, art. 9; loi du 9 février 1832, art. 22 et suiv.).

Le but de ce droit est d'obvier aux abus que pourrait entraîner le séjour prolongé en douane de marchandises non déclarées et d'indemniser la colonie des *frais de construction ou de loyer* des locaux affectés au magasin de dépôt (C. 15 août 1819, n° 513).

Le droit de magasinage — exigible au moment seulement où la marchandise est réclamée — n'est pas applicable aux objets à vendre et qui deviennent propriété de la colonie (Déc. 22 septembre 1842). Il est dû quelle que soit la durée du dépôt et à partir du 9° jour de sa transcription sur le registre (C. 15 août 1819, n° 513; déc. 25 ventôse et 30 messidor an xii et 22 juin 1841). Le jour de cette transcription compte dans la durée légale du dépôt, mais non le jour de l'enlèvement régulier des objets (Déc. 4 novembre 1844).

Dans les autres cas, et à moins de dispositions spéciales, c'est le *droit de garde* établi par la loi du 22 août 1791 (titre IX, art. 5) qui est perçu (Déc. 2 octobre 1830).

Les droits de magasinage ou de garde ne doivent être exigés que lorsque les objets sont placés dans un local appartenant à la douane ou loué par elle (Déc. 2 mars 1844). Quand les marchandises sont déposées dans d'autres locaux, ce sont les propriétaires (Compagnies de docks, de chemin de fer, etc.) qui appliquent les tarifs de magasinage (Lett. comm. n° 403, du 29 juin 1878).

La quotité des droits de magasinage ou de garde est variable suivant les colonies.

A la Guadeloupe et à la Martinique, il existe un droit de garde pour les marchandises autres que les colis postaux séjournant en douane pour être vérifiées ou après vérification (Décret 5 septembre 1903, art. 15; décret 27 août 1898, art. 14).

Vérification. — Le recensement du magasin de dépôt, l'examen du registre spécial, le rapprochement des mentions de ce registre avec les liquidations effectuées permettent de vérifier si les prescriptions concernant les droits de magasinage et de garde sont observées. S'assurer que la taxe n'est perçue que pour les dépôts faits dans des locaux appartenant à la douane ou loués par elle.

3° *Droit de timbre administratif.*

Les actes délivrés par la douane portent un timbre particulier que l'Administration fait elle-même apposer et dont le prix dans la métropole est réglé comme il suit [sans addition de décimes] (Lois 28 avril 1816, art. 19, et 30 décembre 1873, art. 2) :

Pour les acquits-à-caution, les actes relatifs à la navigation (actes de francisation, congés, passeports) et les commissions d'emploi. . . . . . . o^f 75^c

Pour les quittances de droits au-dessus de 10 francs. . . . . o 25

Pour toutes les autres expéditions. . . . . o 05

Les actes judiciaires dressés par la Douane sont assujettis au timbre de dimension ordinaire (Loi 28 avril 1816, art. 19); de même que les certificats et attestations pour lesquels il n'existe pas de formule officielle portant le timbre douanier (Tarif).

Sont exempts du droit de timbre : les registres de douane (Loi 13 brumaire an VII, art. 16); les manifestes des navires; les déclarations de toute nature (Loi 2 juillet 1836, art. 7); les passavants de cabotage et ceux concernant la circulation des grains et farines dans le rayon (Loi 22 ventôse an XII, art. 24); les acquits-à-caution et passavants se rapportant exclusivement à des colis postaux (Loi 24 juillet 1881, art. 2); les quittances de droits sanitaires (Loi 13 brumaire an VII, art. 16, § 14); les quittances relatives aux perceptions supplémentaires opérées par suite d'erreur dans l'application du tarif (Tarif). Dans tout autre cas, même lorsque le redevable refuse sa quittance, le prix du timbre est exigible.

Le droit de timbre administratif est, en général, perçu directement par la douane.

Vérification. — S'assurer que l'existant en caisse est conforme au total des perceptions d'après les écritures. Les livres élémentaires pour la perception sont les registres de quittance, d'acquits-à-caution, de passavants, etc. Vérifier si le droit de timbre est fixé dans la colonie suivant la procédure de l'article 74 du décret financier du 30 décembre 1912. Ne fait-il pas double emploi avec d'autres taxes locales, telles que le droit d'acquit de payement qui existe encore à la Réunion.

4° *Timbre des connaissements.*

Dans certaines colonies (Gabon), la douane est chargée d'apposer (pour le compte du Service de l'Enregistrement, des Domaines et du Timbre) le timbre mobile sur les connaissements venant de l'étranger ou des colonies françaises où le droit de timbre n'est pas établi. L'employé chargé de ce service possède un approvisionnement de timbres et effectue des perceptions dont le montant est périodiquement versé à la recette de l'enregistrement la plus voisine.

Vérification. — Vérifier la caisse de l'agent des douanes et s'assurer que ses écritures concordent (numéraire et timbres) avec celles du receveur de l'enregistrement.

5° *Prix des plombs, cachets et estampilles.*

Ce prix comprend, outre la valeur de la matière première, celle des cordes et ficelles ainsi que les frais de main-d'œuvre et d'application des plombs. Il est généralement fixé à o fr. 5o (transit) ou o fr. 25 (transit d'entrepôt à entrepôt); mais il peut varier avec les colonies.

Vérification. — Recenser les matières premières existant en magasin et contrôler les perceptions effectuées d'après les sorties. Ces perceptions figurent au registre de la recette des plombs et estampilles.

6° *Droits de navigation maritime.*

Recouvrés par la douane en vertu du décret du 3o décembre 1792 et de la loi du 3o janvier 1872.

a. DROIT DE FRANCISATION. — Ce droit (calculé sur le *tonnage net*) affecte exclusivement les navires français. C'est moins une taxe fiscale qu'une redevance attachée à l'accomplissement d'une formalité (obligation pour tout navire français prenant la mer de se munir d'un acte de francisation). Ni fixe, ni proportionnel, mais progressif à rebours.

Ne doit pas être confondu avec la taxe dont sont passibles les bâtiments de construction étrangère avant leur admission à la francisation : la taxe est alors un véritable droit d'importation, qui est liquidé sur la jauge brute (Loi 11 janvier 1892, tableau A, n° 615 et lett. comm. n° 940 du 20 juin 1889).

Le droit de francisation est de nouveau perçu en cas de renouvellement d'un acte de francisation perdu (Loi 27 vendémiaire an II, art. 20).

Indépendamment du droit, la délivrance d'un brevet de francisation comporte le timbre de l'acte et le remboursement du parchemin.

Les prix du timbre et du parchemin sont seuls perçus lorsque l'acte est renouvelé par suite de vétusté, de défaut de place pour l'inscription des mutations ou pour cause de changement de forme, de tonnage ou de nom du navire (C. n° 1016 du 25 octobre 1826; n° 1108 du 3o juin 1828; n° 1345 du 23 septembre 1832).

Se reporter aux articles 4 et 8 du décret du 21 décembre 1911 sur la marine marchande aux colonies, à l'Instruction consécutive du 31 décembre

1911 et au décret du 28 décembre 1911 rendant applicables aux navires ayant leur port d'attache aux colonies les articles 11, 15 et 16 de la loi du 27 vendémiaire an II et divers actes concernant le jaugeage des navires.

Tout navire francisé dans une colonie ou dans un pays de protectorat (autre que l'Algérie ou la Tunisie), qui transporte son port d'attache en France, est tenu seulement d'acquitter la différence entre les droits de douane et de francisation exigibles en France et ceux déjà acquittés dans la colonie; il doit justifier le payement de ces derniers en produisant un certificat délivré par le service local des douanes (Loi de fin. du 8 avril 1910, art. 29).

Pénalités. — Changement sans déclaration préalable d'un bâtiment dans sa forme, dans son tonnage ou de toute autre manière postérieurement à la francisation : perte de la nationalité française pour le bâtiment transformé (Loi 27 vendémiaire an II, art. 21).

Vérification. — Se faire présenter le registre de liquidation des droits dont il s'agit. Apurer quelques francisations au moyen des tarifs locaux. Consulter le tonnage des navires sur le registre des mouvements du port. S'il existe un receveur des douanes, rapprocher le registre de liquidation des droits de francisation du livre de recettes et de quittances des droits de navigation.

b. Droit de congé. — Ce droit est dû seulement par les *navires français qui prennent la mer* ou font des *opérations commerciales.*

Les bâtiments et embarcations affranchis de l'acte de francisation (voir art. 7, décret Col.] 21 déc. 1911), les embarcations de tout tonnage naviguant dans l'intérieur d'une même rade, celles de pilotes lamaneurs, sont pourvus d'un congé valable pour un an. Comme ce titre ne constitue pour eux qu'un moyen de police de la douane, le droit de congé ne leur est pas applicable, mais ils payent le timbre (C. 10 juin 1829, n° 1168; déc. 2 juin 1832, 7 mars 1842, 28 avril 1851; C. man. 9 juillet 1829; C. 6 janvier 1837, n° 1598).

Pénalités. — Défaut de levée annuelle d'un congé de navigation : confiscation du bâtiment; amende de 100 francs (Loi 27 vendémiaire an II, art. 5 et 6 mai 1841, art. 20, § 3).

Vérification. — Vérifier le registre à souche dont le volant constitue le congé. Pour voir si les congés sont renouvelés à temps et si les droits exigibles sont bien perçus, consulter la colonne du registre «mouvement des navires», série N, n° 8, où doit figurer la date du congé dont les navires se trouvent pourvus à leur entrée dans le port. Examiner également le registre des embarcations naviguant, annoté de la délivrance des congés, lorsque ce document existe. Refaire quelques liquidations.

c. Droit de passeport. — Remplace le droit de congé pour les navires étrangers. A le caractère d'un *droit de certificat ou de police* plutôt que d'un droit de navigation (C. 17 vendémiaire an 11, et 9 brumaire an 1v). Aussi est-il exigible *dans tous les cas* et pour tous les navires étrangers *sans exception* (déc. 6 mars 1847).

Vérification. — Vérifier le registre à souche dont le volant constitue le passeport. Examiner si les tarifs sont exactement appliqués.

d. DROIT DE PERMIS ET DE CERTIFICAT. — Le *permis* est l'acte que la douane délivre pour autoriser l'embarquement ou le débarquement des marchandises. L'obligation du permis résulte de l'article 13, titre II, de la loi du 22 août 1791.

Le droit se paye pour chaque embarquement ou débarquement (C. 21 floréal an v); il est exigible lors même que le bâtiment est affranchi du droit de quai (C. 12 ventôse an vii) et quelle que soit sa nationalité.

Un seul permis suffit, quelle que soit la durée de l'opération, lorsqu'il n'y a qu'un seul envoyeur ou destinataire et que les marchandises sont comprises dans la même déclaration (déc. 16 ventôse an iv). Toutefois le *permis d'embarquement* est limité à la quantité de marchandises qu'il est possible de réunir dans le lieu désigné pour la visite (Loi 27 juillet 1822, art. 13). Lorsqu'un permis comprend plusieurs sortes de marchandises, la présentation simultanée de la totalité de chacune d'elles est seule obligatoire.

Le droit de permis est exigé une seule fois lorsque les marchandises sont transbordées d'un navire venant de l'étranger sur un navire allant à l'étranger ou lorsqu'il s'agit de marchandises embarquées sur un premier navire, avec payement du droit, et que l'on demande à les débarquer pour les charger immédiatement sur un second navire (tarif).

Sont exempts du droit de permis : 1° les marchandises qui ne proviennent pas d'un port étranger ou n'ont pas cette destination (Loi 6 mai 1841, art. 20); 2° les provisions de bord, y compris la houille destinée à des bâtiments à vapeur, mais à l'exclusion de tous autres produits ou denrées réexportés d'entrepôt; 3° les bagages des voyageurs, les provisions de voyage et les effets des marins; 4° les cargaisons provenant de naufrages et d'épaves (débarquement ou réexportation) [Déc. 13 sept. 1845 et 27 novembre 1851]; 5° les colis postaux (Loi de fin. 26 février 1887, C. 28 février 1887, n° 1823).

Aux termes de la *décision ministérielle du 26 février 1913,* les marchandises embarquées ou débarquées pour le compte de l'État par des navires appartenant à la Marine militaire (à l'exclusion des bâtiments de commerce affrétés par l'État), seront exceptionnellement affranchies à l'avenir du droit de permis (Lett. comm. n° 1232 du 6 mars 1913).

Lorsqu'il y a exemption du droit, le permis n'en est pas moins délivré.

Le droit de certificat est spécial aux certificats destinés à être produits en justice (Déc. 22 novembre 1850). Il n'affecte que les *cargaisons* et ne s'applique pas aux certificats de jauge relatifs aux navires. Il se confond dans la pratique avec le prix de la feuille de papier timbré dont l'usage est le plus courant.

Vérification. — La perception du droit de permis doit être mentionnée au registre des déclarations. Il suffit donc de rapprocher de ce registre un certain nombre de déclarations pour vérifier si le droit est régulièrement appliqué.

e. Droits de quai. — Le droit de quai a un *caractère purement fiscal,* alors même qu'il ne frappe pas les marchandises expédiées par cabotage d'un port à un autre de la colonie (Cass. req. 30 juillet 1900). Il fut institué en France par la loi du 30 janvier 1872.

La loi du 5 avril 1884 sur l'organisation municipale n'a pas compris parmi les recettes communales les *droits de stationnement sur les quais maritimes.* Il résulte des débats parlementaires que ces droits sont réservés à l'État dans la métropole. Ils doivent, par suite, dans les colonies, revenir aux budgets locaux. Par exception, le budget municipal de Saint-Pierre (Réunion) bénéficie des droits de quai perçus dans ce port; ils y sont spécialement affectés aux intérêts et aux annuités de l'emprunt contracté par la ville en vue de l'achèvement du port (Lois des 2 mars 1885, 4 juillet 1891 et 21 mars 1903). Voir aussi Madagascar (Arr. G. g. 9 mars 1911 chargeant le receveur des douanes de Majunga de la perception du droit de stationnement des marchandises sur les quais de ce port); Saint-Pierre et Miquelon (Arr. 3 mai 1909. droits de quai établis au profit de la ville de Saint-Pierre).

Le droit de quai s'applique aux navires *chargés* (en totalité ou partiellement), quelle que soit leur nationalité.

Dans la métropole, il est perçu par tonneau de jauge nette et proportionnellement pour les fractions de tonneau, avec application d'un tarif gradué suivant le nombre de tonnes métriques de marchandises et la quantité de voyageurs embarqués ou débarqués (Loi du 23 décembre 1897).

La loi du 23 mars 1898 a établi un système particulier de taxation pour *les paquebots affectés au transport des voyageurs.*

Aux colonies, le droit de quai est applicable aux *marchandises et objets de toute nature et de toute provenance* importés ou exportés. Il est gradué suivant le poids des colis et suivant le nombre de tonnes métriques des marchandises en vrac, animaux vivants et objets non renfermés dans des colis (Décret du 13 juin 1900, Martinique).

Pour motiver la perception, il suffit qu'un navire chargé arrive dans un port autrement qu'en relâche forcée. Qu'il se tienne bord à quai, mouillé en rade, que les marchandises soient mises directement à terre ou transbordées pour une destination quelconque, qu'elles soient exceptionnellement débarquées ou embarquées en dehors des ports ouverts sous la surveillance douanière, le droit est acquis à la colonie (Déc. 24 avril 1881).

Il est dû une seule fois pour les marchandises immédiatement réexportées ou transbordées. Sont considérées comme telles les houilles importées par l'État et par les compagnies de navigation pour les besoins de leurs navires; mais en cas de cession par l'État ou les compagnies plus de huit jours après l'importation, le droit est dû une deuxième fois (Décret 13 juin 1900, Martinique).

Les marchandises retirées de l'entrepôt pour l'exportation n'ont pas à l'acquitter de nouveau. En sont également dispensées les marchandises qui l'ont déjà payé dans un autre port de la colonie à l'exception de celles qui, admises à la consommation, sont ensuite exportées.

Ne sont pas soumis aux droits de quai : les envois de fonds du Trésor; les bagages accompagnant les voyageurs; les colis et paquets postaux; les épaves; le lest proprement dit sans valeur marchande; les échantillons sans valeur marchande; les objets de collection hors du commerce; le mobilier usagé des personnes venant s'établir dans la colonie ou la quittant; les cargaisons mises à terre par suite de relâche et destinées à être réexportées; les restants des provisions débarqués d'office pour le rationnement des équipages.

Les capitaines ont un délai de vingt jours pour acquitter les droits de quai, à moins qu'ils ne reprennent la mer dans l'intervalle. Dans ce dernier cas, il n'est effectué qu'une perception comprenant à la fois la liquidation sur les marchandises débarquées et celle afférente aux marchandises embarquées (Loi 4 germinal an II, titre III, art. 12).

Vérification. — Rapprocher les déclarations et le registre spécial des droits de quai pour contrôler l'application des tarifs et constater si les prescriptions en vigueur dans la colonie sont bien observées.

Reviser quelques liquidations.

f. TAXES SANITAIRES. — Rangées parmi les droits de navigation par la loi du 26 février 1887, ces taxes sont destinées à compenser les dépenses occasionnées par les mesures de prévoyance sanitaire auxquelles les navires, leurs passagers et leurs cargaisons, sont assujettis.

Textes métropolitains. — Décret du 4 janvier 1896 modifié les 23 novembre 1899 et 8 novembre 1905.

Textes concernant les colonies. — Décret du 31 mars 1897 (sur la police sanitaire maritime) et circulaire ministérielle pour l'application de ce décret. D'après ces textes, les droits sanitaires sont classés parmi les taxes et contributions locales et sont régis par des dispositions calquées sur les prescriptions métropolitaines; leur quotité ne peut être supérieure à la taxation prévue au titre X du décret métropolitain du 4 janvier 1896.

Les droits sanitaires s'appliquent tantôt aux navires seulement, tantôt aux navires et aux passagers et marchandises.

Ils forment quatre classes :

1° *Le droit de reconnaissance à l'arrivée* perçu *sur les navires*, proportionnellement à leur jauge nette et d'après un taux variable selon le genre de navigation. Pour les navires à vapeur faisant escale sur les côtes de la colonie pour prendre ou laisser des voyageurs, la taxe est perçue à raison du nombre de passagers embarqués ou débarqués et du tonnage de marchandises débarquées.

Sont exemptés du droit : les navires faisant le cabotage de la colonie ou naviguant au cabotage français dans la même mer; les paquebots-poste dans certaines colonies (Martinique, décret 16 juin 1898, art. 3).

12.

Le navire qui, au cours d'une même opération ou d'un même voyage, entre successivement dans plusieurs ports de la même colonie ou situés dans la même mer, paye le droit une seule fois (V. décret 16 juin 1898, Martinique).

Les navires faisant escale sur la même rade plus d'une fois par mois peuvent contracter des abonnements (Décret précité art. 5).

2° *Le droit de station* payable par les *navires* soumis à l'isolement ou à la quarantaine [o fr. o3 par jour de quarantaine et par tonneau de jauge nette (Décret de 1896)];

3° *Le droit de séjour* dans les stations sanitaires et lazarets payable par jour et par personne, d'un taux qui varie avec la catégorie des voyageurs;

4° *Le droit de désinfection*, d'un taux variable suivant qu'il s'agit : *a*) du linge sale, des effets à usage, des objets de literie et de tous autres objets ou bagages considérés comme contaminés; *b*) des marchandises; *c*) des chiffons et des drilles; *d*) du navire ou de la partie du navire contaminée.

Les droits peuvent être réduits de moitié pour les catégories *a*, *b*, *d*, en faveur du navire qui, possédant un médecin sanitaire et une étuve à désinfection, justifie que les mesures de désinfection réglementaires ont été appliquées en cours de traversée.

Tous les droits sanitaires sont à la charge de l'armement, de même que les dépenses de dératisation des navires (Décrets 4 janvier 1896, art. 94; 4 mai 1906, art. 7 et 6 août 1906). Pour les chiffons et les drilles la dépense est au compte de la marchandise.

Sont exemptés de tous droits sanitaires : les bâtiments de l'État (de guerre et autres), les bâtiments en relâche forcée ou volontaire, s'ils se ravitaillent uniquement en vivres et en charbon (Décret 23 novembre 1899); les bateaux de pêche qui s'abstiennent de commercer dans les ports de relâche; les bâtiments qui vont faire des essais en mer sans se livrer à des opérations commerciales, etc.

Voir décret du 13 janvier 1912 relatif à l'établissement, à la délivrance, au visa et à la présentation de la patente de santé.

g. TAXES LOCALES DE TONNAGE. — Désignées aussi, mais improprement, sous le nom de *droits de péage*, ces taxes sont perçues en France au profit des villes ou des chambres de commerce en vue de participer au remboursement des dépenses faites pour l'amélioration des ports et l'installation de leur outillage, ou au payement de celles relatives aux services organisés ou subventionnés par les chambres de commerce pour le sauvetage des navires ou cargaisons, pour la sécurité, la propreté, la police ou la surveillance des quais et dépendances des ports (Loi 7 avril 1902, art. 16). Il est à remarquer toutefois que les articles 14 et 17 de cette loi qui visent spécialement les colonies, leur sont seuls applicables.

En France, les taxes de tonnage sont établies par la loi et par des *décrets en forme de règlements d'administration publique* sur la délibération des conseils municipaux ou des chambres de commerce. Elles sont essentiellement temporaires; leur taux varie avec chaque port et bien que la base de leur perception soit : *a*) le tonneau de jauge nette ou brute des navires de toutes nationalités; *b*) les quantités de marchandises débarquées et embarquées; *c*) le nombre de voyageurs embarqués et débarqués, les règles qui président à leur recouvrement sont elles-mêmes assez variables.

L'article 66 de la loi de finances du 8 avril 1910 complétant l'article 16 de la loi de 1902, autorise l'établissement de péages n'excédant pas 0 fr. 10 par semaine et par tonneau de jauge brute sur les navires désarmés, en raison de la durée de leur stationnement dans le port et sous réserve des exemptions à prévoir dans les décrets institutifs.

Aux colonies le droit de tonnage existe : soit au profit des communes (Décret 4 avril 1868 [Réunion], modifié par divers arrêtés locaux d'une légalité contestable, concernant la ville de Saint-Pierre); soit au profit des chambres de commerce; soit au profit des budgets locaux.

Il atteint le navire dès son entrée *dans un port*, quelle que puisse être la durée de sa station. Les relâches dans les golfes, anses et baies où il n'y a pas de bureau de douane et qui ne font pas partie d'un *port gardé*, ne donnent pas ouverture au droit (C. 9 juillet 1832, n° **1333**).

Voir pour l'Indo-Chine le décret du 31 mars 1911 approuvant un arrêté du Gouverneur général du 30 novembre 1910 : taxes d'outillage à percevoir. au profit de la Chambre de commerce de Saïgon, sur les paddys et leurs dérivés sortant de ce port.

Autres taxes locales. — Il existe encore aux colonies des taxes accessoires de navigation dont la nomenclature est variable. Elles s'appellent : *droits de pilotage, d'interprète, de phare, de corps morts et balises, d'aiguade, de halage et d'accostage, de visite sanitaire et de garde, de patentes de santé, de jaugeage, de mouillage provisoire, droit semestriel d'expédition sur les caboteurs de la colonie* (Guadeloupe).

Il est perçu à Dakar une taxe d'embarquement et de débarquement des marchandises (Arr. G. G. du 24 septembre 1910, du 31 décembre 1911 et du 20 août 1912 fixant les tarifs de l'exploitation du port de commerce de Dakar. Cette taxe est liquidée par la douane (Arr. G. g. 28 décembre 1910).

h. Droits de visite et de sécurité de la navigation maritime. — Aucun navire ne peut prendre charge sans avoir été visité par une commission technique chargée de reconnaître son état (Code de com., art. 225). Les navires de plus de 25 tonneaux de jauge sont examinés une fois par an, et, dans l'intervalle, toutes les fois que l'inscription maritime le juge utile, en raison de grosses avaries ou de notables changements dans leur construction ou leur aménagement (Loi du 17 avril 1907, art. 1ᵉʳ).

Quatre sortes de visites sont prévues : les visites avant mise en service; celles périodiques ou après avaries graves et changements notables; celles de partance; enfin les visites exceptionnelles à l'occasion de mauvaises conditions de navigabilité, d'hygiène ou d'approvisionnements en vivres ou en boissons.

Celles des deux premières catégories sont exercées par des commissions dont la composition aux colonies est déterminée par des arrêtés des chefs de colonie soumis à l'approbation des Ministres des Colonies et de la Marine. Celles des deux autres sont effectuées à Saïgon, Dakar et Saint-Pierre et Miquelon, par un inspecteur de la navigation maritime, et ailleurs par un expert ou un capitaine au long cours non embarqué désigné à cet effet. Les décisions des commissions peuvent faire l'objet de pourvois devant les chefs de colonie qui défèrent le litige à une commission supérieure ; celles rendues par les inspecteurs de la navigation maritime ou les fonctionnaires les remplaçant sont sujettes à appel auprès de l'administrateur de l'Inscription maritime qui fait procéder à une contre-visite par une commission de trois experts désignés par roulement sur une liste d'officiers de marine, de capitaines au long cours, d'officiers mécaniciens et d'ingénieurs.

L'article 52 de la loi du 17 avril 1907 a fixé les droits afférents aux diverses visites et prévu des droits de trois sortes concernant : les visites avant mise en service et visites périodiques ; les visites de partance ; les visites exceptionnelles.

Aux colonies, ces droits sont établis au profit des budgets locaux dans les formes prescrites par l'article 74 du décret financier du 30 décembre 1912. Ils doivent être déterminés autant que possible en conformité de l'article 52 de la loi du 17 avril 1907.

Les quittances des droits de visites de sécurité sont exemptes du timbre de décharge par application de l'article 16 de la loi du 13 brumaire an VII.

Textes à consulter : 1° *Décret du 8 juillet 1913* (et C. minist. du 31 juillet 1913) rendant applicable aux colonies la loi du 17 avril 1907 sur la sécurité de la navigation maritime et la réglementation du travail à bord des navires du commerce ; 2° *décret du 8 juillet 1913* désignant les ports coloniaux où seront instituées les commissions de visite prévues à l'article 15 de la loi du 17 avril 1907 ; 3° *décret du 8 juillet 1913* déclarant applicable aux navires bénéficiant des primes aux grandes pêches et ayant leur port d'attache dans les colonies de Saint-Pierre et Miquelon et de l'Afrique Occidentale le décret précité du 8 juillet 1913 ; *décret du 10 avril 1914* appliquant aux navires du commerce ayant leur port d'attache à Saint-Pierre et Miquelon les dispositions de la loi du 17 avril 1907 concernant la sécurité de la navigation maritime et la réglementation du travail à bord des navires du commerce ; décret du 10 avril 1914 faisant application aux navires de commerce ayant leur port d'attache à Saint-Pierre et Miquelon, des dispositions des règlements d'administration publique des 20 et 21 septembre 1908 modifiés les 10 avril 1909, 4 août 1910, 21 juin 1912, 7 mars et 28 juillet 1913 pour l'exécution des articles 53 et 54 du décret du 10 avril 1914 appliquant auxdits navires les dispositions de la loi du 17 avril 1907.

Vérification. — Pour les taxes sanitaires, les taxes de tonnage, les droits de visite de sécurité, rapprocher les liquidations avec les registres élémentaires et contrôler l'application des tarifs. Le registre des mouvements du port renseigne sur le tonnage des navires.

SECTION X.

CARACTÈRES DISTINCTIFS DES DROITS : DE DOUANE, D'OCTROI DE MER, D'IMPORTATION ET DE CONSOMMATION ÉTABLIS AUX COLONIES.

———

1° *Droits de douane.*

Sont communément désignés sous ce nom, les droits qui frappent les *produits étrangers* à l'exclusion des *produits français.* Aux colonies, ils ont surtout pour but de protéger le commerce et l'industrie métropolitains contre la concurrence étrangère.

D'après la Cour de cassation, le droit de douane se reconnaît à deux caractères : 1° Il porte sur des marchandises provenant de la *métropole ou de l'étranger,* à l'exclusion des produits similaires de l'intérieur; 2° il atteint la consommation générale du pays et affecte, au point de vue du commerce, les relations de la colonie avec l'extérieur (Cass. 11 mars 1885; 9 juillet 1895 [req.]: 7 janvier 1896 [civ.]; 15 mars 1898 [civ.]; 5 juillet 1898 [civ.]: 27 novembre 1901 [civ.]; 21 janvier 1907; 30 mai 1910 [civ.]).

Il résulte de cette jurisprudence qu'une taxe perçue dans la colonie par le service des douanes et sur des tarifs *englobant le périmètre entier du territoire à l'entrée,* participe du caractère inhérent aux droits de douane. Mais, n'est pas assimilable à une taxe douanière, un droit frappant plus fortement des produits européens que les similaires indigènes si ces derniers diffèrent des premiers par leur nature (alcools et tabacs indigènes en Indo-Chine).

La Cour de cassation (Civ. rej. 11 mai 1910, Guadeloupe) a jugé qu'une taxe n'a pas le caractère d'un droit différentiel et protecteur lorsqu'il est constaté par le juge du fait qu'il n'existe pas de produits similaires à l'intérieur. Le refus d'approbation, par le Conseil d'État, d'une note annexée à la délibération du Conseil général et constatant l'absence de ces produits similaires n'a pu avoir pour effet de dépouiller l'autorité judiciaire du droit de vérifier les conditions de fait dans lesquelles l'impôt est réclamé.

2° *Taxes de consommation.*

Le droit de consommation est, suivant la définition généralement admise, une taxe purement fiscale qui, s'appliquant aux produits de toute nature et de toute provenance, aussi bien à ceux importés qu'à ceux du cru, n'affecte pas les relations commerciales de la colonie avec l'extérieur et n'a aucun caractère protecteur ou différentiel.

Les droits de consommation comprennent : les droits d'importation, l'octroi de mer et les taxes de consommation proprement dites.

L'octroi de mer est, d'après le sénatus-consulte du 4 juillet 1866, un droit de consommation établi au profit de l'*ensemble* des communes et qui frappe, sans distinction d'origine, toutes les marchandises *entrant dans la colonie.*

Il diffère de l'octroi municipal métropolitain en ce qu'il s'applique à toute l'étendue d'une colonie et que le produit perçu au profit de toutes les communes est ensuite réparti entre elles après prélèvement des frais de perception.

Le droit d'importation a le même caractère mais il profite au budget local au lieu d'être réparti entre les communes. (Ce droit local ne doit pas être confondu avec les droits de douane à l'entrée qu'on appelle également droits d'importation par opposition aux droits d'exportation ou de sortie.)

Les *taxes de consommation proprement dites* s'appliquent aux marchandises de toutes provenances importées, comme aux produits similaires récoltés, préparés ou fabriqués dans la colonie. A signaler qu'on trouve, dans certaines colonies, sous la désignation de «droits d'octroi de mer», des taxes de consommation sur les objets récoltés, préparés ou fabriqués sur place.(Décret Guadeloupe, 25 avril 1908); mais il n'y a là qu'une différence de terminologie sans influence sur le caractère du droit bien que, dans ce cas, la destination à donner au produit de la taxe soit différente. L'octroi de mer proprement dit revient en effet aux communes alors que la taxe de consommation profite au budget local qui, dans certaines colonies (Madagascar, Réunion), en verse d'ailleurs une part aux communes.

En vertu de la jurisprudence rappelée ci-dessus à propos des droits de douane, la Cour de cassation attribue un caractère protecteur à l'octroi de mer, et par suite au droit d'importation et aux taxes de consommation proprement dites, s'il existe dans la colonie des produits du cru qui, malgré leur similitude de nature avec les marchandises importées, ne sont pas taxés ou le sont moins fortement.

La légalité de ces droits peut donc changer d'aspect suivant qu'une fabrique est ouverte ou fermée sur le territoire d'une colonie.

Dans diverses notes adressées au Ministère des Colonies à l'occasion de l'examen de projets de décrets soumis à son approbation en conformité de la loi du 13 avril 1900, article 33, § 3, le Conseil d'État, s'inspirant de la jurisprudence de la Cour suprême, a posé les divers principes suivants concernant l'établissement des taxes précitées :

Pour être dépourvus de tout caractère douanier, les droits d'octroi de mer, d'importation et de consommation doivent :

a. S'appliquer aux objets de toute nature et de toute provenance importés, récoltés, préparés ou fabriqués dans la colonie;

b. Être perçus dans un rayon qui n'englobe pas le périmètre entier d'une colonie ou d'un territoire;

c. Ne porter que sur les produits analogues à ceux que visent les tarifs d'octroi de la métropole et qui sont énumérés par le décret du 12 février 1870;

d. N'être pas différentiels;

e. Être établis au *poids net* et non pas à la valeur;

f. N'avoir d'effet que pour une période déterminée (cinq années).

Il s'ensuit qu'il devient nécessaire de recourir à la procédure des décrets en Conseil d'État pour établir des droits de consommation qui pourraient légalement être institués dans certaines colonies par des arrêtés locaux en vertu des prescriptions des articles 1 et 2 du décret du 30 janvier 1867 relatif aux pouvoirs des Gouverneurs en matière de taxes et de contributions.

Au surplus lorsqu'un décret de ce genre est soumis à l'examen du Conseil d'État, et qu'il ne vise pas les produits similaires du cru, la Haute Assemblée invite le Département à lui faire connaître si ces produits sont déjà taxés et dans la négative, à provoquer les décrets ou les arrêtés destinés à faire disparaitre l'inégalité de traitement qui existe entre les produits importés et ceux de l'intérieur. (Voir, par exemple, décret Madagascar, 19 juillet 1910, art. 3.)

3° Règles à suivre en vue de l'application aux marchandises déjà importées dans une colonie des taxes nouvelles ou des augmentations de droits établies postérieurement à cette introduction.

Lorsqu'une taxe locale est instituée ou augmentée, il s'écoule entre le vote du nouveau droit et sa mise en application dans la colonie un temps, parfois assez long, que les spéculateurs mettent à profit pour constituer des stocks importants des produits qui doivent être imposés ou plus fortement taxés par la réglementation nouvelle. Ces produits échappent ainsi a la nouvelle taxe jusqu'à épuisement des stocks constitués et cette situation a sa répercussion sur le rendement des recettes escomptées par l'Administration. Pour y remédier, le Département, par circulaire n° 1 D du 20 janvier 1906, a recommandé aux autorités et assemblées locales d'insérer, dans les arrêtés ou les délibérations créant de nouvelles taxes ou relevant celles en vigueur, des dispositions calquées sur l'article 6 de la loi du 7 avril 1897 relative aux surtaxes sur les sucres. En vertu de cet article, les surtaxes dont il s'agit ont été appliquées aux sucres de toute espèce déjà libérés d'impôts qui existaient au moment de la promulgation de la loi dans les raffineries, fabriques, magasins ou dans tous autres lieux en la possession des raffineurs, fabricants, commerçants ou dépositaires. Les quantités existantes ont été reprises par voie d'inventaire après déclaration faite par les détenteurs, toute quantité non déclarée donnant lieu au payement, en sus de la surtaxe, d'une amende égale au double de cette surtaxe.

L'application des dispositions précitées ne doit, bien entendu, être envisagée qu'au point de vue des droits locaux (consommation, octroi de mer, etc.) à l'exception des droits de douane.

Elle a donné lieu à des demandes en répétition dans certaines colonies. Mais on peut dire qu'elle est conforme à la jurisprudence de la Cour de cassation, notamment à celle d'un arrêt du 18 février 1901. Il résulte en effet de cette jurisprudence qu'en principe les lois fiscales sont applicables à tous les produits frappés de droits nouveaux du jour où elles sont devenues exécutoires et que les fabricants ou débitants de ces produits ne peuvent exciper soit de l'exonération antérieure, soit de l'acquit des droits précédemment établis pour prétendre à l'exemption des nouveaux impôts.

C'est dans le but de consacrer la jurisprudence susindiquée suivie en matière d'établissement de droits d'octroi de mer, d'importation et de consommation, que le projet de loi sur le régime douanier colonial présenté à la Chambre le 12 décembre 1912 contient la disposition suivante : « Les droits d'importation et les droits d'octroi de mer, perçus sur les marchandises sans distinction d'origine ni de provenance, et les droits de consommation sont établis dans les colonies par l'autorité compétente en matière de contributions et taxes locales. Ils ne sont rendus exécutoires qu'après approbation par un décret en Conseil d'État rendu sur le rapport du Ministre des Colonies, après avis conforme du Ministre du Commerce et consultation du Ministre des Finances et pour une durée de cinq ans. . . . . Les droits de cette nature actuellement existants arriveront à expiration dans un délai de cinq ans à dater de la promulgation de la présente loi. »

4° *Concession de l'exonération fiscale à des particuliers.*

Une faveur accordée à une compagnie nommément désignée ne peut trouver place dans une réglementation fiscale dont le caractère est d'être générale, égale pour tous et de ne comporter de tempéraments et d'exceptions qu'en faveur de catégories de contribuables abstraitement définies à l'exclusion de toute disposition concernant des individus pris en leur qualité privée. Suivant la jurisprudence du Conseil d'État, l'exonération fiscale ne peut être accordée à un particulier que sous la forme de la restitution annuelle, à titre de subvention spéciale du montant des droits payés par ce particulier pour un objet déterminé. La rédaction suivante d'un projet de décret a reçu l'adhésion des Sections réunies du Conseil d'État : « A titre de subvention, la colonie remboursera au concessionnaire le montant des droits. . . (énumération). . . existants ou à créer, perçus sur les matériaux, l'outillage et les combustibles importés pour la construction, l'entretien et l'exploitation de. . . (nature de l'ouvrage bénéficiant de l'exception). . . Ce remboursement sera effectué à la fin de chaque année sur justification des quantités employées. »

Cet engagement doit d'ailleurs faire l'objet d'une délibération du Conseil général à titre de garantie pécuniaire consentie par la colonie en vertu de l'article 3 (1°) du sénatus-consulte du 4 juillet 1866 et être sanctionné par décret en forme de règlement d'administration publique, conformément à l'article 1er du décret du 11 août 1866. (Voir dépêche ministérielle 4 avril 1910, n° 37, 2e direction, 4e bureau, relative à l'exonération des droits de quai à la Martinique en faveur de la Compagnie générale transatlantique.)

Vérification. — L'oubli des principes ci-dessus expose les colonies à des procès en répétition pour les droits illégalement établis et perçus. Il faut donc s'attacher à examiner attentivement le régime fiscal de la colonie en vue de signaler les points défectueux de la réglementation en vigueur et de provoquer les mesures destinées à les faire disparaître. Voir circulaire du Gouverneur général (Indo-Chine) 28 juin 1913 : Au sujet de la préparation des dossiers en matière de contributions indirectes soumis au Gouverneur général en Conseil de Gouvernement.

Pour avoir les dates des actes spéciaux à chaque colonie, se reporter au tableau indicatif annexé aux budgets généraux et locaux des colonies.

Une circulaire ministérielle (Colonies) du 18 décembre 1906 (*B. O., Indo-Chine,* 1907, p. 7) prescrit d'indiquer, avec précision (lors de l'envoi au Département des cahiers des charges pour l'adjudication des fournitures destinées aux colonies), tous les droits et taxes qui frapperont les fournitures demandées, à leur entrée dans la colonie.

SECTION XI.

DROITS D'OCTROI DE MER.

Établissement. — Aux termes de l'article 6 de la loi du 11 janvier 1892, le mode d'assiette et de répartition et les règles de perception de l'octroi de mer sont fixés par des délibérations des Conseils généraux ou d'administration des Colonies approuvées par décrets en forme de règlements d'administration publique et les tarifs, votés par les mêmes assemblées et rendus exécutoires par décrets simples, peuvent être provisoirement mis à exécution par arrêtés des Gouverneurs.

Un avis de la Section des finances du Conseil d'État du 13 mars 1889 a rangé l'octroi de mer en dehors des contributions et taxes et un arrêt de la Cour de cassation du 15 mars 1898 l'assimile au contraire aux contributions et taxes. Une note du Conseil d'État, rendue en assemblée générale, du 28 février 1907, déclare que le mode d'établissement des droits d'octroi de mer est réglé exclusivement par l'article 6 de la loi du 11 janvier 1892 et non par l'article 33 de la loi du 13 avril 1900. Le décret financier du 30 décembre 1912 (art. 74) contient une disposition analogue. Cependant si l'on se reporte aux décrets des 24 janvier 1907 concernant l'entrepôt réel spécial à la Guadeloupe et 28 septembre 1912 relatif à l'entrepôt fictif à la Réunion, l'on constate que le Conseil d'État n'a pas ajouté aux références de ces deux actes l'article 6 de la loi du 11 janvier 1892, se bornant à ne citer que l'article 33, § 3, de la loi du 13 avril 1900. On pourrait en conclure que la Haute Assemblée a, dans ces deux cas, considéré que l'article 33, § 3, de la loi de 1900 avait abrogé l'article 6 de la loi de 1912 et a fait rentrer l'octroi de mer dans la catégorie des taxes et contributions locales.

Dans un arrêt (Civ.) du 10 janvier 1911, la Cour de cassation, en déclarant que les Conseils généraux sont autorisés à voter les tarifs d'octroi de mer, lesquels peuvent être rendus provisoirement exécutoires par arrêtés des Gouverneurs jusqu'à leur approbation par décret, admet implicitement que le mode d'établissement des tarifs d'octroi de mer est réglé par l'article 6 de la loi du 11 janvier 1892. Mais le même arrêt dispose que si les droits perçus sous le nom d'octroi de mer ne frappent les objets de toute provenance qu'à leur entrée seulement dans la colonie, ils revêtent un caractère douanier et doivent, par suite, comme les exceptions au tarif métropolitain des douanes, dans les colonies du premier groupe, résulter, conformément aux articles 3

13.

et 4 de la loi du 11 janvier 1892, d'un décret rendu dans la forme des règlements d'administration publique.

Liquidation et perception. — Les droits d'octroi de mer sont liquidés à l'entrée par la douane et perçus dans les mêmes conditions et suivant les mêmes règles que les taxes douanières (Décret [Martinique], 27 août 1898, art. 2 et 6; décret [Guadeloupe], 5 septembre 1903, art. 2 et 17).

Dans certaines colonies (Martinique et Guadeloupe) les redevables de l'octroi de mer ne sont pas admis au bénéfice du crédit des droits (mêmes décrets, art. 2).

Répartition. — La répartition de l'octroi de mer s'effectue entre les municipalités d'après des bases variables suivant les colonies. A la Martinique et à la Guadeloupe, elle est faite au prorata seulement de la population respective des communes (Décret 27 août 1898, art. 3, et décret 5 septembre 1903, art. 3), tandis qu'à la Réunion elle a lieu moitié au prorata de leur population respective, moitié d'après le montant de leurs dépenses obligatoires (Décret 17 février 1891, art. 3). A la Nouvelle-Calédonie, le produit net de l'octroi de mer est attribué moitié à la commune de Nouméa et moitié aux autres communes. La quote-part revenant à celles-ci est répartie sur les mêmes bases qu'à la Réunion, les indigènes n'étant comptés que pour un vingtième de leur nombre (Décret 30 décembre 1897, art 12).

Avances. — Des avances sur la caisse de l'octroi de mer peuvent être consenties soit pendant le premier trimestre de l'exercice, soit au cours des autres trimestres en faveur des communes dont les ressources sont épuisées. Dans le 1er cas, leur montant ne doit pas dépasser le quart de la part annuelle attribuée à la commune pendant les trois exercices précédents; dans le second cas, il est déterminé par décision du Gouverneur. Ces avances sont répétées contre les bénéficiaires lors de la répartition générale (Décret [Guadeloupe], 5 septembre 1903, art. 5).

Prélèvements. — Sur le produit brut de recettes, il est prélevé :

1° Au profit du budget local :

Pour part contributive des communes dans les frais de personnel et de matériel des services des douanes et des contributions chargés des liquidations de l'octroi de mer, une somme que détermine chaque mois le Gouverneur. Ce prélèvement doit être calculé de manière que le montant total des dépenses des services liquidateurs soit supporté par la colonie et les communes, proportionnellement à leurs recettes d'octroi de mer respectives.

2° Au profit des employés des douanes et des contributions, une remise de 1 p. o/o (Martinique, Nouvelle-Calédonie) ou de 1 1/2 p. o/o (Guadeloupe) sur les recettes liquidées par l'un ou l'autre service. Le mode de répartition est réglé par arrêté du Gouverneur (Décret [Martinique], 27 août 1898, art. 4; décret [Réunion], 17 février 1891, art. 4; décret [Guadeloupe], 5 septembre 1903, art. 4; décret [Nouvelle-Calédonie], 30 décembre 1897, art. 11). Cette remise peut être remplacée par une indemnité fixe (Instr. minist. du 7 juin 1912 pour l'application du décret du 2 mars 1912).

3° Au profit des comptables chargés de la perception (trésorier-payeur, trésorier particulier, percepteurs centralisateurs), une remise dont le taux est variable. Aux Antilles, il est de 1 p. o/o au profit des trésoriers et de 0.25 p. o/o pour les percepteurs centralisateurs; à la Nouvelle-Calédonie, il est de 0.50 p. o/o au profit du trésorier-payeur; à la Réunion, au contraire, la remise du trésorier-payeur est de 0.80 p. o/o de 1 à 600,000 francs;

0.48 p. o/o de 600,001 à 1,000,000 de francs;

0.32 p. o/o au delà de 1,000,000 de francs.

Dans certaines colonies ce triple prélèvement ne peut excéder, en aucun cas, le cinquième du produit brut des recettes (Martinique et Nouvelle-Calédonie). Lorsqu'il dépasse cette proportion, la part revenant au service local est réduite de manière que les 4/5 du produit restent acquis aux communes (Décret [Nouvelle-Calédonie], 30 décembre 1897, art. 11).

Les remboursements de droits pour erreurs ou trop-perçus autorisés par le Gouverneur en Conseil, les frais d'expertise, au cas où ils ne doivent pas rester à la charge du déclarant, les frais de procédure, de poursuites et généralement tous les frais que peut nécessiter le recouvrement de l'octroi de mer sont déduits des recettes revenant aux communes (Décret 27 août 1898, art. 5, et décret 5 septembre 1903, art. 5).

Aux termes d'un avis du 10 juin 1890 de la Section des finances du Conseil d'État, l'intégralité du produit de l'octroi de mer, appartenant aux communes, une colonie ne peut légalement inscrire à son budget aucun prélèvement sur ce produit autre que la somme strictement nécessaire pour couvrir les frais de perception. La Circulaire ministérielle du 16 juillet 1890 (B. O. Guadeloupe, p. 605), transmissive de cet avis, signale qu'il est irrégulier de prélever sur le produit de l'octroi de mer des sommes destinées à assurer le fonctionnement de services tels que l'instruction primaire, la police, l'assistance publique, etc., figurant au budget local.

Dédouanement des marchandises. — Entrepôts. — Contentieux. — Sous réserve des prescriptions spéciales à chaque colonie, les obligations des capitaines au point de vue de la présentation et du dépôt des manifestes, des papiers de mer, etc., les obligations des réceptionnaires ou consignataires des marchandises pour les débarquements, déclarations, visites, etc..., les obligations, pouvoirs et prérogatives du Service des douanes, le régime de l'entrepôt, le contentieux, les dispositions pénales, sont en matière d'octroi de mer, les mêmes qu'en matière douanière (Décret 27 août 1898, art. 16, et décret 5 septembre 1903, art. 17).

Expertise. — Lorsque la Douane juge insuffisante la valeur déclarée, elle peut recourir à l'expertise. Dans ce cas, deux arbitres sont désignés l'un par le déclarant, l'autre par la Douane. Si le déclarant le requiert tout de suite ou s'il y a partage, les experts choisissent un tiers arbitre. La décision arbitrale est rendue dans les huit jours; elle est définitive. Le déclarant encourt ou non une amende si la valeur dépasse de 10 ou de 5 p. o/o celle qui est déclarée, suivant qu'il s'agit ou non de marchandises taxées au moins à 10 p. o/o de la valeur. Les frais d'expertise sont supportés par le déclarant ou par la caisse de l'octroi suivant que la valeur estimée par la décision arbitrale excède ou non la valeur déclarée de 5 p. o/o au plus (Décret, 27 août 1898, art. 11, et décret 5 septembre 1903, art. 12).

En cas de contestation, entre la douane et le commerce, sur l'espèce et la qualité des marchandises, le différend, si la valeur en cause n'excède pas 1,000 francs, peut être vidé dans la colonie; mais les intéressés doivent souscrire l'engagement d'accepter la décision des experts. Si cet engagement n'est pas pris ou s'il s'agit d'affaires importantes, il faut recourir à la commission d'expertise attachée au Ministère du Commerce suivant les dispositions des lois des 22 juillet 1822, 7 mai 1881, 11 janvier 1892. Remise immédiate peut être faite de la marchandise, si le déclarant consigne au Trésor le montant des droits et des frais d'expertise conforme aux évaluations de la douane. Ces frais sont à la charge de la caisse de l'octroi ou du déclarant, suivant que la déclaration est reconnue exacte ou non (Décret 27 août 1898, art. 12 et Décret 5 septembre 1903, art. 13).

Lorsque le déclarant adhère à l'expertise, il est établi un acte de prélèvement en double expédition conforme au modèle transmis par la Circulaire n° 3067 du 30 octobre 1899 et la douane offre mainlevée, sous caution, des marchandises si elles ne sont pas prohibées.

En cas de soupçon de fraude et si le déclarant assiste à l'opération, le prélèvement d'échantillons est constaté par un *acte conservatoire* ou procès-verbal de constat.

En cas de refus du déclarant d'adhérer à l'expertise, la douane adresse au juge de paix une requête aux fins d'expertise demandant au magistrat par application des lois des 5 août 1810, 7 mai 1881 et 11 janvier 1892 :

a. D'ordonner le prélèvement des échantillons en présence d'un officier ministériel ou d'un courtier assermenté chargé de suppléer le déclarant;

b. De désigner l'expert appelé à le représenter.

L'acte constatant le prélèvement est rédigé suivant le modèle annexé à la Circulaire n° 2065 du 20 décembre 1890. Il est, de même que les actes de mainlevée rédigés postérieurement aux actes de prélèvement, exempt des droits de timbre et d'enregistrement (lettres polygraphiées des 6 juillet et 24 août 1905).

L'échantillon destiné à l'expertise est prélevé par la douane, en présence du déclarant ou de l'officier ministériel ou courtier le suppléant; il est scellé du cachet du bureau et de celui du déclarant ou de son suppléant, puis transmis à la Direction générale des douanes. Un second échantillon identique, sous le seul cachet du bureau, est adressé en France avec l'échantillon officiel, pour que l'administration métropolitaine puisse examiner la marchandise et lever d'office les difficultés s'il y a lieu.

Retenue des navires et des marchandises. — Les marchandises peuvent être retenues par la douane, soit pour la vérification ou estimation, soit en garantie des amendes encourues ou des droits à percevoir (Décret 27 août 1898, art. 13, et Décret 5 septembre 1903, art. 14).

Les bâtiments peuvent également être retenus pour sûreté des amendes prononcées contre les capitaines ou consignataires, à moins que la somme due ne soit immédiatement consignée ou qu'une caution suffisante n'en soit fournie (Décret 5 septembre 1903, art. 13).

Droit de garde. — Les marchandises, autres que les colis postaux, qui séjournent en douane pour être vérifiées ou après avoir été vérifiées, doivent après un délai de 2 ou 5 jours, suivant que le destinaire est ou non domicilié dans la localité du bureau de la douane, acquitter un droit de garde dont le taux est fixé par les décrets concernant chaque colonie (Décret 27 août 1898, art. 14; Décret 5 septembre 1903, art. 15).

Exemptions et immunités. — Sont exonérés de l'octroi de mer : les vivres, matières et objets destinés aux services de l'État, de la Colonie ou des communes; les objets mobiliers et effets usagés; les effets d'habillement et d'équipement pour les troupes, les effets d'uniforme pour les officiers et fonctionnaires; les effets d'habillement et d'équipement destinés au service actif des douanes; le matériel des lignes télégraphiques et téléphoniques subventionnées; le matériel et les approvisionnements des compagnies de navigation subventionnées autres que celles faisant les transports entre les divers ports de la colonie (Décret [Martinique] 27 août 1898, art. 17; Décret [Guadeloupe] 5 septembre 1903, tableau *in fine*); le matériel et les machines agricoles et industrielles (Décret [Guadeloupe] 13 février 1912), etc.

Vérification. — Vérifier si la répartition de l'octroi de mer entre les communes et si les prélèvements au profit du budget local et des agents liquidateurs et percepteurs s'effectuent en conformité des textes en vigueur et dans les limites réglementaires. Examiner si les tarifs ne revêtent pas un caractère protecteur, soit parce qu'ils frappent les produits importés plus fortement que les similaires du crû, soit en raison de l'absence de toute taxe sur les produits récoltés, préparés ou fabriqués dans la colonie. Rechercher s'il n'y aurait pas avantage à substituer des droits spécifiques et une taxation au poids net à la tarification *ad valorem* qui favorise la fraude et fausse les statistiques douanières. La classification défectueuse des droits d'octroi de mer n'oblige-t-elle pas les agents des douanes à recourir à des assimilations susceptibles d'entraîner de véritables modifications dans la quotité des taxes elles-mêmes?

SECTION XII.

TAXES DE CONSOMMATION.

Les taxes de consommation rentrent dans la catégorie des taxes et contributions locales et sont par suite établies dans les formes prévues par l'article 74 du décret financier du 30 décembre 1912. Toutefois, en raison du caractère douanier attribué à ces taxes par la Cour de cassation et le Conseil d'État et afin d'éviter toute controverse sur la légalité de leur perception, on a recours à des décrets en Conseil d'État, même lorsque de simples arrêtés pourraient suffire à les établir légalement (par exemple les décrets des 19 juillet 1910 et 9 janvier 1914, pour Madagascar).

Les taxes de consommation frappent les produits de toute origine et de toute provenance consommés dans les colonies, qu'ils y soient importés, récoltés ou fabriqués. Elles sont indépendantes des droits de douane et d'octroi de mer dont sont également frappés ces produits importés (Décrets 19 juillet 1910 [Madagascar] et 30 décembre 1911 [Réunion]. Voir aussi Décret [Nouvelle Calédonie] 22 mai 1913).

Liquidation. — Les taxes de consommation sur les produits importés sont liquidées à l'entrée par le Service des douanes et perçues dans les mêmes conditions et suivant les mêmes règles que les droits d'importation. Il s'ensuit que ces produits doivent être importés directement par les ports où il existe un bureau de douane (Décret 19 juillet 1910, art. 4; Décret 30 décembre 1911, art. 6). La liquidation des droits a lieu au moment de la mise à la consommation des marchandises soit lors du débarquement, soit à la sortie d'entrepôt (Décret 30 décembre 1911, art. 5).

Les taxes de consommation sur les objets récoltés, préparés ou fabriqués dans les colonies sont liquidées par le Service des Contributions indirectes (Décret du 30 décembre 1911, art. 3) ou par les chefs de circonscription (Décret [Madagascar] 10 juillet 1912, art. 4). A la Réunion, la taxe sur les animaux importés est également liquidée par les Contributions indirectes (Décret 30 décembre 1911, art 13).

Prescription. — La prescription en matière de taxes de consommation est a même que pour les droits de douane (Décret 30 décembre 1911, art. 4).

Part attribuée aux communes. — Dans certaines colonies (Madagascar) une partie du produit total de la taxe de consommation est répartie entre les communes, dans d'autres (Réunion) cette répartition est limitée aux taxes sur les objets récoltés, préparés ou fabriqués sur place.

Contentieux. — Les infractions relevées pour fausses déclarations dans la valeur, la qualité ou la quantité, et toutes fraudes en matière de taxes de consommation à l'importation, sont constatées, poursuivies et punies conformément à la législation douanière (Décrets 19 juillet 1910, art. 5 et 30 décembre 1911, art. 8).

Expertise. — En cas de contestation sur leur nature, les produits, sont soumis à l'analyse du laboratoire du service local. (Mêmes décrets, art. 6 et 9). Les frais d'analyse sont à la charge de la douane ou du déclarant suivant que les affirmations de ce dernier sont reconnues exactes ou non (Mêmes décrets, art. 7 et 10).

Exemptions. — Sont exempts de la taxe de consommation :

1° Les objets d'habillement autres que les objets neufs contenus dans les bagages des voyageurs, même non accompagnés;

2° Les vivres, matières et autres objets introduits *par* l'État et *appartenant* à l'État (Mêmes décrets, art. 9 et 11).

La Cour de cassation (Req. 5 juin 1889) a jugé que par «denrées et objets divers destinés aux services publics», il ne faut pas entendre seulement les approvisionnements, denrées et objets divers adressés directement de l'extérieur aux services publics, mais aussi ceux qui adressés à d'autres, sont, à leur arrivée dans la colonie, affectés et remis par ceux-ci à ces services. Il s'ensuivrait que lorsque l'expression ci-dessus est employée dans les textes fiscaux d'une colonie, la jurisprudence dont il s'agit doit être appliquée. Mais on peut invoquer contre elle de sérieux arguments de fait et de droit, et c'est pour ce motif que les décrets relatifs à Madagascar et à la Réunion ont adopté une rédaction qui permet d'éviter toute controverse sur l'étendue de l'exemption accordée au matériel de l'État (Madagascar, décret 19 juillet 1910, art. 9; Réunion, décret 30 décembre 1911, art. 11).

Entrepôts. — Le régime de l'entrepôt applicable aux objets soumis aux droits de douane est étendu à ceux assujettis aux taxes de consommation à l'importation (Décret, Réunion, 30 décembre 1911, art. 22 et 23).

Indo-Chine. — Il existe en Indo-Chine des droits de consommation sur les alcools européens (Arr. 20 décembre 1902), les alcools indigènes [Annam et Cambodge] (Arr. 20 et 22 décembre 1902, 10 sept. 1903), les tabacs (Arr. 12 novembre 1901, 20 décembre 1904 et 19 avril 1906), les huiles minérales (Arr. 5 sept. 1899, 21 novembre 1900, 19 avril 1906), les allumettes (Arr. 7 février 1899 et 19 avril 1906), les poudres de chasse, les cartouches de chasse chargées et les artifices et pétards pour divertissements (Arr. 21 novembre 1913 et décret 30 avril 1914), les absinthes et produits similaires contenant du thuyone sont frappés d'une surtaxe (mêmes arr. et décret).

Vérification. — Examiner la légalité des taxes de consommation appliquées dans la colonie. Ne font-elles pas double emploi avec l'octroi de mer? Ne frappent-elles pas trop lourdement les denrées de première nécessité en laissant indemnes certains produits du cru? Vérifier si certaines d'entre elles ne revêtent pas un caractère différentiel. Les répartitions entre les communes s'effectuent-elles en conformité des textes en vigueur? etc.

SECTION XIII.
IMPORTATIONS PAR LA POSTE ET COLIS POSTAUX.

1° IMPORTATIONS PAR LA POSTE. — En principe, les objets prohibés ou passibles de droits ne peuvent pas être importés par la voie de la poste. Au cas où ils auront été admis à tort à l'expédition ils devront être renvoyés au timbre d'origine à moins que la législation du pays de destination n'en dispose autrement. [Décrets (Postes et Télégr.), 28 août 1907 et 29 sept. 1907 promulguant la convention postale de Rome du 26 mai 1906; circulaire (d. g. d.) n° 3735, du 7 novembre 1907.]

Lorsque des lettres ou paquets clos, présumés contenir des objets prohibés ou passibles de droits, arrivent dans un bureau de poste, le receveur de ce bureau en avise la douane qui vient alors assister à l'ouverture de la lettre ou du paquet faite par le destinataire convoqué à cet effet.

Les paquets non clos affranchis au tarif réduit sont remis au service des douanes lorsqu'ils sont reconnus, par le bureau de poste d'arrivée, contenir des articles prohibés ou tarifés. Le destinataire est avisé de cette remise.

Dans les deux cas précités, la douane, suivant les résultats de sa vérification, remet les paquets aux destinataires soit en franchise, soit après acquittement des droits et le cas échéant, remboursement des taxes postales dont elle a pu faire l'avance.

Les objets tombant sous le coup des lois répressives sont mis en dépôt, puis détruits, s'ils sont sans valeur, ou vendus en conformité des prescriptions de la loi du 4 germinal an II, titre II, article 9.

Voir Arr. (Océanie) du 8 juillet 1909. Vérification par le Service des Contributions des paquets arrivant par la poste.

Les boîtes avec valeur déclarée sont assujetties au contrôle de la Douane. Se reporter à la circulaire n° 3735 du 7 novembre 1907 relative aux formalités à accomplir à cette occasion et au décret (Col.) du 29 mars 1889 concernant l'échange des boîtes avec valeur déclarée entre la France et les colonies.

Les lettres privées *fermées* pesant 150 grammes ou moins et contenant des tissus autres que des dentelles ou tulles et des broderies, peuvent être livrées aux destinataires en franchise des droits de douane (Déc. min. 31 mars 1881 et 30 janvier 1912; C. n° 1546 nouv. série et 4250 du 9 février 1912).

En ce qui concerne les échantillons, consulter la circulaire ministérielle (Col.) du 18 avril 1888 (*B. O. C.*, p. 142).

Il est permis, d'après les dispositions concertées en 1877, entre le Département des Finances et l'Administration des Colonies, d'adresser par la poste, au tarif des échantillons, de la métropole aux colonies et *vice versa*, de menus objets non dépourvus de valeur marchande, à l'exclusion des essences, des dentelles, des tulles, des tissus brodés, des armes, des cigares et des tabacs fabriqués. Mais cette tolérance exceptionnelle ne doit pas aller jusqu'à faciliter l'importation, en exemption de droits d'entrée, de marchandises en quantité assez considérable (par exemple répartis en plusieurs paquets) pour représenter une valeur commerciale, relativement élevée (Dépêche min., 22 novembre 1890, *B. O. Guadeloupe*, p. 778).

2° COLIS POSTAUX. — Le service des colis postaux est actuellement régi par la convention internationale de Rome du 26 mai 1906.

Aux termes de cet arrangement, la limite maximum de poids des colis est en principe fixée à 5 kilogrammes avec faculté d'admission de colis d'un poids supérieur à ce chiffre. Par application de ces dispositions, la limite de poids a été portée à 10 kilogrammes pour un certain nombre de colonies.

Aux colonies, les textes qui, à l'origine, ont posé les principes relatifs à l'organisation et au fonctionnement du service des colis postaux sont les décrets des 30 juillet et 26 septembre 1881. Les détails d'application de ces textes ont fait l'objet, dans chacune de ces possessions, d'arrêtés auxquels il conviendra de se reporter.

Consulter spécialement les textes suivants : (Arr. [Guadeloupe] 9 novembre 1881 et 24 mars 1884; arr. [Réunion] 24 mars 1910, 3 mai 1911; arr. [Dahomey] 15 novembre 1911). Voir également le tableau indicatif annuel du mode d'expédition des correspondances à destination des colonies (art. colis postaux).

Le Service des Postes et Télégraphes est en principe, chargé de toutes les opérations concernant le service des colis postaux internationaux.

Le rôle du service des douanes se borne exclusivement à liquider et à percevoir les droits de douane, de consommation et d'octroi de mer dont sont passibles ces colis.

Déclaration en douane. — Les colis postaux sont soumis, en matière de douane, aux dispositions de la législation générale. En conséquence tout colis de ou pour les colonies françaises doit être accompagné, indépendamment d'un bulletin d'expédition, d'une déclaration en détail remplie par l'expéditeur. Il peut être fait usage d'un seul bulletin d'expédition et d'une seule déclaration pour plusieurs colis jusqu'au nombre de trois émanant du même expéditeur et destinés à une même personne (Loi 3 mars 1881, art. 7).

La dépêche ministérielle (Col.) du 15 juin 1895 a prescrit de faire accompagner de certificats d'origine les denrées secondaires contenues dans les colis postaux importés des colonies en France.

Exemptions de droits. — Les colis postaux sont exemptés : du droit de statistique, du droit du timbre des acquits-à-caution ou passavants, de la taxe de plombage, du droit de permis. Ils sont soumis à un droit de timbre des lettres de voitures et connaissements réduit à o fr. 10 (Lois des 3 mars 1881, art. 5 et 7; 24 juillet 1881, art. 2; 26 février 1887, art. 6).

Vérification. — Les colis postaux étant remis clos et cachetés aux compagnies de transport, celles-ci ne peuvent en vérifier le contenu et encourir par suite aucune responsabilité pénale à raison d'objets de fraude qu'un expéditeur y aurait dissimulés (Cass. crim. 23 janvier 1885; règlement d'exécution de la convention de Rome, titre VI, art. 5). Aussi, pour combattre la fraude, la Douane doit-elle vérifier les colis postaux dans la proportion de 80 p. 100 au moins avec obligation d'effectuer le plus souvent possible la visite intégrale des colis d'un navire ou d'un train (C. n° 1755 du 15 octobre 1885 et n° 3687 du 6 mai 1907; décret (Fin.) 27 août 1911, art. 24).

Droits à payer à la douane par l'expéditeur aux colonies. — Ces droits com-

14.

portent les taxes de sortie dont certains produits coloniaux sont passibles et le droit le timbre sur papiers de douane (quittance et certificat d'origine).

Droits à payer par le destinataire. — Celui-ci doit payer :

1° Si le colis postal est livrable à la poste ou en douane ou à une agence maritime, *le port de la lettre d'avis d'arrivée* qui est de o fr. o5. (A cet effet tout destinataire doit être prévenu de l'arrivée de ce colis par une lettre d'avis expédiée dans un délai de vingt-quatre heures);

2° *Le droit de timbre de o fr. 10* si le colis est de provenance étrangère ou originaire d'une colonie où le timbre ne peut être payé au départ;

3° Éventuellement les *droits de douane, d'octroi de mer, de consommation et autres frais* grevant le colis (Décret 3o juillet 1881, art. 4).

Réexpédition. — La réexpédition d'un colis postal soit sur le lieu d'origine, soit sur une autre localité, donne en principe lieu lors de la livraison, à la perception d'une nouvelle taxe de transport et du droit de timbre de o fr. 10 sans préjudice du payement des droits de douane, d'octroi de mer, de consommation, de factage, magasinage et autres frais s'il y a lieu. Toutefois, la réexpédition, par suite de fausse direction ou d'une erreur de service ne donne lieu à aucune perception supplémentaire à la charge public. (C. [col.] 18 avril 1888). Il existe aux colonies, pour les colis postaux qui, après leur arrivée, sont dirigés sur les localités de l'intérieur, une taxe de réexpédition intérieure variable suivant le poids des colis et la voie (terrestre ou maritime) suivie et un droit de o fr. 25 par colis pour l'accomplissement des formalités en douane établi en vertu de l'article 7 de la convention de Rome du 26 mai 1906.

Restitution des droits. — Les droits perçus sur les colis postaux non remis aux destinataires peuvent être restitués à la condition que ces colis soient représentés intacts au bureau d'importation et qu'il soit justifié qu'ils n'ont pas cessé d'être sous la garde des agents des compagnies de transport ou des postes (Déc. min. 26 octobre 1894; C. n° 2477 du 6 décembre 1894).

Colis postaux en souffrance. — Les colis postaux qui n'ont pu être livrés pour une cause quelconque ou que les destinataires, dûment prévenus, n'ont pas fait retirer, demeurent en souffrance pendant quinze jours. Passé ce délai, les expéditeurs sont consultés sur la manière dont ils entendent en disposer (C. [Col.] 18 avril 1888).

En cas de refus des colis postaux par les destinataires, un avis de ce refus est envoyé aux expéditeurs dans le plus bref délai possible. Si dans les six mois de la date d'envoi de l'avis de non-livraison, le bureau de destination n'a pas reçu d'instructions suffisantes, le colis est renvoyé d'office au bureau d'origine aux frais des expéditeurs (*Ibid.*).

Toutefois, les colis non livrés qui renferment des articles sujets à corruption ou à détérioration sont immédiatement vendus, sans avis préalable et sans formalités judiciaires. Le produit de la vente est remis à l'expéditeur ou, sur la demande de celui-ci, au destinataire, sous déduction des frais dont le colis se trouve grevé. Les droits de douane, d'octroi de mer et de consommation restent toutefois à la charge de l'acquéreur. Il est dressé procès-verbal de la vente (Décret 3o juillet 1881, art. 6).

Voir: Indo-Chine, Arrêté du Gouverneur général du 19 février 1912 : droit de magasinage sur les colis postaux non distribués.

Réclamations. — Les réclamations du public concernant l'exécution du service des colis postaux par les compagnies de transport, doivent être adressées à celles-ci ou, s'il y a lieu, à l'Administration des postes (C. [Col.] 18 avril 1888).

Perception par la douane des droits liquidés sur les colis postaux. — Par exception aux principes régissant l'organisation du Service des Douanes aux colonies, et en vue de faciliter l'exécution du service des colis postaux et d'éviter des lenteurs, les droits liquidés sur ces colis à l'entrée et à la sortie sont, dans la plupart des colonies, reçus directement par les chefs des bureaux de douane au vu de la note établie par les vérificateurs. Les sommes ainsi recueillies sont versées au Trésor sur bordereau collectif à l'apurement du compte de chaque paquebot importateur (Décision locale [Guadeloupe] du 27 mars 1884).

En vue d'assurer le contrôle de ces perceptions, les déclarations en détail concernant les colis arrivés par un même paquebot forment un dossier auquel sont annexés un état présentant le développement des droits perçus et les récépissés qui en constatent le versement. C'est pour permettre la constitution de ce dossier qu'on exige aux colonies des expéditeurs de colis postaux une déclaration établie en double expédition, afin que l'une de ces expéditions soit conservée par le Service des Douanes.

Dans les localités où il n'existe pas de service de douane, les droits à l'importation sont perçus par des agents opérant pour le compte de la Douane (agents spéciaux en A. O. F., receveurs des postes ou agents des Contributions indirectes et percepteurs à la Réunion). Voir Arrêté (Haut-Sénégal Niger) du 21 septembre 1909; Arrêté (Côte d'Ivoire) du 12 mars 1910; Arrêté (Guinée) du 2 août 1910; Arrêté (Dahomey) du 15 novembre 1911 et Arrêté (Réunion) du 3 mai 1911.

Vérification. — Vérifier la caisse de l'employé chargé de la recette des droits sur les colis postaux. Rapprocher l'existant en caisse avec les énonciations des écritures (livre de caisse, quittancier, etc.). Reviser quelques liquidations. S'assurer que les versements sont régulièrement effectués au Trésor. Se faire représenter les récépissés du Trésorier-payeur. Examiner dans quelles conditions les prescriptions concernant le renvoi, la vente ou la destruction des colis en souffrance sont observées. Les délais réglementaires sont-ils respectés? Se faire représenter les procès-verbaux de vente et de destruction. Voir si les colis postaux expédiés du port de débarquement aux localités de l'intérieur sont, en cours de transport et en attendant leur remise au service des postes du lieu de destination, soumis à une surveillance suffisante. S'assurer que la Douane observe les prescriptions de l'article 24 du décret du 27 août 1911 indiquant la proportion dans laquelle doivent être visités les colis postaux.

CHAPITRE II.

RÉGIMES SPÉCIAUX.

SECTION Iʳᵉ.

RÉGIME DOUANIER DES COLONIES ET PAYS DE PROTECTORAT AUTRES QUE L'ALGÉRIE, LA TUNISIE ET LE MAROC.

La *loi du 11 janvier 1892* relative à l'établissement du tarif général des douanes a divisé les colonies en deux groupes :

a. Celles du premier groupe, assimilées en principe à la métropole, sont soumises au tarif général des douanes et suivent le régime du tableau E annexé à cette loi (Martinique, Guadeloupe, Guyane, Réunion, Madagascar [Loi 16 avril 1897.], Mayotte, Indo-Chine, Gabon, Nouvelle-Calédonie).

b. Celles du second groupe, considérées comme formant des territoires distincts de celui de la France, ne sont pas soumises à ce tarif et sont exclues du tableau E (Afrique occidentale, Afrique équatoriale moins le Gabon nord, Inde, Côtes des Somalis, Établissements de l'Océanie).

La *loi du 11 novembre 1912* a fait passer la colonie de Saint-Pierre et Miquelon du premier groupe dans le second.

Le projet de loi relatif à l'établissement du régime douanier colonial, présenté le 12 décembre 1912 à la Chambre des députés en exécution de l'article 7 de la loi de douanes du 29 mars 1910, tend à appliquer la même mesure au Gabon et à la Nouvelle-Calédonie.

A. Colonies du premier groupe.

I. EXPÉDITIONS DES COLONIES DU PREMIER GROUPE À DESTINATION DE LA MÉTROPOLE.

a. Produits originaires des colonies. — (*Loi du 5 août 1913* modifiant le tableau E annexé à la loi du 11 janvier 1892) :

Sucres, mélasses non destinées à la distillation, sirops, bonbons et biscuits, confitures et fruits de toutes sortes confits au sucre et au miel : droits du tarif métropolitain (tarif minimum);

Poivres : droits du tarif minimum métropolitain diminué de 104 francs (voir : Lois 29 mars 1903 et 31 décembre 1909 relatives au régime des poivres ; Arr. G. g. 31 décembre 1899 portant réglementation du commerce des poivres en Indo-Chine ; Arr. G. g. 31 janvier et 17 octobre 1912 réglementant l'exportation des poivres de l'Indo-Chine admis en France au bénéfice de la détaxe coloniale).

Autres produits d'origine coloniale non spécifiés ci-dessus (cacao, café, thé, vanille, girofle, cannelle, etc.) : exempts.

Un décret du 22 mai 1912 a réglementé l'importation en France des viandes fraîches ou frigorifiques provenant des colonies françaises. Voir Circulaire du 20 juillet 1912 pour l'exécution de ce décret.

Les restrictions ou prohibitions établies dans un intérêt d'ordre public ou consécutives aux monopoles sont applicables aux produits originaires ou importés des colonies (L. 11 janvier 1892, tableau E).

Les produits des colonies ne sont admis au régime de faveur qu'à la condition de l'importation directe et sur production des justifications d'origine réglementaires (Loi 5 août 1913). Toutefois lorsqu'ils arrivent d'un pays bénéficiant d'un tarif minimum et qu'aucun doute ne s'élève sur leur origine ils peuvent être admis à jouir de ce dernier tarif sous réserve, s'il y a lieu, du payement de la surtaxe d'entrepôt.

Certificats d'origine. — La Circulaire (d. g. d.) du 7 février 1911, n° 4110, a uniformisé les attestations de l'espèce en arrêtant deux modèles de formules extraites d'un registre à souche : l'un pour les tissus de l'Inde, le second pour tous les autres produits. Les nouveaux titres, de même que les certificats E 25 *ter* spéciaux à la métropole, sont soumis au timbre administratif de 0 fr. 05. Au cas où une colonie ne pourrait pas appliquer le droit de timbre au départ, ce droit serait perçu à l'entrée en France par la douane métropolitaine au moyen de timbres mobiles apposés sur les certificats. Conformément au n° 375 des observations préliminaires, l'admission des produits des colonies au régime de faveur n'a lieu qu'après le contrôle des certificats d'origine, au moyen d'un manifeste ou d'un bulletin établi par la douane coloniale et contenant les mêmes mentions que ces titres. Les Circulaires ministérielles (Colonies) des 15 juin 1908, n° 8, et 9 septembre 1910, n° 15, contiennent des prescriptions analogues. Voir en outre : Arrêté (Martinique) du 4 août 1908 autorisant la délivrance par la Chambre de commerce de Fort-de-France d'un certificat d'origine spécial permettant aux exportateurs de denrées coloniales de faire suivre leurs produits du lieu de production au lieu de destination et Décision ministérielle du 17 octobre 1908 portant de trois à quatre mois le délai pour produire les pièces justificatives de l'origine des marchandises françaises expédiées à destination de Tahiti. Se reporter encore à la C. n° 4234 du 8 janvier 1912 : poivres de l'Indo-Chine : durée de validité des certificats d'origine.

Il existe dans l'Inde un droit de certificat d'origine réglementé par un décret du 17 décembre 1913.

Les passavants délivrés aux colonies pour accompagner les marchandises expédiées en France peuvent être remis aux expéditeurs à la condition qu'ils en fassent la demande par écrit et qu'ils s'engagent à subir les conséquences des retards que pourrait entraîner la non-représentation de ces titres lors de l'arrivée en France des marchandises. Les certificats d'origine extraits du registre à souches et les acquits-à-caution peuvent également être remis aux expéditeurs sur leur demande (Dépêche ministérielle [Colonies] du 16 avril 1907; *B. O., Guyane*, p. 136).

b. *Produits étrangers importés en France après passage dans une colonie du 1er groupe.* — Ces produits, bien qu'ayant payé les taxes exigibles dans la colonie, acquittent à leur entrée en France les droits du tarif métropolitain.

Le projet de loi sur le régime douanier colonial présenté le 12 décembre 1912 à la Chambre des députés, accorde à ces produits la franchise à leur entrée en France.

II. Expéditions de la métropole aux colonies du 1er groupe. — Les marchandises françaises et les marchandises étrangères francisées par le payement des droits sont admises dans ces colonies en exemption de tout droit de douane.

Les marchandises étrangères réexpédiées de France à la faveur du régime du transit, des entrepôts ou des transbordements, sont soumises, selon leur origine, aux droits du tarif général ou du tarif minimum (Loi du 11 janvier 1892, art. 5, § 3).

Les marchandises destinées aux colonies ne sont embarquées en France qu'après la déclaration, la visite et l'accomplissement des formalités prévues pour l'exportation et pour le *cabotage* d'un port de France à l'autre et à peine des mêmes confiscations et amendes (Loi 17 juillet 1791, art. 16, 17, 21, 35 et 21 avril 1818, art. 19).

Pour justifier l'origine nationale des marchandises expédiées de France, il convient de les faire accompagner de *passavants de cabotage* délivrés par la douane métropolitaine.

Le service doit s'abstenir de délivrer des duplicata de ces passavants (Déc. 26 juillet 1905).

On doit assurer par des acquits-à-caution l'arrivée à destination des munitions de guerre dont l'expédition a été exceptionnellement autorisée (Tarif et lois 17 juillet 1791, art. 15; 21 avril 1818, art. 24 et 26).

Les expéditions de marchandises françaises ou nationalisées par le payement des droits effectuées pour le compte des services publics par navires de l'État ou du commerce, sont affranchies de la formalité de l'acquit-à-caution ou du passavant. L'Administration remet à la douane un état (en double) du matériel embarqué. Un exemplaire de l'état, revêtu du certificat de visite, du permis d'embarquer et du certificat d'embarquement est remis au capitaine pour valoir «expédition». Au port d'arrivée, cette pièce est présentée à la douane qui la revêt du permis de débarquer et du certificat de visite. Elle est ensuite renvoyée au bureau de départ.

Les marchandises étrangères ne sont pas accompagnées d'acquits-à-caution, mais le service s'assure, en visant les manifestes de sortie qu'elles y sont exactement reprises (C. 25 juillet 1888, n° 1932).

Les passavants de cabotage ne sont plus renvoyés aux bureaux de départ. Toutefois, pour conserver les garanties qui résultent de la comparaison des primata avec les duplicata, il a été réglé qu'une liasse de passavants est de temps à autre renvoyée à la douane d'origine en vue d'un rapprochement rigoureux (C. [d. g. d.] n° 4138 du 29 mai 1911).

Il est permis exceptionnellement à la douane coloniale d'accorder mainlevée, sur simple présentation des certificats d'origine délivrés par les maires de la métropole, des marchandises pour lesquelles on ne pourrait pas produire de passavants au moment de la vérification à l'arrivée (C. ministérielle [Colonies] 8 décembre 1911 : décision [d. g. d.], 3 janvier 1912). Ces certificats doivent être visés par la douane métropolitaine qui y mentionne le numéro et la date des passavants délivrés et atteste que lesdits certificats se rapportent bien aux marchandises figurant sur les titres de mouvement. Les certificats doivent contenir toutes les indications susceptibles de permettre l'identification des colis à l'arrivée (C. d. g. d. 1er avril 1913, n° 4392).

Lorsque les passavants série D, n°' 8 ou 9, levés dans les ports d'embarquement pour accompagner les marchandises destinées aux colonies sont égarés, la douane métropolitaine peut délivrer, pour tenir lieu de ces titres adirés, des certificats où la clause suivante devra être insérée : "Le présent certificat ne pourra être utilisé que si le passavant n'a pas été présenté à la douane d... (lieu de destination indiqué sur le titre de mouvement) ou dans les autres ports de la colonie. (C. n° 4410 du 30 mai 1913).

III. Expéditions de l'étranger aux colonies du 1er groupe. — Les produits étrangers importés dans les colonies du 1er groupe sont soumis aux mêmes droits que s'ils étaient importés en France (Loi de 1892, art. 3, § 3). Toutefois des décrets en forme de règlements d'administration publique, rendus sur le rapport des Ministres des Colonies, du Commerce et de l'Industrie et des Finances, et après avis des Conseils généraux ou Conseils d'administration des Colonies, peuvent déterminer les produits qu'il y a lieu par exception au § 3 de l'art. 3 de la loi du 11 janvier 1892, de soumettre à une tarification spéciale (Loi du 11 janvier 1892, art. 3, § 4 et art. 4 ; loi du 29 mars 1910 portant revision du tarif général des douanes, art. 7).

Il est aujourd'hui reconnu que l'on a commis une erreur en instituant une colonne unique dans chaque colonie pour les droits spéciaux qu'établissaient les décrets de dérogations, c'est-à-dire en ne maintenant pas de distinction entre le tarif général et le tarif minimum. Les derniers décrets (30 juin 1911) ont rompu avec cette méthode. Mais on voudrait aller plus loin en subordonnant la concession des diminutions de droits ainsi accordées aux importations des pays étrangers dans les colonies intéressées à l'obtention d'avantages équivalents. Le Gouvernement, pour répondre à cette conception, a spécifié dans le projet de loi du 12 décembre 1912 que les décrets de dérogations désigneront les pays auxquels, en dehors de ceux qui bénéficient des tarifs les plus réduits, s'appliqueront, à titre exceptionnel, les tarifications spéciales. Mais comme la plupart des conventions commerciales de la France avec les pays étrangers contiennent une clause étendant le bénéfice des tarifs les plus réduits aux importations de ces pays dans nos colonies, il ne sera possible de revenir sur cette concession qu'après dénonciation ou expiration des traités.

Principaux décrets intervenus depuis la loi du 29 mars 1910 (art. 7) : 30 juin 1911 (Martinique, Guadeloupe, Saint-Pierre et Miquelon, Réunion, Madagascar, Indo-Chine, Nouvelle-Calédonie), 18 septembre 1912 (Réunion), 12 septembre 1910 et 2 mars 1914 (Guyane), 3 mai 1914 (Martinique).

A signaler que les décrets du 30 juin 1911 ont été communiqués, avant leur promulgation, aux commissions des douanes des deux Chambres, ce qui a permis au Parlement d'exercer un contrôle préventif et donné, dans une certaine mesure, satisfaction à l'industrie métropolitaine qui a réclamé que les dérogations fussent concédées non plus par des décrets mais par des lois.

Produits frappés au tarif métropolitain de taxes de consommation ou autres incorporées dans le droit de douane dont ils sont passibles. — Lorsqu'un produit est frappé au tarif métropolitain de droits de douane qui comprennent, outre le droit de douane proprement dit, une taxe représentative de droits de consommation ou autres, frappant les produits similaires indigènes, il peut n'être perçu aux colonies que la partie correspondante au droit de douane proprement dit ; un arrêté interministériel (Colonies, Commerce et Finances) détermine le quantum de la taxe représentative des droits de consommation et autres ; l'autorité coloniale compétente pour statuer en matière d'impôt de consommation décide, s'il y a lieu, de ne plus percevoir dans la colonie tout ou partie de cette taxe représentative (art. 2 du projet de loi sur le régime douanier colonial présenté à la Chambre le 12 décembre 1912 ; cet article consacrera légalement les errements en vigueur).

IV. EXPÉDITIONS D'UNE COLONIE FRANÇAISE À DESTINATION D'UNE AUTRE COLONIE FRANÇAISE. — Les produits originaires d'une colonie française importés dans une autre colonie française ne sont soumis à aucun droit de douane.

Les produits étrangers expédiés, d'une colonie dans une autre, autrement qu'en réexportation d'entrepôt, ne sont assujettis, à leur arrivée, qu'au payement de la différence entre les droits du tarif local et ceux du tarif de la colonie d'où ils proviennent (art. 5 loi de 1892 ; C. n° 2242 du 7 janvier 1893).

L'article 5 de la loi du 11 janvier 1842 n'a rien de commun avec l'article 3. Les produits originaires d'une colonie française importés dans une autre colonie française (l'Algérie exceptée), n'y sont passibles d'aucun droit de douane. De même le fait de transiter par un port de la métropole ne saurait faire perdre à ces produits le bénéfice du traitement de faveur institué par l'article 5, § 1er, si toutefois ils ont été transportés directement du port français dans la colonie et s'ils sont accompagnés d'expéditions de la douane métropolitaine établissant leur origine privilégiée et leur importation en droiture de la colonie d'exportation (C. ministérielle [Colonies] 2 octobre 1894).

Les marchandises importées des colonies françaises, mais non originaires de ces colonies, sont accompagnées d'acquits-à-caution spécifiant l'origine française ou étrangère de ces marchandises et, dans ce dernier cas, la certification par la douane d'émission du pays dont elles sont originaires et les droits qu'elles ont acquittés à l'entrée de la colonie dont elles viennent. Elles paient, s'il y a lieu, la différence entre les droits.

Les denrées coloniales, autres que le sucre et le tabac originaire des colonies françaises, acquittent en Algérie et sous les mêmes conditions, les mêmes droits que dans la métropole, sauf application du tarif spécial algérien, lorsque celui-ci est plus favorable. Les tabacs originaires de ces territoires sont passibles en Algérie des taxes inscrites au tarif local; les allumettes chimiques de la même origine acquittent le droit prévu au tarif métropolitain à l'égard des allumettes importées pour le compte du monopole (loi de fin. du 8 avril 1910, article 27).

Voir : *Textes instituant des tarifications spéciales à l'importation en Indo-Chine* : décrets des 29 novembre 1892, 29 décembre 1898, 3 juin et 19 octobre 1903, 26 août 1904, 30 novembre 1907, 10 octobre 1908, 18 février 1909, 30 juin 1911.

Un décret du 2 avril 1910 a réglementé le commerce des armes et des munitions dans les pays de protectorat de l'Indo-Chine.

B. Colonies du second groupe.

I. EXPÉDITIONS DE CES COLONIES À DESTINATION DE LA MÉTROPOLE. — En principe, les produits naturels ou fabriqués originaires de ces colonies sont soumis, à l'entrée en France, aux droits du tarif minimum (art. 3, § 2, loi de 1892).

Exceptions :

a. Guinées d'origine française provenant de l'Inde : exemptes de droits (loi, 11 janvier 1892, art. 3, § 2);

b. Sucres originaires de ces colonies : mêmes détaxes que ceux des colonies soumises au régime du tableau E (loi 7 avril 1897, art. 2);

c. Le Gouvernement a la faculté d'accorder par décret rendu en Conseil d'Etat un régime de faveur (exemptions, réductions de droits) à certains produits originaires de ces colonies (loi 11 janvier 1892, art. 3, § 2). Ces détaxes sont calculées sur le tarif minimum de la métropole lorsqu'il s'agit de denrées inscrites à ce tarif (loi 24 février 1900, art. 2; décret 25 août 1900).

Ces exemptions ou détaxes sont subordonnées à la condition d'importation en droiture et à la production d'un certificat d'origine délivré par les autorités locales (Décret 30 juin 1892; C. n° 2180 du 4 juillet 1892 et n° 2242 de janvier 1893).

Les quantités de denrées coloniales admises au bénéfice de la franchise ou de la détaxe sont fixées, chaque année, par des décrets rendus sur le rapport des Ministres des colonies et des finances (Décret 27 août 1892; C. n° 2202 du 5 septembre 1892).

Le contrôle que cette fixation exige est exercé dans chaque colonie par le service local de douane au moment de la délivrance des certificats d'origine (C. n° 2233 du 13 décembre 1892).

Pour le régime douanier applicable à l'entrée en France et en Nouvelle-Calédonie aux *produits originaires des exploitations françaises des Nouvelles-Hébrides*, consulter le décret du 12 novembre 1901.

II. Expéditions de France ou des colonies françaises dans les colonies du deuxième groupe. — Les produits originaires de France ou d'une autre colonie française ne sont frappés d'aucun droit de douane à leur entrée dans les colonies du deuxième groupe.

Sont exceptés de cette règle les produits de l'Inde française qui sont placés en dehors du régime du tableau E. Ces produits sont soumis au même régime que ceux des pays étrangers les plus favorisés. Toutefois l'Inde peut importer annuellement en franchise de droit, dans les colonies françaises : 2 millions de kilogrammes de tissus de coton de toute nature jusqu'au n° 26 français; 1,500,000 kilogrammes de filés en les limitant au n° 20. Les tissus doivent, pour bénéficier de la franchise, être tissés avec des filés fabriqués à Pondichéry. (Loi 19 avril 1904 complétant le § 1er de l'art. 5 de la loi du 11 janvier 1892; voir aussi décret, 17 février 1906 pour l'application de la loi du 19 avril 1904).

Appartiennent à la catégorie des *guinées*, les tissus de coton avec deux lames au pas de toile, teints en bleu, nuance indigo, quand ils satisfont à la double condition : 1° de contenir moins de 19 fils en chaîne et en trame dans un carré de 5 millimètres de côté; et 2° de peser de 7 à 12 kilogr. 500 les 100 mètres carrés (C. G. G. A. O. F. du 17 septembre 1911 transmissive d'un avis du Comité des Arts et Manufactures et de l'Union coloniale française).

III. Produits étrangers importés dans les colonies du 2° groupe. — Ces produits sont soumis aux droits de douane dont les autorités et assemblées locales peuvent demander l'établissement par décrets le Conseil d'État entendu, conformément à la loi du 7 mai 1881 et pour Saint-Pierre et Miquelon à la loi du 11 novembre 1912.

Les produits étrangers nationalisés par le payement des droits de douane dans la métropole ne sont pas frappés des taxes douanières établies dans les colonies du 2° groupe.

Ils ne supportent que la différence entre les droits du tarif local et ceux de la colonie d'exportation, s'ils sont importés dans une de ces colonies après passage par une autre colonie française.

Voir pour Saint-Pierre et Miquelon le tarif des droits de douane annexé au décret du 23 avril 1914.

IV. PRODUITS ÉTRANGERS IMPORTÉS EN FRANCE APRÈS PASSAGE DANS UNE COLONIE DU 2ᵉ GROUPE. — Ces produits acquittent à leur entrée les droits du tarif métropolitain qu'ils aient ou non été taxés dans cette colonie.

V. Enfin, LES PRODUITS D'UNE COLONIE FRANÇAISE DU 2ᵉ GROUPE IMPORTÉS DANS UNE AUTRE COLONIE FRANÇAISE DU 1ᵉʳ OU DU 2ᵉ GROUPE PAR LA VOIE DE LA MÉTROPOLE EN SUITE D'ENTREPÔT OU DE TRANSBORDEMENT ne sont passibles, dans la colonie d'importation, d'aucun droit de douane à condition d'être transportés directement du port français dans la colonie de destination et d'être accompagnés d'expéditions de la douane métropolitaine établissant leur origine privilégiée et leur importation en droiture de la colonie d'exportation.

VI. RÉGIME DOUANIER DE L'AFRIQUE OCCIDENTALE FRANÇAISE. — Ce régime comporte :

Un *droit unique de sortie* de 7 p. 100 sur le *caoutchouc*, produit riche;

Des *droits d'importation* avec — dans les pays non soumis à la Convention franco-anglaise du 14 juin 1898 (Sénégal et Guinée) — des *surtaxes douanières* sur les marchandises étrangères;

Des *surtaxes d'importation indirecte* en Guinée pour favoriser le port de Konakry au détriment du port anglais de Free-Town;

Des *exemptions* qui sont les mêmes dans toutes les colonies du groupe (Art. 1ᵉʳ, A.).

Les droits sont généralement les mêmes dans les quatre colonies côtières. Cette tendance à l'*unification* s'explique par ce fait que ces colonies ne forment plus qu'un seul territoire depuis qu'elles se trouvent reliées dans leur hinterland par des tronçons de chemin de fer.

Le décret du 14 avril 1905, qui a institué ce régime, établit le mode d'assiette et la quotité des droits de toute nature — les droits d'octroi communaux exceptés — à l'entrée et à la sortie des marchandises en Afrique Occidentale française.

Cet acte a été successivement modifié par les décrets des : 10 mars 1906 (régime des guinées introduites au Sénégal); 2 mai 1906 (adjonction des caoutchoucs bruts, de la gomme copale brute et des arachides au tableau des exemptions générales du tarif d'importation); 31 janvier 1907 (régime de certaines marchandises introduites en A. O. F. par la Casamance); 17 août 1907 (admission des cacaos originaires du Dahomey au bénéfice de la détaxe de la moitié des droits du tarif métropolitain et fixation des droits d'entrée sur les cacaos importés dans cette colonie); 30 novembre 1907 (application de la Convention de Bruxelles du 3 novembre 1906 au régime des spiritueux en A. O. F.); 11 avril 1910 (création de droits sur les bovidés importés au Sénégal et dans le Haut-Sénégal et Niger); 2 février 1911 (droits applicables aux guinées introduites dans les territoires non soumis à la Convention du 14 juin 1898); 7 septembre 1911 (modification des droits sur les cacaos); 31 octobre 1911 (extension à la Guinée du décret du 11 avril 1910 concernant la taxe sur les bovidés); 2 août 1912 (modification des droits applicables aux tabacs et aux alcools importés en A. O. F.); 3 mars 1914 (substitution pour les tissus de tarifs spécifiques à la taxation *ad valorem*).

L'importation, la vente, le transport et la détention *des armes à feu, des balles, des cartouches et des poudres quelconques* sont interdits, sauf dans certains cas et sous certaines conditions (décrets 4 mai 1903, 6 mai 1905 et 17 mars 1911). S'il y a lieu, l'interdiction peut être étendue aux armes à air comprimé (décret du 24 juillet 1905). Voir aussi arrêtés du Gouverneur général des 18 janvier, 20 mai, 5 juillet et 29 novembre 1910, 12 septembre 1912. Se reporter en outre au décret du 25 mai 1912 (interdiction des armes offensives secrètes et cachées autres que les armes à feu).

Le décret du 18 octobre portant réorganisation du Gouvernement général de l'Afrique Occidentale française a créé le budget général de ce groupe de colonies et prévu en son article 7 son mode d'approbation et la procédure d'établissement des droits à l'entrée et à la sortie sur les marchandises et sur les navires. Leur mode d'assiette, leur quotité et leurs règles de perception sont établis par le Gouverneur général en Conseil de Gouvernement et approuvés par *décret en Conseil d'État*. Mais l'article 3 de la loi douanière du 7 mai 1881 exigeant que les *tarifs de douane* soient fixés par *décret du Gouvernement métropolitain, le Conseil d'État entendu*, du moment qu'une partie du décret nécessite l'intervention de l'Assemblée générale du Conseil d'État, celle-ci devient obligatoire pour les autres parties du tarif. Pour l'assiette et la quotité des droits de navigation et les règles de perception applicables aux droits à l'entrée et à la sortie, des décrets en Conseil d'État suffisent.

Produits de l'Afrique Occidentale française admis en franchise sans limitation de quantités à leur entrée en France sous réserve de la justification de leur origine et de leur importation en droiture : huiles de palme, de touloucouna, d'illipé et de palmiste, bois à construire, bois d'ébénisterie, bois odorants.

Produits admis en franchise sous les mêmes conditions jusqu'à concurrence d'une quantité à fixer annuellement : bananes de la Guinée, bœufs du Sénégal, du Haut-Sénégal et Niger et de la Guinée.

Produits bénéficiant, sous les mêmes conditions :

a. D'une détaxe de 78 francs par 100 kilogrammes nets sur les droits du tarif minimum jusqu'à concurrence d'une certaine quantité fixée annuellement par colonie : cafés en fèves de la Côte d'Ivoire et de la Guinée;

b. De la moitié des droits du tarif métropolitain : cacaos en fèves du Dahomey, de la Guinée et de la Côte d'Ivoire.

Consulter les décrets des 3o juin 1892, 22 août 1896, 14 septembre 1898, 17 août 1907, 4 septembre 1909, 31 octobre et 16 novembre 1911.

VII. Régime douanier de l'Afrique Équatoriale. — Le *décret du 11 octobre 1912* établit le mode d'assiette et la quotité des droits de toute nature à percevoir à *l'entrée et à la sortie* des marchandises en Afrique Équatoriale française.

Il comporte : 1° un *tarif d'importation* applicable aux produits et marchandises de toute origine et de toute provenance importés par terre et par mer, le Gabon nord excepté. Ce tarif établit pour ces produits : *a.* l'assiette et la quotité ; *b.* les exemptions (art. 2) uniformément applicables dans toute l'Afrique Équatoriale française, le Gabon nord excepté : *c.* le mode d'assiette des droits *ad valorem*. Conformément aux principes posés par l'acte de Berlin du 25 février 1885 et par la déclaration de Bruxelles du 2 juillet 1890 (lesquels fixent à 10 p. 100 le taux maximum de ces droits et excluent tout tarif différentiel) les droits *ad valorem* ont été établis sur des bases variant de 3 à 10 p. 100.

En exécution des conventions internationales en vigueur, la taxe sur les spiritueux est fixée à 200 francs par hectolitre d'alcool pur.

2° Un *tarif de sortie* établissant pour toute l'Afrique Équatoriale française, y compris le Gabon, l'assiette et la quotité des droits de sortie applicables à l'ivoire (dents d'éléphant) brut ou n'ayant subi qu'une main-d'œuvre superficielle (10 p. 100 *ad valorem*) et au caoutchouc (10 p. 100 *ad valorem*).

Un décret du 28 septembre 1911 a fixé les droits de sortie sur les bois du Gabon.

La déclaration franco-anglaise du 21 mars 1899 approuvée par décret du 27 juin 1899 a appliqué les stipulations de l'article 9 (exemption réciproque de droits de douane pour les deux nations contractantes) de la convention du 14 juin 1898 concernant l'Afrique Occidentale française aux territoires de l'Oubangui-Chari et du Tchad situés au sud du 14° 20' de latitude nord et au nord du 5° degré de latitude nord, entre le 14° 20' de longitude est de Greenwich (12° est de Paris) et le cours du haut Nil.

Un *arrêté du Gouverneur général du 4 octobre 1910* a créé une *taxe de consommation* sur diverses marchandises dans toutes les colonies du groupe.

Un second arrêté du 4 octobre 1910 règlemente la perception des taxes de consommation sur les produits récoltés, préparés ou fabriqués dans la colonie.

Voir encore : *arrêté du 13 septembre 1910* interdisant l'exportation des caoutchoucs freletés et impurs de l'Afrique Équatoriale française.

En Afrique Équatoriale française la douane est en outre chargée de la liquidation de certaines taxes domaniales : taxe de production de l'ivoire (Arrêté 30 septembre 1909); taxe de récolte du caoutchouc dans les territoires non concédés (Arrêté du 29 septembre 1909), qui sont en réalité de nouveaux droits de sortie illégalement établis et se superposant aux droits d'exportation prévus au décret de 1912.

En ce qui concerne le *commerce des armes à feu et des munitions* se reporter aux textes suivants : décret du 21 août 1903 (introduction et vente des armes à feu et des munitions dans le Congo); protocole de Bruxelles du 22 juillet 1908; arrêté du 6 avril 1910 (dépôt obligatoire à la poudrière publique des armes, munitions et explosifs de toutes sortes); décret du 28 avril 1912 promulguant la déclaration dérogeant à l'alinéa 5 de la déclaration annexée à l'acte général de Bruxelles du 2 juillet 1890 (possibilité de frapper les armes et munitions d'un droit d'importation supérieur à 10 p. 100 de la valeur); décret du 9 avril 1913 (délivrance aux indigènes des armes à feu et des munitions dites de traite); arrêté du 31 juillet 1913 réglementant la délivrance des permis de port d'armes perfectionnées ; arrêté du 31 juillet 1913 portant réglementation du régime des armes à feu destinées aux indigènes en Afrique Équatoriale française.

Régime douanier du Gabon (partie nord). — Arrêté du 10 janvier 1893 promulguant la loi du 11 janvier 1892 et le décret du 29 décembre 1892 portant exceptions au tarif général des douanes; décret du 31 décembre 1903 modifiant celui du 29 décembre 1892.

Arrêté du 20 février 1904, portant fixation des taxes de consommation.

Aux termes de l'article 5 du décret du 15 janvier 1910 créant le Gouvernement général de l'Afrique Équatoriale française et modifié par un décret du 15 mars 1914, le mode d'assiette, la quotité et les règles de perception des droits perçus à l'entrée et à la sortie de l'Afrique Équatoriale française sur les marchandises et les navires sont établis par le Gouverneur général en Conseil de Gouvernement et approuvés par décret en Conseil d'État, sous réserve des arrangements internationaux et des dispositions régissant les droits de douane.

Se reporter à ce qui a été déjà indiqué pour les droits d'entrée et de sortie en Afrique Occidentale.

VIII. RÉGIME DES SPIRITUEUX EN AFRIQUE OCCIDENTALE ET EN AFRIQUE ÉQUATORIALE. — *Les articles 90 à 95 de l'Acte général de la Conférence de Bruxelles du 2 juillet 1890*, stipulent certaines restrictions à l'importation des spiritueux en Afrique entre le 20° degré de latitude Nord et le 22° degré de latitude Sud, c'est-à-dire entre le Sahara et les possessions européennes de l'Afrique australe. Dans cette zone, les puissances contractantes devaient établir sur les spiritueux de toute provenance un droit d'importation (art. 92) de 15 francs par hectolitre à 50 degrés pendant trois ans, puis de 25 francs pendant trois nouvelles années, après quoi la Convention devait faire l'objet d'une nouvelle revision. Ces droits étaient des minima, les puissances pouvant même prohiber l'entrée des spiritueux dans les régions où l'usage des boissons distillées ne s'est pas développé; en outre, elles s'engageaient (art. 95) à établir sur les boissons distillées fabriquées sur place un *droit d'accise* au moins égal au droit d'entrée. La revision fut effectuée par la *Convention de Bruxelles du 8 juin 1899* qui porta le minimum du droit d'entrée à 70 francs pendant six ans. Enfin une nouvelle revision a fait l'objet de la *Convention de Bruxelles du 3 novembre 1906* qui a porté ce minimum à 100 francs par hectolitre à 50 degrés centésimaux avec augmentation proportionnelle pour chaque degré au-dessus de ces 50 degrés centésimaux et faculté de diminution proportionnelle pour chaque degré au-dessous desdits 50 degrés centésimaux, les puissances conservant le droit de maintenir ou d'élever la taxe, au-delà du minimum ci-dessus fixé, dans les régions où elles le possédaient au moment de la conclusion de la convention (art. 1er); l'article 2 prévoit toujours l'établissement d'un droit d'accise au moins égal; l'article 3 fixe à 10 ans la durée de la convention ; l'article 5 exigeait sa ratification avant le 3 novembre 1907; elle a été approuvée en France par la *loi du 31 octobre 1907* et rendue exécutoire par le *décret du 7 novembre 1907 ;* enfin l'article 6 stipule que les dispositions de la convention devront entrer en vigueur en Afrique le trentième jour au plus tard après le dépôt des ratifications, c'est-à-dire après la date limite du 3 novembre 1907, soit le 3 décembre 1907 au plus tard.

Un arrêté du Gouverneur général de l'Afrique Équatoriale du 17 mars 1914 approuvé par décret du 31 mars 1914 (mode d'assiette et règles de perception) a institué sur les boissons distillées une taxe de consommation de un franc par litre d'alcool pur.

C. Régime des sucres.

Depuis la *Convention de Bruxelles du 5 mars 1902*, appliquée à partir du 1er septembre 1903, les sucres coloniaux ne jouissent plus du déchet fictif de fabrication créé par la loi du 29 juillet 1884 ni des primes directes à l'exportation accordées par la loi du 7 avril 1897. Ceux qui sont expédiés directement en France jouissent de la taxe de distance établie par la loi de 1897 (2 fr. 25 par 100 kilogrammes de sucre raffiné pour les provenances de l'Atlantique et 2 fr. 50 pour les provenances des autres colonies (L. de 1897, art. 2). Le taux de ces détaxes est réduit au montant effectif des frais de transport si ceux-ci n'atteignent pas les chiffres ci-dessus fixés par la loi de 1897 (art. 3 de la loi du 28 janvier 1903 relative au régime des sucres).

Est limitée au chiffre maximum de 6 francs par 100 kilogrammes pour le sucre raffiné (et les sucres assimilables au raffiné) et de 5 fr. 50 pour les autres, la surtaxe c'est-à-dire l'écart entre les droits dont sont passibles les sucres étrangers et ceux auxquels sont soumis les sucres coloniaux. Cette disposition ne vise pas les taux des droits d'entrée dans les pays qui ne produisent pas de sucre; elle n'est pas non plus applicable aux sous-produits de la fabrication et du raffinage du sucre (art. 3 de la Convention).

Des droits compensateurs doivent être appliqués, en cas d'importation dans les pays adhérents à la Convention, aux sucres originaires de pays où des primes sont accordées à la production ou à l'exportation. Ces droits ne peuvent être inférieurs au montant des primes, directes ou indirectes, accordées dans le pays d'origine. L'importation des sucres primés peut être prohibée (art. 4 de la Convention). [Voir les décrets des 11 mai et 6 octobre 1909 et 24 février 1914 fixant ces droits compensateurs. Se reporter en outre à la loi du 28 janvier 1903 et aux art. 32 à 35 de la loi de fin. du 31 mars 1903. Voir en outre : C. n° 4231 du 5 janvier 1912 relative aux modifications au tarif du décret du 11 mai 1909 en ce qui concerne les sucres provenant d'Espagne et du Danemark ; L. du 29 mars 1912 et décret du 12 avril 1912 notifiés par la C. n° 4284 du 26 avril 1912 : Prorogation de l'Union internationale constituée par la convention du 5 mars 1902, union dont l'Angleterre et l'Italie se sont retirées ; C. n° 4288 du 6 mai 1912 : Perception du droit de douane sur les sucres étrangers, sucres bruts ou raffinés et portés aux colonies après avoir bénéficié dans la métropole du régime de l'admission temporaire.]

Vérification. — Les principaux points sur lesquels pourra porter la vérification seront les suivants :

Conditions d'application du régime douanier en vigueur dans la colonie. Ses avantages et ses inconvénients au double point de vue métropolitain et colonial. Efficacité des mesures prises pour prévenir la fraude consistant à introduire dans la colonie des produits étrangers similaires à ceux du crû pour ensuite, les réexpédier sur la métropole avec le bénéfice du régime de faveur réservé aux produits des colonies françaises. Rechercher si la fraude inverse n'est pas pratiquée par l'importation dans la colonie de certains produits étrangers nationalisés par leur passage dans la métropole de façon à leur permettre d'échapper aux taxes, plus élevées dans la colonie qu'en France, qui frappent les marchandises étrangères. Le fait peut encore se produire que des matières premières d'origine étrangère telles que la houille soient transformées dans les entrepôts de la métropole puis expédiées comme produits français dans les colonies. Dans les colonies françaises voisines de pays étrangers, examiner si le régime douanier en vigueur est de nature à sauvegarder les intérêts fiscaux et économiques de ces possessions et s'il ne convient pas d'adopter des mesures, telles que la modification des tarifs, susceptibles de remédier aux inconvénients signalés. Voir s'il n'existe pas des taxes locales constituant des droits d'importation ou d'exportation qui se superposent irrégulièrement aux droits établis.

Conditions dans lesquelles sont délivrés les certificats d'origine. Les passavants sont-ils renvoyés de temps à autre à la douane d'origine ?

Les prescriptions de la Convention de Bruxelles sont-elles observées dans la colonie? Les sucres indigènes ne jouissent-ils pas d'un régime de faveur?

SECTION II.

ADMISSIONS EXCEPTIONNELLES.

Les admissions exceptionnelles en franchise s'appliquent : aux effets des voyageurs présentant des traces évidentes d'usage; à tous les objets constituant un mobilier pourvu qu'ils portent des traces de service ; aux outils, instruments d'arts libéraux ou mécaniques, aux matériels agricoles (y compris les machines agricoles) et aux matériels industriels (à l'exclusion des machines proprement dites) également en cours d'usage ; aux trousseaux de mariage et aux trousseaux des élèves étrangers même s'ils sont neufs ; aux objets destinés aux musées, aux bibliothèques publiques, et aux établissements scientifiques (Loi du 16 mai 1863, art. 25 et tarif off.).

Les objets importés par les voyageurs dans un but manifestement hors de commerce et devant être réexportés à bref délai, peuvent être admis temporairement moyennant la consignation des droits d'entrée (déc. min. [fin.] 30 juin 1856).

La circulaire ministérielle (Col.) du 20 avril 1905 rappelle que d'après la législation douanière en vigueur en France, la franchise doit être accordée d'office, aux colonies, aux écussons pavillons et autres emblèmes distinctifs de la nationalité des consulats étrangers lorsqu'ils sont expédiés par le Gouvernement intéressé et sous réserve de réciprocité éventuelle de la part de ce dernier. Il en est de même des archives, documents officiels et imprimés de service expédiés à leurs consuls par les Gouvernements étrangers. Par contre, les autres objets de chancellerie tels que papiers, articles de bureau et fournitures de toute sorte doivent être soumis aux droits du tarif (V. B. O. Indo-Chine 1905, p. 574).

Voir également la loi du 3 mai 1902 (dons et secours destinés aux prisonniers de guerre).

SECTION III.

RETOURS.

Les produits de fabrique française restés invendus à l'étranger ou dans les colonies françaises peuvent être réadmis en franchise lorsque la sortie antérieure en est dûment justifiée et que leur origine nationale est reconnue par le service (tarif off.).

Peuvent seuls jouir du bénéfice de cette disposition les négociants ou fabricants pour le compte et au nom desquels les marchandises ont été exportées. Ils doivent produire, à cet effet, soit les expéditions ou un certificat de la douane qui a constaté l'exportation, soit un extrait, portant facture, du registre de vente et d'envoi à l'étranger certifié conforme à ce registre par un magistrat ou un officier public.

Aucune demande de retour ne peut être accueillie après l'expiration des

16.

deux années qui suivent la date de l'exportation des marchandises (tarif) à moins de circonstances extraordinaires dont l'Administration se réserve l'appréciation (C. 16 mai 1859, n° 589).

L'Administration a le droit de retenir, jusqu'à production de la preuve de leur origine, les produits invendus à l'étranger dont on demande la réadmission en franchise (Cass. 18 octobre 1886; Doc. lith. n° 280).

Le bénéfice du retour n'est applicable qu'aux produits fabriqués à l'égard desquels il est possible de reconnaître l'origine française, soit à des marques de fabrique, soit à des signes extérieurs ou caractères inhérents à cette origine. Les fruits de la terre et autres produits naturels ou de consommation, les boissons de toute sorte, sauf les vins, ainsi que les produits d'usine et de laboratoire qui sont ou peuvent être identiques partout, ne participent pas, en principe, au bénéfice du retour. Cependant, lorsqu'il s'agit de produits de cette nature rapportés des colonies françaises et dont l'origine n'est pas douteuse, cette exclusion peut être levée (tarif off.).

Il en est de même, sous certaines conditions, des vins de tout crû indigène et des vieux fers et débris de machines rapportés des colonies (tarif off.).

Les produits étrangers exportés de France après avoir été nationalisés par le payement des droits d'entrée, ne sont pas réadmis comme marchandises de retour (tarif).

Toutefois les échantillons de marchandises étrangères pour lesquels il est justifié, au moment de l'exportation, du payement des droits d'entrée, sont admis à bénéficier de l'exportation temporaire avec réserves de retour, sous les garanties exigées à l'égard des échantillons de marchandises nationales (C. du 26 mars 1914, n° 4518).

Certaines marchandises de fabrication française pour lesquelles il est fait, à la sortie, des *réserves de retour*, sont réadmises d'office lorsque leur origine est prouvée et qu'il a été satisfait aux conditions imposées à leur égard. La réimportation doit s'effectuer dans le délai d'un an.

Des facilités particulières sont accordées pour les *échantillons* de produits des fabriques nationales que transportent à l'étranger les commis-voyageurs à l'effet d'effectuer des ventes ou d'obtenir des commandes.

SECTION IV.

DÉPÔTS EN DOUANE.

Peuvent être constituées en dépôt dans les magasins de la douane et devenir l'objet d'une vente :

Les marchandises qui, à l'importation, ne sont pas réclamées et déclarées en détail dans les deux mois;

Les marchandises prohibées qui ne sont pas réexportées dans les délais prescrits;

Les marchandises non extraites de l'entrepôt dans le délai légal;

Les marchandises dont on fait abandon par écrit pour ne pas payer les droits;

Celles délaissées en douane dans tout autre cas que ceux indiqués ci-dessus (Voir Obs. prélim. 478, § 4).

Que la douane détienne ou retienne les marchandises, elle doit les inscrire sur un registre *ad hoc*, dit *Registre de dépôt*, avec mention des marques, numéros, adresses de chaque colis. Chaque article du registre est signé par le receveur et l'inspecteur ou, à défaut, par un contrôleur ou un commis (Loi 22 août 1791, art. 1ᵉʳ; déc. 22 juin 1841). En vertu de la loi du 4 germinal an II (titre II, art. 4), cette inscription est obligatoire au bout de quatre jours pour les marchandises importées par mer. Dans la pratique la constitution en dépôt ne s'effectue que onze jours après l'arrivée des marchandises [délai de trois jours fixé par la loi du 4 germinal an II, titre II, art. 4, pour les déclarations en détail, cumulé avec celui de huit jours assigné par la loi du 22 août 1791 (titre IX, art. 1ᵉʳ) pour la constitution en dépôt des marchandises laissées dans les bureaux de douanes pour toute autre cause que le défaut de déclaration en détail (V. loi 22 août 1791, titre II, art. 16].

Marchandises non déclarées en détail à l'entrée. — Le dépôt s'effectue soit à la demande des capitaines, soit d'office.

Dans le premier cas, la douane doit exiger l'ouverture des colis à bord du navire pour le contrôle des énonciations du manifeste. Elle ne peut procéder à cette opération que contradictoirement avec le capitaine (Loi 22 août 1791, titre IX, art. 3; Code civ., art. 1931). En cas d'impossibilité de constater la nature du dépôt, chaque colis, après avoir été pesé brut, est revêtu du plomb de la douane qui indique ce poids sur le registre. Tous les frais sont à la charge du propriétaire (Déc. 28 février 1839 et 22 juin 1841; C. 4 mars 1845, n° 2057).

Celui qui réclame des marchandises mises en dépôt doit justifier de sa qualité de propriétaire et produire au besoin une déclaration en détail (Loi 22 août 1791, titre II, art. 11).

Les marchandises pour lesquelles la déclaration en détail n'a pas été produite dans le délai de *deux mois* (à dater de l'inscription au registre de dépôt C, 6 septembre 1827, n° 1059) deviennent la propriété de la colonie qui peut en effectuer la vente sans l'intervention de la justice et sans l'accomplissement des formalités prescrites par la loi du 22 août 1791, titre IX. Dans la pratique, la mise en vente n'a lieu *qu'une année* après la constitution en dépôt. A la Côte des Somalis le délai du dépôt est de quatre mois (décret du 18 août 1900). Il est de deux mois à la Côte d'Ivoire (Décret du 26 janvier 1897) et au Dahomey (Décret du 28 septembre 1897).

Marchandises volontairement abandonnées (Loi 22 août 1791, titre Iᵉʳ, art. 4). — Elles sont vendues *sans délai* au profit de la colonie par la douane qui doit observer les formalités prescrites pour la vente des objets acquis par voie de confiscation (C. 1059 du 6 septembre 1827).

Marchandises prohibées. — En vertu des lois des 17 mai 1826 (art. 14) et 9 février 1832 (art. 24), le destinataire est mis en demeure d'effectuer la réexportation dans le mois de la sommation faite à son domicile (ou à celui du maire s'il est absent). S'il ne s'exécute pas, les marchandises sont vendues et le produit de la vente, déduction faite du droit de magasinage et des frais de toute nature, est versé au Trésor pour être remis au propriétaire, s'il est réclamé dans l'année à partir du jour de la vente ou, à défaut de réclamation dans ce délai, pour être définitivement acquis à la colonie (Ord. 31 août 1838, art. 21).

Marchandises laissées en douane dans les cas non spécialement déterminés. — Après un an de dépôt de ces marchandises, la douane demande au juge de paix l'autorisation de les vendre. Le juge et le greffier se rendent au bureau pour assister à l'ouverture des colis et rédiger l'inventaire des effets ou objets qu'ils renferment. L'inventaire est affiché à la porte du bureau et autres lieux publics. Le délai d'un mois expiré sans réclamation, la vente a lieu après apposition d'affiches publiques. Le produit net de la vente reçoit la destination indiquée ci-dessus pour les marchandises prohibées (Loi 22 août 1791, titre IX, art. 2, 3, 5 et C. 6 septembre 1827).

Règles générales concernant les ventes. — Les ventes sont publiques (Loi 14 fructidor an III, art. 8; C. 6 septembre 1827) et annoncées au moins cinq jours à l'avance (même loi, art. 7; même C.).

L'adjudication est faite, en présence d'un chef de douane, au plus offrant et au comptant: faute de payement, la marchandise est revendue sur le champ à la folle enchère de l'adjudicataire (Code proc. civ., art. 624).

Les procès-verbaux sont soumis à la formalité de l'enregistrement. Par application de l'article 31 de la loi du 22 frimaire an VII et de l'article 1593 du Code civil, les frais d'enregistrement sont à la charge des adjudicataires qui auront à verser 5 p. o/o en sus du prix principal. Le montant de cette majoration est affecté aux droits d'enregistrement; le service local bénéficie de l'excédent ou supporte la dépense en cas d'insuffisance (C. du 5 janvier 1912, n° 4233).

Il y a lieu d'adjuger libres des frais et des droits dont elles peuvent être grevées les *marchandises devenues la propriété définitive de la colonie*. Après avoir figuré intégralement en recette, le produit brut de la vente en est appliqué aux droits et taxes; le reliquat, s'il en existe un, est versé aux produits divers du budget de la colonie (C. 22 février 1911, n° 4098).

Pour les marchandises vendues sous réserve des droits des tiers, les frais de toute sorte qui les grèvent doivent être prélevés sur le montant de la vente. C'est alors le produit net qui est pris en recette puis versé au Trésor. (Même circulaire.)

Les marchandises sans valeur qui encombrent les magasins de la douane peuvent être détruites après acquiescement ou abandon des propriétaires, ou avec l'autorisation du juge de paix qui a formé l'inventaire, ou celle du chef local dans les autres cas. Le procès-verbal de destruction justifie l'apurement du compte au sommier d'entrepôt ou au registre de dépôt (Déc. 3 i juillet 1840).

Les employés des douanes ne peuvent point être acquéreurs (Déc. 21 nivôse an viii).

Ils doivent être regardés comme officiers publics en ce qui concerne les ventes et ne sont pas tenus de faire au receveur de l'Enregistrement la déclaration préalable prescrite par l'article 2 de la loi du 22 pluviôse an vii (C. 14 floréal an vii).

L'adjudicataire des marchandises prohibées doit les réexporter, ou les constituer en entrepôt, ou les expédier en transit soit à l'étranger soit sur un autre entrepôt du prohibé (Tarif).

Pour l'Indo-Chine, V. arrêté du Gouverneur général, 4 mai 1898.

Vérification. — L'inspecteur portera surtout son attention sur les points suivants : Conditions dans lesquelles s'effectuent les dépôts en douane et sont observés les délais réglementaires tant pour les dépôts que pour les ventes. Examiner la tenue du registre de dépôt et procéder à un recensement dont les résultats seront rapprochés des inscriptions de ce registre. Les ventes ont-elles lieu en conformité des prescriptions en vigueur et leur produit reçoit-il la destination réglementaire? Enfin le dépôt en douane n'offre-t-il pas au commerce un moyen indirect de bénéficier d'un crédit des droits supérieur à quatre mois : les marchandises peuvent en effet séjourner un an dans les magasins de la douane moyennant le payement d'un droit de magasinage relativement minime.

SECTION V.

PROHIBITIONS.

Certains produits et marchandises sont prohibés à l'entrée ou à la sortie, soit dans un but protecteur, soit pour des considérations d'ordre sanitaire ou humanitaire. Ces prohibitions font l'objet de décrets en forme de règlements d'administration publique en ce qui concerne les colonies. Voir Indo-Chine : décret du 3 novembre 1910 prohibant l'importation du chanvre indien; Arrêté du Gouverneur général du 8 novembre 1910, interdisant l'importation des biberons à tube.

Au surplus, les prohibitions du tarif métropolitain sont, en principe, applicables aux colonies du premier groupe, sous réserve des exceptions qui peuvent résulter de l'application rationnelle dudit tarif et de la non-existence dans ces possessions des monopoles qu'on trouve en France.

Enfin, certaines substances médicamenteuses, sans être absolument prohibées, sont soumises à des mesures spéciales relatives à leur importation, leur circulation, leur détention et leur vente. Voir : décrets des 20 mars 1909, 19 janvier 1910 et 10 juin 1911 réglementant l'importation, la vente, le transport et la détention de l'opium à Madagascar; arrêté du Gouverneur général de l'Indo-Chine du 28 septembre 1911, relatif à la délivrance d'un acquit-à-caution aux importateurs de morphine, codéine, narcéine, narcotine, thébaïne, cocaïne et de leurs sels.

Les armes saisies par la douane seront mises en vente pour la réexportation ; elles ne pourront être adjugées pour la consommation qu'après avoir été mises hors d'usage (C. n° 4520 du 2 avril 1914).

SECTION VI.

MARQUES DE FABRIQUE.

La loi du 11 janvier 1892 (art. 15) prohibe à l'entrée et exclut de l'entrepôt, du transit et de la circulation, tous produits étrangers naturels ou fabriqués, portant soit sur eux-mêmes, soit sur des emballages, caisses, enveloppes, ballots, bandes ou étiquettes, une marque de fabrique ou de commerce, un nom, un signe ou une indication quelconques de nature à faire croire qu'ils ont été fabriqués en France ou qu'ils sont d'origine française. La même disposition s'applique aux produits étrangers, fabriqués ou naturels, obtenus dans une localité de même nom qu'une localité française, qui ne porteraient pas, en même temps que le nom de cette localité, celui du pays d'origine et la mention « Importé » en caractères apparents.

La loi du 11 janvier (art. 15) fait dépendre la prohibition qu'elle édicte et, par suite, les sanctions qu'elle comporte, d'un fait purement matériel. L'apposition sur des produits fabriqués à l'étranger du nom d'un fabricant résidant en France, — quelle que soit sa nationalité, — doit être considérée par elle-même et dans tous les cas, comme l'indication d'une fausse origine et, dès lors, comme contraire à la loi (Cass. crim., 7 juillet 1911).

La loi du 11 janvier 1892 étant une loi de douane, l'infraction existe par le seul fait de l'introduction en France de la marchandise prohibée sans qu'il y ait à tenir compte de l'intention de l'intéressé ou de sa bonne foi (Nancy [Cour de renvoi], 9 novembre 1911 et C. content. douanes du 29 décembre 1911, n° 233).

Voir : Loi du 11 juillet 1906 (applicable aux colonies) relative à la protection des conserves de sardines, de légumes et de prunes contre la fraude étrangère ; loi du 28 juin 1913 rendant la loi du 11 juillet 1906 applicable à toutes les conserves étrangères de poissons entrant en France. Aux termes de la circulaire n° 4516 du 25 mars 1914, la mesure ne vise pas les conserves de mollusques ou de crustacés telles que : huîtres, homards, langoustes et crabes.

CHAPITRE III.

TRANSIT.

Le transit est la faculté de transporter les marchandises de l'étranger à l'étranger en empruntant le territoire français.

Par extension, on appelle couramment transit, toute opération qui consiste à transporter en suspension des droits de douane, d'un point à un autre du territoire, des marchandises soumises aux taxes douanières ou même des articles prohibés.

Il comprend le *transit ordinaire*, qui a lieu indistinctement par toutes les voies, excepté la voie de mer, sous la responsabilité des expéditeurs, et le *transit international* qui s'effectue exclusivement par les chemins de fer, sous la responsabilité des compagnies ou des services qui exploitent ces voies.

Aux colonies, ce sont des arrêtés des Gouverneurs généraux ou des Gouverneurs qui déterminent les bureaux ouverts au transit, fixent les conditions dans lesquelles il a lieu et indiquent les catégories de marchandises exemptées du plombage. Mais aucun texte réglementaire n'accorde ces pouvoirs aux chefs de colonies.

I. Règles générales. — Les marchandises en transit déclarées pour la consommation sont soumises aux droits qui existent au moment même de la déclaration.

Les marchandises exemptes de droits à l'entrée et similaires de celles affranchies de taxes à la sortie ne sont pas soumises aux restrictions et formalités prescrites pour le transit autres que les déclarations et vérifications imposées à l'égard de tout produit, à l'entrée ou à la sortie (Loi 16 mai 1863, art. 12; C. 26 mai 1863, n° 902; Déc. 18 nov. 1850). Mais elles peuvent être admises au transit international à l'exception, toutefois, des marchandises exclues du transit ordinaire ou prohibées à l'entrée pour des raisons d'ordre public telles que les armes et munitions de guerre chargées sans l'autorisation du Département de la Guerre ou du Ministère des Colonies, les contrefaçons en librairie, les marchandises portant de fausses marques de fabrique (Loi 6 mai 1841, art. 8; loi 23 juin 1857, art. 19; loi 11 janvier 1892, art. 15. — Voir aussi loi 14 août 1885 sur la fabrication et le commerce des armes et munitions non chargées).

II. Transit ordinaire. — Les marchandises expédiées en transit sont déclarées en détail et vérifiées dans les mêmes conditions que la généralité des produits importés (Loi 17 décembre 1814, art. 5 et 6). Il n'est jamais possible de les exempter complètement de toute visite (Déc. 17 sept. 1846). Elles sont expédiées sous acquit-à-caution du bureau d'entrée au bureau de destination. L'acquit comporte l'engagement cautionné de représenter la marchandise intacte au lieu d'arrivée dans un délai fixé suivant la distance (Même loi, art. 5).

Les *marchandises prohibées* doivent être déclarées avec les énonciations spéciales imposées par la loi du 9 février 1832 (art. 4).

Les fausses déclarations faites au bureau d'entrée pour obtenir irrégulièrement le transit entraînent, suivant leur espèce, l'application des peines prévues par les articles 18 à 22 de la loi du 22 août 1791, comme si les marchandises faussement déclarées étaient destinées à la consommation (Loi 17 décembre 1814, art. 6).

Si, au lieu de marchandises tarifées déclarées, le service trouve des marchandises prohibées, on applique les articles 41, titre V, de la loi du 28 avr 1816 et 1er de la loi du 2 juin 1875 (Déc. 3 mars 1856).

Le plombage des colis est obligatoire pour toutes les marchandises pouvant être emballées (Loi 17 déc. 1814, art. 5 et 7; loi 9 février 1832, art. 1er; tarif). La garantie du plombage est remplacée par le prélèvement d'un échantillon à l'égard des fluides et liquides en futailles (Déc. min. 13 janvier et 23 avril 1853; tarif).

Les marchandises exemptes de droits à l'entrée mais soumises à des droits de sortie sont expédiées avec simple passavant et sans plombage (Loi 16 mai 1863, art. 13). On applique alors le mode adopté pour le cabotage : déclaration en double expédition, dont l'une, non timbrée, reste à la douane, et l'autre, timbrée, sert de passavant (C. 26 juin 1860, n° 651). Toutefois, pour les boissons, l'acquit-à-caution est toujours obligatoire (Loi 16 mai 1863, art. 13).

Le même colis peut contenir des marchandises d'espèces ou de qualités différentes (Loi 16 mai 1863, art. 16).

Les marchandises non susceptibles d'être emballées doivent être déclarées, vérifiées et énoncées dans les acquits-à-caution par pièces, poids et valeurs; et par dimension s'il s'agit d'objets d'un fort volume (Loi 17 déc. 1814, art. 7). Il est prélevé un échantillon, lequel est plombé, des marchandises ne pouvant être ni emballées ni plombées.

Le transit est entièrement aux risques des soumissionnaires (Loi 17 déc. 1814, art. 8). Toutefois, ceux-ci sont dispensés du payement des droits pour les marchandises tarifées, ou du remboursement de la valeur pour celles prohibées, en cas de perte résultant de force majeure dûment constatée (Loi 16 mai 1863, art. 17).

A l'arrivée au bureau de destination, si la douane constate un déficit ou une substitution, elle en fait mention à l'acquit dont elle refuse la décharge et le soumissionnaire et sa caution sont contraints de payer solidairement : *a*) une amende de 500 francs en cas de non-présentation des marchandises au bureau de douane de seconde ligne (Loi 9 février 1832, art. 12, et 19 mars 1875, art. 2): *b*) le simple droit d'entrée pour les déficits au-dessous du dixième du poids (Loi 17 déc. 1814, art. 8; *c*) le quadruple des droits et une amende de 500 francs en cas de soustraction, de substitution ou de déficit dépassant le dixième du poids énoncé dans l'acquit-à-caution (Loi 8 floréal an XI, art. 54; loi 17 décembre 1814, art. 5).

Les marchandises sont saisissables si elles ne sont pas identiquement les mêmes que celles décrites dans l'acquit-à-caution (Cass. 18 nov. 1834. — Circ. 21 déc. 1834, n° 1467).

Les négociants coupables de soustraction, substitutions ou versements de marchandises dans l'intérieur de la colonie peuvent, en outre, être privés de la faculté du transit (Loi 8 floréal an XI, art. 83).

L'acquit-à-caution tient lieu de permis de réexporter ou d'embarquer. C'est sur cette expédition que les préposés constatent l'escorte et le passage à l'étranger ou l'embarquement ainsi que le départ du navire et, dans les ports en rivière, le passage en haute mer (C. 11 mars 1836, n° 1534).

L'acquit-à-caution doit indiquer le degré d'avarie des marchandises; sinon, celles qui sont reconnues au bureau de sortie présenter une avarie excédant 2 p. 100 de la valeur, perdent le bénéfice du transit et sont immédiatement soumises au payement des droits d'entrée (Loi 17 déc. 1814, art. 9).

Pénalités du transit ordinaire du prohibé. — Altération ou enlèvement des plombs, soustraction ou substitution de marchandises constatés au bureau de sortie : confiscation des marchandises dont le scellement a été altéré ou de celles qui auront été substituées aux marchandises soustraites ; amende égale à la valeur des moyens de transport qui sont retenus jusqu'à ce que le montant de l'amende soit consigné ou garanti (Loi 9 février 1832, art. 7, § 1 et 2 et art. 8). Ces peines, applicables au voiturier, sont indépendantes de celles encourues par le soumissionnaire par suite du refus de décharge totale ou partielle de l'acquit-à-caution (*Ibid*, art. 7, § 3).

Non-rapport avec décharge valable des acquits-à-caution de transit du prohibé : payement de la valeur des marchandises telle qu'elle a été indiquée dans l'acquit-à-caution et amende égale au triple de leur valeur.

(Se reporter en outre à l'art. 4 de la loi du 9 février 1832, qui n'a pas été rendu applicable aux colonies du premier groupe par le décret du 16 février 1895.)

III. TRANSIT INTERNATIONAL. — *Différences avec le transit ordinaire.* — Dispense de déclaration en détail ; substitution d'une reconnaissance sommaire des colis à la vérification effective prescrite par la loi de 1814 ; plombage par wagons comme règle normale ; responsabilité exclusive des compagnies ou services de chemins de fer seuls admis à effectuer ces transports ; possibilité d'en faire bénéficier les marchandises exemptes de droits d'entrée.

Conditions auxquelles il est subordonné. — Des arrêtés locaux doivent en principe indiquer les bureaux ouverts au transit international et la compagnie ou le service de chemin de fer ne jouit du bénéfice de ce régime qu'après avoir fait agréer par les chefs de Douanes les locaux nécessaires à ce service (comprenant *un bureau, un corps de garde et un magasin où les wagons recevant les marchandises étrangères peuvent être provisoirement placés sous clef*). Voir Indo-Chine : arrêté du Gouverneur général, 19 mars 1907 ouvrant aux opérations du transit international les bureaux de douane de Haïphong, Hanoï et Laokay.

Principales dispositions à observer. — Les marchandises et bagages arrivant de l'étranger sous régime international n'ont pas à rompre charge à leur entrée en territoire français. À cet effet la compagnie ou le service du chemin de fer remet à la douane une *feuille de route* à laquelle sont annexées des déclarations sommaires ou de gros indiquant : les marques et numéros des colis, l'espèce des marchandises, le poids brut et la valeur, la contenance s'il s'agit de liquides taxés à la contenance et enfin les numéros des wagons renfermant les marchandises. L'Administration du chemin de fer souscrit en outre l'engagement de représenter les colis et marchandises au bureau de destination.

Ce mode de transit peut également être appliqué aux marchandises expédiées d'un port de mer ou d'un bureau de la frontière française de terre, en exemption de taxes, à destination soit de l'étranger soit d'un autre bureau du territoire français.

Le règlement du 27 juin 1857 concerne les formalités à remplir à la douane établie dans les gares de chemins de fer au sujet des marchandises admises au bénéfice du transit international.

Le service des douanes du bureau d'expédition se contente généralement de reconnaître les colis ou wagons et leurs marques et numéros. Toutefois il peut procéder à une visite plus approfondie lorsqu'il le juge utile (Décret 25 janvier 1853, art. 25).

Pour les *expéditions du territoire français à destination de l'étranger*, le bureau où l'opération de transit international prend naissance est substitué au bureau de sortie effective pour la déclaration, la vérification des marchandises ainsi que pour toutes autres opérations (Arr. 31 décembre 1848, art. 3, 4 et 5).

Les marchandises sont chargées sous la surveillance de la douane ; l'Administration du chemin de fer les récapitule sur un *relevé spécial série T n° 31*, où elles figurent séparément d'après le régime qui leur est applicable ; les acquits-à-caution de transit, admissions temporaires et autres, ainsi que les passavants, sont annexés à ce relevé lorsque la sortie a lieu par mer ; ils sont conservés par la douane d'expédition si la sortie a lieu par terre (tarif).

Les wagons contenant des marchandises expédiées en transit international sont plombés par la douane. Ils doivent être en bon état, soit à coulisses, soit pourvus de bâches et présenter les conditions fixées par l'arrêté ministériel (finances) du 15 juin 1908.

Les colis de marchandises ou de bagages pesant moins de 25 kilogrammes ne sont transportés que dans des wagons à coulisses. Toutefois, ceux de ces colis qui forment excédent de charge peuvent être placés dans des caisses ou paniers agréés par la douane et mis sous plomb (Décret 25 janvier 1853, art. 3).

En principe l'escorte des convois est de règle ; dans la pratique, elle n'a lieu, que dans des cas exceptionnels. Elle est alors effectuée par deux agents qui prennent place dans les voitures de 2° classe des convois mixtes ou dans les compartiments de garde des convois des marchandises (Art. 24, décret 25 janvier 1853).

Les ruptures de plombage sont constatées par les agents de la douane et à leur défaut par les agents du chemin de fer qui scellent de leurs cachets les wagons déplombés et font, autant que possible, attester l'incident, sur le procès-verbal qu'ils dressent, par deux témoins n'appartenant pas au personnel du chemin de fer (Décret [Côte des Somalis] 18 août 1900, art. 72).

La douane est autorisée à considérer le transit comme n'ayant pas été accompli, toutes les fois que les wagons ne sont pas présentés sous plombs intacts. Dans ce cas, l'Administration apprécie, d'après les justifications produites, les conditions dans lesquelles la Compagnie ou le service du chemin de fer peut être libéré de ses engagements.

A leur arrivée en gare, les marchandises en transit sont déposées dans un magasin spécial du chemin de fer où elles restent sous la surveillance de la douane jusqu'à ce que la déclaration en détail en soit faite et les droits acquittés s'il y a lieu. Ce magasin doit être agréé par l'Administration et fermé par deux serrures ; la clef d'une des serrures est déposée au bureau de la douane. Les marchandises en partance doivent y être rigoureusement séparées des colis qui arrivent (R¹ 27 juin 1857, art. 3). A défaut de magasin agréé par la douane, les marchandises sont déposées dans le magasin de celle-ci dans les trois jours qui suivent l'arrivée.

Les colis déposés dans le magasin spécial du chemin de fer qui n'ont pas été réclamés ou déclarés à l'expiration du onzième jour sont transportés sous escorte, aux frais de la compagnie, à l'entrepôt réel des douanes pour être soumis au régime qui leur sera propre (entrepôt ou dépôt définitif) [C. lith. 10 juillet 1854].

A l'arrivée au bureau de destination des marchandises sortant par la frontière de terre la douane s'assure du bon état du plombage, vise les expéditions et y certifie le passage du convoi à l'étranger (C. lith., 17 mars 1858; déc. 3 juillet 1854).

Lorsque la sortie s'effectue par mer, la feuille récapitulative série T n° 31 est déchargée et renvoyée dans les conditions réglementaires. Quant aux passavants, le service du port y appose les visas au fur et à mesure des embarquements et du départ des navires (Déc. 30 août 1855).

Pénalités. — La représentation d'un chargement sans plombs expose l'Administration du chemin de fer à une amende de 2,000 francs par colis composant le convoi. (Lois des 8 floréal an XI, art. 42, et 28 avril 1816, art. 31.)

La même amende de 2,000 francs est encourue par colis manquant ou substitué ou dans lequel on aura mis une marchandise autre que celle déclarée. (*Ibid.*)

S'il est reconnu que le déficit est le résultat d'une erreur du chemin de fer, la douane applique une amende légère dite de principe qui ne descendra pas au-dessous de 25 francs (Déc. 7 août 1883).

Si le déficit provient d'un détournement qui n'a pu être constaté au moment où il s'accomplissait, la douane exige, tout en restant dans la limite de 2,000 francs par colis, le payement d'une somme représentant : 1° une amende; 2° les droits ou la valeur des marchandises soustraites, suivant qu'elles sont tarifées ou prohibées (ou les droits applicables aux produits de la même espèce les plus afférents à la marchandise). [Pallain, 1913, p. 509.]

La poursuite de ces infractions n'exige la rédaction d'aucun acte contentieux. Il suffit que le bureau de destination n'accorde décharge au chemin de fer que sous réserve des droits et actions de la douane.

Il a été décidé que les inspecteurs des gares pourront passer outre : soit, en cas de différences ou de substitutions, si le plombage est intact ; soit en cas de simples ruptures de plombage qui ont été régulièrement réparées, *à condition que dans ces cas il n'existe aucun soupçon d'abus* (déc. adm., 7 août 1883).

En ce qui concerne les bagages des voyageurs, la compagnie du chemin de fer n'est mise en cause que si la personne à laquelle appartiennent les bagages ne les a pas réclamés ou lorsqu'il y a différence dans le nombre ou l'espèce des colis (Déc. 4 novembre 1853).

IV. RÉGULARISATION DES SOUMISSIONS. — La régularisation d'un acquit-à-caution de transit ordinaire a pour base la déclaration de réexportation, ou celle de mise à la consommation, etc., déposée au bureau de destination. Dans ce cas, le dépôt de la déclaration, la présentation de la marchandise et la remise de l'acquit doivent avoir lieu en même temps.

La régularisation d'un acquit-à-caution de transit international n'exige que la représentation de la marchandise sous plombs intacts. La remise de l'acquit et la déclaration en détail peuvent être séparées alors par l'espace de onze jours, pendant lequel les marchandises restent sous la surveillance permanente de la douane.

Le défaut de déclaration en détail en matière de *transit ordinaire* entraîne le refus de décharge de l'acquit-à-caution ou sa décharge sous réserve. En matière de *transit international*, il entraîne seulement la constitution en dépôt de la marchandise non déclarée. Dans la pratique, on diffère la régularisation des acquits jusqu'au moment où toutes les marchandises ont reçu une destination. En effet toutes les marchandises faisant l'objet d'un même acquit-à-caution doivent être présentées *à la fois* au bureau de sortie (Déc. du 1ᵉʳ septembre 1841).

Après régularisation, les acquits-à-caution de transit international sont renvoyés soit tous les cinq jours au bureau d'émission, soit sans délai à la direction en cas d'infraction (Déc. adm., 24 décembre 1862 et 11 avril 1874).

Les contraventions en matière de transit international sont poursuivies par le bureau de destination au lieu de l'être par le bureau d'émission. Toutefois il appartient à ce dernier bureau de décerner contrainte lorsqu'il s'agit d'interrompre la prescription (Déc. 13 août 1884 ; C. 11 janvier 1890, n° 2003 ; C. 25 septembre 1890, n° 2049 ; Déc. adm., 8 mars 1865).

Principaux textes à consulter en ce qui concerne les colonies :

Décret (Côte d'Ivoire), 26 janvier 1897 : transit ordinaire (art. 40 à 44).

Décret (Dahomey), 28 septembre 1897 : transit ordinaire (art. 51).
Décret (Côte des Somalis), 18 août 1900 : transit ordinaire, art. 62 et 64 : transit international : art. 65 à 76. Arrêté du Gouverneur général de l'Afrique occidentale française 20 juillet 1909 : transit par le Sénégal. Arrêté (Réunion), 17 juin 1910 : transit ordinaire et transit international. Arrêté (Madagascar), 14 janvier 1910 : transit par chemin de fer de Tamatave à Tananarive.

Principaux points à examiner :

Transit ordinaire. — Les marchandises expédiées en transit sont-elles visitées au départ? Les colis sont-ils plombés ou bien est-il prélevé un échantillon pour les fluides et liquides en futailles? Examiner le registre de soumission pour acquits-à-caution. Contrôler les régularités des certificats de décharge des acquits-à-caution, etc.

Transit international. — Les locaux affectés au transit offrent-ils les garanties nécessaires? Conditions dans lesquelles les colis sont reconnus ou visités au départ. Les wagons présentent-ils les garanties désirables? Le plombage est-il pratiqué de façon à éviter des soustractions ou des substitutions de colis ou de marchandises en cours de transport? Les magasins spéciaux du chemin de fer où restent déposées les marchandises sous la surveillance de la douane jusqu'à ce que la déclaration en détail et l'acquittement des droits aient été effectués répondent-ils aux besoins du commerce? Le chemin de fer ne réclame-t-il pas abusivement et contrairement à la jurisprudence de la Cour de cassation (Req. 5 décembre 1876 et 15 mai 1877) un droit de magasinage pour le temps pendant lequel ces marchandises séjournent dans les locaux mis à la disposition de la douane? De son côté la douane n'exige-t-elle pas à tort un droit de magasinage?

CHAPITRE IV.

ENTREPÔTS MARITIMES.

1. JURISPRUDENCE RELATIVE À LA RÉGLEMENTATION DES ENTREPÔTS AUX COLONIES. — Le régime des entrepôts aux colonies a fait l'objet de deux avis, en apparence contradictoires, de la Section des finances du Conseil d'État, en date des 10 juin 1890 et 17 janvier 1893.

Aux termes de l'avis du 10 juin 1890, la procédure à suivre pour déterminer le régime de l'entrepôt aux colonies doit être celle prévue pour l'établissement des *règles de perception des taxes* dont les marchandises se trouvent affranchies pendant leur séjour en entrepôt. (Voir Réunion, décret 30 décembre 1911 : constitution en entrepôt des marchandises soumises aux taxes de consommation.) Et lorsque les marchandises sont ou peuvent être affranchies de plusieurs taxes (droits de douane, d'octroi de mer, de consommation, de quai), il faut s'adresser, en vertu du principe de connexité, à l'*ordre de compétence le plus élevé*, c'est-à-dire procéder par voie de décret en forme de règlement d'administration publique.

Dans son avis du 17 janvier 1893, la Section des finances estime : que les tarifs métropolitains étendus aux colonies par la loi du 11 janvier 1892 doivent être considérés comme y emportant *ipso facto*, toutes les règles en vigueur dans la métropole qui en déterminent les bases, les exceptions, les tempéraments et les échéances; que, pour prendre des exemples, les immunités assurées au transit, les facilités données à la réexportation, *les délais attachés à l'entrepôt*, sont bien moins des dispositions distinctes que des modalités des droits à percevoir qui ne sauraient être réglées différemment selon les lieux, ces droits restant identiques; enfin qu'il y a lieu de considérer la faculté conférée aux Conseils généraux des colonies par le sénatus-consulte du 4 juillet 1866 et le décret du 11 août suivant de fixer, sauf approbation par décret, *les règles d'assiette et de perception des droits de douane*, comme supprimée par l'article 17 de la loi du 11 janvier 1892.

Il a été déjà signalé (titre I") que la portée de l'avis de 1893 s'est trouvée atténuée par un arrêt du 27 avril 1894 de la Cour de cassation qui a déclaré que la loi de 1892 n'avait pas appliqué *de plano* aux colonies la législation douanière métropolitaine relative aux pénalités et qu'un décret était nécessaire pour mettre cette législation en vigueur dans ces possessions.

Quoi qu'il en soit, le Conseil d'État a jusqu'ici écarté son avis du 17 janvier 1893 pour ne tenir compte que de celui du 10 juin 1890 quand il a eu à se prononcer sur le régime de l'entrepôt dans nos colonies, ainsi qu'il résulte de la procédure suivie, par exemple, pour la Nouvelle-Calédonie (décrets des 6 février 1888, 7 septembre 1893, 28 octobre 1898 et 31 janvier 1906), la Guadeloupe (décrets des 11 février 1904 et 24 janvier 1907), la Guyane (décret du 3 septembre 1908).

Il est évident que le régime de l'entrepôt dans les colonies où le tarif métropolitain est applicable ne saurait être soumis à des règles plus étroites que ce tarif lui-même auquel il est possible, en vertu des dispositions de la loi du 11 janvier 1892, d'apporter les modifications, reconnues nécessaires pour chaque colonie, par des décrets en forme de règlements d'administration publique. Comme le législateur ne s'est pas expressément prononcé sur la procédure à suivre en ce qui concerne la détermination du régime de l'entrepôt propre aux colonies, on se trouve amené, après avoir admis la possibilité légale d'une réglementation spéciale à chaque colonie, à déclarer que la législation métropolitaine est, en principe, applicable dans les colonies du premier groupe en ce qui concerne notamment les délais d'entrepôt, mais des décrets simples rendus en exécution des articles 7 et 18 du sénatus-consulte du 3 mai 1854, peuvent sur les autres objets et même exceptionnellement sur ceux-là [voir décret (Guyane), 3 septembre 1908, art. 2] intervenir à condition d'être pleinement justifiés. On aboutit à la même conclusion en écartant purement et simplement l'avis de 1893. Dans ce cas, on se trouve en effet, à défaut d'autre texte, en présence du sénatus-consulte du 3 mai 1854 en vertu duquel les règles de perception des droits de douane doivent être établies, comme toutes les autres matières non régies par une disposition spéciale, par des décrets simples (art. 7 et 18). D'autre part, lorsque la procédure en matière d'octroi de mer exige un décret en forme de règlement d'administration publique approuvant une délibération de l'Assemblée locale et la procédure en matière de taxes un décret en Conseil d'État approuvant une telle délibération, il résulte du principe du rattachement à l'ordre de compétence le plus élevé, qu'il faut statuer par décret en forme de règlement d'administration publique approuvant une délibération locale.

A signaler que dans une note du 28 février 1907 l'assemblée générale du Conseil d'État a explicitement déclaré que le mode d'établissement de l'octroi de mer est régi exclusivement par l'article 6 de la loi du 11 janvier 1892 et non par l'article 33, § 3 de la loi du 13 avril 1900.

Cependant, si l'on se rapporte aux références du décret du 28 septembre 1912 approuvant une délibération du Conseil général de la Réunion relative à la réglementation de l'entrepôt fictif dans cette colonie, on constate que, revenant à la jurisprudence suivie, antérieurement à la note du 28 février 1907, pour le décret du 24 janvier 1907 relatif à l'entrepôt réel spécial à la Guadeloupe, la Haute Assemblée n'a pas ajouté aux références du décret l'article 6 de la loi du 11 janvier 1892. Elle s'est bornée à ne mentionner que l'article 33 § 3 de la loi du 13 avril 1900, admettant ainsi que ce dernier texte législatif aurait abrogé l'article 6 de la loi de 1892. A remarquer, en outre, que le décret du 28 septembre 1912 est un décret en Conseil d'État et non en forme de règlement d'administration publique. Cette constatation ne manque pas d'importance et semblerait confirmer la jurisprudence dont il s'agit.

En résumé, en écartant l'avis de 1893 et suivant que l'on admet ou non la note du 28 février 1907 du Conseil d'État, le régime de l'entrepôt dans les colonies pourvues d'un conseil général et régies par la loi du 11 janvier 1892 doit être déterminé suivant la procédure prévue par l'article 6 de cette loi ou bien suivant celle prescrite par l'article 33 § 3 de la loi de finances du 13 avril 1900.

A signaler que l'article 74 du décret financier du 30 décembre 1912 dispose expressément que les droits d'octroi de mer restent régis par la loi du 11 janvier 1892.

Il reste entendu que les droits de magasinage d'entrepôt rentrent nettement dans la catégorie des taxes et contributions autres que les droits de douane. Au cas où il s'agirait d'établir une réglementation concernant uniquement le mode d'assiette, les tarifs et les règles de perception de ces droits, il conviendrait donc de recourir à la procédure prévue pour l'établissement des taxes locales par l'article 74 du décret financier du 30 décembre 1912. (Voir, par exemple : Réunion, décret 6 février 1912 modifiant le tarif des droits de magasinage à percevoir à l'entrepôt réel).

II. Différentes acceptions du mot « entrepôt ». — 1° Local où sont recelées, dans le rayon frontière, des marchandises introduites en fraude (*entrepôt frauduleux*);

2° Local où des marchandises passibles de droits peuvent, avec l'autorisation de la douane, séjourner sans payement préalable des droits. Elles y sont considérées comme étant hors de la colonie et peuvent en être retirées soit pour la réexportation en franchise, soit pour la consommation intérieure après acquittement des droits qui ne sont dus qu'à ce moment, soit pour toutes les destinations que peut recevoir une marchandise arrivant de l'étranger. C'est l'*entrepôt légal* qui comprend : l'*entrepôt réel*, l'*entrepôt réel spécial* et l'*entrepôt fictif* qui tous trois n'existent que dans les localités auxquelles ils ont été concédés.

L'entrepositaire reste le gardien responsable des marchandises entreposées, soit personnellement en cas d'entrepôt fictif, soit par l'intermédiaire de l'agent de commerce en cas d'entrepôt réel, quelles que soient les mesures de précaution prises de son côté, par la Douane; en effet, dans l'un et l'autre cas, la Douane n'a qu'un droit de surveillance réglé soit par la loi, si l'entrepôt est réel, soit par acte de soumission souscrit par l'entrepositaire si l'entrepôt est fictif. Aussi l'entrepositaire est-il présumé avoir disposé des marchandises par cela seul qu'il ne peut les représenter et est-il tenu, hors le cas de force majeure ou de faute imputable à la Douane, de payer les droits sur les manquants (Cass. req. 12 janvier 1914).

III. Différences entre l'entrepôt réel et l'entrepôt fictif.

Entrepôt réel.	Entrepôt fictif.
Établi dans des magasins gardés par la douane et fermant à deux clefs dont l'une reste entre les mains des agents de l'Administration.	Constitué dans les magasins du commerce (Loi 8 floréal an XI, art. 15).
Tout importateur peut déclarer ses marchandises pour l'entrepôt réel régulièrement constitué.	La déclaration pour l'entrepôt fictif doit être faite conjointement par l'importateur et par une caution solidaire.
L'entrepôt réel peut être ouvert soit aux seules marchandises tarifées, soit aux marchandises tarifées et aux marchandises prohibées.	Il n'est admis en entrepôt fictif que des marchandises tarifées et des seules espèces pour lesquelles cet entrepôt est établi.

L'*entrepôt réel spécial* est l'entrepôt réel établi dans des magasins particuliers. Il participe à la fois de l'entrepôt réel par ce fait qu'il entraîne l'application du principe de la double clef et de l'entrepôt fictif en raison de l'obligation du dépôt d'une soumission cautionnée imposée à l'entrepositaire.

IV. Règles communes aux entrepôts réels et fictifs. Déclarations. — Les déclarations relatives aux marchandises entrant en entrepôt ou en sortant, sont soumises aux règles générales (C. 23 août 1821). A l'entrée, la déclaration est produite en double sur une feuille M n° 29 pour l'entrepôt réel et sur une feuille série D n° 14, comportant soumission cautionnée, pour l'entrepôt réel spécial et pour l'entrepôt fictif. Ces feuilles servent en même temps de permis et de certificat de visite. La déclaration est transcrite sommairement sur un registre M n° 9 (C. 29 août 1845, n° 2081; lett. comm. du 24 juin 1881, n° 527; C. 6 mai 1897, n° 2799).

Quant il s'agit de marchandises arrivant par transit, mutation d'entrepôt ou transbordement, la déclaration d'entrée en entrepôt s'inscrit sur l'acquit-à-caution ou la déclaration-permis du bureau de départ.

Les *marchandises prohibées* doivent être déclarées avec les énonciations spéciales imposées par la loi du 9 février 1832, article 4 (Loi 9 février 1832, art. 19).

À la sortie, les déclarations doivent identiquement reproduire le libellé de la prise en charge au sommier d'entrepôt quant à l'espèce et à la qualité des marchandises. Mais la valeur de celles-ci peut être modifiée, les droits n'étant dus que sur la valeur effective au jour de la déclaration (C. 23 mai 1820, n° 987). Indépendamment des indications précitées, les déclarations doivent mentionner la destination ultérieure des marchandises et, s'il y a lieu, le nom et le pavillon du navire à bord duquel elles doivent être chargées ainsi que le nom du capitaine (C. 1ᵉʳ mars 1832, n° 1308). Elles sont faites, pour les marchandises destinées à la consommation, sur des feuilles n° 33ᵇ servant en même temps de permis et de certificat de visite (C. 29 août 1845, n° 2081). Ces déclarations sont transcrites sur le registre M n° 33ᶜ.

Les marchandises mêmes similaires, faisant l'objet de comptes différents peuvent être groupées dans une même déclaration de sortie (Lett. comm. 19 mai 1888, n° 909).

Vérification. — Les règles générales sont également applicables à la vérification des marchandises entrant en entrepôt ou en sortant.

On procède habituellement par épreuves pour les marchandises arrivant par transit, mutation d'entrepôt ou transbordement.

Les marchandises sortant de l'entrepôt fictif pour la consommation peuvent être soumises aux droits, d'après les quantités reconnues à l'entrée, sans qu'il soit nécessaire, hors le cas de soupçon d'abus, d'effectuer une nouvelle vérification.

On peut aussi, à la sortie de l'entrepôt réel, et sauf pour les marchandises taxées à la valeur (C. 23 mai 1826, n° 987 et 8 février 1831, n° 1246), s'abstenir d'une nouvelle vérification lorsque les intéressés demandent à acquitter les droits sur les quantités reconnues à l'entrée. Il suffit alors de s'assurer de l'identité des colis. Les nouvelles vérifications opérées sur la demande des intéressés, en vue de l'allocation du déficit, n'ont habituellement lieu que par épreuves.

On procède également par épreuves pour toutes les opérations de sortie de l'entrepôt et ces vérifications, pour les sorties d'entrepôt réel, peuvent être réduites au-dessous des proportions prévues par le décret du 27 août 1911 (Voir *supra :* Vérification des marchandises).

Les résultats de la vérification sont constatés sur la formule des déclarations ainsi que les opérations ultérieures (liquidation des droits, certificat d'embarquement, de décharge, etc.).

Aucune boisson ne peut être retirée d'entrepôt pour la consommation, même après acquittement des droits, si le propriétaire ne représente pas les les expéditions du Service des Contributions indirectes (C. 30 janvier 1815).

Transferts. — Les entrepositaires restent, en vertu de leur déclaration, obligés soit de r xporter les marchandises ou d'en payer les droits, soit de répondre des déficits reconnus à l'époque des recensements ou à la sortie d'entrepôt (Ord. 31 août 1838, art. 23).

La responsabilité des entrepositaires et, le cas échéant, celle de leurs cautions, subsiste, lors même qu'ils ont cessé d'être propriétaires des objets entreposés, tant qu'ils n'ont pas déclaré et justifié la cession ou transfert de leur propriété à un tiers et fait intervenir ce tiers pour s'engager envers la douane (C. 9 août 1791; 8 septembre 1815, n° 67 et 1er mars 1832, n° 1308. Ord. 31 août 1838, art. 23). Voir toutefois loi 23 juillet 1911 (titres 13 et 14): réquisition militaire des marchandises déposées dans les entrepôts de douane et dans les magasins généraux ou en cours de transport par voie ferrée.

L'acte de transfert inscrit sur formules M 37 A et 37 C est signé du cédant et du concessionnaire (C. 23 août 1821, n° 672). Transcription sommaire en est faite sur le registre M 9 (Lett. comm. 24 juin 1881, n° 527).

Les déclarations de transfert sont exemptes du timbre.

Exclusions de l'entrepôt. — Les marchandises exemptes de tous droits de douane et de toute taxe locale ne peuvent être reçues ni en entrepôt réel ni en entrepôt fictif.

Toutefois les denrées coloniales françaises, notamment les rhums et tafias, peuvent être admises en entrepôt réel lorsque la demande en est faite en vue de leur conserver la preuve de leur origine.

Un certain nombre d'autres marchandises sont exclues de l'entrepôt (contrefaçons en librairie; produits portant de fausses marques de fabrique; vins étrangers ne portant pas sur les récipients une marque indélébile indiquant le pays d'origine; boîtes de conserves de sardines étrangères d'un poids supérieur à un kilogramme, etc.). Se rapporter aux textes suivants : Ord. 13 décembre 1842, art. 8; loi 11 janvier 1892, art. 15; loi 1er février 1899, art. 2; loi 11 juillet 1906, art. 2.

Les marchandises atteintes d'avaries sont également exclues de l'entrepôt fictif (Loi 27 juillet 1822, art. 12). Il en est de même pour les marchandises dangereuses pour la sécurité publique (huiles de pétrole, matières inflammables et explosibles [Dahomey] Décret 23 janvier 1902). Les capitaines doivent déposer dans les poudrières publiques les poudres qu'ils ont à bord (loi 13 fructidor an V, art. 31).

Durée de l'entrepôt. — La durée de l'entrepôt est en principe de trois ans pour l'entrepôt réel (Loi 17 mai 1826, art. 14; Ord. [Antilles et Réunion] 31 août 1838, art. 21; Tahiti, décret 10 janvier 1897, art. 6); deux ans pour l'entrepôt fictif des grains; un an pour l'entrepôt fictif des autres marchandises (Loi 27 juillet 1822, art. 14 et loi 8 floréal an XI, art. 14; — Réunion, décret 24 septembre 1912, art. 8; Dahomey, décret 23 janvier 1902, art. 2; Sénégal, Décret 11 juillet 1887, art. 3; Côte d'Ivoire, décret 21 mai 1896, art. 3); un an pour l'entrepôt réel spécial ou entrepôt dans des magasins particuliers (Déc. 22 juillet 1857; Guadeloupe, décret 24 janvier 1907, art. 5).

A la Guyane la durée de l'entrepôt réel est réduite à deux ans (Décret 3 septembre 1908, art. 2). A la Guadeloupe celle de l'entrepôt réel spécial est réduite à deux mois pour les animaux vivants (Décret 24 janvier 1907, art. 5).

A la Nouvelle-Calédonie la durée de l'entrepôt fictif est de trois ans (Décret 31 janvier 1906, art. 4).

Dans tous les cas, le délai date du jour de l'inscription des marchandises au sommier (Déc. 21 novembre 1844) et, s'il y a eu mutation d'entrepôt, de l'inscription au sommier du premier entrepôt (tarif).

Le délai, pour les marchandises passant du régime de l'entrepôt réel sous celui de l'entrepôt fictif, court du jour de la déclaration de changement de régime, sauf réduction de ce délai si la marchandise a séjourné plus de deux ans dans l'entrepôt réel et de manière que la somme des deux délais n'excède jamais le maximum de deux ou de trois ans fixé, suivant les colonies, pour l'entrepôt réel.

Prorogations de délais. — Le chef du service des douanes est autorisé à accorder des prorogations de délai toutes les fois que le commerce y trouve intérêt et que les marchandises ont été reconnues en bon état. Il n'a à prendre les ordres de l'Administration supérieure que dans des circonstances tout à fait exceptionnelles (C. 13 janvier 1849, n° 2299). La question de solvabilité des cautions doit le cas échéant être examinée avant la concession de toute prorogation de délai.

A la Réunion une seule prorogation de délai d'une année est accordée pour l'entrepôt fictif (Décret 28 septembre 1912, art. 8).

Les demandes de prolongation de délai doivent être présentées assez à temps pour obtenir une décision avant l'expiration du terme de l'entrepôt (C. 13 janvier 1849, n° 2299).

V. Entrepôt réel. — L'ordonnance du 31 août 1838, rendue en exécution de la loi du 12 juillet 1837, a porté création d'entrepôts réels de douane dans les colonies de la Martinique, de la Guadeloupe et de la Réunion. Voir aussi décret Guyane 3 sept. 1908.

L'entrepôt réel est constitué dans un magasin spécial gardé par la douane et fermant à deux clefs, l'une laissée au commerce (représenté par un délégué du commerce) qui demeure en possession de sa marchandise, la garde et en assure la conservation, l'autre entre les mains de la douane (représentée par le contrôleur aux entrepôts) pour qui la marchandise forme le gage des droits et dont le rôle se borne à ne rien laisser, à son insu, extraire des magasins (Loi 8 floréal an XI, art. 25 et 26; loi 9 février 1832, art. 17; loi 27 février 1832, art. 1er; loi 26 juin 1885, art. 1er; Ord. 31 août 1838, art. 3).

Cet entrepôt doit être situé sur les quais et établi dans des magasins convenables, sûrs, réunis en un seul corps de bâtiment et entièrement isolés de toutes autres constructions. Un local y est réservé pour l'installation d'un corps de garde de douane. Les magasins après avoir été agréés par le chef du service des douanes sont affectés à l'entrepôt en vertu d'un arrêté spécial du Gouverneur de la colonie (Ord. 31 août 1838, art. 2).

Dans les entrepôts réels autorisés à recevoir des *marchandises prohibées*, il doit être affecté à ces marchandises des magasins spéciaux absolument distincts de ceux où se trouvent les marchandises tarifées et fermés à double clef (Loi 9 février 1832, art. 17; loi 26 juin 1835; art. 1er).

Les *marchandises exhalant une mauvaise odeur* doivent être placées dans des magasins spéciaux ou dans des locaux distincts ou bien être séparées, dans le même local, des autres marchandises (Ord. 9 janvier 1818, art. 1er).

En cas d'insuffisance des magasins de l'entrepôt, des magasins particuliers peuvent, mais avec l'autorisation du chef du Service des Douanes, servir de succursales ou d'annexes à l'entrepôt réel. (Déc. 24 novembre 1842).

Le principe de la double clef doit être alors observé. Mais il pourra n'être pas appliqué pour les locaux affectés aux animaux, à la houille, aux bois (Guadeloupe, décret 24 janvier 1907, art. 4).

L'entrepôt ainsi établi dans des magasins particuliers constitue l'*entrepôt réel spécial*. Il astreint l'entrepositaire à s'engager par soumission cautionnée à réexporter les marchandises ou à payer les droits avant ou à l'expiration du délai d'entrepôt (C. 23 mai 1826, n° 987; Guadeloupe, décret 24 janvier 1907, art. 5).

A la Guadeloupe, il n'existe qu'une forme d'entrepôt : l'entrepôt réel comprenant : l'entrepôt réel et l'entrepôt réel spécial.

Le décret du 24 janvier 1907 a réglementé le fonctionnement de l'entrepôt réel spécial dans cette colonie. L'article 1er de ce texte complète les décrets des 2 août 1890 et 11 février 1904 en indiquant les marchandises pouvant être placées sous ce régime à la Pointe-à-Pitre et à la Basse-Terre. Aux termes de l'article 2, ces marchandises ne seront reçues dans les magasins particuliers que par quantités ou par lots dont les droits s'élèvent à 30 francs au moins; elles devront être parfaitement conservées et franches de toute avarie. L'article 3 prévoit que ne pourront être retirés des magasins que des quantités ou lots payant au moins 15 francs de droits, toute réduction de droits étant refusée à celles avariées retirées pour la consommation. En vertu de l'article 5, les marchandises déclarées pour la consommation doivent être extraites de l'entrepôt trois jours après la liquidation des droits. Passé ce délai elles sont transportées d'office au dépôt de l'entrepôt réel des douanes aux frais du déclarant par les soins du service des douanes.

Ne pas confondre les entrepôts installés dans des magasins particuliers avec les *annexes* que peut constituer l'Administration en cas d'insuffisance des magasins de l'entrepôt réel. Ces annexes sont assimilées en tous points à l'entrepôt réel et les frais qu'elles occasionnent sont par suite à la charge des villes ou des colonies.

On entend encore par *entrepôts spéciaux* quelques entrepôts réels qui ne peuvent recevoir qu'un petit nombre de marchandises et pour des destinations déterminées (tarif).

Les portes des entrepôts ne doivent être fermées par le préposé, chargé de la surveillance des magasins, qu'en présence soit du contrôleur aux entrepôts ou d'un vérificateur, soit du garde-magasin ou, à défaut, d'un sous-officier. Les clefs doivent toujours être rapportées, à la fin de chaque vacation, au contrôleur aux entrepôts (Déc. 26 janvier 1843).

Création des entrepôts réels. — Dans la métropole, le privilège de l'entrepôt réel appartient aux communes (Lois 8 floréal an xi, art. 25; 27 février 1832, art. 9 et 10) qui peuvent faire, avec concurrence et publicité, concession temporaire de leurs droits à des adjudicataires qui s'engagent à pourvoir à leurs lieu et place, à la construction, à l'entretien et à toutes les autres dépenses de l'entrepôt. Sur le refus des municipalités d'user de leur privilège, les chambres de commerce peuvent se substituer aux communes en constituant des associations d'actionnaires en sociétés anonymes (déc. 27 avril 1867).

Dans certaines colonies, il est procédé comme dans la métropole. C'est ainsi qu'à Madagascar un décret du 19 juin 1900 a concédé l'entrepôt réel des douanes à la commune de Tamatave; un second décret du 1er juillet 1900 a approuvé une convention passée par la colonie et la commune, avec la Compagnie coloniale de Madagascar, pour l'établissement et l'exploitation d'un entrepôt de douane et magasins généraux à Tamatave. Un troisième décret du 24 décembre 1900 a autorisé la substitution à la compagnie précitée de la Société des magasins généraux et entrepôts de Madagascar. Voir le texte de la convention à la suite du décret du 1er juillet 1900 (*B. O. C.*, p. 558). Un arrêté du Gouverneur général du 29 novembre 1911 a homologué les tarifs établis pour l'exploitation de l'entrepôt réel et des magasins généraux à l'usage du commerce à Tamatave.

Un décret du 19 octobre 1901 a également concédé l'entrepôt réel des douanes à la commune de Diégo-Suarez (Madagascar).

Un décret du 14 mars 1911 a autorisé le Gouverneur général de Madagascar à établir dans la colonie, à titre provisoire, des entrepôts réels par des arrêtés qui devront, ultérieurement, être ratifiés par décrets.

A Djibouti une compagnie a la concession de l'entrepôt réel de douane et de magasins généraux en vertu d'une convention approuvée par décret du 13 avril 1901.

Un décret du 18 août 1905 a approuvé le contrat, passé le 3 mars 1904, entre le Gouvernement général de l'Indo-Chine et la Chambre de commerce de Haïphong pour l'exploitation des docks et magasins généraux de cette ville.

Dans d'autres colonies, les dépenses de création, de surveillance, de perception et en général tous les frais occasionnés par l'entrepôt réel, sont à la charge du service local (Guyane, décret 3 septembre 1908, art. 3).

Docks. — L'entrepôt réel peut être constitué dans des docks. Le dock est un ensemble de surfaces d'eau, de quais et de magasins réunis dans une même enceinte, séparée de toute autre partie du port et où pénètrent les navires qui s'y trouvent comme s'ils étaient en entrepôt. Le Service des Douanes surveille les issues extérieures et opère à l'intérieur. Outre les bureaux et un corps de garde, il est ménagé dans les bâtiments de l'Adminisration du dock des logements pour un contrôleur ou inspecteur des douanes et un garde-magasin. Les magasins du dock sont sous la double serrure de la douane et de la compagnie. Le débarquement au dock est obligatoire pour tous les navires dont la cargaison se compose pour moitié de marchandises destinées au régime de l'entrepôt réel. Nul ne peut être admis dans les docks sans un permis de la compagnie, sauf les agents des douanes, les armateurs des navires, les consignataires ou leurs représentants, les capitaines ou les seconds. Les hommes d'équipage doivent être munis d'une autorisation de leur capitaine ou second. Nul ne peut rester dans le dock après l'heure et la clôture des travaux. La compagnie est seule chargée de toutes les opérations relatives aux marchandises depuis leur entrée jusqu'à leur sortie. Elle est tenue de faire agréer ses ouvriers par la douane. Elle ne peut produire de déclarations qu'au nom et comme mandataire des entrepositaires. Les marchandises non déclarées en douane dans les trois jours francs de l'arrivée sont mises d'office en dépôt dans un local du dock spécialement désigné à cet effet par la douane. L'apurement des manifestes se fait dans le dock par la douane qui constate au besoin les contraventions.

Régime des marchandises placées en entrepôt. — A moins d'en avoir obtenu préalablement la permission du chef local de la douane, tout déballage de marchandises, tout mélange ou simple transvasement, toute division ou réunion de colis sont expressément interdits dans l'intérieur des magasins de l'entrepôt (C. 1er mars 1832).

Est interdite également toute opération de *bénéficiement* autrement qu'avec l'autorisation des chefs locaux accordée pour les seules manipulations faites en vue d'arrêter ou de prévenir la détérioration des marchandises, à l'exclusion des opérations de triage ou de criblage qui auraient pour objet de réduire le poids reconnu à l'entrée. Il est toutefois permis d'effectuer le triage des balayures provenant des marchandises entreposées et les droits ne sont, dans ce cas, perçus qu'après séparation des corps étrangers (tarif).

S'il se produit à la suite des bénéficiements dûment autorisés un déficit relativement peu important, la douane l'admet purement et simplement en réduction (C. 1er mars 1832 et déc. 18 juin 1845).

Le bénéficiement doit être opéré à l'intérieur de l'entrepôt (Déc. 24 avril 1846). A défaut d'emplacement convenable dans l'entrepôt réel, il peut, pour les marchandises étrangères arrivées par mer et ayant subi des avaries en cours de traversée, s'effectuer, sous la surveillance de la douane, dans des locaux particuliers offrant les garanties suffisantes et dont les clefs sont remises aux préposés des douanes. Aussitôt après les opérations, les marchandises sont placées dans l'entrepôt (Déc. 28 nov. 1843).

En principe les colis qui renferment des *marchandises prohibées* ne peuvent être divisés en entrepôt (Loi 9 février 1832, art. 20). Dans la pratique, des tempéraments sont apportés à cette règle lorsque des circonstances particulières motivent l'exception (C. n° 1776, du 28 sept. 1839 et tarif).

Recensements. — La douane doit tenir la main à ce que les existants en magasin soient en concordance avec les écritures. Il est procédé chaque année à un recensement général des marchandises entreposées. Des recensements partiels peuvent avoir lieu en cours d'année.

Les frais de déplacement ou d'arrangement des marchandises sont à la charge des propriétaires (Ord. 31 août 1838, art. 22).

Les différences constatées en écritures ne peuvent être rectifiées qu'après qu'il en a été référé à l'Administration supérieure (C. 3 vendémiaire an XII et 1er mars 1832, n° 1308).

Pour faciliter les recensements, il importe que les marchandises soient classées dans les magasins par espèces et par propriétaire ayant un compte ouvert au sommier. Des étiquettes doivent indiquer leur numéro d'inscription à ce registre (C. 1er mars 1832, n° 1308).

Échantillons. — Les droits d'entrée sont perçus sur les échantillons prélevés sur les marchandises en entrepôt. Une annotation effectuée sur le sommier indique la réduction de poids des colis d'où proviennent les échantillons de manière que le manquant résultant du prélèvement ne soit pas considéré comme un déficit.

Vol. — Les droits d'entrée ne peuvent être exigés de l'entrepositaire d'une marchandise volée dans l'entrepôt réel légalement constitué s'il produit la preuve authentique du vol et établit que des circonstances indépendantes de sa volonté le mettent dans l'impossibilité de la représenter (Loi 22 août 1791, titre II, art. 22; Cass. civ. 24 nivôse et 5 ventôse an XI; déc. adm. 10 novembre 1835).

Déficits. — Les marchandises doivent être représentées identiquement les mêmes que celles reconnues à l'entrée sans addition, ni soustraction (C. 21 janvier 1819, n° 460 et 1er mars 1832, n° 1308).

L'Administration peut autoriser la remise des droits d'entrée applicables aux déficits affectant le poids ou la mesure des marchandises placées dans les entrepôts réels régulièrement constitués, lorsque, à chaque sortie, ces marchandises ont été repesées ou remesurées totalement ou par épreuves et que les manquants proviennent manifestement du déchet naturel (Tarif et C. 13 janvier 1849, n° 2299; ord. 31 août 1838, art. 26).

Les déficits constatés sur les marchandises entreposées sous double clef dans les magasins particuliers donnent toujours lieu au payement des droits.

Les droits sur les déficits d'entrepôt sont perçus d'après la tarification en vigueur à la date de la dernière déclaration de sortie (Déc. 17 juillet 1852).

Fin de terme. — A l'expiration des délais réglementaires ou résultant des prorogations accordées, les droits sont liquidés d'office sur les marchandises tarifées qui sont restées en entrepôt réel et sommation de les acquitter est faite à l'entrepositaire à son domicile, s'il est présent, où à celui du maire, s'il est absent. Dans le même cas, sommation est faite, dans la même forme, de réexporter les marchandises prohibées restées en souffrance. S'il n'est pas satisfait à ces sommations, les marchandises sont vendues conformément à la loi du 14 fructidor an III et le produit de la vente, déduction faite des droits et frais de toute nature, est versé au Trésor pour être remis au propriétaire, s'il est réclamé dans les trois années à partir du jour de la vente ou, à défaut de réclamation dans ce délai, être définitivement acquis à la colonie (Ord. 31 août 1838, art. 21).

Pour les marchandises placées dans l'entrepôt réel spécial on procède comme pour celles d'entrepôt fictif (Voir décret [Guadeloupe] 24 janvier 1907, art. 7).

VI. ENTREPÔT FICTIF. — L'entrepôt fictif n'est autorisé que dans les ports de la colonie ouverts au commerce extérieur et énumérés par les décrets en vigueur. C'est un entrepôt essentiellement maritime. Il ne doit pas être établi hors du périmètre des villes. Il est constitué dans les magasins du commerce ou tous autres dépôts agréés par la douane. L'entrepositaire doit souscrire la soumission cautionnée soit de réexporter les marchandises dans le délai légal soit de payer les droits dont elles sont passibles au moment de leur mise à la consommation. En outre, la déclaration constitutive de l'entrepôt désigne exactement les magasins où sont entreposées les marchandises et porte l'engagement de représenter ces dernières à toute réquisition de la douane en même qualités et quantités dans les colis et avec les mêmes marques désignées sur la soumission. Il est défendu à l'entrepositaire de les changer de magasin sans déclaration préalable et permis spécial de la douane (Voir Réunion, décret 28 sept. 1912; Dahomey, décret 23 janvier 1902).

Les marchandises sujettes à coulage peuvent même, en entrepôt fictif et indépendamment de la soumission, être conservées dans un magasin fermé à deux clefs dont une reste à la douane (Loi 7 déc. 1815, art. 2).

Lors de la constitution de l'entrepôt fictif, la douane peut exiger le prélèvement l'échantillons qui sont conservés sous son cachet et celui de l'entrepositaire afin de rendre plus certaine la reconnaissance de l'identité qui doit avoir lieu au moment de la sortie de l'entrepôt (C. 23 vendémiaire an II).

Les marchandises doivent être emmagasinées de telle façon que les agents des douanes puissent toujours contrôler facilement les quantités entreposées. L'inobservation de cette prescription expose l'entrepositaire aux sanctions prévues pour les mutations de magasin non autorisées et à la déchéance du bénéfice de l'entrepôt.

Les mêmes règles sont applicables aux marchandises placées sous le régime de l'entrepôt réel dans des magasins particuliers.

Les textes spéciaux à chaque colonie donnent l'énumération des marchandises admissibles en entrepôt fictif.

Pour les manipulations se reporter au paragraphe concernant l'entrepôt réel. Toutefois, la fabrication en entrepôt fictif de briquettes de houille est autorisée. Ces briquettes sont comptées pour la décharge des soumissions à raison de 92 p. 100 de leur poids (Tarif).

L'existence des marchandises dans les entrepôts fictifs est constatée par des recensements inopinés. Ces recensements doivent être renouvelés au moins tous les trimestres dans chaque entrepôt (C. 24 thermidor an X). Afin de faciliter ces opérations, il convient d'indiquer successivement avec soin au répertoire du sommier les parties des marchandises recensées à telle époque (Déc. 11 août 1858). Les éléments et les résultats des recensements sont mentionnés sur les feuilles série M, n° 39, tenues par le contrôleur aux entrepôts et signées par lui et par les agents qui l'ont accompagné. Ces feuilles, classées et conservées avec soin, doivent être fréquemment examinées et visées par l'inspecteur ou, aux colonies, par le chef du service des douanes (C. 29 février 1820, n° 551 et 13 janvier 1849, n° 2299).

La douane peut proposer au Gouverneur général ou au Gouverneur en Conseil la remise des droits, ou du payement de la valeur, sur les marchandises entreposées, même sous le régime de l'entrepôt fictif, qui ont été détruites par force majeure, lorsque le fait est régulièrement justifié (Application par extension de la loi du 16 mai 1863, art. 17. Cass. req., 17 février 1897).

Aucun déficit n'est, en principe, alloué pour les marchandises placées en entrepôt fictif. Des tempéraments sont cependant apportés à cette règle notamment pour les vins de liqueur et spiritueux en fûts transvasés en bouteilles ou séjournant en fûts dans les entrepôts (Voir Inde, décret 7 décembre 1909).

Lorsque, à l'expiration des délais, l'entrepôt n'a pas été complètement apuré les droits sont liquidés d'office sur les quantités restantes et contrainte est décernée pour le payement, s'il n'est pas immédiatement effectué (C. 14 mars 1821; Dahomey, décret 23 janvier 1902, art. 8). Les mêmes dispositions s'appliquent à l'entrepôt réel dans des magasins particuliers (Guadeloupe, décret 24 janvier 1907, art. 7).

En cas de décès d'un soumissionnaire d'entrepôt, l'action de la douane s'exerce envers le co-propriétaire, s'il en existe, ou les héritiers ou envers la caution (Cass. 23 ventôse an XIII).

L'Administration des Douanes a un privilège sur les objets entreposés fictivement pour le payement des droits qui lui sont dus. Elle est payée de préférence aux créanciers gagistes pour les droits afférents aux marchandises qui en constituent le gage (Réunion, décret 28 septembre 1912, art. 11).

Le transfert régulièrement accompli, approprie, seul au regard de la Douane comme à celui des tiers, l'acquéreur d'une marchandise entreposée et peut seul, dès lors, mettre obstacle à l'exercice du privilège attaché à une créance de l'Administration contre le cédant (Cass. civ., 27 frimaire an XIII; 3 décembre 1822; 9 mars 1835).

VII. Mutations d'entrepôt. — Pendant la durée du délai d'entrepôt, les marchandises peuvent être expédiées par terre ou par mer, d'un entrepôt sur l'autre, lorsqu'elles sont de la nature de celles qui sont admissibles dans le nouvel entrepôt. Le transport par mer a lieu par *navires français* de tout tonnage, sous la garantie de l'acquit-à-caution et avec *dispense du plombage* des colis (C. 21 octobre 1818 et tarif). L'acquit-à-caution est constitué au moyen de la déclaration même de sortie (formule série M, n° 46 A) sur laquelle sont portés les résultats de la vérification. Cet acquit-à-caution comporte en outre les indications suivantes : conditions de l'importation primitive: date de l'entrée dans le premier entrepôt; nouvel entrepôt sur lequel l'expédition est faite; nom du navire transporteur ; délai accordé pour le transport. Le poids détaillé des colis est porté au verso de l'acquit-à-caution ou sur une note annexée à ce document sous le cachet de la Douane.

Les mu ations d'entrepôt ne donnent lieu à aucune prolongation du délai d'entrepôt et la durée légale de l'entrepôt reste déterminée par la date de l'entrée dans le premier entrepôt (Loi 27 février 1832, art. 3).

A l'arrivée à destination, les marchandises, quelle que soit la destination qu'elles reçoivent, sont généralement soumises à une vérification sommaire (C. 6 mai 1841, n° 1849 et 20 mai 1848, n° 2248).

Il est passé outre lorsque les déficits constatés sur les marchandises ne dépassent pas 2 p. 100 et proviennent d'un déchet naturel ou d'une cause purement accidentelle (Lett. comm. 30 juillet 1885, n° 801). On procède de même à l'égard des déficits provenant de la déperdition naturelle des fluides et liquides en cours de transport (Lett. comm. 12 avril 1887, n° 867). Les manquants de 10 p. 100 au plus et même ceux qui dépassent ce chiffre peuvent être assujettis au simple payement des droits s'il est établi qu'ils n'ont pas un caractère délictueux (Lett. comm. 30 juillet 1885, n° 801).

Les mutations d'entrepôt par terre s'effectuent sous les conditions générales du transit (Loi 9 février 1832, art. 25).

VIII. Réexportation. — La réexportation par terre des marchandises entreposées est une opération de transit si elle a lieu par un bureau autre que celui ou existe l'entrepôt. Lorsqu'elle s'effectue par le lieu même où se trouve l'entrepôt, la marchandise, après déclaration des intéressés et vérification, est conduite à l'extrême frontière sous l'escorte des préposés de la douane qui constatent le passage à l'étranger.

La réexportation par mer, des entrepôts réels ou fictifs, est assurée comme suit : Le propriétaire ou consignataire des marchandises se soumet par sa déclaration de sortie série M 34 *bis* A (produite en double et susceptible d'être successivement revêtue des certificats de visite, de liquidation, d'escorte d'embarquement, de reconnaissance à bord et de mise en mer. C. 13 janvier 1849, n° 2299), à rapporter sur le permis qui lui est délivré le certificat des préposés des douanes constatant l'embarquement et le départ pour l'extérieur, le tout sous peine d'être contraint au payement de la valeur des marchandises et de l'amende encourue pour leur introduction frauduleuse. L'exécution de la soumission est garantie par un cautionnement si le propriétaire ou consignataire n'est pas domicilié dans le port d'expédition ou n'est pas reconnu solvable (Loi 21 avril 1818, art. 61 ; loi 9 février 1832, art. 21).

La déclaration-soumission est inscrite au registre spécial M 24 : le double non timbré reste au bureau; le primata accompagne la marchandise jusqu'au navire réexportateur puis rentre au bureau revêtu des visas réglementaires (Lett. comm. 24 juin 1881, n° 527).

L'embarquement des marchandises déclarées en mutation d'entrepôt ou en réexportation ne peut commencer qu'après que tous les objets compris dans un même permis d'embarquement ont été réunis sur le quai et comptés par les préposés des douanes chargés de constater la mise à bord (Loi 27 juillet 1822, art. 13).

On ne peut empêcher la consommation en mer de marchandises extraites d'entrepôt à titre de réexportation (Déc. 24 juin 1842), mais dans le cas où des transbordements auraient lieu en rade, il convient de prendre des dispositions pour empêcher toute introduction frauduleuse (Déc. 27 août 1844).

IX. Sommier d'entrepôt et situations périodiques. — Les mouvements des entrepôts sont suivis au moyen d'un registre-sommier, série M, n° 30, tenu au bureau par ordre de date et de numéro, à vue des permis revêtus des certificats de l'agent vérificateur, du préposé d'escorte et du garde-magasin. A l'entrée, ce registre mentionne la nature, l'espèce, la qualité, le poids ou la mesure des marchandises ainsi que leur valeur, lorsque celle-ci est nécessaire pour l'application du tarif, leur origine ou leur provenance et enfin leur mode de transport et le pavillon importateur.

Les marchandises y sont prises en compte, séparément, pour chaque entrée, si tous les colis ne forment qu'un lot d'une même marque, et séparément par lot, si la même déclaration d'entrée réunit des lots distincts; et, dans tous les cas, en conformité des résultats de la vérification.

Les marchandises mises en entrepôt fictif ou spécial sont, préalablement à leur inscription au sommier M n° 30, transcrites sur un registre n° 37 B, servant à la fois de déclaration en détail et de soumission d'entrepôt (C. 29 août 1845. n° 2081).

L'espèce, la qualité, les quantités ou valeurs des marchandises au fur et à mesure des sorties sont portées en décharge à l'article correspondant du sommier d'après les résultats de la visite à la sortie ou d'après les constatations faites à l'entrée si la douane n'a pas jugé utile de procéder à cette visite.

Les comptes sont tenus au poids brut pour les marchandises taxées au brut ou entrées en entrepôt au net légal; et au poids net, pour les marchandises déclarées au net à l'entrée.

Le préposé à la surveillance du mouvement des marchandises dans l'entrepôt tient un registre spécial énonçant les entrées et les sorties par numéro de sommier et de permis ainsi que le classement.

Les chefs locaux doivent procéder chaque mois à la vérification des feuilles de dépouillement, série E, n° 6, servant d'éléments aux états de situation d'entrepôt n° 5. Ces états, qui sont publiés au journal officiel local contiennent les indications suivantes : désignation des marchandises (françaises, étrangères); unités; existants au premier jour du mois; entrées du mois (venant de la métropole, venant de l'étranger, venant par mutation d'entrepôt de la colonie et des autres colonies, total); sorties du mois (pour la consommation, pour la réexportation, pour France, par mutation d'entrepôt, total); existants au premier jour du mois suivant.

De leur côté, les contrôleurs établissent, en fin d'année et au moyen du relevé des sommiers, le stock de chaque espèce de marchandises existant au

31 décembre dans l'entrepôt. Ce relevé est comparé aux résultats des feuilles n° 6 et sert à les contrôler (C. 13 janvier 1849, n° 2299).

X. PÉNALITÉS. — Fausses déclarations à l'entrée ou à la sortie de marchandises non prohibées : mêmes pénalités que pour les fausses déclarations à la consommation.

Fausses déclarations à l'entrée ou à la sortie de marchandises prohibées : on applique les dispositions relatives au transit du prohibé.

Enlèvement clandestin constaté à la sortie de l'entrepôt réel : mêmes peines que pour les importations frauduleuses.

Déficit constaté sur les marchandises en entrepôt réel et non justifié par le cas de force majeure ou le déchet naturel des marchandises : payement du simple droit (Loi 8 floréal an XI, art. 23 ; Loi 30 avril 1806, art. 29 et suiv. ; Ord. 10 sept. 1817, art. 11 ; Ord. 31 août 1838, art. 23 et 26).

Soustraction de marchandises entreposées fictivement : payement du double droit et amende pouvant s'élever au double de la valeur des marchandises soustraites (Loi 8 floréal an XI, art. 15). Pour l'entrepôt des grains, l'amende n'est pas encourue (Loi 27 juillet 1822, art. 14).

Changement de magasin non autorisé de marchandises entreposées fictivement : payement immédiat des droits (Loi 8 floréal an XI, art. 15).

Non rapport, en temps utile, et avec décharge valable, des acquits-à-caution de mutation par mer d'entrepôt réel ou fictif : double droit si les produits sont tarifés et si l'expédition a lieu de France aux colonies (Loi 17 mai 1826, art. 21) ; double droit et amende de 100 francs pour les expéditions entre ports des colonies ou des ports des colonies dans ceux de la métropole (Ord. 31 août 1838, art. 29 et 30) ; payement de leur valeur avec amende de 500 francs si les produits sont prohibés (Loi 17 mai 1826, art. 21).

Non rapport, en temps utile et avec décharge des acquits-à-caution, pour la réexportation par terre de marchandises tarifées : payement de la valeur des marchandises et amende de 200 francs (Loi 4 germinal an II, titre III, art. 4).

Non rapport, en temps utile et avec décharge valable, des permis de réexportation de marchandises réexportées par mer, d'entrepôts réels ou fictifs : payement de la valeur des marchandises et amende de 100 francs pour les marchandises non prohibées (Loi 22 août 1791, titre II, art. 13 ; Loi 21 avril 1818, art. 61) ; payement de la valeur des marchandises et amende de 500 francs pour les marchandises prohibées (Loi 21 avril 1818, art. 61 ; Loi 22 août 1791, titre V, art. 1er).

Voir le décret (Inde) du 7 décembre 1909 : pénalités applicables en cas de déficits sur les spiritueux entreposés fictivement.

Les négociants et commissionnaires convaincus d'avoir, à la faveur des entrepôts, effectué des soustractions, substitutions ou versements dans l'intérieur, pourront, indépendamment des peines encourues, être privés, par un arrêté du chef de la colonie, de la faculté de l'entrepôt. Les négociants et commissionnaires qui prêteraient leur nom pour soustraire aux effets de cette disposition ceux qui auraient été atteints, encourront les mêmes peines (Ord. 31 août 1838, art. 35).

XI. INDO-CHINE (art. 7. du décret du 29 novembre 1892, modifié par le décret du 17 août 1897). — Les produits étrangers débarquant à Saïgon, à Tourane, à Haïphong et à Hongay peuvent être admis au bénéfice de l'entrepôt fictif dans les locaux agréés par la douane. Il pourra également être créé à Hanoï et sur des points de la frontière sino-annamite, déterminés par des arrêtés du Gouverneur général, qui devront être approuvés par le Ministre des Colonies, des entrepôts fictifs pour les marchandises transitant par la voie du Tonkin. Le Gouverneur général déterminera, par arrêté, la nomenclature des marchandises admises au bénéfice de ces entrepôts fictifs. Les mouvements dans les entrepôts ne sont autorisés que pour les quantités d'une même marchandise comportant un droit minimum de 150 francs à l'entrée ou de 50 francs à la sortie sans qu'on puisse fractionner un colis. Des arrêtés du Gouverneur général détermineront les garanties à exiger des entrepositaires. La durée de l'entrepôt fictif ne peut excéder une année. Des entrepôts réels peuvent être établis par l'Administration locale. Il sera pourvu à leur réglementation par des décrets ultérieurs et provisoirement par des arrêtés du Gouverneur général.

Un décret du 1er novembre 1903 a ajouté le port de Cam-Kanh (Annam) à ceux où existe l'entrepôt fictif. Un décret du 7 juillet 1909 a porté extension du bénéfice de l'entrepôt fictif aux villes de Pnom-Penh, Battambang et Vinh.

Principaux arrêtés à consulter : 25 octobre 1897 (nomenclature des marchandises admises à l'entrepôt fictif); 25 octobre 1897 (admission au bénéfice de l'entrepôt fictif des marchandises étrangères transitant par les voies du Tonkin dans les magasins particuliers ou locaux agréés par la Douane); 25 novembre 1899 (concession du bénéfice de l'entrepôt fictif au numéraire importé à Saïgon par la Banque de l'Indo-Chine pour ses succursales); 23 février 1900 et 3 avril 1907 (admission à l'entrepôt fictif, à Saïgon, Tourane, Haïphong, Hongay, Hanoï, Laokaï, Langson, des tabacs, cigares et cigarettes importés de l'étranger); 20 septembre 1904 (extension aux cafés, bières, boissons gazeuses, alcools et spiritueux, vins et liqueurs dans les mêmes localités, du bénéfice de l'entrepôt fictif accordé à divers produits par des arrêtés des 24, 25 octobre 1897 et 28 février 1902); 8 novembre 1905 (admission à l'entrepôt fictif à Saïgon, Haïphong, Tourane, Hongay des graisses et huiles minérales pour graissage); arrêté du 11 juin 1912 (art. 10 et suivants) approuvé par décret du 28 septembre 1912 (entrepôts et magasins particuliers de dépôt des huiles minérales); arrêté du 21 novembre 1900 et décret du 2 avril 1901 (taxes de magasinage et d'assurance sur les huiles minérales, poudres, artifices et matières inflammables mises en entrepôt).

A la *Martinique* l'entrepôt fictif, limité à la houille, a été réglementé par un décret du 10 juillet 1892.

En *Afrique Occidentale* l'entrepôt fictif est organisé au *Sénégal* et à la *Côte-d'Ivoire* sous la garantie de la caution solidaire (Décrets 11 juillet 1887, art. 2. et 12 mai 1896, art. 2). Il est établi également au *Dahomey*, à Cotonou, Ouidah, Grand-Popo avec ou sans la garantie de la caution solidaire (Décret 23 janvier 1902, art. 4).

En *Nouvelle-Calédonie*, l'entrepôt fictif est établi à Nouméa et éventuellement dans d'autres localités avec la garantie de la soumission cautionnée (Décret 31 janvier 1906, art. 5).

A *Tahiti* on trouve l'entrepôt réel (Décret 12 janvier 1897, art. 3), et l'entrepôt fictif (même décret, art. 3 et 11).

Il existe des entrepôts réels et fictifs à *Pondichéry* et à *Karikal* pour les spiritueux (Décrets des 19 juillet 1902; 19 février 1907; 7 décembre 1909, art. 9 à 12).

Vérification. — a. *Entrepôt réel.* — Installation des magasins affectés à l'entrepôt; classement et bénéficement des marchandises; locaux distincts pour les marchandises tarifées, les marchandises prohibées, les marchandises dangereuses; prolongations de délai à demander avant l'expiration du terme de l'entrepôt. Vérifier un certain nombre d'entrepôts inscrits au sommier M, n° 30 par le rapprochement des déclarations-permis entrées et sorties, ainsi que par la reconnaissance du stock en magasin; recensements effectués par la Douane.

b. *Entrepôt fictif.* — Vérification d'un certain nombre d'articles du sommier; les recensements trimestriels ont-ils lieu? les feuilles M, n° 49 sont-elles visées par l'inspecteur des douanes ou l'agent qui en fait fonctions? Procéder à des recensements par épreuves dans les magasins; s'assurer que les marchandises y sont classées en conformité des prescriptions réglementaires; que les délais d'entrepôt ne sont pas dépassés; que l'admission en entrepôt fictif s'applique aux seules marchandises pour lesquelles elle est autorisée, etc.

Examiner la légalité de la réglementation de l'entrepôt tant réel que fictif dans la colonie.

CHAPITRE V.

ADMISSION TEMPORAIRE.

Définition. — C'est l'opération qui consiste à importer temporairement *en exemption de droits* des matières et produits étrangers qui doivent être transformés en France ou y recevoir un complément de main-d'œuvre et que l'on s'engage à réexporter, ou à réintégrer en entrepôt, dans un délai maximum de six mois, sous l'accomplissement de certaines conditions et formalités déterminées.

Avantages. — Elle ouvre à nos fabricants l'accès des marchés étrangers en évitant l'élévation du prix de leurs produits qui résulterait du payement de droits d'entrée sur les matières premières utilisées. Elle est, d'autre part, en harmonie avec l'esprit de notre régime fiscal, car les droit d'importation constituant un impôt de consommation, il est rationnel de n'y pas soumettre les produits importés à titre purement temporaire.

Comparaison avec le Drawback. — Par son but et ses résultats l'admission temporaire se rapproche du drawback ; mais, tandis que, pour ce dernier, on doit porter en recette et en dépense, dans la comptabilité journalière comme au budget, les droits perçus à l'entrée des matières premières et ceux remboursés à la sortie des produits fabriqués, l'admission temporaire ne donne lieu ni à perception ni à remboursement, mais au simple engagement de se conformer à certaines conditions déterminées. Elle évite donc les inconvénients budgétaires et comptables inhérents au drawback.

Législation. — Elle a été instituée par l'article 5 de la loi du 5 juillet 1836 qui donnait au Gouvernement le droit d'en concéder la faveur. L'article 13 de la loi du 11 janvier 1892, modifiant le texte précité, a réservé au pouvoir législatif le droit d'accorder le bénéfice de l'admission temporaire, après avis du comité consultatif des arts et manufactures, sauf dans les cas : d'introduction de sacs et emballages à remplir et d'objets pour réparations, essais, expériences, ou d'introduction présentant un caractère individuel et exceptionnel non susceptible d'être généralisé.

La loi de 1892 a maintenu, sauf de rares exceptions, les facilités concédées antérieurement à titre permanent et général et en a autorisé quelques nouvelles. Des lois postérieures notamment celle du 29 mars 1910, ont encore ajouté à cette liste.

Il existe certaines dérogations importantes au principe de l'admission temporaire. Elles concernent le riz en paille; les foulards et tissus de soie; les sucres bruts étrangers et coloniaux, qui peuvent soit donner lieu à des réexportations de sucres raffinés ou bruts soit, en cas de non-réexportation, entraîner le simple payement des droits d'entrée augmentés d'un intérêt de retard, etc. (Se reporter au tarif officiel.)

Régimes de l'identique et de l'équivalent. — Dans le système de l'identique, c'est la matière importée qui est renvoyée à l'étranger après main-d'œuvre. Dans celui de l'équivalent, la matière importée reste sur le marché français et son entrée est simplement compensée par la sortie d'un produit fabriqué avec une matière première d'origine nationale. En spécifiant que les produits importés temporairement seraient réexportés ou rétablis en entrepôt, la loi de 1836 avait en vue l'identique, l'admission temporaire ne devant être alors, dans l'esprit du législateur, qu'une manipulation en entrepôt. A partir de 1850, le Gouvernement fut conduit à admettre la compensation à l'équivalent dans les admissions temporaires. A la suite d'abus contre lesquels il était nécessaire de réagir, on a dû revenir à un autre système pour les blés (Loi du 4 février 1902), et pour les métaux (Décrets des 9 janvier 1870 et 24 janvier 1888).

Nomenclature des produits jouissant de l'admission temporaire. — Se reporter
aux lois des 5 juillet 1836, 7 mai 1864, 11 janvier 1892, 30 juin 1893,
31 mars 1896, 14 juillet 1897, 2 décembre 1897, 3 mars 1898, 8 mai
1900, 4 février 1902, 12 décembre 1906, 29 mars 1910.

Règles générales. — Le régime de l'admission temporaire n'est applicable
qu'aux marchandises auxquelles il a été expressément accordé par une loi ou
par des décisions du Gouvernement dans les cas où celui-ci est autorisé à statuer (Loi 11 janvier 1892, art. 13).

Les opérations d'admission temporaire ne peuvent s'effectuer, tant à l'entrée
qu'à la sortie, que par les bureaux de douanes désignés à cet effet.

Les déclarations relatives à l'admission temporaire et les vérifications sont
soumises, à l'entrée et à la sortie, aux dispositions générales des règlements.
Les déclarations doivent en outre contenir les indications exigées par les
décrets qui régissent la matière (tarif).

La déclaration immédiate des marchandises importées temporairement est
en principe obligatoire. Cette règle comporte toutefois certains tempéraments,
en raison de circonstances particulières laissées à l'appréciation de la douane
et qui permettent d'accorder l'admission temporaire à des matières premières
déjà entreposées fictivement, à condition qu'elles soient préalablement représentées au service (Déc. 19 mai 1863).

La règle générale est que le rendement des marchandises admises temporairement soit établi d'après leur poids effectif et celui des fabrications qui en
proviennent. Cependant, à l'importation, il peut être fait application des
règles sur les tares, sauf pour les métaux et les tissus dont le poids net effectif
doit toujours être déclaré et vérifié (tarif). Le poids net doit également être
déclaré et reconnu pour les produits taxés au brut qui sont présentés à l'admission temporaire, aucune tare légale n'existant pour ces marchandises
(Lett. comm., n° 813 du 2 décembre 1885).

Les importations par mer des produits à admettre temporairement peuvent
avoir lieu par des navires de tout pavillon (Décret 28 juillet 1869, art. 1er;
loi 28 juillet 1873).

Que l'importation ait lieu par terre ou par mer, la douane n'a pas à se
préoccuper de l'origine ou de la provenance des marchandises, à moins qu'il
ne s'agisse de sucres et de cacao destinés à la fabrication du chocolat (Décret
17 août 1880, art. 1er) ou de sucres destinés au raffinage et à la fabrication
des préparations sucrées (Loi 19 juillet 1880, art. 18). Les produits dont il
s'agit, pour être admis au bénéfice de l'admission temporaire, doivent avoir
été importés en droiture des pays hors d'Europe.

La déclaration-soumission déposée à l'entrée doit être établie en double.
Une expédition, rendue à l'importateur, fait office d'acquit-à-caution et doit
être représentée au moment de la réexportation ou de la mise en entrepôt des
produits fabriqués. L'autre expédition reste au bureau et peut, le cas échéant,
remplacer le *primata* perdu ou égaré (Décret 18 avril 1897; C., n° 2799).

La réexportation ou la constitution en entrepôt après main-d'œuvre doit s'effectuer dans un délai qui ne peut excéder six mois à compter de la vérification (Loi 5 juillet 1836, art. 5 ; C., n° 3065 du 26 octobre 1899).

Dans la pratique, la douane n'exige pas la constitution effective en entrepôt après main-d'œuvre. Il suffit que la marchandise soit représentée au bureau compétent et qu'après avoir été régulièrement déclarée pour l'entrepôt elle soit inscrite sur les sommiers. Mais les soumissionnaires n'ont pas le droit d'apurer leurs comptes d'admission temporaire par des déclarations directes de mise à la consommation (Déc. 6 juillet 1888).

La décharge des soumissions n'est acquise que par le fait de l'exportation des produits.

On considère comme telles, pour les sorties par mer, la date de l'embarquement, et, pour les exportations par terre, la date de la vérification au bureau frontière (tarif).

Lorsque les produits fabriqués doivent être réexportés par des bureaux déterminés, il suffit que ces produits soient représentés et vérifiés dans ces bureaux. Ensuite, ils peuvent être dirigés, sous passavant et plombage, sur le bureau par lequel le passage définitif à l'étranger doit avoir lieu (tarif).

En cas de réexportation par terre, les acquits-à-caution et les passavants imputés sur les soumissions d'admission temporaire doivent être présentés au *visa* des bureaux de seconde ligne au moment où les objets pénètrent dans le rayon frontière (Loi 19 mars 1875, art. 2). Cette disposition ne s'applique pas aux transports par chemin de fer.

Les marchandises comprises dans un même acquit-à-caution peuvent faire l'objet de réexportations partielles par un seul ou par plusieurs bureaux. Dans ce cas, l'acquit est annoté, au fur et à mesure des réexportations, par les différents bureaux appelés à constater les sorties. Celui où ont lieu les opérations finales renvoie l'acquit au bureau d'émission chargé de l'apurement définitif.

On procède de même pour les réintégrations partielles en entrepôt (C. 1er mars 1850, n° 2372, et 13 mars 1861, n° 741).

Un seul bureau peut être chargé, sur la demande du commerce, d'apurer les soumissions donnant lieu à des réexportations partielles. L'acquit-à-caution reste alors déposé dans ce bureau où les objets à réexporter sont successivement représentés. Après vérification, ils sont expédiés, par passavant et sous plomb, sur le bureau de sortie effective; le passavant, dûment régularisé, sert de titre pour la décharge de l'acquit-à-caution.

En cas de réexportation partielle par terre autrement que par voie ferrée, les conducteurs doivent, à partir du second envoi, se munir à l'entrée dans le rayon des expéditions nécessaires (C. 1er mars 1850, n° 2372).

La déclaration concernant des marchandises présentées à la décharge de plusieurs acquits-à-caution doit indiquer la proportion dans laquelle les imputations sont à opérer sur ces acquits. La douane procède ensuite à l'apurement dans l'ordre indiqué par le déclarant, de manière que le déficit porte, le cas échéant, sur la dernière expédition (tarif).

Les produits constitués en entrepôt après fabrication ou main-d'œuvre,

20.

sous le régime de l'admission temporaire, peuvent recevoir, à leur sortie de l'entrepôt, les mêmes destinations que les autres marchandises.

S'ils sont livrés à la consommation, ils n'acquittent que le droit applicable à la matière première importée et d'après le tarif en vigueur au moment de la sortie d'entrepôt (Cass. civ. 27 juin 1870).

Régime de l'admission temporaire aux colonies. — (Loi du 16 mai 1863; Avis du Conseil d'État du 16 juin 1892; décision ministérielle, rendue sur l'avis du Comité consultatif des arts et manufactures, du 15 février 1893.) Il résulte de l'avis du Conseil d'État du 16 juin 1892 que la loi du 11 janvier 1892, en décidant que les produits étrangers importés dans nos colonies seraient soumis aux mêmes droits que s'ils étaient importés en France, n'a fait que revenir au régime de la loi du 3 juillet 1861, qui avait déjà décidé que les marchandises étrangères seraient assujetties à leur importation aux colonies aux mêmes droits qu'en France: que, dès lors, l'article 17 de la loi du 11 janvier 1892 ne saurait être considéré comme abrogeant l'article 30 de la loi du 16 mai 1863, qui doit continuer à recevoir son application aux Antilles et à la Réunion.

L'article 10, § 5, de la loi du 29 décembre 1884 a abrogé pour l'Algérie l'article 30 de la loi du 16 mai 1863.

Le projet de loi sur le régime douanier colonial présenté le 12 décembre 1912 à la Chambre des députés prévoit, en son article 3, l'abrogation de l'article 30 de la loi du 16 mai 1863.

En l'état actuel de la législation, les produits fabriqués en France avec des matières premières introduites de l'étranger sous le régime de l'admission temporaire et expédiées dans les colonies non soumises au tarif métropolitain ainsi qu'aux Antilles et à la Réunion, sont admis en franchise de droits de douane au même titre que les produits français (C. 31 janvier 1894. n° 2385).

En Indo-Chine, à la Nouvelle-Calédonie, à la Guyane, au Gabon, à Madagascar et à Mayotte, les produits dont il s'agit sont assujettis au payement des droits afférents à la matière première avec laquelle ils ont été fabriqués. c'est-à-dire qu'ils sont, suivant le cas, taxés soit d'après le tarif général, soit d'après le tarif minimum ; soit d'après le tarif d'exception spécial à la colonie.

Un décret du 15 mai 1911 a autorisé l'entrée en Afrique Équatoriale sous le régime de l'admission temporaire des sacs vides destinés à l'exportation des minerais. Voir aussi : Indo-Chine, arrêté du Gouverneur général du 7 avril 1910 accordant le bénéfice de l'admission temporaire au charbon d'origine étrangère utilisé par la Société des mines de Trangbach, province de Quan-Yên pour la fabrication des briquettes de houille indigène agglomérée.

Pour permettre aux douanes coloniales d'appliquer, en toute connaissance de cause, l'un ou l'autre des tarifs précités, les passavants des douanes métropolitaines doivent indiquer exactement l'origine de la matière première dont il a été donné décharge (Déc. 11 août 1898).

Vérification. — Vérifier l'apurement d'un certain nombre de soumissions d'admission temporaire. S'assurer que les prescriptions indiquées ci-dessus sont observées.

CHAPITRE VI.

PRIMES ET DRAWBACKS.

On distingue : les primes à l'importation et à l'exportation : les primes à la production ; les primes à la navigation (Voir *infra :* navigation); les primes indirectes. Ces dernières résultent des tarifs de chemins de fer.

Des actes rendus dans les formes réglementaires régissent, le cas échéant, le taux et la concession de ces primes dans les colonies.

Lorsqu'il est accordé une prime d'exportation à des marchandises produites ou fabriquées aux colonies, les formalités auxquelles ces exportations sont assujetties se résument comme suit : production des certificats d'origine: déclaration: vérification: plombage; expédition à délivrer; contre-visite au bureau de sortie; embarquement effectif pour l'extérieur ou passage effectif à l'étranger certifié par deux préposés d'escorte: envoi des pièces à l'Administration et liquidation des primes (Ord. 23 sept. 1818).

Le drawback est le remboursement, lors de l'exportation d'un produit manufacturé, des droits qui ont été antérieurement perçus sur les matières employées à sa fabrication. Son but est identique à celui de l'admission temporaire.

Les anciens drawbacks pour restitution de droits de douane perçus à l'entrée, ont tous été supprimés. Mais l'exportation par mer des viandes salées, des conserves de cornichons et des beurres salés (autres que les beurres factices) réellement fabriqués en France, donne encore lieu à l'allocation d'un drawback équivalent à la taxe intérieure qui a été perçue sur le sel employé à leur préparation. Les drawbacks existent également pour les fils de coton (à forfait) et pour les blés.

On peut rapprocher du drawback sur les salaisons les *exportations à la décharge de taxes intérieures.* En vue de seconder les fabricants qui travaillent pour l'exportation, l'Administration des contributions indirectes donne décharge des taxes intérieures, au moment de leur sortie, en faveur des produits grevés de taxes de cette nature et que le législateur a expressément admis à ce traitement de faveur.

On trouve à la *Guadeloupe* des *réexportations à la décharge des droits d'entrée.*

Le décret du 2 août 1890 relatif au régime de l'entrepôt réel spécial dans cette colonie, prévoit, en effet, que les droits de douane, de consommation et d'octroi de mer perçus à l'entrée, seront sujets à *remboursement dans le cas de réexportation,* quand il s'agira de certaines marchandises dont ce texte donne l'énumération et sous réserve de formalités et justifications particulières. Ce remboursement n'est pas accordé pour une somme de droits inférieurs à 100 francs. Il est également refusé aux marchandises dont la valeur sur place, au moment de leur sortie, se trouverait inférieure au montant du remboursement réclamé. Ceux qui en demandent le bénéfice, doivent présenter à la douane une déclaration d'expédition détachée d'un registre à souche ouvert spécialement pour les remboursements. Les marchandises doivent être représentées dans les mêmes colis et sous le même emballage qu'à l'entrée. L'embarquement après vérification s'effectue sous l'escorte de la douane qui certifie la mise à bord par une apostille portée sur la déclaration. Les fausses déclarations exposent à une amende de 300 à 2000 francs. La même amende est encourue en cas de non-représentation des marchandises à toute inspection de la douane à bord.

Les expéditions de sortie du navire relatent, séparément du reste de la cargaison, les détails consignés à la déclaration ou résultant de la vérification des marchandises réexportées.

L'expéditeur est déchu de tout droit au remboursement si, dans un délai de six mois après l'exportation, il n'a pas fait la preuve que la marchandise est arrivée à destination ou a péri en cours de voyage. Au vu du certificat de la douane de destination, dûment visé et légalisé par le consul français ou une autre autorité compétente, le bureau des douanes du port de départ établit, d'après les tarifs en vigueur lors de la déclaration, la liquidation des droits à restituer, en la diminuant, toutefois, pour l'octroi de mer, des remises régulièrement attribuées aux liquidateurs et comptables. Le montant de ces droits est ensuite mandaté au profit de l'expéditeur dans la forme ordinaire des remboursements de droits et dans le délai maximum d'un mois.

CHAPITRE VII.

EMPRUNT DU TERRITOIRE ÉTRANGER.

Les marchandises qui ne peuvent être transportées *directement* par terre d'un lieu à un autre du territoire français qu'en empruntant le territoire étranger ne sont passibles d'aucun droit (Loi 22 août 1791, titre III, art. 1ᵉʳ). L'Administration se réserve le droit de constater la nécessité de l'emprunt du territoire étranger (Arr. 25 prairial, an v, art. 1ᵉʳ). Il ne suffit pas qu'il existe une route plus courte qu'en pays français; il faut que le trajet entre deux points du territoire français ne puisse, à défaut de voie de communication, s'effectuer par ce territoire sans rompre charge (tarif).

Il est délivré au déclarant un passavant descriptif. Ce titre est remplacé par un acquit-à-caution s'il s'agit de marchandises passibles de droits de sortie. Ces titres sont visés par les agents du bureau de sortie et la réintroduction ne peut s'opérer que par le bureau indiqué sur le passavant ou l'acquit-à-caution (Arr. 5, prairial an v, art. 2).

La formalité du plombage n'est pas exigée dans les cas ordinaires.

Si des excédents ou différences d'espèce sont constatés lors de la réimportation, les peines à appliquer sont celles prévues pour l'importation frauduleuse des mêmes marchandises (Loi 22 août 1791, titre III, art. 9).

CHAPITRE VIII.

ACQUITS-À-CAUTION.

L'acquit-à-caution complète le régime des entrepôts, du crédit des droits, du transit et de l'admission temporaire.

C'est une autorisation de circulation, un titre de transport, consistant en un bulletin extrait d'un registre à souche, qui garantit, sur une marchandise taxée, l'impôt éventuellement exigible.

Celui qui désire l'obtenir, fournit à la douane une soumission, signée par lui et par une caution solvable, portant engagement de représenter la marchandise en temps, lieu et forme déterminés et d'en justifier en rapportant l'acquit dûment revêtu du certificat de décharge, sous les peines prévues par les lois et règlements.

La caution solvable peut être remplacée par le dépôt d'une somme d'argent. C'est ce qu'on appelle alors la *consignation à titre de cautionnement pour assurer la destination des marchandises expédiées sous acquit-à-caution*.

Grâce à ce système ingénieux, le contribuable peut entrer immédiatement en possession de sa marchandise sans avoir à déclarer prématurément sa destination ni avancer le montant des droits.

Les soumissions et les acquits-à-caution doivent, comme les déclarations en détail, contenir toutes les indications nécessaires pour la reconnaissance extérieure des colis et pour la liquidation éventuelle des droits (Déc. 7 juillet 1851).

Ainsi les acquits-à-caution énoncent, outre la nature des marchandises, l'espèce, la qualité et le poids brut ou net, ou les deux à la fois (C. 16 mai 1818, n° 396) : 1° l'origine ou la provenance des marchandises: 2° le pavillon importateur: 3° si elles sont extraites d'un entrepôt, le premier bureau d'entrée, ainsi que la date de leur enregistrement au sommier: 4° si, en raison du mode d'importation ou de la provenance, elles ont bénéficié ou non d'une modération de droits; 5° si elles sont prohibées pour la consommation (C. 6 mars 1824, n° 856); 6° la nature du plombage et les colis plombés; 7° le prélèvement des échantillons à présenter au bureau de sortie.

On indique, dans l'acquit, le poids des marchandises, colis par colis, avec désignation des marques et numéros (C. 20 décembre 1814 et 10 mars 1818, n° 373), mais s'il s'agit de fardeaux, on énonce, outre le nombre et le poids détaillé des fardeaux, le nombre des sacs, caisses ou ballotins dont chacun d'eux est composé; leurs marques et numéros (déc. 4 janvier 1823).

Les acquits-à-caution doivent en outre indiquer le bureau auquel la marchandise doit être représentée et le délai fixé d'après la distance à parcourir (Loi 22 août 1791, titre III, art. 2).

Le trésorier-payeur ou le receveur comptable peut avoir à rembourser le montant des soumissions ou engagements souscrits par des redevables ou des cautions dont la solvabilité était insuffisante ou qui ne remplissaient pas les

— 160 —

conditions réglementaires prescrites (C. min. 9 floréal, an VII; 14 frimaire, an XI; 26 décembre 1816, n° 234).

L'acquit-à-caution doit être représenté à toute réquisition des employés de la régie, de la douane, de l'octroi et des autres agents autorisés à verbaliser.

Il accompagne toujours la marchandise (C. 26 prairial, an X).

Lors de l'arrivée à destination, une déclaration signée est remise à la Douane par le consignataire des marchandises, qui signe également l'acquit-à-caution (C. 26 décembre 1817, n° 355).

Pour obtenir décharge des acquits, l'expéditeur doit faire constater par la Douane que la marchandise imposable a été exportée; ou prise en charge au compte du destinataire; ou que celui-ci a payé les droits dus; ou enfin que les acquits ont été échangés contre de nouvelles expéditions garantissant les droits ou justifiant de leur payement (Loi 22 août 1791, titre III, art. 6 et 7; loi 17 décembre 1814, art. 12, etc.).

L'acquit-à-caution déchargé est retenu par les employés de la Douane qui y mentionnent la décharge et délivrent à la partie intéressée un certificat constatant cette formalité (Loi 22 août 1791, titre III, art. 6).

Lorsque l'acquit ou le permis donnant lieu à soumission n'est pas apuré en temps utile, il est décerné contrainte contre le soumissionnaire et la caution (Loi 22 août 1791, titre III, art. 12 et 13).

Avant d'annuler la soumission, les agents des douanes doivent rapprocher attentivement les indications de la souche de celles du volant de l'acquit ou des certificats de décharge afin de s'assurer qu'aucune altération n'a eu lieu sur l'expédition pendant le temps où elle a été à la disposition du commerce (C. 29 août 1845, n° 208).

Les soumissionnaires et cautions restent garants de la fidélité des certificats de décharge, du jour de leur réception par les bureaux d'où émanent les acquits et pendant une durée de six mois pour la Réunion et de dix mois pour les autres colonies (Loi 4 germinal, an II, titre 7, art. 3; loi 21 avril 1818, art. 24 et 26).

Les chefs des bureaux de départ fournissent trimestriellement des relevés des acquits-à-caution de transit non revenus trois mois après l'expiration des délais réglementaires (C. 29 oct. 1847, n° 2200; C. 31 mars 1849, n° 2318).

Vérification. — Examiner les registres de soumissions pour acquits-à-caution concernant les divers régimes (transit, admission temporaire, mutation d'entrepôt par mer, cabotage, usages imprévus, etc.).

Contrôler la régularité des certificats de décharge des acquits. S'assurer que les acquits non revenus dans les délais ont été signalés en temps utile.

CHAPITRE IX.

NAVIGATION.

I. CONTRÔLES DE LA MARINE MARCHANDE. — Chaque navire ou embarcation se livrant à la navigation maritime doit, sous peine d'amende, avoir un nom qui, avec celui du port d'attache, doit être marqué à la poupe, en lettres blanches, de huit centimètres au moins de hauteur, sur fond noir (Décret 19 mars 1852, art. 6, 7 et 10). La douane peut constater les contraventions; mais il appartient au ministère public ou aux administrateurs de l'Inscription maritime de les poursuivre.

Les propriétaires n'ont pas le droit de changer le nom de leurs navires (Loi 5 juillet 1836, art. 8), sauf pour des motifs graves subordonnés à l'appréciation du Ministre des Finances, en France, ou du Gouverneur, aux colonies, et lorsque les navires ne sont pas hypothéqués.

Le port d'attache du navire est le lieu où il est immatriculé sur les registres de la douane et de l'Inscription maritime (Ord. 31 oct. 1784, titre VII, art. 7; C. n° 1030, du 30 janvier 1827; Règl. 7 novembre 1866, art. 170; décret [Col.] 21 décembre 1911, art. 4). Le premier port d'attache est celui où il a été francisé. Lorsqu'un navire change de port d'attache, le dossier le concernant est transmis au receveur des douanes du nouveau port; avis de la mutation est donné à l'Administration centrale des douanes de France ou au Gouverneur aux colonies, ainsi qu'au service de l'Inscription maritime du quartier dont dépendait le navire. Mention du changement est faite au verso de l'acte de francisation qu'il n'y a pas lieu de renouveler.

Lorsque le port d'attache d'un navire francisé en France est transféré dans une colonie, ou réciproquement, ou en cas de transfert d'une colonie à une autre, la soumission de francisation doit être renouvelée dans le nouveau port.

La législation applicable au navire est celle de son port d'attache, sous réserve des dispositions de l'article 18 du décret (Col.) du 21 décembre 1911 sur la marine marchande aux colonies. Ce principe résulte de l'article 12 de la loi du 19 avril 1906 qui dispose que les navires ayant leur port d'attache dans les colonies n'auront pas droit aux primes accordées par ladite loi et qu'en compensation ils seront dispensés de se conformer, pour la composition des équipages, à la réglementation métropolitaine.

Les effets du changement de port courent du jour de la signature de la nouvelle soumission de francisation (Décret [Col.] 21 décembre 1911, art. 8; C. [d. g. d.] 5 janvier 1912, n° 4232).

Pour obtenir la radiation des soumissions de francisation d'un navire perdu ou démoli, on doit rapporter à la douane du port d'attache les papiers de bord et administrer la preuve du naufrage, de la capture, de la confiscation, de l'exportation ou de la vente pour l'étranger, ou enfin de la démolition (C. n° 130, du 1er août 1853). Dans ce dernier cas, le bureau de douane le plus voisin doit être préalablement avisé de l'opération pour le cas où il voudrait faire constater l'identité du navire (Déc. min. 16 février 1809; C. n° 130 du 1er août 1853).

II. PAPIERS DE BORD. — Le capitaine d'un navire est tenu d'avoir à bord : *l'acte de francisation, le congé, le rôle d'équipage ou permis de navigation, le manifeste, les acquits de douane, l'inventaire, les connaissements et chartes-parties, les procès-verbaux de visite, le livre de bord, le livre de punitions, un exemplaire du décret-loi du 24 mars 1852, un exemplaire de l'instruction du 2 juillet 1828 sur les actes de l'état-civil, la patente de santé.*

La présentation ou le dépôt à la douane de certains de ces papiers a lieu dans les conditions déjà indiquées (Voir *supra* : Police en mer et dans les ports et importations par mer). Consulter en outre : le Code de commerce, article 226; le décret-loi du 24 mars 1852, modifié par la loi du 31 juillet 1905 (art. 83); le décret du 19 mars 1852, articles 2, 7 et suivants; le décret du 21 septembre 1793, articles 2 et 3; la loi du 8 avril 1910, article 70; le décret (Col.) du 21 décembre 1911 (art. 12, 14, 16 à 19).

Aucun navire français ne peut prendre la mer sans être pourvu de son acte de francisation, de son congé (loi 27 vendémiaire an II) et de son rôle d'équipage (décret 19 mars 1852). L'acte de francisation constate que le navire est français, et le congé que le bâtiment a le droit de naviguer sous pavillon national. Des permis de navigation de plaisance remplacent le rôle d'équipage pour les bâtiments se livrant à la navigation d'agrément, et un permis de circulation tient également lieu de rôle pour la navigation qui se rattache à l'exploitation de parcelles du domaine public, de propriétés particulières ou d'entreprises industrielles.

Le décret du 21 décembre 1911 sur la Marine marchande aux colonies (*B. O. C.*, 1912, p. 189), rendu en exécution des lois des 7 avril 1902 (art. 14) et 19 avril 1906 (art. 12), réglemente (art. 5 à 7) les conditions de *francisation des navires dans les colonies.* D'une manière générale, ces conditions sont les mêmes que dans la métropole.

Le propriétaire du navire en obtient la francisation en prêtant serment devant le juge de paix ou le tribunal de première instance ou de commerce pour certifier l'exactitude de ses déclarations. En outre, il donne une *soumission* et *caution* d'une somme déterminée, variable suivant le tonnage du navire, pour garantir l'exécution des engagements qu'il prend au sujet de l'emploi des congés et de l'acte de francisation (Loi 27 vendémiaire an II, art. 13 et 11).

Un décret du 28 décembre 1911 (*B. O. C.*, 1912, p. 204) rend applicables aux navires qui ont leur port d'attache aux colonies; les articles 11, 15 et 16 de la loi du 27 vendémiaire an II, ainsi que les lois et décrets en vigueur en France pour le *jaugeage des navires.* Voir aussi la C. (d. g. d.) du 12 janvier 1912, n° 4237. Un second *décret du 25 janvier 1912* (*B. O. C.*, p. 211) a étendu aux mêmes bâtiments celui du 10 janvier 1912, intervenu pour modifier le décret du 22 juin 1904, relatif au jaugeage des navires.

Un *décret (Col.) du 30 avril 1914* confère au Service des Contributions, dans l'*Inde*, les attributions dévolues au Service des Douanes par les décrets (Col.) des 21 et 28 décembre 1911 et 25 janvier 1912.

Le *congé* est délivré, au vu de l'acte de francisation, par la douane du port où se trouve le navire (C. 13 pluviôse et 14 ventôse an XI). Sa durée est d'une année (loi du 27 vendémiaire an II, art. 5, et loi du 6 mai 1841, art. 20); mais elle peut courir jusqu'au retour du navire, soit dans un port de France, soit dans un port des colonies.

Le congé rappelle, outre la date et le numéro de l'acte de francisation,

les indications insérées dans cet acte (Loi 27 vendémiaire an II, art. 5 et 9).
L'employé chargé du service de la navigation y inscrit *la date des sorties successives du navire* (déc. 12 mai 1841).

Sont dispensés du congé : les canots et chaloupes des navires pourvus d'un acte de francisation ; les navires et embarcations appartenant à l'État ; les bateaux des gardes maritimes et, en temps de guerre, les bâtiments hospitaliers remplissant les conditions prescrites par les articles 1, 2. 3 de la Convention de la Haye du 29 juillet 1899 (Loi 3 mars 1907, décret 16 juillet 1907 ; C. n° 3711, du 29 juillet 1907).

Le tonnage des navires sert de base à l'application des différentes taxes de navigation, aux primes, aux engagements financiers tels que constitution d'hypothèque, chartes-parties, assurances, ventes, pilotages, etc. Aussi, doit-il être établi avec la plus rigoureuse exactitude.

Pénalités. — Vente, don, prêt, usage irrégulier de congés ou actes de francisation, non rapport dans les délais de l'acte de francisation en cas de perte ou de vente de tout ou de plus de moitié du navire à l'étranger : confiscation du cautionnement du propriétaire en sus des condamnations prévues par la loi (Loi 27 vendémiaire an II, art. 16).

Vérification. — Il y a intérêt à vérifier le tonnage pris comme élément de calcul en se faisant communiquer le registre du mouvement du port et de préférence les papiers du bord s'ils sont encore au bureau.

III. RAPPORT DE MER. — Dans les vingt-quatre heures de leur arrivée, les capitaines de navire doivent déposer leur rapport de mer à la douane dans les cas suivants : pour établir les causes des relâches forcées (loi 22 août 1791, titre VI, art. 1er) ; pour justifier des retards ou fortunes de mer qui ont empêché de faire décharger les acquits-à-caution dans les délais prescrits (loi 4 germinal an II, titre VII, art. 2) ; pour justifier des avaries en mer et jouir des immunités qui peuvent en résulter (loi 21 avril 1818, art. 5) ; pour profiter des franchises accordées à la pêche nationale (Ord. 26 avril 1833) et généralement pour obtenir l'effet d'une disposition favorable subordonnée par la loi aux circonstances de la navigation.

Ce rapport est distinct de celui qui doit être fait au tribunal de commerce ou, à défaut, devant le juge de paix conformément aux articles 242 et 243 du Code de commerce (Déc. [Intérieur] 4 mars 1808 et [Justice] 30 avril 1808).

Il est également obligatoire pour les capitaines des navires étrangers.

Le rapport de mer est fait sur une feuille volante et signé par le capitaine. Il prend un numéro d'ordre au registre des mouvements du port (série N, n° 8). La date et la remise qui en est effectuée à la douane sont mentionnées en toutes lettres à la suite du rapport et constatées par la signature tant du déposant que de l'agent de douane chargé du Service de la navigation.

Les résultats de l'interrogatoire de l'équipage, qui est obligatoire dans les cas précités, sont inscrits et signés sur cette feuille que la douane classe et conserve avec soin (C. 23 mars 1847, n° 2345).

21.

Lorsque des pièces originales doivent être annexées au rapport, elles doivent être déposées au greffe du tribunal de commerce, qui en délivre au besoin des expéditions à la douane (Déc. [Intérieur] 4 mars 1808; Circ. du 5).

Les expéditions des rapports de mer levées en douane par les capitaines ou armateurs sont soumises au droit de timbre applicable aux papiers de douane. Celles destinées à l'Administration en sont exonérées.

IV. RÉGIME DES NAVIRES EN CAS DE GUERRE MARITIME. — Un décret (Marine) du 17 mars 1902 porte règlement, pour le temps de guerre, des conditions d'admission et de séjour des bâtiments français et étrangers dans les mouillages et ports du littoral français. La circulaire (d.g.d.) du 31 juillet 1911, n° 4176, a notifié les quatre décrets du 2 décembre 1911 (*J. O.* du 8 décembre 1911) concernant les conventions signées à La Haye, le 18 octobre 1907, par la France et divers autres pays relativement : 1° au régime des navires de commerce ennemis au début des hostilités; 2° à la transformation des navires de commerce en bâtiments de guerre; 3° à certaines restrictions à l'exercice du droit de capture; 4° aux droits et aux devoirs des puissances neutres.

V. CABOTAGE. — a. *Cabotage à l'égard du navire.* — Le cabotage est, au point de vue des règlements douaniers sur la navigation, le transport de marchandises d'un port français à un autre port français (Obs. prélim.). Cette définition offre de l'intérêt pour l'application des droits de reconnaissance sanitaire, du droit de timbre de connaissement, de certaines taxes locales de tonnage et pour l'établissement des documents statistiques.

b. *Cabotage à l'égard des marchandises.* — A l'égard des marchandises et en se plaçant au point de vue douanier colonial, le cabotage est le transport, par mer, d'un port à un autre port d'une même colonie ou d'un groupe de colonies soumises au même régime douanier, en exemption des droits de douane, de statistique, d'octroi de mer, de consommation et de sortie, de *marchandises françaises ou nationalisées par le payement des droits.*

Le cabotage est réservé dans la métropole aux navires français (loi 21 septembre 1793, art. 4) et monégasques (traité du 9 novembre 1865). La loi du 11 avril 1906 a assimilé les opérations de remorquage aux opérations de transport entre ports français.

Ce qui caractérise les opérations de cabotage, c'est le double fait du chargement d'une marchandise dans un premier port français et du déchargement dans un second port français.

Les bâtiments étrangers, autres que ceux frétés pour le compte de l'État, ne peuvent transporter d'un port français à un autre port français aucune denrée, produit ou marchandise du cru, produit manufacturé de France ou des possessions françaises, à peine de confiscation des navires et cargaisons et de 3,000 francs d'amende solidaire contre les propriétaires, consignataires et agents des bâtiments et cargaisons, capitaines et lieutenants (Loi 21 septembre 1793, art. 3 et 4; loi 27 vendémiaire an II, art. 3; déc. du 5 messidor an II et du deuxième jour complémentaire de l'an IV).

En vertu du *décret du 9 juillet 1869* le cabotage de port à port d'une même colonie ou d'un même groupe de colonies peut être pratiqué par tous les pavillons dans nos possessions autres que les *Antilles* et la *Réunion* où la *loi du 3 juillet 1861* a réservé le cabotage au pavillon français. L'article 3 du décret (Col.) du 21 décembre 1911 dispose que des décrets détermineront, s'il y a lieu, les zones de navigation réservées au pavillon français dans les colonies non régies par la loi du 3 juillet 1861.

Voir décret du 29 octobre 1913 réservant, sauf exceptions, au pavillon français la navigation de port à port en Nouvelle-Calédonie et dépendances.

A signaler que les transports entre la France et l'Algérie et entre la France et ses colonies s'effectuent sous le régime du cabotage, ou plus exactement sous le couvert de passavants de cabotage, toutes les fois qu'il ne s'agit pas de marchandises d'entrepôt; mais ces expéditions donnent lieu au payement du droit de statistique et, s'il y a lieu, des droits d'importation, d'octroi de mer ou de consommation.

D'autre part, la navigation entre la France et ses colonies peut être faite par des navires de tout pavillon, sous la réserve que le transport des produits ayant droit à un régime de faveur soit effectué en droiture.

Les marchandises expédiées en cabotage donnent lieu à une *déclaration* en double expédition sur formule M série n° 28. L'une des deux feuilles est destinée à être convertie en *passavant* pour les marchandises sortant en franchise, ou en *acquit-à-caution* pour celles qui sont prohibées à l'exportation ou passibles de taxes de sortie.

En outre des indications réglementaires, la déclaration doit énoncer la *valeur* des marchandises (Loi 22 août 1791, titre II, art. 6, et loi 8 floréal an XI, art. 74); s'il s'agit d'alcools, l'espèce et le degré (C. 26 juillet 1814); s'il s'agit de bois de teinture et d'ébénisterie, la forme, le nombre et la dimension des pièces (C. 30 août 1816, n° 202); s'il s'agit de pièces de toile, l'espèce des toiles, le nombre, le poids et la valeur des colis (C. 23 août 1818, n° 421).

La déclaration est enregistrée sommairement sur le registre série M, n° 24. Il est tenu un enregistrement distinct pour les passavants et les acquits-à-caution. La Douane y mentionne le numéro du passavant ou de l'acquit-à-caution, le nom du déclarant et la destination de la marchandise (C. n° 4138 du 29 mai 1911).

Elle donne ensuite le permis d'embarquer sur la déclaration (passavant ou acquit-à-caution) destinée à servir d'expédition; elle conserve l'autre feuille au bureau de manière à la rapprocher de l'expédition que doit renvoyer la douane du port destinataire et, au besoin, pour délivrer des duplicata (C. 30 novembre 1858, n° 561).

Le certificat d'embarquement ou de mise à bord n'est apposé sur les expéditions par les préposés qu'après avoir vu la marchandise embarquée réellement et en même quantité, qualité et espèce (C. 30 novembre 1858, n° 561; C. 24 fructidor an X; C. 30 août 1816, n° 202).

Dans les ports, le poste de douane tient un registre pour l'inscription, par navire, des permis délivrés pour le débarquement ou l'embarquement des marchandises de cabotage (déc. 3 février 1847).

La douane a le droit de procéder à toutes les visites qu'elle juge nécessaires. Dans la pratique, elle se borne, à moins de suspicion de fraude, à dénombrer les colis, à reconnaître leurs marques et numéros et à procéder à des épreuves quant à l'espèce des marchandises. La reconnaissance est généralement opérée sur les lieux de chargement ou de déchargement.

Les marchandises expédiées sous le régime du cabotage de port français à port français sont affranchies du *plombage* (C. 23 février 1863, n° 886). Cette exemption s'étend aux mutations d'entrepôt par mer, aux transbordements et aux réexportations directes par voie de mer (C. 15 janvier 1855, n° 258; 3c novembre 1858, n° 561; 23 février 1863, n° 886).

L'embarquement ne peut commencer qu'après la réunion sur le quai et la reconnaissance de tous les objets compris en un même permis (C. 28 juillet 1822, n° 740).

En principe, le passavant ou l'acquit-à-caution ne doit avoir son effet que dans un seul port destinataire (celui indiqué sur l'expédition), pour toutes les marchandises y désignées (Loi 22 août 1791, titre III, article 6, C. 9 floréal an x et 7 octobre 1819 n° 524). Mais la douane peut autoriser des opérations dans les ports intermédiaires. Elle peut également permettre à un navire parvenu à destination de continuer sur un autre port; dans ce dernier cas, les passavants sont annotés en conséquence et les acquits-à-caution renouvelés.

Un registre série M, n° 2 est affecté à l'enregistrement des opérations de cabotage (C. 24 août 1849, n° 2344). *Le manifeste de sortie* qui doit être représenté, à destination, comme *manifeste d'entrée* y est inscrit sommairement.

Les passavants ou acquits-à-caution sont admis comme *déclarations en détail à l'entrée*. Sur le simple dépôt de manifeste, les *permis de débarquement* sont immédiatement donnés au verso desdites déclarations.

L'expédition qui, après avoir été enregistrée comme déclaration, s'égare avant le déhl arquement des marchandises, peut être remplacée par un permis de débarquer sur lequel la douane reproduit tous les renseignements de la déclaration : une fois revêtu des annotations utiles, ce permis est renvoyé au bureau de départ aux lieu et place de l'expédition perdue (C. 20 octobre 1834, n° 1460).

Les chefs de service locaux doivent mensuellement adresser au directeur du service un état série E, n° 26 A, des acquits-à-caution ou passavants qui, enregistrés le mois précédent sur le registre des déclarations et remis pour tenir lieu de permis de débarquer, ont été soustraits ou perdus. Cet état est communiqué aux bureaux qui ont délivré les expéditions au départ. Ceux-ci rapprochent les permis de débarquer délivrés en remplacement des expéditions égarées des feuilles qu'ils ont gardées comme souches et ils s'assurent qu'ils ne présentent avec elles aucune différence (C. n° 1460; C. 30 novembre 1858, n° 561).

Pénalités. — Constatation au départ d'un déficit excédent le vingtième des marchandises ou denrées déclarées : payement de la valeur du manquant (suivant le prix courant du commerce) et amende de 500 francs (Loi 8 floréal an XI, art. 74).

Cas où les marchandises se trouvent être d'espèces différentes de celles déclarées : saisie et confiscation; payement d'une somme égale à la valeur des objets qui figurent dans la déclaration et amende de 500 francs (Loi 8 floréal an XI, art. 75).

Excédent constaté au port de destination : saisie et confiscation de l'excédent et amende de 500 francs. Si cet excédent n'est pas supérieur au vingtième de la quantité mentionnée sur l'expédition, il y a seulement matière à perception des droits applicables aux marchandises venant de l'étranger (Loi 8 floréal an XI, art. 76).

VI. ÉCHOUEMENTS ET NAUFRAGES. — *Police des sauvetages.*

— Les préposés des douanes doivent se transporter sans délai sur le lieu du naufrage et prévenir en même temps le Service de l'Inscription maritime. Les marchandises sauvées sont mises en dépôt, et, si elles sont étrangères, les préposés les gardent de concert avec les agents commis à cet effet par les administrateurs de l'Inscription maritime (Loi 22 août 1791, titre 7, art. 1").

Ces fonctionnaires suivent le dépôt et la vente des objets provenant de bris et naufrages concurremment avec les employés des douanes (C. min., 28 pluviôse an II).

Quelle que soit la qualité de celui qui se présente pour disposer des marchandises (propriétaire, armateur, subrécargue, consul, administrateurs de l'Inscription maritime, etc.), l'intervention de la douane est toujours indispensable et forcée, car, en toute hypothèse, elle a les mêmes droits à percevoir ou les mêmes prohibitions à maintenir (C. 22 août 1825, n° 935).

Les agents de l'Inscription maritime procédant au sauvetage doivent faire immédiatement déposer les objets dans un magasin spécial, sous la double clef de la marine et de la douane. Au cas où ces objets, étant d'une trop faible valeur pour supporter des frais de transport, etc., seraient, à défaut de réclamation, abandonnés par la Marine aux sauveteurs, ceux-ci devraient, sans retard, acquitter les droits dus au Trésor (C. 9 juillet 1817, n° 295).

Il doit être enjoint par les autorités constituées à tout individu de se retirer du lieu de l'échouement et de ne s'immiscer en aucune manière dans les opérations du sauvetage, à moins qu'il n'y soit expressément autorisé (Art. 4 de l'arrêté du 27 thermidor an VII). En cas de refus, les délinquants sont arrêtés et conduits devant le chef du parquet, le juge de paix ou le maire (C. 23 décembre 1844, n° 2046, art. 277).

Tous ceux qui ont tiré du fond de la mer ou trouvé sur les flots des objets provenant de jet, bris ou naufrage, doivent les mettre en sûreté et 24 heures au plus tard après l'arrivée dans un port en faire la déclaration à l'Inscription maritime (Ord. de la Marine de 1681, art. 19, titre IX, livre IV).

Les marchandises d'épaves rapportées par un navire qui les a trouvées en mer doivent être déclarées à la douane. Si elles ne le sont pas, le service constate l'infraction aux règlements sur les manifestes et relate dans le procès-verbal les circonstances constitutives de la contravention à l'article 19, titre IX, livre 4 de l'Ordonnance (Marine) de 1681 en vue de faire poursuivre les sauveteurs infidèles d'office par le parquet ou à la requête de l'Inscription maritime.

Le ministère public poursuit devant le tribunal correctionnel, sur les indications de la douane, les individus qui ont spolié et introduit en fraude des marchandises de sauvetage ou d'épaves. A l'audience, avant le jugement, la douane se porte partie civile et, en cas de spoliation d'objets de contrebande, réclame l'application des peines prévues par les lois de 1816 et 1818.

En cas de spoliation de marchandises tarifées à moins de 20 francs les 100 kilogrammes c'est devant le tribunal de paix que l'action civile est intentée.

Les employés des douanes assistant au sauvetage des bâtiments échoués et des marchandises naufragées ont droit aux mêmes vacations et frais de route que les officiers de la Marine de l'État (Arr. 20 floréal an XIII, art. 1ᵉʳ).

Voir *supra* page 59 : Marchandises sauvées des naufrages.

Épaves. — Les choses du cru de la mer, comme ambre, corail, poissons à lard et autres semblables, qui n'ont appartenu à personne, demeurent entièrement à ceux qui les ont tirées du fond de la mer ou pêchées sur les flots et, s'ils les ont trouvées sur les grèves, ils n'en ont que le tiers (Ord. Marine 1681, titre IX, art. 29).

Il est alloué aux sauveteurs des marchandises d'épaves de navires abandonnés, etc., lorsque le sauvetage a eu lieu en pleine mer, le tiers de la valeur de l'objet sauvé (Même ord., titre IX, livre IV, art. 27).

Les marchandises d'épaves sont soumises au tarif d'entrée, à moins qu'elles ne soient reconnues provenir d'origine française.

Les épaves ne peuvent être admises au régime de faveur applicable aux produits des colonies françaises (Déc. 15 juillet 1887).

VII. Primes à la construction et à la navigation. — En exécution de l'article 14 de la loi du 7 avril 1902, le décret du 21 décembre 1911 sur la marine marchande aux colonies a statué (art. 19 à 21) sur les conditions dans lesquelles il est procédé à la liquidation des primes et compensations d'armement aux navires de commerce ayant leur port d'attache dans ces possessions.

Aucun navire ne peut y prétendre s'il ne satisfait pas, pour la composition de son équipage, aux prescriptions de l'article 2 du décret du 21 septembre 1793.

Pour la détermination de l'âge des navires en vue de l'application des primes à la marine marchande, voir décret 25 juillet 1893, article 13 (*B. O. M.*, p. 200) et décret 9 septembre 1902, article 2 (*B. O. M.*, p. 268).

L'article 74 du décret du 9 septembre 1902 portant règlement d'administration publique pour l'application de la loi du 7 avril précédent, indique les pièces à produire pour obtenir cette liquidation.

Un décret du 21 novembre 1913 a modifié l'article 68 du décret du 9 septembre 1902.

L'article 19 du décret (Colonies) du 21 décembre 1911 complète l'article 76 du décret du 9 septembre 1902 en déterminant les autorités chargées d'établir et de transmettre au Ministre du Commerce le projet de liquidation concernant les navires qui ont un port d'attache dans les colonies.

L'article 20 du même acte détermine les conditions dans lesquelles les primes à la construction et à l'armement, prévues par la loi du 19 avril 1906, peuvent être allouées sur les budgets généraux ou locaux des colonies pour les navires construits ou ayant leur port d'attache dans ces possessions

Un arrêté du Gouverneur général (Indo-Chine) du 14 novembre 1901 porte institution de primes à la navigation exercée par des navires français jaugeant net 100 tonneaux et au-dessus, âgés de moins de vingt ans et naviguant dans la zône d'Extrême-Orient, définie par l'article 3 dudit arrêté. Ces primes sont calculées proportionnellement à l'âge du navire, à son tonnage et aux parcours effectués.

VIII. Pêches maritimes. — Les encouragements à la grande pêche sont régis par la loi du 26 février 1911 et le décret du 9 novembre 1911 portant règlement d'administration publique pour l'application de cette loi.

La circulaire ministérielle (Colonies) du 18 avril 1913 a notifié ces textes aux colonies et signalé que les pièces énumérées à l'article 22 du décret du 9 novembre 1911 doivent être établies conformément aux modèles annexés à l'arrêté ministériel (Commerce) du 18 décembre 1911 inséré au J. O. du 20 décembre 1911, p. 10225.

La *grande pêche* concerne la pêche de la morue et des autres poissons susceptibles d'être séchés (V. décret du 9 novembre 1911, art. 1er, § 2).

Elle comporte trois encouragements :

1° Les produits de la pêche sont *exemptés des droits de douane* si les navires arrivent directement des lieux de pêche en France;

2° Les *sels destinés à la salaison des morues* sont exempts de la taxe intérieure de consommation sous réserve de certaines dispositions spéciales aux sels étrangers. Ces sels ne doivent être employés qu'en présence des préposés et en général au moment du débarquement ;

3° Une *prime d'armement*, fixée d'après la destination du navire et proportionnée au nombre d'inscrits maritimes embarqués, est allouée aux armateurs une fois par saison de pêche. L'obtention de cette prime est subordonnée à une déclaration préalable d'armement que les armateurs doivent faire au bureau de l'Inscription maritime et à diverses autres conditions. Un décret du 13 janvier 1908 indique les conditions d'hygiène et d'approvisionnement exigées des bateaux pêcheurs (Voir aussi : Règlement d'administration publique du 3 septembre 1913 : mesures spéciales d'avitaillement des navires de grandes pêches).

Enfin, des *primes*, proportionnées au poids, sont allouées : pour les *morues sèches réexportées ;* pour les *rogues de morues importées* en France et pour celles *achetées directement aux importateurs.*

La circulaire n° 4522 du 4 avril 1914 formule les recommandations suivantes au sujet de *l'importation des rogues françaises de poissons primés :* La justification de l'origine des rogues s'établit, en ce qui concerne les produits livrés à Saint-Pierre, par des certificats de la douane coloniale et, pour les produits achetés sur le banc, par des déclarations émanant des capitaines des navires pêcheurs. L'article 21 du décret du 9 novembre 1911 stipule, en son paragraphe 2, que la vente des rogues, importées et entreposées en France, aux armateurs de navires armés à la pêche de la sardine et aux associations de marins pêcheurs est établie au moyen de factures acquittées indiquant le nom de l'acheteur et visées par l'administrateur de l'Inscription maritime. Ces factures doivent être visées par lesdits administrateurs au port d'importation ou d'entrepôt des rogues et au port de la résidence des acheteurs. En vue d'assurer l'application de cette prescription, les douanes d'importation ou d'entrepôt doivent transmettre les factures, accompagnées des déclarations d'entrée en France ou de sortie d'entrepôt, aux douanes de destination. Celles-ci font parvenir les pièces sans retard à l'administrateur de l'Inscription maritime chargé, après vérification, d'apposer le visa réglementaire.

Les primes à l'exportation ne sont acquises que pour les morues parvenues à destination et reconnues propres à la consommation alimentaire sur les lieux mêmes de consommation (Loi 26 février 1911, art. 14). L'article 16 du décret du 9 novembre 1911 indique les conditions dans lesquelles ont lieu, à l'arrivée, la reconnaissance et la vérification des chargements, ainsi que le contrôle de la qualité alimentaire du poisson. Aux colonies ce contrôle est assuré par une commission, dite *des morues,* nommée par le Gouverneur et comprenant : un représentant de l'administration sanitaire locale, un inspecteur ou un vérificateur des Douanes, un membre de la Chambre de commerce ou, à défaut, un négociant.

Ces primes sont liquidées et ordonnancées par le Ministère du Commerce.

La prime à l'armement des embarcations de Saint-Pierre et Miquelon ne comprenant pas plus de trois hommes d'équipage, est liquidée, mandatée et payée dans la colonie, après l'accomplissement d'un minimum de séjour sur les lieux de pêche, sur extrait du rôle d'équipage et certification, par le chef de l'Inscription maritime, de l'accomplissement des conditions exigées. L'administrateur de la colonie est, à cet effet, chargé des fonctions d'ordonnateur secondaire du Ministère du Commerce (Décret 9 novembre 1911, art. 26). Voir : Décision interministérielle du 12 novembre 1912 et circulaire du 26, n° 4355 ; circulaire 12 décembre 1913, n° 4466 : transport de produits de pêche par les navires francisés à Saint-Pierre et Miquelon. — Voir encore : décret 14 décembre 1913 désignant certaines places de la Côte Occidentale d'Afrique, non pourvues d'agents consulaires de France, qui peuvent exceptionnellement servir de points d'importation aux produits de la pêche française.

La *petite pêche* s'entend de toute pêche autre que la précédente.

Les mesures de protection ou d'encouragement qui la concernent sont les suivantes :

1° Établissement d'un droit de douane sur le poisson de pêche étrangère (Loi 11 janvier 1892, tableau A, nᵒˢ 45 à 53);

2° Immunité du droit de consommation intérieur pour le sel français employé à la conservation du poisson et réduction, dans la plupart des cas, du droit d'importation sur les sels étrangers;

3° Interdiction pour les pêcheurs étrangers de se livrer à leur industrie dans la mer territoriale, qui s'étend à trois milles marins au large de la laisse de basse mer (Loi 1ᵉʳ mars 1888, art. 1ᵉʳ).

Un décret du 12 avril 1914 a réglementé la pêche et l'exploitation industrielle de la *baleine* dans les colonies françaises (V. art. 19 à 21 de ce texte).

IX. HYPOTHÈQUE MARITIME. — Les navires d'une jauge officielle *brute* de 20 tonneaux et au-dessus sont susceptibles d'*hypothèque conventionnelle* (Loi du 10 juillet 1888, art. 1ᵉʳ et 36. Déc. 6 octobre 1887).

Peuvent être hypothéqués : les navires achevés et francisés; les navires en construction, si la déclaration en est faite au bureau des douanes du lieu où le navire est sur les chantiers; ceux achetés à l'étranger avant leur immatriculation en France, pourvu que l'hypothèque soit régulièrement inscrite par le Consul français sur le congé provisoire de navigation et reportée sur le registre du bureau de douane du lieu de l'immatriculation (art. 5 et 33).

L'hypothèque consentie sur le navire ou sur une portion du navire s'étend, à moins de convention contraire, au corps du navire, aux agrès, apparaux, machines et autres accessoires (art. 4).

L'hypothèque sur le navire ne peut être consentie que par le propriétaire ou son mandataire justifiant d'un pouvoir spécial. Si le navire a plusieurs propriétaires, il peut être hypothéqué par l'armateur titulaire pour les besoins de l'armement ou de la navigation, avec l'autorisation de la majorité, telle qu'elle est établie par l'article 220 du Code de commerce, et avec celle du juge comme il est dit à l'article 233. Dans le cas où l'un des propriétaires voudrait hypothéquer sa part indivise dans le navire, il lui faudrait l'avis de la majorité (art. 3). Le capitaine du navire a le droit d'emprunter hypothécairement avec l'autorisation du juge, sur la part du propriétaire qui, après avoir consenti à fréter le navire, refuserait de concourir aux frais nécessaires de l'expédition (art. 35).

Le contrat d'hypothèque maritime doit être passé par écrit; il peut être fait sous signatures privées (art. 2).

L'hypothèque est rendue publique par l'inscription sur un registre spécial tenu au bureau de douane dans la circonscription duquel le navire est en construction ou au bureau d'immatriculation si le navire est déjà francisé (art. 6).

L'inscription hypothécaire est valable pour dix ans et tombe si elle n'est pas renouvelée avant ce terme.

Elle garantit, au même rang que le capital, deux années d'intérêts en sus de l'année courante (art. 13).

Si le titre constitutif de l'hypothèque est à ordre, sa négociation par voie d'endossement emporte translation du droit hypothécaire (art. 12).

Les créanciers hypothécaires sur le navire viennent, dans leur ordre d'inscription, après les créances privilégiées (art. 34).

Les receveurs principaux des douanes sont chargés sous leur responsabilité de l'application du régime hypothécaire. Ils sont tenus de délivrer à tous ceux qui les requièrent, l'état des inscriptions existantes sur un navire ou un certificat négatif (art. 16).

Le *décret du 18 juin 1886* a fixé les remises et salaires à allouer pour ce service.

Le *décret du 6 août 1887* (art. 1er) a rendu la loi du 10 juillet 1885 applicable aux colonies sous les réserves ci-après :

Le mode de perception et le tarif des droits à percevoir sont déterminés conformément aux dispositions des articles 1, 2, 3, 4 du décret du 18 juin 1886. Toutefois les salaires spécifiés en l'article 3 sont portés de 1 franc à 1 fr. 50 (art. 2).

Des arrêtés du Gouverneur, en Conseil, désignent les agents chargés du service de l'hypothèque maritime et fixent tous les cinq ans le cautionnement à leur imposer en raison de leurs fonctions spéciales (art. 3).

Trois registres, cotés et paraphés par le juge de paix, sont employés pour l'exécution du service :

1° *Registre des inscriptions* (série N, n° 45), tenu sans blancs, ni interlignes, ni surcharges. Chaque inscription y est datée en tête, signée par le receveur et séparée de la suivante par un trait à l'encre. A la fin de chaque journée, le registre est arrêté, qu'on y ait porté ou non des inscriptions. Les changements de domicile, mutations, subrogations et radiations sont relatés en regard des inscriptions, datés et signés par le receveur. Pour ordre, celui-ci doit faire mention des inscriptions sur les registres de soumissions de francisation (Lett. comm. 7 janvier 1886, n° 818);

2° *Registre de recette et dépôt* (série N, n° 44), pareillement arrêté jour par jour. Les recettes pour remises et salaires n'y figurent pas; elles sont portées au livre-journal;

3° *Registre des hypothèques réalisées en cours de transport* (série N, n° 45 bis).

Il est créé, pour chaque navire, sous le nom d'*état de la propriété et des hypothèques*, une formule destinée au classement des titres produits pour les mutations de propriété et des réquisitions et titres relatifs à l'hypothèque. Ces formules sont insérées dans le dossier du navire, série N, n° 5 A (C. 28 avril 1875, n° 1269).

X. Recettes de chancellerie du Ministère des Affaires étrangères. — Résumé des principales dispositions de la *Circulaire* (d. g. d.) n° 4505 du

4 mars 1914. La circulaire n° 4433 du 13 août 1913 a transmis le nouveau tarif des chancelleries diplomatiques et consulaires annexé à la loi de finances du 30 juillet 1913 (art. 26), lequel comporte les dispositions suivantes :

«Par application du principe de l'assimilation des pavillons, les navires étrangers qui embarquent, dans un port étranger des marchandises ou des passagers à destination d'un port de la France, de ses colonies et pays de protectorat, sont soumis aux formalités et taxes des articles 124, 125, 126 et 132 du tarif des chancelleries diplomatiques et consulaires.

«A défaut des formalités prévues par ces articles dans un port où se trouve un agent diplomatique ou consulaire français, chaque contravention aura pour sanction le payement, en sus des droits dus, d'une somme égale à ces droits.

«Ce recouvrement sera assuré *par le bureau de douane qui aura constaté l'infraction* et le montant en sera versé au compte des recettes de chancellerie au Ministère des Affaires étrangères sous déduction de l'allocation qui sera attribuée par décret au service des douanes sur le montant de l'amende».

Dès que le manifeste d'un *navire étranger* venu *de ports où il existe des agents diplomatiques ou consulaires français* a été déposé, le service doit examiner si, d'après la nature des opérations effectuées dans le port ou les ports de provenance, ce bâtiment était passible des taxes de chancellerie. Dans l'affirmative, s'il n'est pas justifié du payement de ces taxes, il y a lieu de les liquider d'office au vu du manifeste et de la liste des passagers d'après le tarif applicable.

Les taxes sont dues lorsque les passagers et les marchandises sont débarquées *en fait* en France.

En cas de changement de destination en cours de route et si les formalités réglementaires n'ont pas été remplies, la douane doit faire payer la double taxe; mais le capitaine peut obtenir l'exonération de tout ou partie de l'amende en établissant sa bonne foi.

Le débarquement ou le transbordement sur un autre navire de marchandises non destinées à la France entraine la perception des taxes en raison de ce fait qu'il y a rupture de charge.

Lorsque des marchandises destinées à l'étranger sont réexpédiés à ordre sur un autre port français, par un même navire, les taxes doivent être garanties au port de prime abord par une soumission cautionnée.

Les droits d'expédition ne sont dus que si les bâtiments étrangers opèrent un chargement complet ou partiel (marchandises ou passagers) à destination de la France ou de ses colonies et protectorats. Ne sont pas considérés comme opérations commerciales les embarquements de provision de bord et les ravitaillements en charbon.

En cas de refus par le contrevenant d'acquitter immédiatement le montant de la pénalité, la douane rédige, sur papier libre, un procès-verbal à la requête du ministère public et le transmet sans retard au parquet sans qu'il soit nécessaire de le faire enregistrer.

Coutrainte seulement est décernée au cas de refus de payement du simple droit et en l'absence d'infraction.

Les recettes dont il s'agit (droits et amendes) donnent lieu à la délivrance de quittances tirées du registre M, n° 45. Elles figurent dans la comptabilité aux opérations de trésorerie (*Recouvrements pour des tiers. — Recouvrements pour le compte d'autres administrations*).

Aux termes du *décret du 3 décembre 1913* le produit des amendes prononcées pour non accomplissement des formalités prévues par les articles 124, 125, 126 et 132 du tarif des chancelleries diplomatiques annexé à la loi du 30 juillet 1913, donne lieu à un *prélèvement de 10 p. 100* qui est réparti par tête entre les ayants droit en vertu d'une autorisation du directeur.

Sous déduction de ce prélèvement, les recettes encaissés sont versées au Trésor avec accompagnement d'un bordereau conforme au modèle annexé à la circulaire n.° 4505 du 4 mars 1914.

CHAPITRE X.

STATISTIQUE COMMERCIALE.

Dans la métropole, indépendamment d'un tableau mensuel présentant, avec le report de l'antérieur depuis le début de l'année et pour la période comparée avec celle correspondante des deux dernières années, le résumé du mouvement du commerce, de la navigation et des perceptions effectuées, la Douane forme, tous les ans, un état ou tableau général du commerce de la France avec ses colonies et les pays étrangers pendant l'année expirée.

Cet état présente la statistique : 1° du mouvement commercial tant par pays de provenance ou de destination que par nature des marchandises en ce qui concerne l'importation, l'exportation, les sorties sous le régime du drawback, les entrepôts, le transit et les admissions temporaires; 2° de la navigation de la France avec ses colonies et l'étranger (C. 10 avril 1823, n° 793; déc. min. 30 juin 1825; C. 8 juillet 1825, n° 925).

Chaque année, la douane dresse également un tableau général des mouvements par ports : 1° des marchandises françaises ou étrangères transportées en cabotage; 2° de la navigation (C. 30 décembre 1836, n° 1595, et 5 janvier 1837, n° 1597).

On appelle *importations* toutes les marchandises qu'une colonie reçoit de l'extérieur, soit qu'elles proviennent de l'étranger, de la France et des autres colonies françaises, soit qu'elles se composent des produits de la pêche maritime effectuée par les nationaux. Les *exportations* sont tous les produits qu'une colonie vend à l'extérieur.

L'ensemble des importations et des exportations constitue le *commerce extérieur*.

Le commerce extérieur se divise en *commerce général* et en *commerce spécial*.

Le *commerce général* comprend tout ce qui entre dans la colonie et tout ce qui en sort à un titre quelconque.

Le *commerce spécial* se rapporte à ce qui entre ou paraît entrer pour la consommation intérieure et ce qui sort ou paraît sortir de l'intérieur du pays.

A *l'importation* :

a. Le *commerce général* englobe, quelles que soient leur origine première ou leur destination ultérieure, toutes les marchandises arrivées de l'étranger, de la métropole ou des colonies françaises, par terre ou par mer, et déclarées tant pour la consommation que pour le transit, l'entrepôt, le transbordement, la réexportation ou l'admission temporaire.

b. Le *commerce spécial* ne comprend que ce qui est entré dans la consommation intérieure du pays.

A *l'exportation* :

a. Le *commerce général* s'entend de toutes les marchandises qui sortent effectivement de la colonie, sans distinguer leur origine, c'est-à-dire aussi bien celles reprises au commerce spécial et les marchandises étrangères qui transitent sur le territoire de la colonie ou qui sont transbordées dans ses ports à destination de l'extérieur, que celles extraites des entrepôts pour la réexportation et celles qui, ayant été adressées temporairement en franchise, sont réexportées après main-d'œuvre pour l'apurement des soumissions.

b. Le *commerce spécial* s'applique seulement aux marchandises nationales et à celles qui, nationalisées par le payement des droits d'entrée, sont ensuite exportées.

Le numéraire est toujours compté à part, tant à l'importation qu'à l'exportation.

Parfois, à l'importation, certains articles figurent au commerce général pour un chiffre inférieur à celui du commerce spécial. Cette anomalie apparente s'explique par ce fait qu'une partie des marchandises mises en consommation est extraite des entrepôts et se trouve portée au commerce spécial d'une année après avoir figuré au commerce général de l'une des années précédentes.

Au commerce *général*, chaque marchandise fait l'objet d'une ligne unique par pays de provenance, sans distinction de destination ni de droits. Le commerce *spécial* présente, au contraire, tous les éléments nécessaires au contrôle des droits perçus : en regard de chaque provenance, il est ouvert autant de lignes qu'il est appliqué de droits différents. Les marchandises sont portées d'après la quotité des droits dont elles sont passibles.

Qu'il s'agisse du commerce général ou du commerce spécial, on néglige les fractions d'unités inférieures à 50 centièmes et l'on considère comme unités celles de 50 centièmes et au-dessus (Lett. comm. du 15 mars 1875, n° 235).

Les marchandises mises au dépôt ou retirées du dépôt sont reprises aux états de commerce (C. 8 juillet 1825, n° 925).

Dans la métropole une *commission* dite *des valeurs en douane* établit chaque année le prix des marchandises à l'importation ; ces prix sont appelés valeurs actuelles.

Aux colonies, les mercuriales servent de base pour les valeurs des marchandises qui s'y trouvent comprises. Il existe même, en Indo-Chine, une commission permanente des valeurs en douane créée par arrêté du Gouverneur général du 28 juin 1909, modifié par l'arrêté du Gouverneur général du 25 juillet 1913. Cette commission est présidée par le directeur des douanes ou son délégué avec, comme secrétaire ayant voix délibérative, le chef du bureau des douanes et de la statistique. Elle se réunit obligatoirement tous les ans sur la convocation de son président. Elle centralise tout ce qui concerne la question des valeurs en douane, les travaux et les vœux des chambres de commerce et d'agriculture, contrôle les renseignements fournis par elles, les revise, s'il y a lieu, et arrête définitivement les valeurs de la nomenclature des marchandises en douane.

Une commission des valeurs en douane fonctionne également à Madagascar.

Les marchandises sont classées dans les états de commerce d'après leur nature ou leur analogie et selon la méthode adoptée pour le tarif général des douanes. Elles sont présentées en un certain nombre de chapitres (34), répartis en quatre grandes divisions : matières animales ; matières végétales ; matières minérales ; fabrications.

Le mouvement commercial est encore considéré, dans les états de commerce, sous un autre point de vue : les marchandises y sont groupées d'après leur espèce et leur emploi. On distingue ainsi : 1° les objets d'alimentation ; 2° les matières nécessaires à l'industrie ; 3° les objets fabriqués (Obs. prélim. du tabl. gén. du commerce).

Afin de mettre le chef de service en mesure de dresser l'état de commerce et de navigation de la colonie, les chefs locaux des douanes sont tenus de lui adresser périodiquement les renseignements nécessaires concernant leur service.

La *section de la statistique*, dans chaque douane, tient les écritures de la balance du commerce au fur et à mesure de l'apurement des permis et de la délivrance des liquidations (C. 8 juillet 1825, n° 925, et 27 janvier 1849, n° 2304).

Aux *colonies* le chef du Service des Douanes remet, dans les trois premiers mois de chaque année, l'état de commerce et de navigation de la colonie pour l'année écoulée. Ce document, dressé en double exemplaire, est transmis au Ministre des Colonies, qui en fait parvenir une expédition à la Direction générale des Douanes (Saint-Pierre et Miquelon, décret 5 mai 1896).

La *Circulaire ministérielle* (Col.) et les *instructions générales du 15 février 1909,* pour l'établissement des statistiques coloniales françaises, contiennent en annexe les modèles d'états à fournir périodiquement.

Pour le mouvement du commerce il est dressé des statistiques annuelles et des stastiques trimestrielles.

Les statistiques du mouvement monétaire et celles de la navigation sont établies annuellement.

Elles sont adressées au Département sous le timbre «Office colonial», ce qui est d'ailleurs d'une régularité discutable. Les statistiques annuelles doivent parvenir avant le 30 avril et les statistiques trimestrielles dans les deux mois qui suivent la clôture du trimestre qu'elles concernent.

Une dépêche ministérielle (Col.), du 30 mars 1909, prescrit la production par les colonies d'un état mensuel des produits du cru exportés, pour être inséré au *Bulletin du Jardin colonial*.

Le journal officiel de chaque colonie publie en outre périodiquement différents renseignements statistiques : mercuriales des produits du cru de la colonie ; cours des mêmes produits sur le marché métropolitain ; état des denrées du cru exportées ; situation des entrepôts ; mercuriale du mois pour établir la valeur des marchandises, la perception du droit de magasinage et former les états de commerce, etc.

Vérification. — Il importe de vérifier les conditions dans lesquelles fonctionne le service de la statistique commerciale qui contient d'utiles indications sur le mouvement du commerce général et, partant, sur la situation économique de la colonie. Les principaux points à examiner sont les suivants :

Importance des liquidations effectuées au cours des trois ou des cinq dernières années pour l'ensemble de la colonie. Importance des mêmes liquidations par Bureau ou Recette. Montant du commerce général et du commerce spécial de la colonie au cours des mêmes périodes. Décomposition des importations et des exportations par pays de provenance ou de destination (France ; colonies françaises ; étranger). Principaux produits français et étrangers importés. Importance des exportations (en quantités) par nature de produit.

Les statistiques douanières constituent l'élément principal sur lequel repose la balance du commerce. Mais il faut observer que les chiffres publiés par la douane ne sont pas toujours mathématiquement rigoureux. La douane évalue en effet les marchandises au lieu de départ et d'arrivée ; il s'ensuit que les importations sont majorées des frais de transport, d'assurance, etc., que les marchandises exportées n'ont pas encore acquittés. En outre, dans certaines colonies (Réunion), le Service des Douanes calcule la valeur des produits importés d'après les mercuriales qui enregistrent le prix de vente en gros au chef-lieu et non le prix de revient au port de débarquement. Il en résulte une majoration, évaluée, en moyenne, à 15 p. 100 ou 20 p. 100 au minimum, qui vient encore fausser la balance du commerce.

Il faut encore tenir compte : des déclarations inexactes à l'égard des objets taxés *ad valorem*; des introductions et sorties faites en contrebande ; de celles opérées par les voyageurs et les touristes ; des dépréciations subies par les marchandises après leur importation, etc. Dans certaines colonies, il est encore arrivé que les valeurs portées par la douane sur ses statistiques n'étaient pas celles arrêtées par les commissions des mercuriales pour l'application des droits de sortie. Dans ces conditions, la simple comparaison des importations et des exportations permettrait difficilement d'établir des conclusions précises sur la situation économique d'une colonie.

TITRE IV.

COMPTABILITÉ.

CHAPITRE PREMIER.

COMPTABILITÉ FINANCIÈRE.

A. Principes généraux applicables aux colonies. — Dans les colonies et pays de protectorat, le Service des Douanes n'est qu'un service de recettes uniquement chargé de la liquidation des droits (Décret 30 décembre 1912, art. 92 et suiv.) et, à titre exceptionnel, de la perception directe de certaines recettes de faible importance (droits sur les bagages des voyageurs, sur les colis postaux, etc. Voir décret 30 décembre 1912, art. 148 et *supra :* Organisation du service page 8) déterminées par des arrêtés locaux.

Le recouvrement des droits liquidés par la douane incombe au trésorier-payeur et aux comptables qui lui sont subordonnés (Décret 30 décembre 1912, art. 115 et 119; voir aussi art. 75).

L'emploi des crédits et l'ordonnancement des dépenses budgétaires appartiennent à l'ordonnateur du budget général ou local et à ses délégués dans les conditions prévues par les articles 103, 104, 202 et 213 du décret du 30 décembre 1912.

La liquidation desdites dépenses est confiée aux agents des douanes sous le contrôle et la responsabilité de l'ordonnateur (Même décret, art. 100).

Le payement en est assuré par le trésorier-payeur et ses subordonnés (*Ibid*, art. 51, 108 et 234).

Dans certaines colonies, on trouve, cependant, des receveurs comptables et receveurs des douanes chargés, dans des conditions déterminées par les textes qui les régissent, de la perception des recettes budgétaires et de trésorerie et du payement des dépenses de trésorerie (Indo-Chine : décret 23 avril et arr. G. g. 29 juillet 1923; Madagascar : arr. G. g. 30 mars 1904, 3 novembre 1909 et 10 juin 1911; instr. 25 et 26 février 1905).

Ces receveurs peuvent être appelés à concourir au payement des dépenses budgétaires pour le compte du trésorier-payeur, mais seulement sur mandats budgétaires régulièrement ordonnancés et revêtus du « Vu bon à payer» de ce comptable supérieur.

Ils peuvent, en outre, payer directement, par voie de prélèvement sur le montant de leurs recettes, certaines dépenses budgétaires urgentes, limitativement énumérées par les textes qui les autorisent (Indo-Chine : arr. G. g. 20 novembre 1899, 14 mai 1901 et 24 décembre 1910; Madagascar : instr. 25 et 26 février 1905). Ces dépenses font ensuite l'objet de mandats de régularisation émis par l'ordonnateur local au profit du comptable centralisateur (Madagascar) ou des receveurs comptables (Indo-Chine).

B. OBLIGATIONS ET RESPONSABILITÉ DES COMPTABLES. — En tant que chargés de la perception des recettes et du payement de certaines dépenses, les agents des douanes sont soumis aux mêmes obligations et responsabilités que les comptables de deniers publics (Voir décret 30 décembre 1912, art. 136 et suiv.; art. 156; art. 303 et suiv.; art. 391 et suiv.).

Le receveur comptable de la Cochinchine est soumis à un cautionnement de 30,000 francs, celui du Tonkin à un cautionnement de 25,000 francs, celui de l'Annam à un cautionnement de 3,000 francs (Décret 23 avril 1913, art. 2).

Un projet de décret tend à assujettir le comptable centralisateur et les receveurs subordonnés de Madagascar au cautionnement prévu par le *décret du 28 février 1884*, fixant les cautionnements en numéraire des agents comptables et non comptables des douanes.

Les receveurs sont personnellement responsables de la gestion des employés de leurs bureaux (C. 19 août 1816, n° 197, et 9 septembre 1825, n° 938).

Ils doivent s'assurer de la régularité des perceptions opérées par les agents sous leurs ordres. Aussi est-ce contre eux seuls que l'Administration exerce son action en cas d'erreurs au préjudice du Trésor (C. 24 mai 1839, n° 1755), sauf à eux, s'ils le jugent convenable, à poursuivre leur recours contre les redevables, par application de l'article 25, titre 13, de la loi du 22 août 1791 (Déc. 13 octobre 1842).

Tous les fonds et toutes les valeurs de portefeuille appartenant aux divers services d'un comptable doivent être réunis sinon dans le même coffre-fort, du moins dans la même pièce, de façon à pouvoir être, à chaque instant, intégralement représentés aux agents de contrôle (C. min. 26 septembre 1821; C. 12 octobre 1821, n° 678).

Pour maintenir le principe de l'unité de caisse (rappelé par l'art. 21 du décret du 31 mai 1862), les sections éloignées de la douane centrale doivent verser tous les soirs, à la recette ou à la recette principale, le montant de leurs recouvrements, et accompagner leurs versements d'un bulletin détaillé classant les perceptions par catégories distinctes (Déc. 9 septembre 1842).

Nul receveur ou préposé comptable ne peut obtenir décharge d'aucun vol, s'il n'est justifié que ce vol résulte d'une force majeure et que le dépositaire, outre les précautions ordinaires, avait eu celle de coucher ou de faire coucher un homme sûr dans les lieux où se trouvaient les fonds, et, en outre, si c'est au rez-de-chaussée, de les tenir solidement grillés (Arr. 1er floréal an x; C. du 1er prairial suiv.; Décret 20 décembre 1912, art. 410).

En cas de vol ou de tentative de vol, le comptable doit, à l'instant même, ou au moins dans les vingt-quatre heures, faire sa déposition à l'officier de police le plus voisin (C. 1er prairial an x; Déc. min. novembre 1838). Le chef de service doit en informer l'autorité supérieure.

Quand un inspecteur des douanes n'a pas fait en temps utile les vérifications pouvant amener la découverte d'un débet ou a omis d'employer les moyens propres à en assurer la rentrée, après en avoir eu connaissance, il peut en devenir responsable. Cette responsabilité pèserait également sur le chef de service s'il était établi que, de son côté, il avait négligé les précautions qu'il aurait dû prendre et s'il n'avait pas informé l'autorité supérieure de la véritable situation du comptable (C. 31 décembre 1806; lett. comm. 8 juillet 1887, n° 878). Toutefois, à moins de circonstances exceptionnelles, on ne saurait appliquer le principe de la responsabilité matérielle aux agents non comptables (Déc. 8 avril 1843).

Tout receveur qui cesse ses fonctions, pour quelque cause que ce soit, doit remettre de suite sa caisse et son portefeuille à son successeur ou à son intérimaire, après que sa comptabilité a été vérifiée dans tous les détails par l'Inspecteur (C. 30 mars 1822, n° 717) ou, aux colonies, par le chef du service des douanes ou un fonctionnaire (chef de la province, etc.) agissant comme délégué du chef de la colonie.

Le *déficit de caisse* est le fait matériel de la non-représentation intégrale des fonds devant exister en caisse d'après le journal, tandis que le *débet de régie* se produit quand les existants en caisse et en portefeuille étant d'accord avec l'arrêté du journal, il a été commis, sciemment ou non, des omissions, erreurs, irrégularités ou négligences dont les conséquences portent atteinte aux intérêts de la colonie. Ce débet devient un déficit de caisse quand il y a eu des infidélités dans les perceptions ou dans la constatation ou la liquidation des droits.

En cas de déficit résultant de soustraction et dont le montant n'a pas été immédiatement réintégré dans la caisse, ou lorsque l'Administration décide que le receveur est responsable du débet pour toute autre cause, il est délivré contre ce comptable et, s'il est décédé, contre ses héritiers, une contrainte en tête de laquelle on transcrit le procès-verbal de déficit (C. 22 février 1821, n° 639).

En cas de déficit résultant de soustraction, les comptables doivent payer les intérêts à raison de 4 p. 100 par an, à partir du moment où devaient se faire les recouvrements au profit du Trésor (ou de la colonie) [Code civil, art. 1996; C. 29 août 1808; Décret 30 décembre 1912 art. 413].

(Remise de débet : Voir Décret 30 décembre 1912, art. 417.)

Dans le cas d'apposition des scellés sur les effets et papiers des comptables, les registres de recettes et autres de l'année courante ne sont pas placés sous scellés; il sont seulement arrêtés par l'inspecteur (ou aux colonies par le chef de service), et paraphés par le juge de paix qui les remet au préposé chargé de la caisse par intérim, lequel en demeure garant comme dépositaire de justice; il en est fait mention dans le procès-verbal d'apposition des scellés (Loi 22 août 1791, titre XIII, art. 21).

C. Privilège de l'Administration sur les biens des comptables. — L'Administration, au nom du Trésor public (ou de la colonie), a privilège et préférence à tous créanciers sur les biens meubles des comptables pour les débets, à l'exception des frais de justice et autres privilèges, énoncés aux articles 2101 et 2102 du Code civil (Loi 22 août 1791, titre XIII, art. 12; loi 5 septembre 1807, art. 1 et 2).

Le privilège de l'Administration sur les fonds de cautionnement des comptables n'est soumis à aucune réserve (Loi 5 septembre 1807, art. 3).

Le Trésor (ou la colonie) a également privilège : sur les immeubles acquis à titre onéreux par les comptables postérieurement à leur nomination; sur ceux acquis au même titre, et depuis cette nomination, par leurs femmes, même séparées de biens, à moins qu'il ne soit légalement justifié que les deniers ainsi employés par celles-ci leur appartenaient (même loi, art. 4). Ce privilège s'exerce conformément aux articles 2106 et 2113 du Code civil, à la charge d'une inscription qui doit être faite dans les deux mois de l'enregistrement de l'acte translatif de propriété.

Se reporter en outre à la loi du 5 septembre 1807 : article 5 (créances primant le privilège de l'Administration); article 6 (hypothèque légale de l'Administration sur les immeubles possédés par le comptable avant sa nomination, ou acquis, autrement qu'à titre onéreux, après cette nomination); articles 8 et 9 (aliénation, par tout comptable, des biens affectés aux droits du Trésor (ou de la colonie), par privilège ou par hypothèque et main levée de l'inscription).

La prescription des droits du Trésor (ou de la colonie), établie par l'article 2227 du Code civil, court au profit des comptables du jour où leur gestion a cessé (même loi, art. 10).

D. TENUE DES REGISTRES. — Les recettes et les dépenses, à quelque titre que ce soit, sont inscrites sur les registres jour par jour, distinctement, à mesure qu'elles s'effectuent, de manière que la vérification en soit facile (C. 12 octobre 1821, n° 678).

Les recettes sont distinguées par nature de valeurs, numéraire ou effets (C. 30 janvier 1317, n° 247).

La perception de tous les produits donne lieu à la délivrance de quittances à souche (C. c. p. 31 mai 1833, n° 25; décret 31 mai 1862, art. 310).

Pour permettre l'exécution des opérations financières, les bureaux sont pourvus :

1° D'un registre de liquidation des droits qui détermine la date d'exigibilité et le chiffre des sommes à recouvrer. Ce registre est à proprement parler un livre de droits constatés; il est par suite, au regard des taxes douanières, ce que sont les rôles à l'égard des contributions directes;

2° D'une série de registres élémentaires ou quittanciers à souche (recettes, consignations) d'où l'on détache les acquits de payement, et où les perceptions sont inscrites immédiatement par nature de valeurs, dans les colonnes additionnées et arrêtés par journée.

Une concordance journalière rigoureuse doit exister entre le registre de liquidation et les quittanciers (C. man. compt., 29 août 1836);

3° D'un livre journal de caisse et de portefeuille qui retrace, jour par jour, toutes les opérations du receveur principal ou particulier, avec spécification des entrées ou des sorties des espèces et valeurs, et présente la situation exacte de sa caisse et de son portefeuille dont il fait ressortir le solde quotidien (Loi 22 août 1791, titre XIII, art. 28; C. n° 230, du 24 décembre 1816; Décret 31 mai 1862, art. 309; C. compt. publ. 7 décembre 1891. n° 1624/127).

Le journal doit être paraphé par un juge du tribunal de commerce ou le juge de paix du canton (Loi du 22 août 1791, art. 27; Code de com., art. 10 et 11).

Chaque section remet tous les soirs au receveur, qui en passe immédiatement écriture au journal, un bulletin détaillé classant, d'après l'arrêté des livres auxiliaires et par nature distincte, les recouvrements dont elle verse le montant (Déc. 5 septembre 1878).

Les frais de recette et de dépense sont inscrits au journal sans transposition, surcharge, ni rature, par nature d'opération (c'est-à-dire en un article unique par nature de recette ou de dépense) alors même, relativement aux consignations, etc., qu'elles seraient régularisées dans le cours d'une même journée (Loi 22 août 1791, titre XIII, art. 28; C. 24 décembre 1816, n° 230). Toute rectification d'erreur fait l'objet d'un article nouveau passé en contre-partie.

Les faits de recette sont donnés par la récapitulation des recettes portées sur chacun des registres auxiliaires ou élémentaires (Arr. min. 9 novembre 1820; C. n° 1438 du 9 mai 1834). Les faits de dépense sont établis par le groupement des dépenses par nature et suivant leur imputation.

Le journal doit être constamment tenu à jour, additionné à la fin de chaque journée avec report des antérieurs journaliers et mensuels, de manière à donner le montant des opérations du mois et de l'année.

A la fin de chaque journée il est arrêté (C. 24 décembre 1816, n° 230). la balance est établie (C. 15 décembre 1817, n° 352) et le solde des comptes de valeurs qu'elle accuse, est comparé au montant des fonds existant matériellement dans la caisse (C. 12 octobre 1821, n° 678).

Ce solde est porté dans la dernière colonne à doite, laquelle ne s'additionne pas.

Les journées pendant lesquelles il n'y a pas eu d'opérations doivent être indiquées par le mot «néant», et quand des opérations de recettes et de dépenses ne remplissent pas un espace égal, la partie qui reste en blanc est barrée (C. 9 octobre 1824, n° 883).

En vue de satisfaire aux prescriptions de l'article 309 du décret du 31 mai 1862, des colonnes sont ouvertes au journal pour la relation du mouvement de valeurs que chaque opération nécessite.

Pour le journal du receveur principal, ces colonnes, au nombre de cinq (y compris le total), se répètent, à la recette et à la dépense, avec des titres identiques.

La première, intitulée «numéraire», reçoit l'inscription de tout mouvement matériel de fonds, de timbres mobiles et de formules timbrées à l'extraordinaire.

Les timbres font partie de l'encaisse. La dépense en numéraire pour achat de timbres est balancée par une recette de même somme à la colonne «timbres mobiles». La remise allouée sur la vente de ces timbres, et dont il est tenu compte par les receveurs de l'enregistrement au moment de la livraison des timbres achetés, ne doit pas être déduite du prix d'achat. Le prix brut des timbres est inscrit en dépense et la remise allouée au receveur est reprise simultanément en numéraire au compte de trésorerie «fonds particuliers de divers». La quote-part de remise revenant en fin de mois au comptable pour les timbres employés est portée en dépense au même compte «fonds particuliers de divers».

La deuxième colonne est réservée à l'inscription des traites et obligations de crédit admises en payement de droits et des traites en souffrance.

La troisième comprend : *a.* les effets divers représentant des valeurs réelles, c'est-à-dire des valeurs autres que les traites et obligations qui ne sont pas immédiatement réalisables (bons du Trésor, mandats sur le trésorier-payeur en acquittement des droits de douane, valeurs remises comme gages de traites en souffrance); *b.* le montant des quittances de droit garantis par des soumissions cautionnées.

La quatrième colonne, ayant pour titre «Sans mouvement de valeurs», reçoit l'inscription des opérations d'ordre qui, ne donnant naissance à aucune entrée ou sortie de valeurs, n'exercent aucune influence sur le solde. Les deux colonnes doivent dès lors se balancer en recette et en dépense.

Le Journal du receveur particulier comporte, pour la nature des valeurs, trois colonnes : sans mouvement de valeurs; traites et obligations; numéraire.

A l'arrêté du journal en fin de mois ou en cas de mutation de comptable, l'énumération complète et détaillée des espèces et valeurs composant le solde doit figurer dans une des colonnes consacrées aux motifs des recettes ou des dépenses (C. compt. 29 décembre 1888, n° 123);

4° D'un *sommier,* ou livre de dépouillement, ou *grand-livre,* tenu seulement par les bureaux principaux, où sont relevées et classées journellement, suivant les divisions adoptées pour le bordereau mensuel et le compte de gestion (Voir *infra :* Compte de gestion), toutes les opérations inscrites au livre-journal (Arr. min. 9 novembre 1820 et 8 juin 1833), à l'exception de celles qui ont pour objet des conversions de valeurs.

Pour établir la concordance entre le total des recettes et des dépenses et les chiffres que fait ressortir la balance du sommier de dépouillement, les articles passés pour annulation et les sommes qu'ils avaient en vue d'annuler doivent, lorsqu'ils n'affectent pas l'encaisse, être déduits, en fin de journée, de la recette et de la dépense totales.

En principe, il n'y a pas de perception sans liquidation, ni de liquidation sans visite préalable (Déc. 2 août 1832). On peut toutefois procéder à la liquidation immédiate et à l'inscription en recette définitive des droits d'entrée avant la visite et d'après les énonciations des déclarations pour la mise à la consommation : des marchandises en entrepôt fictif; des marchandises extraites de l'entrepôt réel non sujettes à déchet; des sels entreposés, sauf le cas où il s'agit d'un solde de compte.

En outre, pour les petites quantités de marchandises introduites en dehors des opérations commerciales, la perception des droits, lorsque le montant de ceux-ci n'excède pas trois francs, (sans égard à la quotité du droit applicable aux marchandises), a lieu immédiatement, sous la seule formalité d'une déclaration verbale suivie de la délivrance, après visite, de la quittance réglementaire (Déc. 24 janvier et 8 mars 1834; 9 février et 13 juillet 1841; 31 juillet 1857).

Après avoir été arrêtées, d'une manière générale, le dernier jour du mois (C. 9 octobre 1824, n° 883), les écritures présentent ou une balance ou un excédent de recette. Ce reliquat de recette, s'il est conservé pour subvenir au payement des dépenses autorisées et au remboursement des consignations, doit, le premier jour du mois suivant, être reporté, sur le livre-journal du receveur subordonné, à la partie des recettes sous le titre : *Report des valeurs réservées en caisse à la fin du mois d* . . . . .

De son côté le receveur principal ou le receveur comptable inscrit, sous la date du jour où il en a connaissance, la *totalité* des recettes et des dépenses des bureaux subordonnés, mais il s'abstient de faire *dépense* au chapitre des avances, fonds remis, etc., des sommes conservées en fin de mois par les receveurs des mêmes bureaux; il a soin seulement de faire ressortir le total des sommes dont il s'agit à la colonne du journal intitulée : *recettes sans mouvement de valeurs*.

Cette colonne présente donc en recette un chiffre supérieur à celui inscrit *à la dépense*, toutes les fois que les perceptions des bureaux subordonnés n'auront pas été versées en totalité au bureau centralisateur. Or, il suffit d'additionner, à la fin de la journée, les recettes et les dépenses portées au livre-journal pour connaître le montant de la réserve des comptables subordonnés (C. c. p. 7 novembre 1857; n° 73; 5 janvier 1879, n° 75).

La comptabilité des diverses taxes locales dont la liquidation et le recouvrement sont confiées à la Douane, est soumise aux mêmes règles que celles indiquées ci-dessus pour les droits de douane (C. c. p. 27 décembre 1843, n° 40; 6 avril 1844; 7 juin 1850, n° 2366; 8 juin 1853, n° 119).

Soumissions cautionnées. — Elles ne sont considérées que comme de simples garanties et il ne doit en être fait recette à aucun titre. Provisoirement inscrites à un registre *ad hoc* et classées, elles ne figurent en recette dans la colonne spéciale qu'au fur et à mesure et jusqu'à concurrence des quittances de droits dont le montant n'est pas encore réalisé bien que le receveur ait dû s'en charger en recette immédiatement (C. de la Comptabilité du 20 mai 1826, n° 5 et Lett. de la Comptabilité du 20 juin 1833).

Les quittances ainsi formées ne sont remises au commerce qu'au moment de la régularisation par suite de payement en numéraire ou en traites et justifient jusqu'alors les inscriptions au registre de recette et au livre-journal à l'article *soumissions* (C. 24 décembre 1816, n° 230).

Quand les droits sont ensuite acquittés en numéraire ou en traites, la colonne des recettes en soumissions est immédiatement déchargée par la dépense au moyen d'une conversion de valeurs, opération d'ordre sur le livre-journal, d'une somme égale aux valeurs prises en charge en dernier lieu (Déc. 9 septembre 1840). Toutefois, si les droits sont acquittés le jour même de la liquidation, la recette figure au livre-journal, en numéraire ou en traites, il n'y est pas fait mention alors de la soumission (C. man. 23 décembre 1825).

Les quittances de droits soumissionnées sont des valeurs représentatives soit de numéraire, soit de papier fiduciaire et, à ce titre, doivent être conservées en portefeuille comme les traites. Dans les vérifications, il faut s'assurer de l'existence de ces valeurs (Déc. 2 octobre 1879; Lett. comm. 23 juillet 1887, n° 884).

Traites cautionnées. — Les effets de diverses natures reçus en payement sont inscrits dans l'ordre de réception sur le *sommier des crédits* et reportés ensuite au *registre des comptes-ouverts*, au compte de chaque redevable, soit comme principal obligé soit comme caution. Un tableau mensuel fait connaître la situation des engagés (C. 27 mai 1820, n° 570; 16 décembre 1822. n° 771).

Si les effets admis en payement sont protestés à l'échéance, le receveur en rembourse le montant sur la présentation du protêt (C. 19 avril 1822, n° 719); il en prélève le montant sur ses recettes courantes et s'en constitue provisoirement en débet (C. 27 mai 1820, n° 570).

Dans le cas où le comptable ne pourrait procéder au remboursement en espèces, il délivrera un récépissé au Trésorier-payeur ou au trésorier particulier. Le montant des obligations devra figurer en recette au chapitre *mouvement de fonds entre les comptables* immédiatement après les fonds de subventions reçus du Trésorier-payeur ou du trésorier particulier avec cette indication : *fonds reçus du Trésor; traites et obligations de douanes protestées.* Il en résultera que ces effets, venant accroître l'excédent des recettes, devront nécessairement être compris au développement des valeurs en caisse et en portefeuille au dernier jour du mois, dans le total des *traites et obligations de crédit en souffrance* (C. compt. publ. 29 août 1848, n° 48).

Les sommes reçues à compte de traites ou obligations de crédit non acquittées à l'échéance sont détachées d'un registre à souche spécial (C. compt. publ. 26 décembre 1833, n° 27).

Le receveur comptable est exclusivement responsable des effets reçus par les receveurs subordonnés; il fait participer à la remise spéciale les receveurs qui concourent à la réception des traites (Déc. min. 25 septembre 1852).

E. CENTRALISATION DES OPÉRATIONS EFFECTUÉES PAR LES RECEVEURS. — I. **Indo-Chine**. — En *Indo-Chine*, des receveurs comptables résidant à Haïphong, Tourane, Saïgon et Pnom-Penh centralisent la comptabilité des receveurs des Douanes et régies qui leur sont subordonnés et font leurs versements à la caisse de l'agent du Trésor de leur résidence pour le compte du Trésorier général de l'Indo-Chine. Ils sont justiciables de la Cour des comptes (Décret 23 avril 1913, art. 1er).

Il est ouvert dans la comptabilité du Trésorier général à Hanoï, pour le

Tonkin, et dans la comptabilité locale de chacun des trésoriers particuliers de la Cochinchine, de l'Annam et du Cambodge, un compte intitulé : «Receveur comptable des Douanes et Régies s/c courant» où sont centralisés les versements effectués par les receveurs des Douanes et Régies de chaque circonscription. Les versements des receveurs du Laos sont centralisés par le trésorier particulier du Cambodge, le receveur comptable des Douanes et Régies de Phom-Penh étant chargé desdites opérations (Arr. G. g. 29 juillet 1913, art. 2).

Les versements effectués au compte-courant de chaque receveur comptable donnent lieu à la délivrance par le Trésor de récépissés à talon qui sont acquittés par le receveur comptable au moment où il fait le versement, au compte budgétaire intéressé, des différents produits centralisés à son compte courant (Ibid., art. 3).

L'application aux recettes budgétaires du montant des récépissés délivrés à son compte-courant est faite, par chaque receveur comptable intéressé, au moyen de bordereaux de versement distincts par exercice et par articles du budget général : le montant de chaque bordereau donne lieu à la délivrance par le trésorier d'un récépissé au titre du c/ «Recettes du budget général» qui est ouvert par exercice dans la comptabilité locale, «opérations hors budget», des trésoriers particuliers de la Cochinchine, de l'Annam et du Cambodge. Les récépissés délivrés à ce compte forment titre libératoire pour les receveurs comptables; ils sont produits à l'appui de leur compte de gestion. Les talons de ces récépissés, appuyés des bordereaux de versement, sont compris par les trésoriers particuliers dans les remises qu'ils effectuent au Trésorier général; celui-ci leur délivre, en échange, des certificats de recette du montant de leurs remises. En vue de hâter la centralisation par le Trésorier général des produits des Douanes et Régies, les trésoriers particuliers lui en font remise par quinzaine (Arr. G. g. 29 juillet 1913, art. 4).

(Se reporter également à l'Arr. G. g. du 26 décembre 1899 réglant les mouvements de fonds du service des Douanes et Régies.)

Les receveurs comptables établissent, dans les premiers jours de chaque mois, un bordereau des opérations effectuées, pendant le mois précédent, par eux et par les comptables qui leur sont subordonnés, et le transmettent, par l'intermédiaire de leur sous-directeur au directeur des Douanes et Régies pour être annexé à la comptabilité du service (Décret 23 avril 1913, art. 3).

II. **Madagascar.** — 1° *Comptable centralisateur.* — A Madagascar, la centralisation des pièces de la comptabilité des Douanes est assurée, par le premier commis de la direction des Douanes qui est, en qualité de *comptable centralisateur*, justiciable du conseil d'administration (Arr. 3 novembre 1909, art. 3).

Un projet de décret prévoit que le comptable centralisateur sera nommé par le Gouverneur général et justiciable de la Cour des comptes (application de l'art. 126 de la loi de finances du 13 juillet 1911.)

Les receveurs particuliers lui adressent directement leur comptabilité aux dates qui leur sont prescrites par le chef de service.

24.

Les pièces justificatives de recettes et de dépenses, établies en double expédition dans les formes réglementaires, sont accompagnées d'un *bordereau mensuel* également en double expédition.

Dès la réception de la comptabilité, le comptable centralisateur vérifie les pièces justificatives de recette et de dépense et les transmet, accompagnées, s'il y a lieu, d'une note d'observations, au chef du Service des Douanes qui les lui renvoie d'urgence après examen et visa.

Après avoir opéré d'office, sur les bordereaux mensuels des receveurs, les rectifications nécessaires, le comptable centralisateur inscrit au *compte courant* de chaque receveur les résultats ressortant desdites situations mensuelles dont une expédition, portant accusé de crédit et appuyée d'un récépissé à talon détaché du registre n° 563 de la nomenclature générale du service, est renvoyée au receveur intéressé.

Le solde débiteur mensuel de chacun des comptes courants doit concorder avec le solde en caisse constaté, chez chaque receveur, au dernier jour du mois.

Personnellement responsable des recettes et des dépenses qu'il est tenu de rattacher à son compte de gestion, le comptable centralisateur doit informer sans retard le chef de service de toute rectification susceptible de faire ressortir un déficit dans la caisse d'un receveur ou d'un agent quelconque dépositaire de fonds appartenant à la douane; toutefois, conformément à l'article 143 du décret financier du 30 décembre 1912, la responsabilité du comptable centralisateur ne s'étend pas à la portion des recettes des comptables subordonnés dont il n'a pas dépendu de lui de faire effectuer le versement ou l'emploi.

Le comptable centralisateur peut admettre provisoirement, dans ses écritures, des recettes insuffisamment justifiées, mais il est tenu de réclamer d'urgence à qui de droit les compléments de justifications nécessaires.

Il adresse à l'ordonnateur local et au contrôleur financier une situation récapitulative mensuelle faisant ressortir le montant des recettes et des dépenses effectuées, au dernier jour du mois, par tous les bureaux de la colonie, et le détail du solde en caisse de tous les receveurs à la même date. Cet état est visé par le chef du Service des Douanes.

Versement au Trésor des recettes budgétaires. — Conformément à la circulaire (c. p.) du 28 octobre 1869, les recettes douanières sont constatées au Trésor, au titre du budget local, au moyen de bordereaux mensuels, établis par nature de recettes par le comptable centralisateur, visés par le chef de service et visés et enregistrés par l'ordonnateur.

Sur le vu du bordereau général mensuel du comptable centralisateur et d'un ordre de payement de trésorerie délivré par l'ordonnateur local, le trésorier-payeur débite le c/ *Service des Douanes* s/c courant par le crédit du compte où la recette doit figurer (*Recettes du Service local* ou bien *Produit des douanes* ou *Produit de la taxe de consommation affecté au service de l'emprunt de...*).

Mouvements de fonds. — Les receveurs ou chefs de poste des douanes versent mensuellement, ou aux époques fixées, la totalité de leurs excédents de recettes dans la caisse du Trésor ou de la colonie installée dans la localité où ils résident. Les payeurs leur remettent un mandat de trésorerie à l'ordre du comptable centralisateur; les gérants de caisses locales leur délivrent une quittance à souche.

Les receveurs ou chefs de poste de douanes, en service dans les localités où il n'existe aucune caisse, font leurs versements par l'intermédiaire du receveur de la localité la plus proche qui en possède une. Ce receveur transmet au comptable expéditeur le mandat de trésorerie ou la quittance qui lui a été délivré à la suite du versement.

Ces versements, qui figurent dans les écritures du receveur ou du chef de poste sous la rubrique : « Versements faits dans les diverses caisses de la colonie pour le compte du comptable centralisateur », sont faits, sans imputation à des droits quelconques, sur un simple bulletin indiquant la somme versée. L'affectation aux droits des sommes ainsi versées est faite ultérieurement par les soins du comptable centralisateur.

Fonds de subvention. — Les receveurs qui ne possèdent pas les fonds nécessaires à l'acquittement de leurs dépenses remettent une demande de fonds de subvention au payeur ou au gérant de caisse. Cette demande extraite d'un registre à souche, qui doit être constamment gardé dans le coffre-fort, se compose de trois parties qui sont : la demande proprement dite, le récépissé et le talon. Ces trois parties sont remises au payeur ou au gérant de caisse qui conserve le récépissé pour servir de pièce de dépense à sa comptabilité et adresse au comptable centralisateur le talon revêtu au verso du numéro et de la date d'enregistrement à son livre-journal de caisse.

Régularisation des payements effectués directement par les receveurs. — Les pièces de dépenses établies par les receveurs soit pour remboursement de consignations ou autres recettes de trésorerie, soit pour le payement de dépenses budgétaires urgentes autorisées, sont transmises avec la comptabilité mensuelle au comptable centralisateur. Celui-ci conserve les pièces relatives aux dépenses de trésorerie et transmet, aux fins de mandatement, à l'ordonnateur, celles concernant les dépenses budgétaires.

Livre de liquidation des dépenses budgétaires. — Pour permettre au chef du Service des Douanes de suivre la situation des crédits mis à sa disposition, il est tenu dans les bureaux de la direction, un livre de liquidation des dépenses, comportant les mêmes rubriques que le budget et recevant l'inscription de toutes les dépenses imputées sur les crédits ouverts à la douane.

Le comptable centralisateur doit, en conséquence, avant d'adresser à l'ordonnateur ses pièces de dépenses budgétaires, les communiquer au chef de service, aux fins d'enregistrement au livre de liquidation.

Les receveurs des douanes tiennent, dans les mêmes conditions, un livre de liquidation où doivent figurer toutes les dépenses liquidées par eux, ou liquidées ou mandatées par les administrateurs chefs de province. Ils adressent mensuellement une copie de ce registre au chef du Service des Douanes, en vue de lui permettre de tenir à jour ses écritures centrales.

L'ordonnateur local fait connaître à ce chef de service les dépenses effectuées dans la métropole.

Compte de gestion. — Le comptable centralisateur rend un compte de gestion annuel, divisé en deux parties, conformément à l'article 325 du décret du 30 décembre 1912.

La première partie, qui doit parvenir à l'ordonnateur dans les trois mois qui suivent la clôture de l'exercice (31 août au plus tard), comprend les opérations budgétaires et les opérations d'ordre effectuées pendant la période complémentaire de l'exercice clos.

La deuxième partie, qui doit être dressée dans les trois mois qui suivent la fin de l'année, comprend toutes les autres opérations effectuées du 1er janvier au 31 décembre et rappelle les totaux de la première partie.

Enfin une troisième partie fait ressortir la corrélation, au 31 décembre, du solde existant au Trésor au c/ «Service des Douanes s/c courant» avec celui résultant des écritures du comptable centralisateur. Elle présente dans un tableau :

1° Les chiffres en débit et en crédit accusés par les écritures du trésorier-payeur au 31 décembre, ainsi que le solde qui résulte des mêmes écritures au c/ «Service des Douanes s/c courant» ;

2° Les opérations faites par le Service des douanes antérieurement au 31 décembre, et qui, n'ayant pas été régularisées à cette date par le Trésor, doivent donner, par leur balance, le même solde que celui accusé par le trésorier payeur : le montant de ces opérations figure séparément, en ce qui concerne le débit (fonds de subvention reçus; excédent des recettes sur les dépenses faites au titre des opérations de trésorerie; recettes budgétaires non versées au Trésor), et le crédit (fonds de subvention versés aux caisses de la colonie; encaisses des bureaux).

Afin de permettre au comptable centralisateur de rapprocher ses écritures de celles tenues au Trésor, ce dernier service établit, à la date du 31 décembre, un état donnant la reproduction exacte de toutes les opérations constatées au c/ «Service des Douanes s/c courant».

Après avoir affirmé sincère et véritable par le comptable centralisateur, le Compte de gestion, appuyé de toutes les pièces justificatives des recettes budgétaires et des opérations de trésorerie est adressé, en double expédition, au chef du Service des Douanes, qui consigne toutes ses observations dans un tableau annexé à ce document; il le vise ensuite, s'il y a lieu, et le transmet à l'ordonnateur pour être soumis au Conseil d'administration.

L'ordonnateur conserve dans ses archives une expédition du compte de gestion approuvé par le Conseil d'administration et renvoie l'autre expédition au comptable centralisateur.

Compte de clerc à maître. — En cas de mutation des comptables centralisateurs dans le cours d'une année, le comptable sortant rend à son successeur un compte de clerc à maître qui rappelle l'excédent de recettes résultant du dernier compte et énonce, par article, les recettes et les dépenses qu'il a effectuées ultérieurement.

Le compte unique établi, en fin de gestion, par le comptable centralisateur en exercice, énonce qu'il est rendu tant en son nom qu'en celui de son prédécesseur, chacun pour ses actes personnels.

Le compte de clerc à maître est divisé en deux parties :

1° *Compte en deniers*, présentant le dépouillement, d'après le sommier, des recettes et des dépenses effectuées par le rendant compte. Au cas où les valeurs en caisse ne seraient pas égales à l'excédent des recettes sur les dépenses, on constaterait, d'une part, les valeurs existantes, de l'autre, le débet pour déficit de caisse;

2° *Inventaire des pièces justificatives* établi en quatre expéditions : une pour le comptable sortant, une pour son successeur, une pour le chef du Service des Douanes, une pour l'ordonnateur local.

Justifications à produire à l'appui du compte de gestion. — Les pièces justificatives à joindre au compte de gestion sont les suivantes :

RECETTES BUDGÉTAIRES ET RECETTES D'ORDRE.

Droits de douane à l'importation et droits de sortie; droits de statistique, de navigation, sanitaires; taxes de consommation; droits de visite sur les animaux, etc. — État annuel de développement par nature de marchandises : quantité, quotité et montant, par article, des droits perçus et dont le total général doit concorder exactement avec celui du bordereau mensuel du comptable centralisateur.

Recettes accessoires et accidentelles. — Même état annuel que ci-dessus appuyé des justifications nécessaires.

Prélèvement de 40 p. 100 au profit du Trésor (ou de la colonie) sur le produit des affaires contentieuses. — Relevé des affaires contentieuses constatées et réparties avec les noms des contrevenants, les numéros et la date des affaires, le décompte des sommes remises aux ayants droit, parmi lesquels le Trésor ou la colonie.

RECETTES DE TRÉSORERIE.

Caisse des dépôts et consignations ou Service local, dépôts divers. (Remboursement des sommes versées à titre de consignation, produits de vente, etc.) — Reprise en recette dans les écritures de la douane et au titre de la Caisse des dépôts et consignations ou du c/Service local, dépôts divers, des sommes non réclamées par les intéressés : état présentant le numéro, la date et la nature de la consignation versée par l'intéressé, le numéro et la date de la régularisation de cette consignation, le numéro et la date de la prise en charge au livre-journal de la somme réclamée.

Consignation en garantie de droits ou d'amendes. — État n° 581 de la nomenclature générale des douanes.

Recouvrements pour des tiers (amendes et confiscations, sommes reçues pour le compte des agents des douanes; produit de la vente des imprimés effectuée pour le compte de l'imprimerie officielle; recettes pour le compte des communes, recouvrements pour divers, etc.). — État n° 584.

Fonds particuliers de divers et recettes à classer (fonds commun, fonds à divers, produit des ventes). — État n° 585.

Régularisation d'avances (frais de saisie et avances diverses; remboursement des dépenses effectuées directement par le service). — État n° 586.

Fonds de subvention reçus des diverses caisses de la colonie. — Chemise n° 550; talons des récépissés adressés au comptable centralisateur par les différents comptables.

DÉPENSES DE TRÉSORERIE.

Caisse des dépôts et consignations ou Service local, dépôts divers. (Sommes versées à titre de consignation, produits des ventes, etc.). — Certificat du chef du Service des Douanes délivré d'après les écritures du comptable sur le vu des récépissés de dépôt.

Consignations en garantie de droits. — a. *Application aux droits et produits :* États n°° 581 et 582; chemise n° 546; b. *Restitutions :* Reconnaissance des consignations revêtues d'une décharge.

Consignations en garantie d'amendes : a. *Applications aux droits et produits :* Chemise n° 547; état n° 583; b. *Restitutions :* Ordre de remboursement, décision administrative, quittance.

Versements sur recouvrements pour des tiers (répartition du produit des amendes et confiscations [a. application aux frais de saisie; b. répartition aux ayants droit]; payement aux agents des douanes des sommes perçues pour leur compte; versement à l'imprimerie officielle des sommes perçues pour son compte; versement aux communes des sommes perçues pour leur compte; remboursement pour le compte des agents des douanes; remboursement d'amendes; remboursements à divers). — Chemise n° 548; récépissés; état récapitulatif n° 584 des sommes recouvrées.

Dépenses sur les fonds particuliers de divers. — (Répartition du fonds commun; versements à divers; produits des ventes.) — État n° 585; récépissés ou états émargés.

Avances à régulariser (frais de saisie et avances diverses; dépenses budgétaires directement effectuées par le service). — État n° 586.

Versements en numéraire aux différentes caisses de la colonie. — Chemise n° 549; récépissés des comptables réceptionnaires.

2° *Receveurs et chefs de poste.* — Les receveurs des douanes incorporent dans leur propre comptabilité les opérations des chefs de poste qui leur sont subordonnés.

Après avoir vérifié les pièces fournies par ces derniers et après les avoir fait figurer à leur livre-journal et les avoir comprises dans leur bordereau mensuel, ils les transmettent avec les pièces de leur propre bureau au comptable centralisateur.

Le bordereau mensuel des chefs de poste, accompagné des pièces justificatives des recettes et des dépenses est établi en double expédition. Après vérification, le receveur retourne au chef de poste une expédition appuyée d'une quittance à souche extraite du registre n° 563 *bis* et conserve l'autre expédition dans les archives de son bureau.

Le bordereau mensuel des receveurs présente à sa 4° page un tableau où sont développées par *bureau* et par *poste*, ainsi que par *article*, toutes les recettes et dépenses effectuées dans la circonscription douanière de la recette. Il doit y avoir concordance entre : *a.*) la somme des totaux mentionnés dans les colonnes affectées à la recette centralisatrice et à ses postes subordonnés, d'une part, et les totaux généraux des recettes et des dépenses accusés en fin de mois par le livre-journal du receveur, après incorporation des comptabilités des postes subordonnés, d'autre part; *b.*) chaque colonne concernant un poste et le détail figurant à la situation mensuelle de ce poste.

Les pièces justificatives des recettes sont fournies en simple expédition par les receveurs et chefs de poste; les pièces de dépense sont établies en double expédition.

Dans la métropole, le maximum de l'encaisse des receveurs autres que ceux des grandes douanes a été fixé à 5,000 francs (Déc. min. Fin, 21 floréal an VII et C. du 27 du même mois). D'un autre côté, il est prescrit aux receveurs de verser tous les dix jours leurs recettes au Trésor en conservant en caisse, dans la dernière décade du mois, les sommes absolument nécessaires à l'acquittement des dépenses courantes.

Les versements doivent avoir lieu en sommes rondes (C. c. p. 21 juin 1854, n° 63).

Aux colonies, les règles à suivre en la matière sont déterminées par les instructions locales.

La comptabilité de décembre ne doit être arrêtée effectivement que le 31 dudit mois.

Consignations. — Les recettes et les dépenses effectuées à ce titre figurent sur un état unique concernant aussi bien les consignations effectuées que celles régularisées. Les quittances des consignations régularisées sont enliassées et annexées audit état qui forme chemise et qui comprend également les consignations et quittances de consignations des postes subordonnés.

Travail en dehors des heures légales. — Les états de répartition des heures de travail supplémentaire entre les ayants droit sont dressés en double expédition : l'une, appuyée des autorisations de travail délivrées pendant le mois, constitue la pièce justificative de la recette; l'autre émargée par les agents 'z moment du payement constitue la pièce de dépense. -

Remises. — Font l'objet d'états mensuels établis en simple expédition et transmis au comptable centralisateur qui, après les avoir vérifiés et fait viser par le chef de service, les renvoie aux receveurs intéressés en vue du mandatement, au profit des ayants-droit, par l'ordonnateur secondaire local.

L'arrêté du 18 juillet 1908 modifié par l'arrêté du 26 août 1911 a fixé le mode de répartition des remises allouées au personnel douanier. L'arrêté du 27 novembre 1911 a réglementé le mode de remboursement des remises attribuées sur les droits et taxes de douanes indûment perçus.

Répartition des amendes et confiscations. — Un état de répartition est établi par chaque receveur ou chef de poste qui l'appuie des pièces réglementaires (Décision du chef du service terminant l'affaire; copie de la transaction, du procès-verbal ou de l'acte en tenant lieu). Cet état est soumis à la signature du chef de service par l'intermédiaire du comptable centralisateur qui le renvoie au receveur ou chef de poste. Celui-ci le fait alors émarger par les agents intéressés, en porte le montant en dépense à son journal, reprend en recette la part revenant à la colonie et au fonds commun et comprend enfin l'état dûment émargé parmi ses pièces de dépense du mois.

Les comptables ne doivent mettre en payement dans le mois de décembre aucune répartition de produits d'amendes et confiscations (C. Compt. publ. 6 décembre 1854, n° 66.).

Payement à titre exceptionnel, par les receveurs, de certaines dépenses budgétaires. — Ces dépenses sont effectuées en cas d'urgence, après autorisation télégraphique du chef du Service des Douanes et régularisées par les soins du comptable centralisateur. Elles figurent, sans distinction aucune, au journal comme au bordereau mensuel des comptables subordonnés, au paragraphe *Dépenses budgétaires payées pour le compte du comptable centralisateur.* Mais elles ne sont pas inscrites à leur registre de liquidation des dépenses budgétaires. Les pièces y relatives sont fournies en double expédition.

Les dépenses budgétaires ainsi autorisées à titre exceptionnel se rapportent : aux réparations et à l'entretien des embarcations; aux réparations et à l'entretien du matériel et du mobilier du bureau; au remboursement des droits et taxes indûment perçus. Les certificats de contre-liquidation, en simple expédition, dûment revêtus du «Vu bon à payer» du chef de service peuvent, en conséquence, être portés d'office en dépense par les receveurs ou chefs de poste au paragraphe «Dépenses budgétaires payées pour le compte du comptable centralisateur».

F. Vérification de l'Inspection des Colonies. — Se présenter à la recette de préférence le matin, avant toute opération, de façon à constater la situation telle qu'elle a dû être décrite dans la comptabilité la veille au soir.

En arrivant, reconnaître les valeurs de caisse et de portefeuille; en vérifier la conformité avec les indications du journal sur lequel on arrête en toutes lettres les soldes des diverses valeurs.

Si la vérification est commencée dans le courant de la journée, faire mettre le journal au courant après avoir fait verser dans la caisse les perceptions dont les sections ne comptent au receveur qu'en fin de journée.

En effectuant le pointage des quittances de droits à réaliser sur soumissions cautionnées (lesquelles quittances doivent, par ce fait qu'elles sont des valeurs représentatives soit de numéraire, soit de papier fiduciaire, être conservées en portefeuille comme les traites), il convient d'examiner si quelques-unes de ces quittances ne datent pas de plus de huit jours et s'il n'est pas ainsi accordé des crédits abusifs à certains redevables.

La somme à admettre comme réserve autorisée chez les receveurs particuliers se justifie par les bordereaux de ces comptables pour le mois antérieur.

Arrêter tous les registres de recette et viser le livre de liquidation.

Lorsqu'on vérifie un receveur principal (ou le comptable en tenant lieu), faire inscrire et totaliser toutes les recettes et les dépenses au sommier de dépouillement; les transporter sur le bordereau de vérification; établir la situation en prenant comme solde, au 31 décembre de l'année antérieure, l'excédent de recette porté sur le procès-verbal prévu par l'article 392 du décret du 30 décembre 1912, modifié d'après les opérations passées dans les premiers jours de janvier pour supplément au mois de décembre. Ces opérations sont décrites avec détail sur le journal et le solde modifié est identique au commencement du sommier.

La masse des recettes à vérifier comprend : 1° les perceptions des receveurs ou chefs de poste subordonnés; 2° celles effectuées directement par le receveur comptable ou receveur inspecté.

Pour contrôler la centralisation des recettes effectuées dans les bureaux subordonnés pendant les mois antérieurs, on peut les dépouiller par nature sur les derniers bordereaux des receveurs ou des chefs de poste et s'assurer qu'elles ont bien été transportées au journal et au sommier, ou au journal.

Pour le mois courant, rapprocher le registre des quittances pour versements des receveurs particuliers ou des chefs de poste, avec le sommier et le journal, ou avec le journal.

Le contrôle des perceptions effectuées directement par le receveur comptable, ou le receveur subordonné ou chef de poste, comporte l'examen des principaux registres et états dont l'indication suit :

Importations par mer : Registre M 40 recette et quittances; registre M 17 visite et liquidation; formules M 8 déclarations; permis et certificats de visite.

Importations par terre : Registre T 5 ou T 6 recette et quittances; registre T 8 visite et liquidation.

Droit de statistique : Carnets de statistique.

Droits de navigation : Registre de congé des navires français; registre des passeports des navires étrangers; registre de liquidation des droits de francisation; registre spécial des droits de quai; registre de recette et quittance des droits de navigation où doit figurer chacune des recettes inscrites aux registres originaires. Registre des mouvements du port.

Taxe de plombage et d'estampille : Registre de soumissions; registre d'enregistrement de la recette des plombs et estampilles (à rapprocher avec le carnet de comptabilité-matières des flans reçus et livrés).

Droits sanitaires : Registre de recette (à rapprocher avec les bulletins de liquidation du droit de reconnaissance).

Droit de permis : Recouvré au moment même de la délivrance du permis; la perception en est constatée par l'inscription au registre de déclarations.

Droits de timbre : Registre de quittances, d'acquits-à-caution, de passavants, etc., main-courante.

Droits de magasinage et de garde : Registre de dépôts; registre de liquidation des droits accessoires; registre de quittances pour les recettes accessoires et accidentelles.

Amendes et confiscations : Registre E 69, sommier des saisies et instances; registre E 71 A, sommier des droits constatés; registre 71 B de recette et quittances; feuille d'avis sur les transactions; transactions et soumissions.

Consignations en garantie des droits : Registre d'entrée et de sortie des consignations; registre de recette et quittances.

Consignations diverses : Registre de recette et quittances.

Remises sur les crédits : Registre des crédits (reviser par épreuve le calcul des remises).

En matière de droits d'entrée examiner également les registres de déclarations, les *sommiers d'entrepôt réel et fictif.*

Les *dépenses* se justifient :

a. Par les accusés de crédit ou, pour les mois non encore vérifiés, par les accusés de réception du comptable centralisateur ou du receveur comptable;

b. Pour le mois courant, par les pièces justificatives que possède le comptable.

CHAPITRE II.

MATÉRIEL ET COMPTABILITÉ-MATIÈRES.

Le matériel des douanes comprend :

a. Les *immeubles,* affectés aux bureaux, magasins et corps de garde, qui sont la propriété du Gouvernement général ou du Service local ou qui sont pris à bail par ces personnes morales. L'entretien et l'administration de ces immeubles, dont l'affectation est déterminée par le chef de la colonie, sur la proposition du chef du Service des Douanes, sont en principe du ressort du Service des Travaux publics.

En Indo-Chine, le directeur des douanes détermine l'affectation des immeubles de son service et s'entend avec les Administrations locales pour les acquisitions ou échanges d'immeubles. Il réclame les délégations de crédits nécessaires pour les achats, réparations et dépenses d'entretien; il n'autorise les dépenses que dans la limite des crédits délégués. Il ordonne les travaux d'entretien et de réparation ainsi que les dépenses de matériel du service courant (Arr. G. gr. 15 décembre 1897, art. 7).

b. Les *embarcations* que la douane peut tenir en mer ou sur les rivières à charge de remplir envers la Marine les formalités d'usage (Loi 22 août 1791, titre XIII, art. 6).

Les embarcations de la douane ont, comme les bâtiments de l'État, le droit de battre la flamme au grand mât et la faculté de porter le pavillon déployé à la poupe; mais les canots ne peuvent en aucun cas déferler le pavillon à l'arrière, ce signe étant une distinction essentiellement militaire réservée aux officiers généraux de la Marine ou capitaines de vaisseau commandants (C. 31 août 1817, n° 314).

Toutes les embarcations sont au dedans en couleur chamois et en noir à l'extérieur (Déc. 27 juin 1868).

Elles ne sauraient être détournées des services de croisières, en vue desquels elles ont été créées, pour être affectées à des transports de matériel (Déc. 25 juin 1884).

Elles ne pourraient être employées autrement que pour l'exécution du service qu'autant qu'il y aurait une circonstance exceptionnelle d'absolue nécessité, ou de secours à porter en cas de danger (Déc. 18 juillet 1839).

Sous aucun prétexte, on ne peut s'en servir pour l'agrément des agents ou pour des passagers ou voyageurs. Les personnes étrangères au service n'y sont admises qu'avec l'autorisation du chef local ou du chef du service (Déc. 27 novembre 1837).

Dans ces diverses circonstances, toute rétribution est interdite (Déc. 3 août 1859).

Les embarcations des douanes sont affranchies des formalités auxquelles l'acte de navigation assujettit les navires (Déc. min., 1er floréal an II).

c. Les *meubles et ustensiles affectés au service des bureaux et de la visite des marchandises, à celui des corps de garde et aux casernes des brigades.*

Sont réputés objets mobiliers : les embarcations, les bureaux et corps de garde roulants, les guérites, et en général tous les objets qui peuvent se transporter d'un lieu à un autre (G. 12 novembre 1824, n° 888; 18 septembre 1838, n° 1709; Déc. 26 sept. 1873).

Dans la métropole, la comptabilité des immeubles et objets mobiliers du Service des Douanes est suivie sur des inventaires.

Aux colonies, les règles suivies sont celles indiquées par les règlements locaux sur la tenue de la comptabilité-matières et qui sont calquées sur les

dispositions de l'Instruction ministérielle (Colonies) du 16 janvier 1905.
Pour l'Indo-Chine (voir Arr. G. g. 23 décembre 1912).

Vérification. — Il y aura lieu de procéder à un recensement, par épreuve,
du matériel en service et de vérifier la conformité des existants reconnus avec
les indications des écritures. Examiner l'état d'entretien de ce matériel,
notamment des embarcations. S'assurer que celles-ci sont employées dans les
conditions réglementaires, etc.

CHAPITRE III.

VÉRIFICATION DES RECETTES DE DOUANE AU TRÉSOR.

La perception des droits de douane, des droits de sortie, des taxes accessoires et des contributions locales (octroi de mer, taxes de consommation, etc.)
liquidées par la douane, incombe, en principe, au trésorier-payeur et à ses
subordonnés agissant pour son compte (Décret financier du 30 décembre
1912, art. 115 et 119).

Il existe toutefois dans certaines colonies (Indo-Chine : Décret 23 avril
1913 et Arr. G. g. 29 juillet 1913; Madagascar : Arr. 30 mars 1904 et
3 novembre 1909, Instr. 25 et 26 février 1905), des receveurs des douanes
chargés, dans des conditions déterminées, de la perception des recettes douanières dont la centralisation reste dévolue au trésorier général ou au trésorier-
payeur.

Au surplus, dans la plupart des colonies, la douane assure directement,
par application de l'article 148 du décret du 30 décembre 1912, le recouvrement de diverses recettes : droits sur les bagages des voyageurs et sur les
colis-postaux; produit de la vente des imprimés; droits de timbre; droits de
plombage; sommes versées pour garantir l'exécution des transactions; montant des indemnités de travail en dehors des heures légales payées par le
commerce, etc. Le montant de ces perceptions est versé périodiquement au
Trésor ou, éventuellement, lorsque l'encaisse du comptable atteint un chiffre
déterminé par les dispositions locales en vigueur. Le trésorier ou ses subordonnés délivrent récépissé de ces versements.

La vérification des recettes des douanes au Trésor a donc pour but de
s'assurer que:

1° Toutes les liquidations effectuées par le service ont été suivies de réalisations correspondantes au Trésor;

2° Toutes les perceptions opérées ont été exactement versées et encaissées au Trésor.

a. *Droits liquidés par la Douane.* — La Circulaire (c. p.) du 28 octobre
1869, § VIII, section 3, contient à cet égard les instructions suivantes : «Les
trésoriers opèrent le recouvrement des droits liquidés par la douane en vertu

de titres établis par celle-ci (bulletins de liquidation) que leur représentent les redevables en venant se libérer à leur caisse, et sont avisés d'un autre côté directement par la douane des titres émis. La justification à fournir au soutien de la comptabilité du trésorier consiste dans le bordereau général mensuel des droits liquidés par les divers bureaux de douane de la colonie, présentant le détail des droits groupés et additionnés par articles budgétaires, pour les recettes du service local, et par compte, pour les produits communaux ou autres. Ce bordereau comprend toutes les constatations faites du premier au dernier jour du mois et doit être fourni au trésorier dans les premiers jours du mois suivant. Le modèle en est donné sous le numéro 5 à la suite de la présente circulaire».

Les bordereaux devront indiquer avec précision la base et le décompte de la perception (C. [Col.] 5 juin 1895).

Les recouvrements effectués au titre de l'octroi de mer sont justifiés mensuellement dans la comptabilité des trésoriers au moyen de bordereaux de liquidation, établis par la douane, indiquant les droits fixés par les tarifs ainsi que les quantités auxquelles ils ont été appliqués (C. [c. p.] 12 juin 1903).

Se rapporter également aux articles 187, 188 et 189 du décret financier du 30 décembre 1912.

Les quittances de droits délivrées par le trésorier-payeur et les percepteurs doivent, par article déclaré (indépendamment du nom du redevable, de celui du navire importateur ou exportateur, de la provenance ou de la destination de ce dernier et du montant total, en toutes lettres, des droits perçus) porter les indications suivantes : origine des marchandises : marques et numéros, nombre et nature des colis; poids et espèce des marchandises; quotité des droits appliqués ; somme perçue par nature de droits (droits de douane, d'octroi, de consommation, de sortie, de statistique, etc.). Elles doivent être datées et signées par l'employé qui les a établies et revêtues du timbre du Trésor ou de la Perception qui les a délivrées. (Réunion, arr. 30 novembre 1911, art. 3 et 4).

Les déclarations liquidées communiquées au Trésor ou à la Perception, à l'appui des bulletins de liquidation, sont renvoyées aux bureaux de douane d'émission, dans un délai maximum de quinze jours, après avoir été revêtues du numéro de recette, de la date du recouvrement et de la signature de l'agent percepteur du Trésor (Réunion, arr. 30 novembre 1911, art. 2). Afin de faciliter le contrôle, le bureau de douane intéressé inscrit sur le registre de liquidation le numéro de la recette en regard de la liquidation correspondante. Le relevé des articles non émargés fait connaître les restes à recouvrer.

A la Réunion, les redevables sont autorisés à s'acquitter soit à la caisse publique de la localité où ils ont présenté leurs déclarations, soit dans celle du lieu de leur résidence. Dans ce dernier cas, l'intéressé indique sur sa déclaration la localité pourvue d'une Perception où il désire verser les droits. Le chef du bureau des douanes reproduit cette indication sur le bulletin de liquidation qui est expédié par l'agent du Trésor de sa résidence dans la localité où la perception doit être effectuée (Arr. 19 décembre 1910, art. 9).

La vérification à faire par l'inspection a pour but de constater la concordance qui doit exister entre le chiffre des recettes effectuées par le Trésor et le montant des liquidations opérées par la douane.

La différence, s'il en existe une, entre les liquidations et les recouvrements, constituera le restant à recouvrer, sur lequel devra se porter tout particulièrement l'attention de l'inspection.

Rapprocher un certain nombre de bulletins de liquidation avec les souches du quittancier affecté aux droits liquidés. Reviser les totaux journaliers du quittancier et s'assurer qu'ils sont exactement reportés au C/ *«Recettes à répartir»* (dont le développement figure par nature de recettes sur un livre élémentaire) et, en fin de mois, aux C/ *«Recettes du service local»* et *«Octroi de mer»*.

Après avoir vérifié à la douane, le registre de visite et liquidation, s'assurer que les résultats accusés par ce document sont en concordance avec ceux qui ressortent du carnet des *«Recettes à répartir»*.

En vue de faciliter le contrôle des recouvrements, les dispositions suivantes ont été arrêtées à la Réunion (Arr. 19 décembre 1910 et 30 novembre 1911) : En fin de chaque mois, les Services du Trésor et de la Douane doivent rapprocher leurs écritures. Après pointage, le trésorier et les percepteurs chargés d'effectuer des recettes de douane, établissent chacun, en double expédition, un relevé des restes à recouvrer faisant ressortir pour le mois courant le montant des émissions de la Douane, celui des recouvrements effectués par le Trésor et enfin celui des liquidations restant à percevoir. Cet état certifié exact par le chef du bureau des douanes intéressé, en ce qui concerne le montant des émissions, et par le trésorier ou le percepteur, en ce qui concerne les recouvrements effectués et les restes à recouvrer, est complété par le développement des liquidations non payées, avec indication, pour chacune d'elles, du numéro, de la date et du montant de la liquidation, du nom du redevable et des motifs du non-recouvrement. L'un de ces relevés est adressé au secrétaire général et l'autre au chef du Service des Douanes.

Il ne faut pas perdre de vue que les droits perçus sur liquidation ne doivent pas, en principe, présenter de restes à recouvrer, en vertu de la règle que la marchandise est le gage des droits et ne peut être enlevée qu'après que les droits auront été acquittés, consignés ou garantis (Loi 22 août 1791, titre XIII, art. 30 ; loi 15 février 1875, art. 1er).

On a vu que, sauf en Indo-Chine, le trésorier-payeur a seul qualité pour accorder le crédit d'enlèvement et le crédit des droits. Ce principe se trouve rappelé et développé dans la circulaire ministérielle (Col.) du 14 avril 1886 et dans une dépêche ministérielle (Guyane) du 24 mars 1891, aux termes desquelles le décret sur le régime financier des colonies, en confiant aux trésoriers-payeurs la perception des droits de douane, leur a conféré tous les droits et actions appartenant aux receveurs spéciaux de ces produits en France, et parmi lesquels figure le droit de contrainte établi par l'arrêté du 30 fructidor an XII (art. 49 et 50). En vertu du principe que celui-là seul qui est responsable du recouvrement de l'impôt a le droit d'accorder un délai et de permettre l'enlèvement du gage qui garantit ce recouvrement, le trésorier-payeur doit avoir seul le droit : *a.* d'exercer des poursuites par voie de contrainte pour le recouvrement des droits de douane, de sortie, taxes accessoires, droits d'octroi de mer, de consommation, etc. en retard ; *b.* de faire passer les soumissions et traites cautionnées permettant l'enlèvement des marchandises avant liquidation et acquittement des taxes.

Bons de douane. — Les effets de diverses natures (traites cautionnées) remis en payement au trésorier-payeur sont inscrits au débit du compte de portefeuille *«Bons de douane à liquider»* par le crédit du C/ *«Recettes à répartir»*. Ce dernier C/ est à son tour débité du montant des recettes douanières ou de l'octroi de mer du mois par le crédit du C/ *«Recettes du service local»* ou du C/ *«Octroi de mer»*. Lors du règlement des traites, le C/ *«Bons de douane à liquider»* est crédité par le débit du C/ *«Caisse»*. Au cas de non-payement des dites obligations, c'est le C/ *«Fonds particuliers du Trésorier»* qui, en principe, est débité à la place du C/ *«Caisse»*, à moins que la responsabilité du comptable supérieur ne soit dégagée.

Le solde du C/ *«Bons de douane»* est représenté par les traites en portefeuille. S'assurer de l'existence de ces valeurs au cours de la vérification.

Le C/ *«Octroi de mer»*, après avoir été crédité des recettes, qui sont justifiées par les bordereaux généraux de la douane, est débité du montant des sommes réparties entre les communes au moyen d'ordres de payement appuyés d'états de répartition. Ces ordres de payements sont revêtus de la quittance des receveurs municipaux. (C. [c. p.] 12 juin 1903, § 2, et 24 avril 1893).

La remise perçue par les trésoriers au moment de la souscription des traites doit figurer au C/ de trésorerie *«Remises sur les obligations cautionnées souscrites par les redevables»*. Des récépissés sont délivrés aux parties versantes. En fin de mois, ce C/ est soldé du montant total des sommes constatées à son crédit. Il est justifié : en recette par le talon du récépissé ; en dépense par une quittance du comptable bénéficiaire des remises. Cette quittance doit porter une mention de référence en ce qui concerne le versement des retenues pour pensions, auxquelles l'attributaire de la remise peut être astreint (C. [c. p.] 4 juin 1910, § V).

Consignations. — Le montant des consignations figure soit à un compte spécial *«Droits consignés à régulariser»*, (Guadeloupe, arr. 6 février 1899), soit au C/ *«Recettes à classer»*. Ce C/ qui est crédité par le débit du C/ *«Caisse»* est ensuite, lors de l'application des droits, débité par le crédit des comptes intéressés et, si ces fonds sont restitués aux redevables, par le crédit du C/ *«Caisse»*.

Les autres comptes du Trésor à examiner peuvent être les suivants :

Service local, dépôts divers qui est crédité, par le débit du C/ *Caisse,* du produit des ventes des marchandises effectuées par la douane, lorsqu'il s'agit de marchandises vendues sous réserve des droits des tiers. Si les sommes ainsi versées ne sont pas réclamées par les intéressés dans l'année à partir du jour de la vente, le C/ Service local, dépôts divers est alors débité par le crédit du C/ *Recettes du service local*. (Produits divers). (Voir *supra*, dépôts en douane).

« Saisies et doubles droits de douane à répartir » qui reçoit le produit des amendes et confiscations. Ce compte est crédité de ce produit au débit du C/ *Caisse;* il est ensuite débité, au crédit du C/ *Caisse*, du montant des sommes payées aux ayants droit et, au crédit du C/ *Recettes du service local* (Produits divers), du montant de la part revenant à la colonie. Les recettes imputées à ce compte sont justifiées par des ordres de recette de trésorerie et les dépenses par des ordres de payement appuyés d'états de répartition dûment quittancés. (Décret Fin. 31 décembre 1889 et C. [c. p.] 24 avril 1893).

L'inspecteur peut encore avoir à examiner le compte *« Parts attribuées aux communes sur divers droits et produits »* et le compte *« Amendes attribuées à divers »*.

Un carnet spécial présente le développement de la plupart des comptes susindiqués. Il n'y a qu'à s'y reporter pour s'assurer que ces comptes sont apurés dans les délais voulus. Le C/ *« Saisies et doubles droits de douane »* devra particulièrement retenir l'attention. Examiner si les répartitions sont effectuées dans les conditions réglementaires ; si les 40 p. 100 revenant à la colonie ne sont pas versés à tort au Trésor.

La question du crédit d'enlèvement et du crédit des droits doit faire l'objet d'un examen attentif. La concession du crédit donne en effet lieu à de fréquents abus. S'assurer que les délais d'échéance des traites sont rigoureusement observés, etc.

Trésoriers particuliers et percepteurs. — En ce qui concerne les *trésoriers particuliers*, tous les dix jours ils soldent les comptes qu'ils ont crédités du montant des recettes douanières, par le transport de celles-ci au crédit du compte centralisateur *« Trésorier-Payeur S/C courant »*. De son côté, le trésorier-payeur débite le C/ Trésorier particulier S/C courant » du montant des recettes effectuées par ce comptable subordonné, par le crédit des C/ *« Recettes du Service local »* ou *« Octroi de mer »*.

Les recettes effectuées par les *percepteurs* sont portées au débit du C/ *« Percepteurs L/C courant »*, qui joue le même rôle que le C/ *« Trésorier particulier S/C courant »*.

Le trésorier particulier envoie au trésorier-payeur, à la fin de chaque dizaine : une copie du livre-journal, le bordereau de détail collectif des recettes ; à la fin du mois : la balance des comptes du grand-livre.

Les percepteurs lui adressent : une situation sommaire journalière de caisse et un bordereau mensuel de situation sommaire de leurs opérations. Le détail spécial à chaque percepteur est suivi au Trésor sur un carnet (C. [c. p.] 18 septembre 1879, § 6).

b. *Perceptions opérées directement par la Douane.* — Les droits perçus directement par la Douane sont versés, dans les délais prévus par les actes locaux en vigueur et au vu des bulletins de liquidation annexés à des bordereaux collectifs en double expédition, dans la caisse du trésorier ou du percepteur qui en délivre immédiatement récépissé au chef du bureau de douanes intéressé et lui renvoie un des bordereaux annoté du numéro de la recette. Les liquidations ainsi recouvrées par la Douane figurent, pour ordre, au même titre que les autres, sur le premier bordereau général mensuel adressé au Trésor. Les numéros des récépissés constatant les versements opérés sont indiqués sur ce bordereau.

En ce qui concerne les perceptions effectuées sur les bagages des voyageurs, voir *supra* : Vérification des marchandises et liquidation des droits, page 66.

A Madagascar et en Indo-Chine il y a lieu de vérifier aussi le compte *« Service des Douanes S/C courant »* ou *« Receveur comptable S/C courant »* et de s'assurer de la corrélation du solde figurant à ce compte, au Trésor, avec les écritures du comptable centralisateur (Madagascar) ou du receveur comptable (Indo-Chine). Le solde créditeur constaté dans la comptabilité du trésorier est représenté par les opérations faites par la Douane et non encore comprises dans les écritures du Trésor. Rapprocher également le compte précité des autres comptes — budgétaires (Recettes du budget général ou local) et de trésorerie — par le crédit desquels il est débité.

TITRE V.

CONTENTIEUX.

Le contentieux des douanes repose sur des règles qui diffèrent non seulement des dispositions du droit commun, mais encore des principes qui régissent le contentieux des autres Administrations financières.

Les particularités que l'on y trouve sont dues à l'influence de la politique douanière, extérieure ou intérieure, de la France. Les nécessités de cette politique ont fait attribuer à la fraude le caractère tantôt d'un simple dommage causé au fisc, tantôt d'un crime contre la sûreté de l'État.

La question de l'applicabilité aux colonies des textes répressifs métropolitains a déjà été examinée plus haut (titre 1ᵉʳ, législation douanière coloniale).

CHAPITRE PREMIER.

NOTIONS GÉNÉRALES SUR LES DÉLITS ET CONTRAVENTIONS DE DOUANE, SUR LES PEINES ET SUR LA COMPÉTENCE.

SECTION PREMIÈRE.

DÉFINITION ET CARACTÈRE DES INFRACTIONS AUX LOIS DE DOUANE.

Toute tentative d'introduction de marchandises taxées à moins de 20 francs par 100 kilogrammes constitue une *contravention* ou un *fait de fraude*.

Si la tentative concerne des marchandises ou prohibées, ou taxées à 20 francs et au-dessus (par 100 kilogrammes), ou soumises à des droits de consommation intérieure, il y a *délit* ou *fait de contrebande*.

La loi du 17 décembre 1814 (art. 22) en décidant que la contrebande armée et en troupe serait désormais poursuivie, jugée et punie en conformité du titre VI du Code d'instruction criminelle et des articles 177 et 178 (Section 2) et 209 et suivants (Section 4) du Code pénal a enlevé à cette infraction le caractère de *crime de douane* que lui avait attribué la loi du 13 floréal an XI.

Mais si les peines à appliquer sont celles du droit commun, c'est-à-dire des articles 209 et suivants du Code pénal, les dispositions de la loi du 13 floréal an XI, qui définissent la contrebande avec attroupement et port d'armes, n'ont point cessé d'être en vigueur (déc. du Ministère de la Justice transmise par la C. du 21 novembre 1814).

D'autre part, lorsque la *contrebande est pratiquée ou favorisée par des agents des douanes*, ces derniers sont passibles, en vertu de l'article 39 de la loi du 21 avril 1818, des peines criminelles (5 à 15 ans de travaux forcés) édictées par l'article 6 de la loi du 13 floréal an xi dont l'abrogation semblait cependant implicitement prononcée par l'article 22 de la loi du 17 décembre 1814. (Voir aussi Océanie, décret du 9 mai 1892, art. 33, et Saint-Pierre et Miquelon, décret du 23 avril 1914, art. 32, qui prévoient, dans ce cas, l'application des art. 177 et suivants du Code pénal.)

L'opposition à l'exercice des fonctions des préposés (c'est-à-dire l'empêchement, l'obstacle matériel ou moral opposé aux agents des douanes dans l'exercice de leurs fonctions, les injures, les menaces), constitue, quel que soit le nombre des opposants, une contravention particulière de douane qui relève de la compétence civile (Trib. de paix) et se trouve prévue par les lois des 22 août 1791, titre XIII, art.14 et 4 germinal an II, titre IV, art. 2. (Voir aussi Océanie, décret du 9 mai 1892, art. 32, et Saint-Pierre et Miquelon, décret du 23 avril 1914, art. 31).

La résistance avec violences et voies de fait constitue le *délit de rébellion* justiciable des tribunaux correctionnels et passible, outre l'amende pour opposition, des peines édictées par le Code pénal (art. 211 et 212) [Cass. 29 août 1838].

Il n'est pas nécessaire, pour qu'il y ait rebellion, que des coups ait été portés. Ce délit peut résulter de tout acte de violence dont le but serait d'empêcher l'agent d'accomplir la mission dont il est chargé (Cass. 30 août 1849).

La rébellion revêt le caractère d'un *crime*, justiciable des cours d'assises, lorsqu'elle est le fait soit de trois à vingt personnes dont deux sont armées, soit de plus de vingt personnes (Code pén., art 210 et 214; C. 16 janvier 1834, n° 1418).

La *contravention* de douane est passible de condamnations purement civiles (confiscation des marchandises saisies et réparations pécuniaires).

Le *délit* entraîne non seulement des condamnations civiles avec une plus forte amende, mais encore des peines corporelles graduées selon le nombre des individus porteurs des marchandises; elle peut motiver, de plus, des poursuites en solidarité et certaine incapacités contre toute personne intéressée à la fraude.

Le fait qualifié *crime* est, indépendamment des condamnations civiles relatives à la tentative d'introduction, puni de peines afflictives ou infamantes.

Pénalités applicables aux faits de fraude. — Importation frauduleuse de marchandises taxées à moins de 20 francs les cent kilogrammes et non passibles de taxes de consommation intérieure : Par terre : confiscation de la marchandise et amende de 200 francs (loi 4 germinal an II, titre III, art. 2, 4 et 5). Par les côtes ou ports : confiscation de la marchandise et amende de 100 francs si les droits s'élèvent à 3 francs et au dessus, amende de 50 francs sans confiscation, si les droits ne s'élèvent pas à 3 francs et retenue d'une partie des marchandises pour sûreté de l'amende (loi du 22 août 1791, titre II, art. 13 et 30; loi du 21 avril 1818, art 35).

Pénalités prévues pour la contrebande. — Importation (ou exportation dans les colonies où il existe des droits de sortie) sans déclaration ou sans déclaration exacte quant à la nature, par les bureaux de terre ou de mer, de marchandises prohibées à quelque titre que ce soit, ou taxées à 20 francs ou plus les cents kilogrammes ou soumises à des taxes de consommation intérieure :

1° La fraude n'est commise ni à l'aide de voitures, ni par une bande de trois cavaliers ou sept hommes à pied au moins : confiscation de la marchandise, des moyens de transport et des objets ayant servi à masquer la fraude ; amende égale à la valeur des marchandises, sans pouvoir être inférieure à 500 francs ; emprisonnement de six jours à un mois si la fraude a été commise par moins de trois individus (il peut être réduit à trois jours lorsque l'objet de la fraude n'excède pas 10 mètres, si ce sont des tissus ; 5 kilogrammes si ce sont d'autres marchandises) ; de trois mois à un an, si elle a été commise par une bande de trois à six individus à pied (loi du 28 avril 1816, art. 41, 42, 43 et 44 ; loi du 21 avril 1818, art. 34 ; loi du 2 juin 1875, art 1, 2 et 4) ;

2° La fraude est commise à l'aide de voitures ou par une bande de trois cavaliers ou sept hommes à pied au moins : confiscation des marchandises, des moyens de transport et des objets ayant servi à masquer la fraude ; amende de 1,000 francs, ou du double de la valeur des marchandises de fraude si cette valeur est supérieure à 1,000 francs ; emprisonnement de six mois à trois ans (Loi du 28 avril 1816, art. 48, 51, 52 et 53 ; loi du 21 avril 1818, art. 34 et 37 ; loi du 2 juin 1875, art. 1, 2, 3 et 4).

SECTION II.

DES PEINES.

Les peines applicables en matière de douanes sont : la *confiscation*, l'*amende*, l'*emprisonnement*, la *privation de certains droits* et la *condamnation aux frais*.

Dans toute infraction entraînant la saisie des marchandises, celles-ci deviennent le corps du délit et la confiscation qui en est prononcée est la peine principale : puis viennent, comme peines accessoires, l'amende et enfin la confiscation des moyens de transports au cas où la loi l'a ordonnée.

§ 1ᵉʳ. CONFISCATION.

La confiscation est l'attribution à l'État (ou à la colonie) des marchandises frauduleuses et, le cas échéant, des objets qui ont servi soit à les dissimuler, soit à les transporter. Elle affecte la marchandise et non la personne du contrevenant.

Il s'ensuit que la Douane est fondée à la requérir, non seulement contre l'auteur du délit, mais encore contre les ayants cause du délinquant et même contre les tiers détenteurs (Cass. crim., 9 prairial an IX et le 19 août 1858).

De même la confiscation d'une marchandise prohibée, saisie par procès-verbal rédigé à la charge d'une personne déterminée, doit, au cas où cette personne aurait été mise hors de cause, être poursuivie néanmoins par le ministère public, mais sans qu'il puisse être prononcé d'amende (Loi 22 août 1791, titre X, art. 23 et Décret, 15 août 1793, art. 4).

La confiscation des marchandises saisies peut être poursuivie et prononcée contre les préposés à leur conduite sans que la Douane soit tenue de mettre en cause les propriétaires, quand même ils lui seraient indiqués, sauf si lesdits propriétaires intervenaient ou étaient appelés par ceux sur lesquels les saisies auraient été faites, à être statué, ainsi que de droit, sur leurs interventions et réclamations (Loi 22 août 1791, titre XII, art. 1er; Océanie, décret 9 mai 1892, art. 42; Saint-Pierre et Miquelon, décret 23 avril 1914, art. 41).

Cet article n'autorise l'intervention des propriétaires de marchandises saisies que pour leur permettre d'établir ou de défendre leurs droits contre ceux sur qui la saisie a été opérée, mais non pour revendiquer ces marchandises (Cass. 6 sept. 1834, 28 décembre 1835, 23 juin 1836; C. nos 1462, 1535, 1557).

L'intervention au procès du propriétaire d'objets saisis n'est possible que tant qu'il n'y a pas eu jugement. Il ne saurait recourir valablement à l'appel s'il n'est pas intervenu en première instance (Déc. 16 octobre 1827).

La confiscation de la marchandise entraîne, en principe, celle des moyens de transport, alors même qu'ils n'ont pas été saisis (Loi 28 avril 1816, art. 41; Cass. crim. 22 mars 1907), notamment des voitures de chemins de fer (Cass. crim. 16 mai 1905 et 22 mars 1907), sauf si celles-ci appartiennent à des nations étrangères qui ont adhéré à la convention de Berne (Conv. 14 oct. 1890, art. 23, § 5).

Les juges apprécient quels sont les objets qui doivent être considérés comme ayant servi à masquer la fraude, mais sous la condition de tenir compte des faits relatés au procès-verbal régulier et non argués de faux.

Lorsque l'objet de la fraude a été soustrait à la main-mise de la Douane, le tribunal en vertu de la loi du 1er mai 1905 (art unique, § 2), a le droit de substituer à la confiscation une condamnation au payement d'une somme égale à la valeur de l'objet, d'après le cours du marché intérieur à l'époque où la fraude a été commise.

Revendication. — Les objets saisis pour fraude et confisqués (par jugement) non plus que le prix, qu'il soit consigné ou non, ne peuvent ni être revendiqués par les propriétaires, ni réclamés par aucuns créanciers, même privilégiés, sauf leur recours contre les auteurs de la fraude (Loi 22 août 1791, titre 13, art. 5). Il en est ainsi alors même que le procès-verbal a été rédigé contre des inconnus (Cass. 7 brumaire an VII et 7 août 1837; C. n° 1658) et quelque forme qu'emprunte la revendication : action directe, opposition, tierce opposition (Cass. 19 mars 1841).

§ 2. AMENDE.

L'amende est une condamnation pécuniaire destinée à réparer le préjudice causé par la fraude à l'État (ou à la colonie).

En matière de douane, elle revêt un caractère mixte : elle est *peine* ou *réparation civile*, suivant le cas et suivant qu'il y a intérêt à faire prévaloir l'un ou l'autre de ces caractères. Celui de réparation civile, que la jurisprudence tend d'ailleurs à lui attribuer exclusivement, domine d'une façon absolue en ce qui concerne les formes de la procédure.

Du principe que l'amende est moins une peine qu'une réparation civile, découlent les conséquences suivantes : *a*. en cas de minorité du contrevenant, la responsabilité civile des parents est encourue (Cass. crim. 6 juin 1811); *b*. les amendes doivent se cumuler et il en est autant qu'il y a d'infractions; mais ce n'est pas à dire que si plusieurs colis ont été introduits en fraude le même jour, il y ait autant d'infractions et d'amendes que de colis; dans ce cas, l'amende est unique et s'applique à l'ensemble des colis. (En ce sens Nancy, 27 février 1878); *c*. les amendes de douane ne se prescrivent que par trente ans (Code civ., art. 2262); *d*. le fait que les mineurs de 18 ans ont agi sans discernement n'empêche pas les tribunaux d'appliquer l'amende (Cass. ch. réunies, 13 mars 1844).

Cependant il a été jugé qu'à la différence de la confiscation, l'amende ne peut être requise contre les héritiers des prévenus (Cass. 9 décembre 1813).

Le taux de l'amende est le plus souvent fixe; il est quelquefois proportionné à l'importance du droit engagé (Loi 22 août 1791, titre II, art. 18; loi 28 avril 1816, art. 41 et 51) ou laissé à l'appréciation du juge (Loi 30 décembre 1873, art. 3; loi 19 juillet 1880, art. 22; loi 8 floréal an XI, art. 15).

Lorsque l'amende a pour base la valeur de la marchandise, il appartient aux tribunaux d'arbitrer cette valeur d'après les éléments que leur offre l'instruction du procès-verbal, sans qu'ils soient tenus de faire connaître les bases de leur estimation. S'ils indiquaient ces bases dans le jugement et si elles ne reposaient pas sur le cours de la marchandise, sur le marché intérieur, la décision serait réformable comme violant la loi (Cass. crim. 4 mars 1841; 12 août 1859; 17 mai 1873; civ. 22 janvier 1877).

Le pouvoir d'arbitrage du juge ne peut s'exercer à l'égard de marchandises similaires de celles dont la loi ou des actes réglementaires ont déterminé la valeur en France (tabacs, cigares, cigarettes, poudres à feu) ou aux colonies.

Les tribunaux de répression n'ont pas qualité pour prononcer les décimes et ceux-ci, même lorsqu'ils s'ajoutent à des amendes, constituent un impôt dont le contentieux appartient aux tribunaux civils (Cass. 5 décembre 1896; *Bull. cass. crim.*, n°* 355 et 357). Cette jurisprudence ne peut toutefois s'appliquer que dans les colonies où l'article 5 de la loi de finances du 13 avril 1900, modifié par l'article 33 de la loi de finances du 30 mars 1902, n'a pas été rendu applicable. Ces textes prévoient en effet qu'en matière de douanes, de contributions indirectes et d'octroi, le tribunal compétent pour prononcer la condamnation au principal de l'amende doit prononcer en même temps, sur les conclusions de la partie chargée des poursuites, la condamnation aux décimes et demi-décimes.

§ 3. Solidarité.

Tous les individus condamnés pour un même crime ou pour un même délit sont tenus solidairement des amendes, restitutions, dommages et intérêts, et des frais (Code pén., art. 55).

La solidarité en ce qui concerne la confiscation douanière, l'amende et les dépens est nettement énoncée par les lois des 22 août 1791, titre XII, article 3 et 4 germinal an II, titre VI, article 22 et par le décret du 8 mars 1811, art. 2. Il en résulte que les règles du Code civil sur la solidarité entre débiteurs trouvent ici leur application. Les articles 1210 et 1285 du Code civil ne doivent pas être perdus de vue quand la douane transige avec un ou plusieurs des fraudeurs condamnés pour un même fait de contrebande.

Tandis qu'en droit commun une amende distincte doit être appliquée à chacun des coauteurs d'un délit, en matière de douane une amende unique est prononcée pour faits de fraude contre tous ceux qui y participent et c'est au payement de cette amende, aux frais et aux dépens, et même à la restitution du prix des objets confisqués dont la remise provisoire aurait été faite, que s'applique leur solidarité.

Elle s'étend également aux assureurs de contrebande [1], aux propriétaires de marchandises saisies, qui sont contraignables par corps pour le payement de l'amende; aux voituriers, conducteurs et détenteurs des marchandises, sauf leur recours; aux porteurs d'objets de contrebande et aux personnes civilement responsables.

Elle cesse toutefois dans certains cas spéciaux, par exemple en cas d'infractions en matière de sels et de résistance à l'exercice des fonctions des préposés; chacune des personnes impliquées dans l'affaire est alors passible d'une amende.

§ 4. — Emprisonnement.

Cette pénalité est de même nature en matière de douanes qu'en droit commun. Sa durée varie de trois jours à trois ans; mais ici la loi fixe un minimum spécial pour les différentes catégories de délit: par exemple: six mois à trois ans (Loi 28 avril 1816, art. 51); trois mois à un an (même loi, art. 44); quinze jours à deux mois (Loi 17 décembre 1814, art. 30); trois jours à un mois (Loi 28 avril 1816, art. 43).

---

[1] L'*assureur de contrebande* est celui qui s'engage, moyennant le payement à son profit par l'*assuré* d'une *prime d'assurance*, à importer frauduleusement des marchandises. Si les marchandises ne parviennent pas à la destination indiquée, c'est l'assureur qui doit compter à l'assuré la valeur convenue des marchandises.

En principe le minimum est celui de six jours fixé par l'article 40 du Code pénal (Cass. crim. 28 septembre 1855). La durée de l'emprisonnement peut être réduite exceptionnellement à trois jours lorsque l'objet de la fraude n'excède pas 10 mètres, s'il s'agit de tissus, ou 5 kilogrammes pour les autres marchandises.

§ 5. — PRIVATION DE CERTAINS DROITS.

Les déchéances, en matière de douanes, sont des peines accessoires. Les unes sont prononcées par l'autorité judiciaire : incapacité de remplir aucun emploi public et de commander un bâtiment français, en cas de francisation frauduleuse d'un navire (Loi 27 vendémiaire an II, art. 15);

Privation du droit de recevoir du sel en franchise pour les salaisons (Ord. 30 octobre 1816, art. 12 et 13);

Incapacité de se présenter à la Bourse, d'exercer les fonctions d'agent de change ou de courtier, de voter ou d'être élu aux élections pour les tribunaux de commerce et les conseils de prud'hommes (Loi 28 avril 1816, art. 53 et loi 21 avril 1818, art. 37).

Les autres sont du ressort administratif : privation de l'entrepôt réel ou fictif (Loi 27 février 1832, art. 8 et Ord. 31 août 1838, art. 35); du transit (Loi 8 floréal an XI, art. 83); du crédit des droits; du droit de recevoir du sel en franchise pour fabriquer la soude (Ord. 8 juin 1822, art. 10 et décret 13 octobre 1809, art. 10); et du bénéfice de l'admission temporaire (Loi 5 juillet 1836, art. 5, § 2).

§ 6. — CONDAMNATION AUX FRAIS.

Les individus condamnés en matière douanière sont solidairement tenus au payement des frais (Loi 22 août 1791, titre XII, art. 3). Cette disposition s'applique aussi bien aux auteurs de la fraude et à leurs complices qu'aux personnes civilement responsables de leurs actes (Décret 18 juin 1811, art. 156; Cass. crim. 3 décembre 1892).

La Douane est tenue des frais de poursuite des infractions aux lois qui la régissent, qu'elle soit partie principale ou partie jointe dans l'instance. Elle est encore tenue des frais, au cas où les délinquants sont poursuivis à la requête du ministère public, lorsqu'elle a un intérêt matériel et pécuniaire à la condamnation.

Son recours contre les délinquants pour le recouvrement des frais s'exerce, toutes les fois que l'action intentée n'a pas été déclarée non fondée.

§ 7. — EXCUSES ET FAITS JUSTIFICATIFS.

Les cas d'excuses ou faits justificatifs sont au nombre de trois :

a. L'*âge du prévenu :* il s'agit des mineurs de 18 ans (Code pén., art. 40 66 et 69 et loi modificative du 12 avril 1906).

27.

b. La *démence* (Code pén., art. 64). Cette excuse n'exclut pas toutefois la confiscation des marchandises (Loi 22 août 1791, titre X, art. 23).

c. La *contrainte à laquelle n'a pu résister le prévenu* (Code pén., art. 64; loi 4 germinal an II, titre II, art. 7; loi 21 avril 1818, art. 36; loi 9 février 1832, art. 23). Par exemple, les compagnies de chemins de fer ne sont pas responsables des contraventions relevées en matière de déclaration de colis postaux, car la loi défend d'ouvrir ces derniers pour contrôler l'exactitude des déclarations (Cass. crim. 23 janvier 1885), etc.

SECTION III.

EXÉCUTION DES PEINES.

Les lois spéciales à la contrebande n'édictent en cette matière aucune dérogation aux règles du droit commun.

La Douane peut poursuivre par toutes les voies ordinaires le recouvrement des condamnations pécuniaires prononcées à son profit.

Si en raison du caractère purement civil de la condamnation, *la contrainte par corps* ne saurait s'appliquer aux personnes civilement responsables des actes des contrevenants ou délinquants, elle peut s'exercer à l'égard des auteurs principaux ou complices des délits ou contraventions dans les conditions prévues par les articles 3, 6, 9, 10, 11, 12, 13 et 14 de la loi du 22 juillet 1867.

La durée de la contrainte par corps varie de deux jours à deux ans (art. 9); elle doit être fixée par le juge qui a la faculté, s'il a omis de statuer sur ce point, de réparer cette omission sur simple requête de la partie poursuivante (Cass. crim. 12 juin 1857).

Les amendes fiscales étant susceptibles de cumul, lorsqu'un même jugement prononce plusieurs condamnations pécuniaires, la durée de la contrainte par corps est fixée d'après l'ensemble des condamnations prononcées au profit du Trésor (Cass. crim. 19 décembre 1901).

A la différence des particuliers, la Douane, qui représente l'État (ou la colonie), n'est pas tenue de consigner des aliments avant l'incarcération du débiteur ou pendant son séjour sous les verrous (Loi 22 juillet 1867, art. 6).

Cumul et prescription des amendes et autres peines pécuniaires. — Les règles du droit commun cessent ici d'être applicables. Les amendes et autres peines pécuniaires se cumulent parce que l'amende est moins considérée comme une peine proprement dite que comme la réparation civile d'un dommage (Cass. civ. 26 avril 1830) et qu'il est impossible d'établir une différence entre les amendes cumulables et celles qui ne le sont pas (Pallain).

La prescription des amendes et autres peines pécuniaires prononcées en matière de contributions indirectes est de *cinq ans* à dater de l'arrêt rendu en dernier ressort ou du jour où le jugement rendu en premier ressort est devenu définitif (Cass. civ. 10 décembre 1890).

SECTION IV.

COMPLICITÉ.

En matière de *contraventions*, se reporter à la loi du 4 germinal an 11, titre 6, article 2 qui prévoit que ceux qui cachent ou achètent des objets saisissables se rendent complices d'une contravention douanière et sont passibles d'une amende de dix fois la valeur des objets frauduleux.

En matière de *délits*, les lois de douane ne statuent qu'à l'égard de ceux qui participent comme assureurs ou assurés à un fait de contrebande ou s'y trouvent intéressés d'une matière quelconque (Loi 28 avril 1816, art. 53, § 1er). Ces dispositions n'excluent pas nécessairement l'application de celles beaucoup moins restrictives du Code pénal (Art. 59 et suivants). Mais les sanctions prévues par les textes douaniers à l'égard de la complicité sont spéciales. Lorsque le complice est un assureur, un individu ayant fait assurer les marchandises ou un *intéressé d'une façon quelconque* à une opération de contrebande, il encourt indépendamment des peines applicables à l'auteur du fait matériel d'introduction, les déchéances énumérées au paragraphe 2 de l'article 53 de la loi du 28 avril 1816.

A défaut d'intérêt, au contraire, le complice n'encourt que les peines édictées contre l'auteur direct de la fraude.

Les voituriers ou autres transporteurs circulant en dehors du rayon des douanes doivent, suivant les résultats de l'instruction, être considérés comme auteurs directs du délit, ou comme complices ou même comme étrangers à la fraude.

SECTION V.

TENTATIVE.

La tentative de l'infraction est assimilée à l'infraction même (Loi 21 avril 1818, art. 35 et 36; loi 2 juin 1875, art. 2).

SECTION VI.

RESPONSABILITÉ CIVILE.

Les propriétaires des marchandises sont civilement responsables du fait de leurs facteurs, agents, serviteurs ou domestiques en ce qui concerne les droits, confiscations, amendes et dépens (Loi 22 août 1791, titre XIII, art. 20; Réunion, décret 22 juin 1889, art. 1er).

Par «propriétaire», on entend également le négociant commissionnaire ou consignataire qui commet ou laisse commettre par ses agents un acte frauduleux à l'égard des marchandises dont il n'est que le possesseur à titre précaire (Cass. crim. 8 avril 1897).

La responsabilité civile s'étend aux parents ou tuteurs par rapport aux mineurs habitant avec eux ou dont la surveillance leur incombe (Code civ., art. 1384 ; Cass. civ. 30 novembre 1869).

Le mari n'est responsable des actes de sa femme que si elle remplit auprès de lui les mêmes fonctions qu'un serviteur à gages.

Lorsqu'une fausse déclaration est signée d'un fondé de pouvoirs, celui-ci doit être exclusivement mis en cause par le procès-verbal sauf à citer, par acte séparé et dans la forme légale (art. 1 et 7, Code Pr. civ.), le mandant comme civilement responsable en vertu des art. 1999 et 2000 du Code civil (Cass. crim. 28 juin 1811).

Les individus cités comme civilement responsables ne peuvent pas être jugés et condamnés comme prévenus ou coupables du délit à moins qu'ils n'y aient formellement consenti (Cass. crim. 2 février 1907, Guyane).

SECTION VII.

RÉCIDIVE.

En principe, les *contraventions*, — sauf quelques exceptions relatives aux sels et à la dissimulation de la richesse ou du poids du sucre, — échappent aux règles de la récidive légale.

En matière de *délits de douanes* il y a lieu, devant le silence de la loi du 28 avril 1816, d'appliquer les articles 57 et 58, § 1er, du Code pénal (Cass. crim. 28 novembre 1868; Amiens, 16 janvier 1869).

Le paragraphe 2 de l'article 58 du Code pénal, relatif à la petite récidive, est également applicable aux infractions douanières punies d'emprisonnement lorsque le premier délit a donné lieu à une condamnation devenue définitive (Nancy, 14 janvier 1892; Cass. crim. 4 mars 1892). Toutefois les art. 29 et 31 de la loi du 17 décembre 1814 ont spécialement statué sur la récidive de l'infraction qu'ils punissent.

L'article 6 de la loi du 10 avril 1906, relative aux fraudes commises à bord des navires, exige, pour que la peine soit doublée, que le délinquant appartienne au personnel du bord et qu'il soit convaincu de récidive.

SECTION VIII.

COMPÉTENCE DES TRIBUNAUX.

Une nombreuse jurisprudence attribue la compétence aux tribunaux ordinaires en matière de restitution de taxes indirectes indûment perçues.

Compétence ratione loci. — Le tribunal compétent pour connaître en 1re instance d'une infraction aux lois de douanes est celui du canton ou de l'arrondissement du bureau où l'infraction a été constatée et, s'il s'agit de saisie, du bureau où les marchandises saisies se trouvent mises en dépôt (Loi 9 floréal an vii, titre IV, art. 6; loi 27 mars 1817, art. 14).

Un arrêt de Cassation (civ.) du 17 juin 1912 (Madagascar) s'est prononcé sur la compétence *ratione loci* en déclarant que la demande en restitution de droits de douanes doit être portée devant le juge du domicile du défendeur, c'est-à-dire au chef-lieu de la colonie, siège du Gouvernement, et non devant celui dans le ressort duquel les droits ont été perçus.

Tribunaux de paix. — Les *tribunaux de paix* connaissent, en premier ressort, de toutes les contraventions de douanes, c'est-à-dire des infractions qui ne donnent ouverture qu'à des condamnations civiles; de toutes les contestations concernant le refus de payer les droits (à condition que le débat ne porte pas sur l'espèce, la qualité, l'origine ou la valeur de la marchandise, auquel cas les commissaires-experts sont seuls appelés à statuer); du non-rapport des acquits à caution et des autres affaires relatives aux douanes, comme celles se rattachant aux faillites dans lesquelles la Douane est intéressée (Lois 14 fructidor an III, art. 10; 9 floréal an VII, titre IV, art. 6; 27 mars 1817, art. 15, et 21 avril 1818, art. 35); des actions en responsabilité ayant leur cause dans un refus de fonction (Cass. civ. 25 août 1845) ou dans une saisie mal fondée (Loi du 9 floréal an VII, titre IV, art. 16) ou dans une visite à domicile sans résultat (Loi 22 août 1791, titre XIII, art. 40). C'est ainsi qu'ils connaissent :

Des saisies qui n'entraînent pas l'arrestation des prévenus;

Des affaires relatives aux oppositions mises à l'exercice des fonctions des préposés avec ou sans injures, mais sans voies de fait;

Des contraventions à l'acte de navigation, aux lois sur le cabotage, le transit, les entrepôts, les réexportations, les primes, les perceptions, etc;

Des contestations relatives à la conduite des navires en douane (Conseil d'État 14 février et 19 décembre 1913; C. 23 février 1914);

Et même de certaines infractions classées comme délits, par exemple des infractions en matière d'impôt du sel, etc.

En résumé, le juge de paix est le juge de droit commun en matière de douane. Sa compétence n'a pas de limite en ce qui concerne les litiges relatifs au payement des droits ou à l'application du tarif et en ce qui concerne le chiffre des condamnations encourues. Il peut être appelé à examiner la légalité d'un décret portant modification au tableau des droits (Cass. civ. 4 juillet 1827; Cons. d'État 10 décembre 1857, 17 février 1865). Mais le droit d'appel devant le tribunal civil d'arrondissement est toujours ouvert aux contribuables (Loi 14 fructidor an III, art. 10; Cass. civ. 8 mars 1887).

Si la compétence du juge de paix est sans limite en matière de responsabilité civile, la juridiction administrative reste seule compétente pour statuer sur les actions en responsabilité dirigées contre l'Administration des Douanes pour les fautes commises par ses agents dans l'exercice de leurs fonctions (Loi 16-24 août 1790, titre 2, art. 13; loi 16 fructidor an III; Cass. civ. 3 juillet 1905).

Tribunaux correctionnels. — Connaissent en 1er ressort des *délits de douanes*, c'est-à-dire des infractions douanières donnant lieu à des peines cor-

porelles non infamantes, indépendamment des condamnations civiles (Code
Instr. crim., art. 179; loi 28 avril 1816, art. 41; loi 21 avril 1818,
art. 87); de certaines infractions ne donnant pas lieu à des peines corporelles, et ce, en vertu d'une attribution spéciale de la loi (Lois 17 juin 1840,
art. 14, 7 juin 1820, art. 15); de la plupart des infractions constatées soit
à la requête des autres Administrations, soit à la requête du Ministère public.

Cours d'assises. — Connaissent des infractions qualifiées crimes ou donnant lieu à l'application de peines afflictives ou infamantes (Code Instr. crim.,
art. 154 et 193, loi 13 floréal an II, art. 4).

Par exemple : des crimes de rebellion avec attroupement et port d'armes
prévu et puni par les articles 210 et 214 du Code pénal; des crimes de con-
cussion, de forfaiture ou prévarication commis par les agents et ceux chargés
de leur prêter main-forte (Loi 13 floréal an XI, art. 6; Code pén., art. 169
et suiv.); des faux commis dans la rédaction des procès-verbaux (Code Instr.
crim., art. 448 et suiv.; Code pénal, art. 145 et suiv.); des voies de fait et
violences graves exercées contre les employés ou par eux (Code pén.,
art. 209).

Les cours criminelles connaissent des affaires de fraude lorsqu'elles sont
connexes à un crime de droit commun. Le Ministère public requiert au besoin
l'application des peines correctionnelles et l'Administration des douanes intervient comme partie civile pour faire prononcer à son profit les condamnations civiles, amendes et confiscations (Cass. crim. 14 avril 1892) lesquelles
ne donnent pas lieu à la position des questions au jury.

Au cas où la douane ne se porte pas partie civile au criminel, elle peut,
après l'arrêt, requérir l'application des condamnations civiles devant le tribunal de paix (Cass. civ. 4 novembre 1818).

Compétence en matière d'appel. — Les tribunaux civils de 1re instance connaissent de l'appel interjeté des jugements rendus par les tribunaux de paix
situés dans leur ressort (Loi 14 fructidor an III, art. 6, et loi 27 ventôse
an VIII, art. 7).

L'appel des jugements rendus en police correctionnelle est porté devant
la cour d'appel (Code instr. crim., art. 201; loi 13 juin 1856, art. 1er).

Régime spécial des colonies. — Les règles de compétence ci-dessus tout en
étant applicables aux colonies, en principe, comportent divers tempéraments
inhérents à leur organisation judiciaire spéciale.

C'est ainsi que l'article 3 du décret du 16 août 1854 sur l'organisation
judiciaire des *Antilles* et de la *Réunion* et l'article 12 du décret du 16 décembre 1896 (Guyane) disposent que les *tribunaux de 1re instance* connaissent
en premier ressort seulement des contraventions aux lois sur le commerce
étranger et le régime des douanes. Il suit de là que ces tribunaux connaissent
non seulement des simples *contraventions* mais encore des *délits* que la loi
punit, outre l'amende et la confiscation, des peines d'emprisonnement. Dès
lors ces tribunaux statuent comme juges *civils*, *criminels* ou de police.

Dans les mêmes colonies, la cour d'appel connaît des jugements rendus en premier ressort par les tribunaux de 1ʳᵉ instance en matière de délits ou de contraventions de douanes (Antilles et Réunion; décret 5 août 1881, art. 5; Guyane, décret 16 décembre 1896, art. 15. Voir aussi Océanie, décret 9 mai 1892, art. 43 et Saint-Pierre et Miquelon, décret 23 avril 1914, art. 42).

L'application aux colonies et à l'Indo-Chine des lois métropolitaines sur les douanes et notamment des articles 6 et 10 de la loi du 14 fructidor an III qui attribuent compétence au juge de paix, sauf appel au tribunal civil, résulte du texte précis du décret du 16 février 1895; mais dans les colonies où la juridiction extraordinaire du juge de paix n'a point été établie, il est nécessaire de s'adresser au juge ordinaire; ce juge est le *tribunal statuant à charge d'appel devant la cour*. Les art. 6 et 10 de la loi du 14 fructidor an III se trouvent inapplicables par la force des choses tant que l'organisation judiciaire ne sera pas modifiée (Cette solution découle implicitement d'un arrêt Cass. civ., 3 janvier 1906 [Madagascar] qui reconnaît la recevabilité de l'appel en matière de douanes contre les jugements des tribunaux de 1ʳᵉ instance).

Un autre arrêt de la Cour suprême (req.) du 2 mai 1911 déclare également qu'à Madagascar, partout où il existe un magistrat faisant fonctions de juge de paix, ce magistrat est compétent dans toutes les matières concernant la douane, sauf appel devant la Cour de Tananarive, conformément à l'article 9 du décret du 9 juin 1896.

Il n'est pas possible, sans contradiction, de recevoir l'appel contre les décisions des juges de paix et de le repousser contre celles des tribunaux de 1ʳᵉ instance. C'est à cette conclusion, cependant, qu'aboutit la jurisprudence actuelle de la Cour de cassation. Dans deux arrêts des 4 avril 1911 (req.) et 17 juin 1912 (civ.), la Cour suprême déclare, en effet, qu'à Madagascar, où il n'existe point de juges de paix, les affaires de douanes sont jugées en premier et dernier ressort par les tribunaux de 1ʳᵉ instance. Cette contradiction devient particulièrement sensible si l'on considère qu'en vertu de l'article 6 du décret du 9 juin 1896, les justices de paix à compétence étendue jouissent d'une compétence identique à celle des tribunaux de 1ʳᵉ instance. Il faudrait alors établir des classifications. L'interprétation sainement juridique des textes exige que, quelle que soit la juridiction saisie, à Madagascar, d'une affaire de douane (tribunal de 1ʳᵉ instance, tribunal de paix à compétence étendue ou tribunal de paix tenu par un administrateur), les parties ne puissent être privées du droit d'appel.

Un arrêt (Cass. civ.) du 9 août 1913 déclare que le décret du 28 septembre 1897 qui règle le fonctionnement du service des Douanes au Dahomey, n'a point été abrogé par les dispositions d'ordre général du décret du 16 août 1912, réorganisant la justice indigène en Afrique occidentale française; le décret de 1897 établit, en effet, en son article 84, une compétence et une procédure *spéciales* dérogeant au droit commun aussi bien pour les *indigènes* que pour les européens et, par conséquent, non abrogé par la loi générale résultant du décret de 1912. Aussi la Cour suprême ajoute-t-elle, dans le même arrêt, que le tribunal de 1re instance de Cotonou qui a remplacé, en vertu du décret du 10 novembre 1903, les justices de paix visées par le décret du 28 septembre 1897, est seul compétent pour statuer sur toutes les contestations relatives aux Douanes, ainsi que sur toutes les infractions aux lois et règlements qui régissent la matière, aussi bien à l'égard des *prévenus indigènes* que des prévenus européens.

Pour la Côte des Somalis, v. art. 92, décret 18 août 1900.

En Océanie, toutes contestations relatives à l'application des tarifs sont soumises au tribunal du contentieux administratif, instruites et jugées sommairement (Décret 9 mai 1892, art. 44).

A Saint-Pierre et Miquelon, c'est le tribunal de 1re instance qui statue (décret 23 avril 1914, art. 43).

CHAPITRE II.

MODE DE POURSUITE ET DE CONSTATATION DES INFRACTIONS.

SECTION I.

CONSTATATION DES INFRACTIONS.

Quelle que soit leur nature, il faut d'abord que les infractions soient constatées. Elles le sont généralement par un *procès-verbal* qui est, en général, le premier acte de toute procédure des Douanes.

Mais la loi du 29 mars 1897 (art. 57) et celle du 1er mai 1905 (rendue applicable aux colonies par décret du 20 août 1905) dispensent de procès-verbal et permettent de prouver les infractions par toutes les voies de droit, alors même qu'aucun saisie n'aurait été effectuée.

Le caractère du procès-verbal varie avec l'espèce d'infraction qu'il constate : s'il s'agit d'un délit ou d'une contravention, cet acte (à condition qu'il soit régulier) fait foi en justice et ne peut être attaqué que par l'inscription de faux; dans ce cas, la preuve testimoniale n'est jamais admise. S'il s'agit d'un crime, l'action est exercée par le ministère public et le procès-verbal est assimilé à la plainte de la partie lésée. La Douane n'a alors qu'à assurer la conservation des droits de l'Administration à l'égard des condamnations civiles.

En matière de contravention, il existe *trois modes* de constater ou de réserver les droits de l'Administration : le *procès-verbal* qui remplit de prime abord toutes les conditions de la loi et cite à comparaître devant le juge; l'*acte conservatoire* qui fait dépendre de l'expertise légale l'action suspendue de la douane et qui, si la contravention est reconnue définitivement, donne lieu soit à la rédaction d'un procès-verbal régulier portant citation, soit à une transaction immédiate; la *soumission cautionnée* par laquelle les engagés se soumettent, sans autre forme de procédure, à telle décision qu'il plaira à l'Administration de prendre après expertise, enquête ou examen et dans les termes de la loi.

Lorsque le titre fondamental est un engagement souscrit par les redevables et leurs cautions, conformément aux prescriptions légales (par exemple, une déclaration ou une soumission d'acquit-à-caution), le moyen ouvert à l'Administration pour assurer le recouvrement des droits, crédits et amendes, est celui d'exécution par voie de *contrainte*. La contrainte reçoit un caractère légal par le visa du juge de paix et produit l'effet d'un jugement par provision.

§ 1er. PROCÈS-VERBAL.

Le *procès-verbal* ou *rapport* est l'exposé par écrit des faits qui ont accompagné une contravention ou une saisie et des formalités observées pour l'établir.

Une exactitude rigoureuse est exigée en raison des suites que ce document comporte en justice (confiscations, amendes, peines corporelles); les chefs locaux de douane et les chefs des brigades doivent rappeler ce devoir essentiel aux agents (C. 20 mars 1812). Toute altération dans le récit des faits exposerait son auteur à des mesures disciplinaires et même à sa comparution en cour d'assises pour crime de faux (Code instr. crim., art. 448 et suiv.; Code pénal, art. 145 et suiv.; déc. 10 décembre 1888).

A moins d'empêchements, les employés ne doivent verbaliser qu'après avoir rendu compte à leurs chefs des faits motivant la constatation d'une infraction.

La rédaction des procès-verbaux de saisie incombe en principe aux saisissants. Mais les chefs de bureau ou receveurs doivent prendre le soin de la rédaction matérielle en cas d'incapacité des saisissants et d'absence du chef de brigade.

Dans toute circonstance, les chefs de bureau ou receveurs veillent à ce que les procès-verbaux ne soient dressés que pour des infractions réelles et ne présentent aucune nullité de forme. Ils sont responsables des vices ultérieurement relevés dans ces actes sauf pour les procès-verbaux de saisies à bord des navires ou à domicile qui doivent, aux termes de la loi, être rédigés sur place. Même dans ce cas, le devoir des chefs est encore, lors de la clôture de ces actes, au bureau, de remédier, autant que possible, aux erreurs ou omissions commises par les verbalisants (C. 22 avril 1845, n° 2061).

Les formalités prévues par la loi du 9 floréal an VII, titre IV, doivent être observées à peine de nullité.

Un tableau annexé à la Circulaire du 23 décembre 1844, n° 2046, indique toutes les pénalités encourues pour infractions en matière de douanes, avec les articles de lois qui édictent ces pénalités.

Tout procès-verbal doit être rédigé sur papier timbré (Loi 22 août 1791, titre XIII, art 34). L'empreinte du timbre, au recto ou au verso, ne peut être couverte d'écritures ni altérée (Loi 13 brumaire an VII, art. 21). Voir infra: *Transactions* (timbre et enregistrement, page 245).

Personnes aptes à verbaliser. — Deux agents des Douanes ou deux citoyens français suffisent pour constater une infraction aux lois de douanes (Loi 9 floréal an vii, titre IV, art. 1ᵉʳ).

Tout procès-verbal doit être au moins revêtu de la signature des mêmes personnes. Aussi celles-ci doivent-elles savoir lire et écrire (Cass. 9 février 1844).

Les agents des Douanes doivent avoir 21 ans au moins et avoir prêté serment (Loi 22 août 1791, titre XIII, art. 12).

Aux colonies, la qualité de citoyen français peut n'être pas exigée des verbalisants (Voir décrets 9 mai 1892, art. 36; 26 janvier 1897, art. 64, et 18 août 1900, art. 81, Océanie, Côte-d'Ivoire et Côte des Somalis).

Lieu et heure. — Ceux qui procèdent aux saisies font conduire dans un bureau de douane et, autant que possible au bureau le plus rapproché du lieu de l'arrestation, les marchandises et les moyens de transport saisis et y rédigent leur procès-verbal séance tenante (Loi 9 floréal an vii, titre IV, art. 2), sauf empêchement résultant de force majeure (Décrets [Col.] 26 janvier 1897, art. 65, 28 septembre 1897, art. 72, 18 août 1900, art. 82).

Énonciations des procès-verbaux. — Les procès-verbaux doivent énoncer, sous peine de nullité, la date et la cause de la saisie, la déclaration qui en a été faite au prévenu; les noms, qualités et demeures des saisissants et de l'agent chargé des poursuites; l'espèce, le poids ou le nombre des objets saisis; la présence de la partie à leur description ou la sommation qui lui aura été faite d'y assister; le nom et la qualité du gardien; le lieu de la rédaction du rapport et l'heure de sa clôture (Loi 9 floréal an vii, titre IV, art. 3).

Faux ou altération. — Si la saisie est motivée par le faux ou l'altération des expéditions, le procès-verbal indique le genre de faux, les altérations ou les surcharges. Les expéditions signées ou paraphées *ne varietur* par les saisissants sont annexées au procès-verbal qui énonce la sommation faite à la partie de les signer et sa réponse (Loi 9 floréal an vii, titre IV, art. 4).

Mainlevée. — Il doit être offert mainlevée des objets saisis non prohibés, moyennant consignation de leur valeur ou sous caution solvable. Cette offre et la réponse de la partie sont mentionnées au procès-verbal (Même loi, titre IV, art. 5).

Lecture au prévenu et citation. — Si le prévenu est présent, le procès-verbal doit énoncer qu'il lui en a été donné lecture, qu'il a été interpellé de le signer et qu'il en a reçu tout de suite copie avec citation de comparaître devant le tribunal compétent. En cas d'absence du prévenu, la copie est affichée *dans le jour* à la porte extérieure du bureau. Ces rapports, citations et affiches sont faits tous les jours indistinctement (Même loi, titre IV, art. 6; voir loi 28 avril 1816, art. 45).

Les mots « dans le jour » doivent s'entendre des vingt-quatre heures qui suivent la clôture du procès-verbal.

Le procès-verbal ne doit pas contenir citation quand l'affaire ressortit à un autre tribunal que celui de paix (Cass. crim. 26 janvier et 1ᵉʳ février 1810).

Dans la métropole, la citation à comparaître doit toujours être remise par les préposés avant l'expiration des vingt-quatre heures qui suivent la clôture du procès-verbal (Cass. 3 juin 1806). Aux colonies, ce délai peut être différent; on y ajoute, le cas échéant, les délais de distance.

Saisies à domicile. — Lorsqu'il y aura lieu de saisir dans une maison, la description y sera faite et le rapport y sera rédigé. Si le saisi fournit bonne et valable caution pour le payement des droits exigibles et des pénalités encourues, les marchandises non prohibées ne sont pas déplacées; dans le cas contraire, elles sont transportées au plus prochain bureau (Loi 9 floréal an VII, titre 4, art. 7).

S'il y a opposition des parties à ce que le procès-verbal soit rédigé dans la maison, l'acte est dressé au bureau le plus voisin (Loi 22 août 1791, titre X, art. 6).

Saisies à bord. — A l'égard des saisies faites sur les bâtiments de mer pontés, et si le déchargement ne peut avoir lieu tout de suite, les saisissants apposent les scellés sur les fermants et écoutilles. Le procès-verbal, établi ensuite au fur et à mesure du déchargement, doit mentionner le nombre, les marques et les numéros des colis. La description détaillée n'en est faite qu'au bureau, en présence de la partie ou après sommation d'y assister; elle en reçoit copie après chaque vacation. L'apposition des scellés sur les portes, de plombs ou de cachets sur les colis, a lieu toutes les fois que la description doit être continuée à une autre séance (Loi 9 floréal an VII, titre IV, art. 8).

Enregistrement. — Les procès-verbaux sont dispensés de l'enregistrement (formalité à remplir dans les quatre jours à partir de leur clôture en vertu de la loi du 22 frimaire an VII, art. 20) s'il n'y a pas de bureau dans le lieu de dépôt de la marchandise ni au siège du tribunal qui doit connaître de l'affaire. Dans ce cas, le procès-verbal est visé le jour de sa clôture ou le lendemain avant midi par le juge de paix du lieu ou, à son défaut, par le maire (Loi 9 floréal an VII, titre IV, art. 9).

Un procès-verbal n'est pas nul pour avoir été enregistré postérieurement à l'audience indiquée par la citation si d'ailleurs il l'a été dans les quatre jours de sa date (Cass. 17 brumaire an XIV et 12 août 1835; C. n° 1510).

On doit indiquer sur le procès-verbal l'heure à laquelle a été requis le visa. Celui-ci est inutile lorsque le document a été affirmé devant le juge de paix dans le délai assigné au visa (Cass. 21 pluviose an IX).

Un procès-verbal peut n'être revêtu du visa tenant lieu d'enregistrement que le surlendemain de sa date lorsque le jour intermédiaire est un jour férié (Cass. 3 ventôse an X).

Le décret (Dahomey) du 28 septembre 1897, article 80, dispose que les procès-verbaux sont dispensés de l'enregistrement immédiat. Il suffit qu'ils soient visés par le juge ou, à défaut, par l'officier municipal du lieu de rédaction, le jour même de la clôture ou le lendemain avant midi. Ainsi visés ils peuvent valablement être portés devant les tribunaux appelés à statuer.

Voir page 245 *in fine*.

Affirmation. — L'affirmation est l'acte par lequel les rédacteurs d'un procès-verbal affirment que ses énonciations sont sincères. La présence de la partie saisie n'est pas prévue par la loi et ne saurait être exigée (Cass. 11 floréal an ix et 15 frimaire an x).

Les procès-verbaux doivent être affirmés au moins par deux assistants, devant le juge de paix ou l'un de ses assesseurs, dans le délai donné pour comparaître ; l'affirmation énonce qu'il a été donné lecture desdits procès-verbaux aux affirmants (Loi 9 floréal an vii, titre IV, art. 10 ; voir aussi l'art. 79 du décret (Dahomey) du 28 septembre 1897].

Il n'est pas nécessaire qu'il y ait une affirmation après chacune des séances du procès-verbal lorsqu'il y en a plusieurs (Cass. 11 octobre 1827) ou qu'il y ait autant de mentions d'affirmations que de parties du procès-verbal (Cass. 13 juillet 1844 ; C. n° 2059).

L'acte d'affirmation doit être signé du juge et des saisissants (Cass. crim. 1er avril 1830).

Le défaut de signature des affirmants ne peut être une cause de nullité lorsque le juge de paix a signé l'acte (Cass. 26 août 1813). Mais l'affirmation n'est pas valable quand l'un des agents qui l'a souscrite n'a pas signé l'acte de dépôt des marchandises saisies (Trib. civ. de Prades, 17 mars 1846 ; doc. lith. n° 170).

En matière correctionnelle, les saisissants ont trois jours pour affirmer le procès-verbal (Arr. quatrième jour complémentaire an xi, art. 6 et C. 14 avril 1837, n° 1619). En matière civile, l'affirmation doit avoir lieu dans le délai de vingt-quatre heures donné pour comparaître (C. 14 avril 1837, n° 1619).

L'affirmation n'étant que le complément de l'acte, n'est pas sujette à l'enregistrement (Loi 22 frimaire an vii).

Indo-Chine : Un arr. G.G. du 26 juillet 1904 autorise l'affirmation par écrit des procès-verbaux en matière de contributions indirectes en cas d'empêchement ou de difficultés résultant de la distance ou de l'absence des moyens de transport.

Voir aussi Dahomey, décret du 28 septembre 1897, article 79.

Affaires multiples. — Lorsque plusieurs infractions de compétences diverses sont constatées en même temps contre un même individu, il y a lieu de rédiger autant de procès-verbaux qu'il y a de juridictions distinctes.

Foi due aux procès-verbaux. — Les procès-verbaux rédigés comme il est dit ci-dessus font foi jusqu'à inscription de faux lorsqu'ils émanent d'agents assermentés des douanes. Les tribunaux ne peuvent admettre contre lesdits rapports d'autres nullités que celles résultant de l'omission des formalités requises (Loi 9 floréal an vii, titre IV, art. 11). Les procès-verbaux entachés de nullité pour vice de forme sont valables jusqu'à preuve du contraire ; la même foi est accordée à ceux dressés par deux habitants de la colonie (Côte-d'Ivoire, Dahomey et Côte des Somalis, décrets des 26 janvier 1897, art. 72; 28 sept. 1897, art. 81; 18 août 1900, art. 89).

Le même principe de la foi due aux procès-verbaux s'applique à tous *les faits certifiés* lorsque les agents des Douanes en ont eu connaissance par eux-mêmes, *de visu et auditu*, et que ces faits rentrent d'ailleurs dans la catégorie de ceux qu'ils ont mission de constater; mais l'exposé d'un fait qu'ils fondent sur de simples présomptions peut être combattu par une argumentation contraire sans qu'il soit besoin de recourir à la voie de l'inscription de faux (Déc. 26 février 1846).

Les tribunaux ne peuvent ordonner une information sur des faits nettement établis dans un procès-verbal régulier non argué de faux, ni prescrire une enquête pour rechercher quelle a pu être l'intention du contrevenant (Cass. 14 avril 1841; C. n° 1863).

A signaler que la différence entre la date de l'original et celle de la copie du procès-verbal constitue une cause de nullité (Cass. 22 juillet 1808) s'ajoutant à celles prévues par la loi de floréal an VII.

Il faut distinguer dans un procès-verbal la partie relative à la contravention ou au délit fiscal, de la partie qui constate un délit ou un crime de droit commun. La première seule fait foi jusqu'à inscription de faux. Toutefois il en sera de même des injures ou voies de fait dont les préposés peuvent être victimes au cours de leurs constatations (Cass. crim. 2 mai 1806; 8 janvier 1813).

Le principe de la foi due aux procès-verbaux est inapplicable à des rapports qui, réguliers en la forme, énoncent des faits contradictoires ou qui ne peuvent exister simultanément (Cass. 13 janvier 1817).

En *Océanie* et à *Saint-Pierre et Miquelon*, les procès-verbaux ne font foi en justice que jusqu'à preuve contraire des constatations faites par l'agent verbalisateur (Décrets des 9 mai 1892, art. 36, et 23 avril 1914, art. 35.)

Renvois, ratures, surcharges. — Les renvois et apostilles ne peuvent être inscrits qu'en marge; ils sont, à peine de nullité, signés ou parafés par les signataires de l'acte. Toutefois si la longueur du renvoi exige qu'il soit transporté à la fin de l'acte, il doit être non seulement signé ou parafé, mais encore expressément approuvé à peine de nullité.

Il ne doit y avoir ni surcharge, ni interligne, ni addition dans le corps d'un procès-verbal; les mots surchargés, interlignés ou ajoutés sont nuls. Ceux à rayer le sont de manière que leur nombre puisse être constaté en marge de la page correspondante ou à la fin de l'acte et approuvé de la même manière que les renvois (Loi 25 ventôse an XI, art. 13).

Transcription. — Le lendemain de la saisie, le procès-verbal est transcrit sur le registre du bureau des Douanes le plus rapproché (Loi 4 germinal an II, titre VI, art. 10).

Le vœu du législateur est suffisamment rempli au moyen d'une annotation au registre série E, n° 69, renvoyant à la chemise 69 B sur laquelle est transcrit le procès-verbal. Ce registre sert seulement à présenter les phases successives de chaque affaire (C. 8 novembre 1888, n° 1943).

Dépôt des pièces. — Les expéditions et toutes pièces relatives aux bâtiments, cargaisons et voitures de la saisie, sont également déposées au bureau de Douanes le plus voisin (même loi, même titre, art 11).

§ 2. Effets de la nullité ou absence des procès-verbaux.

Lorsque le service possède la preuve d'un délit ou d'une contravention ne remontant pas à plus de trois ans, les lois des 29 mars 1897 (art. 57) et 1er mai 1905 lui donnent le moyen de suppléer, par les voies de droit commun, à la nullité ou à l'absence d'un procès-verbal. Il n'en reste pas moins très important que toutes les infractions soient constatées par procès-verbal lorsque c'est possible, et que les procès-verbaux soient rédigés avec le plus grand soin. La présentation au juge d'un procès-verbal régulier dispense de toute autre preuve (C. n° 2803).

Voir décrets 26 janvier 1897, art. 79; 28 septembre 1897, art. 87 et 18 août 1900, art. 95 (Côte-d'Ivoire, Dahomey, Côte des Somalis).

§ 3. Inscription de faux.

Celui qui veut s'inscrire en faux contre un procès-verbal est tenu à peine de déchéance d'en faire la déclaration par écrit, en personne ou par un fondé de pouvoirs spécial passé devant notaire, au plus tard à l'audience indiquée par la citation à comparaître devant le tribunal qui doit connaître de la contravention. Cette déclaration est reçue et signée par le juge et le greffier. Dans les trois jours qui suivent, le déclarant doit faire au juge du tribunal le dépôt des moyens de faux et des noms et qualités des témoins qu'il veut faire entendre, le tout à peine de déchéance (Loi 9 floréal, an vii, titre IV, art. 12. Voir art. 90 *in fine* du décret [Côte des Somalis] du 18 août 1900, pour les déclarants ne sachant écrire ni signer).

L'inscription de faux régulièrement faite n'est admissible qu'autant que les moyens de faux, une fois prouvés, détruiraient l'existence même de l'infraction (Arr. 4e jour complémentaire. an ii, art. 9). Le tribunal doit d'abord juger si les moyens de faux sont pertinents et admissibles. Dans la négative, il passe outre au jugement sur le fond (Cass. 28 février 1805). Dans le cas contraire, il déclare qu'il est sursis au jugement jusqu'à ce qu'il soit prononcé sur le faux. La vente des marchandises sujettes à dépérissement et des moyens de transport doit néanmoins être autorisée (Arr. du 4e jour complémentaire, an ii, art. 9).

L'inscription de faux n'est admissible que dans le cas où le sort de la contestation principale dépend de la vérité ou de la fausseté du procès-verbal (Cass. 26 floréal. an xiii).

Un prévenu peut, sans être obligé de s'inscrire en faux, proposer tous les moyens justificatifs utiles à sa défense du moment que ceux-ci ne tendent pas à infirmer les énonciations du procès-verbal (Cass. 30 mai 1831 ; 28 février 1839).

Cependant la Cour de cassation (Crim. 5 janvier 1912, Tonkin) a jugé que lorsqu'un procès-verbal régulier, faisant foi jusqu'à preuve contraire, constate que des liquides en fermentation existaient dans le jardin attenant à une maison, l'habitant de cette maison ne peut prouver le fait justificatif de l'apport de ces liquides par un tiers mal intentionné qu'en recourant à la procédure de la preuve contraire, c'est-à-dire au moyen de témoins entendus sous serment, de procès-verbaux, expertises ou autres documents authentiques conformément aux articles 154 et 189 du Code d'instruction criminelle.

Lorsqu'un jugement a déclaré les moyens de faux pertinents et admissibles, l'action à exercer est une action publique, relevant de la Cour d'assises (Cass. 1er oct. 1807) et qui donne lieu à une instruction suivie d'après les articles 239 du Code de procédure civile et 460 du Code d'instruction criminelle. Il appartient dès lors au ministère public de faire les informations nécessaires.

Le faux écarté en première instance ne peut être reproduit en appel (Cass. 19 messidor, an VII).

Une ordonnance ou un arrêt de non-lieu en faveur des agents rédacteurs accusés de faux, par le motif qu'il n'y avait pas contre eux de charges suffisantes, n'empêche pas la partie de faire juger civilement la fausseté du procès-verbal par le tribunal saisi de l'action principale. La partie recourt alors à la procédure en *faux incident civil*, qui est expressément réservée à la défense par l'article 459 du Code d'instruction criminelle (Cass. 25 juin 1881). En effet, même en l'absence de toute criminalité, il peut y avoir une erreur matérielle dans les constatations du procès-verbal argué de faux.

Le demandeur en faux qui se désiste volontairement ou qui succombe est condamné à une amende (de 300 francs au moins) et à tels dommages et intérêts qu'il appartiendra (Code pr. civ., art. 246. V. aussi même Code, art. 247).

En ce qui concerne les *boissons*, l'article 24 de la loi de finances du 30 décembre 1903 a disposé que les procès-verbaux des agents des contributions indirectes et des octrois feraient foi seulement jusqu'à preuve contraire. Si le prévenu demande à faire cette preuve, le tribunal renvoie la cause à quinzaine au moins. Dans le délai de trois jours francs, le prévenu doit déposer au greffe la liste des témoins qu'il veut faire entendre. Ce texte a abrogé les articles 8 de la loi du 27 frimaire, an VIII, 25 et 26 du décret du 1er germinal, an XIII et 3 de la loi du 21 juin 1873.

SECTION II.
ACTIONS RÉSULTANT DES INFRACTIONS.

Les contraventions ne donnent ouverture qu'à l'action civile qui appartient à l'Administration des Douanes.

Les délits donnent naissance à deux actions : l'action civile, confiée à l'Administration des Douanes et l'action publique qui appartient au ministère public.

Les crimes sont poursuivis par le ministère public appelé à requérir l'application des pénalités prévues par les lois de douane et par le Code pénal.

En Océanie, les infractions sont poursuivies à la diligence du ministère public sur la remise qui lui est faite des rapports du secrétaire général à Papeete et dans les autres localités, par les chefs des bureaux des contributions (Décret 9 mai 1892, art. 45).

Pour Saint-Pierre et Miquelon, se reporter à l'article 44 du décret du 23 avril 1914.

Action de l'Administration. — Le caractère de cette action est d'être une *action civile* qui s'exerce, seule, dans les affaires ne comportant pas d'emprisonnement.

Dans les autres cas, l'Administration peut mettre en mouvement l'action publique; mais, agissant toujours comme une partie civile, elle ne peut requérir que les condamnations qui peuvent être prononcées à son profit (confiscation, amende, et autres condamnations pécuniaires) [Loi 15 août 1793, art. 3; Cass. crim. 26 vendémiaire, an ix].

L'action de l'Administration peut être portée isolément devant le tribunal correctionnel (alors même qu'il y a ordonnance de non-lieu sur les poursuites du ministère public) lorsque ladite action ne tend qu'à faire prononcer la confiscation et l'amende (Cass. crim. 8 décembre 1838).

L'Administration a seule qualité pour suivre la répression des infractions qui relèvent des tribunaux correctionnels lorsqu'elles sont passibles seulement de peines pécuniaires (Cass. crim. 18 janvier 1828).

Représentation de l'Administration des Douanes devant les tribunaux judiciaires. — Sauf les exceptions résultant de dispositions précises, les textes qui posent en principe la nécessité d'une autorisation du Conseil général pour les actions à intenter et à soutenir au nom d'une colonie ou d'un gouvernement local et qui confient au Gouverneur général ou au Gouverneur la représentation de la colonie devant les tribunaux, n'ont pas d'application en matière fiscale. Cette solution découle d'un arrêt de la Cour de cassation (req.) du 16 février 1896 qui considère qu'on ne peut appliquer à une matière fiscale, régie par une législation spéciale, le paragraphe 5 de l'article 1er du sénatus-consulte du 4 juillet 1866". Ce même arrêt fait valoir, en second lieu, que si le Conseil général d'une colonie était appelé à délibérer sur les contraintes à décerner ou sur la défense aux oppositions, il se trouverait investi du droit de faire indirectement remise de l'impôt à un redevable en n'autorisant pas les poursuites dirigées contre lui, ce qui est inadmissible.

Cet arrêt toutefois n'a pas fait jurisprudence, car d'autres sont intervenus en sens contraire. C'est ainsi qu'un arrêt (Cass. req.) du 10 décembre 1907 (Réunion) énonce qu'un jugement rendu contre une colonie représentée par le Gouverneur, est régulier en la forme, bien que le Conseil général n'ait pas été appelé à en délibérer, même en cours d'instance, pour habiliter le Gouverneur à défendre au nom de la colonie si le cas d'urgence est expressément constaté par le tribunal. Un autre arrêt (Cass. civ.) du 16 février 1910 (Réunion) déclare qu'il résulte du sénatus-consulte du 4 juillet 1866 (art. 1er, § 5) que le Gouverneur a seul qualité pour représenter la colonie en justice et que les droits de douane étant compris dans les recettes ordinaires de la colonie, c'est contre le Gouverneur seul que peut être demandée et prononcée la restitution de ceux indûment perçus (V. aussi Cass. req. 18 juillet 1900; Cass. civ. 18 octobre 1904).

Cependant les lois métropolitaines rendues applicables par le décret du 16 février 1895 aux colonies soumises au tarif métropolitain, attribuent qualité au receveur principal des douanes pour représenter l'Administration dans toutes les instances. S'il faut que les instances soient introduites à la requête du Gouverneur et même, le cas échéant, avec l'autorisation du Conseil général, il est nécessaire que le Gouverneur général ou le Gouverneur figure dans l'instance; et il ne semble pas suffire, contrairement à un arrêt du 9 février 1912 de la Cour de l'Afrique occidentale (ch. correct.), que le chef du Service des Douanes agisse en vertu des ordres du Gouverneur.

Le même arrêt de la Cour de l'Afrique occidentale française déclare que si la douane est généralement représentée en justice par le receveur particulier ou principal du bureau où sont déposées les marchandises saisies, il est constant, en doctrine et en jurisprudence, que tout autre agent peut faire tous actes nécessaires à la répression de la fraude et que les agents des douanes n'ont pas besoin d'un pouvoir spécial pour les accomplir et, notamment, pour interjeter appel (En ce sens : Cass. crim. 25 brumaire, an VII, 26 messidor, an VIII, 6 juin 1816, 14 août 1833; Carpentier et Frère-Jouan du Saint, Répertoire de droit français, v° Douanes, n°s 1610 et 1758).

En Indo-Chine, l'Administration des Douanes et Régies est représentée devant les tribunaux par les fonctionnaires désignés par le Directeur des Douanes (Art. 47 de l'Arr. du 5 juin 1903, modifié par les Arr. des 12 novembre 1908 et 25 août 1911).

A Madagascar, le décret du 19 juillet 1910 (art. 8) dispose que les contraventions en matière de taxes de consommation sont constatées par des procès-verbaux dressés à la requête du Gouverneur général, mais avec ce correctif que ces actes sont rapportés aux poursuites et diligences du Chef du Service des Douanes.

Si, dans la métropole, les grandes Administrations publiques sont valablement représentées devant les *tribunaux judiciaires* par leur chef de service, il est de jurisprudence que les ministres ont seuls qualité pour représenter les services publics devant le Conseil d'État. La Haute-Assemblée applique rigoureusement le même principe en matière coloniale et rejette comme irrecevables les recours des Administrations des contributions, lorsqu'ils ne sont pas formés au nom de la colonie représentée par le Gouverneur. (V. Arr. Cons. d'Ét. 21 nov. 1900.)

Action du ministère public. — Les procureurs de la République sont chargés de rechercher et de poursuivre tous les délits dont la connaissance appartient aux tribunaux correctionnels ou aux cours d'assises (Code Instr. crim. art. 22).

Le ministère public est tenu de faire d'office les poursuites nécessaires pour découvrir les auteurs, entrepreneurs, assureurs et généralement tous les intéressés à un fait de fraude et de requérir contre eux, s'il y a lieu, l'application des pénalités édictées par les lois ou règlements (loi 28 avril 1816, art. 52 ; loi 21 avril 1818, art. 37; décrets 26 janvier 1897, art. 78 ; 28 sept. 1897, art. 87; 18 août 1900, art. 94 : Côte-d'Ivoire, Dahomey et Côte des Somalis).

Pour faciliter sa tâche au ministère public, les agents des douanes doivent faire d'exactes perquisitions au sujet des conducteurs de marchandises de contrebande, saisir tous les papiers, factures, effets et autres objets pouvant favoriser la découverte des coupables. Dans ce cas, ils doivent faire des objets et papiers saisis un ou plusieurs paquets sur lesquels ils apposent leur cachet. Ils doivent, en outre, sommer les prévenus d'y apposer les leurs ou leur paraphe et, en cas de refus, il en est fait mention dans le rapport auquel les papiers saisis sont annexés (C. 22 mai 1811).

La loi du 28 décembre 1895 (art. 17) a donné aux employés supérieurs et receveurs des douanes le droit d'exiger dans les gares de chemins de fer la communication des papiers et documents de toute nature (lettres de voiture, factures, feuilles de chargement, livres, registres, etc.) relatifs au transport et au dépôt des marchandises.

Le chef local de la douane peut, conformément à l'article 29 du Code d'instruction criminelle, provoquer du parquet une information judiciaire et une descente sur les lieux aux fins d'application des articles 52 et 53 de la loi du 28 avril 1816, au cas où ayant la conviction qu'un négociant se livre à des opérations de fraude, il a tout lieu de croire que les preuves écrites de ces opérations se trouvent dans les livres ou dans la correspondance de celui-ci.

Les documents de cette nature, découverts lors d'une recherche à domicile des marchandises prohibées, peuvent être saisis, sur la demande des employés, par l'officier public qui les accompagne, en vertu des articles 48 et 49 du Code d'instruction criminelle; mais ces employés n'ont pas à s'immiscer dans l'opération, ni à signer le procès-verbal de l'officier public, ni à mentionner l'incident dans leur rapport.

Il est d'usage d'accorder une indemnité au commissaire de police assistant, en cas de saisie à domicile de papiers indicatifs d'opérations de contrebande (Déc. 24 mars 1856).

L'action du ministère public n'est pas simplement parallèle à celle de l'Administration. Lorsqu'elle s'exerce, elle comprend non seulement les peines corporelles que la douane ne peut requérir, mais aussi les peines pécuniaires (confiscation et amende) [loi 28 avril 1816, art. 52 et 53, § 4; loi 21 avril 1818, art. 37; Cass. crim. 21 novembre 1828, 5 octobre 1832, 6 mars 1841, 29 juillet 1844]. Le ministère public a qualité pour appeler d'un jugement alors même que l'Administration a laissé expirer les délais d'appel (Cass. crim. 21 novembre 1828) qu'il s'agisse de l'emprisonnement ou de l'amende.

Un arrêt de la Cour de cassation (crim.) du 15 mars 1907 (Guyane) déclare que lorsqu'une infraction aux lois de douanes comporte l'application de peines pécuniaires et d'emprisonnement, l'Administration ne peut requérir que l'application des premières. En conséquence, dans le cas d'acquittement d'un prévenu par le tribunal correctionnel, la Cour ne peut prononcer en appel que les peines pécuniaires si le ministère public s'est abstenu de joindre son recours à celui de l'Administration.

Causes d'extinction de l'action de l'Administration et de celle du ministère public. — Ces causes sont au nombre de quatre :

1° *Le décès du prévenu*, qui a pour effet d'empêcher la condamnation à l'emprisonnement et à l'amende (Cass. crim. 16 décembre 1898; 4 juin 1910). Mais la confiscation des marchandises saisies peut être poursuivie après ce décès, contre toute personne qui prétend à leur propriété; s'il s'agit de marchandises prohibées, elle peut être prononcée contre inconnu (Cass. crim. 9 prairial an IX et 16 décembre 1898);

2° *La prescription*, qui a lieu au bout de trois ans à dater du jour où la fraude a été commise, si dans cet intervalle il n'a été fait aucun acte d'instruction ou de poursuite (Code d'instr. crim., art. 637 et 638), qu'il s'agisse de peines corporelles ou de peines pécuniaires, et que ces dernières soient de la compétence du tribunal correctionnel ou du tribunal de paix (Loi 1er mai 1905, art. unique, § 3).

Toutefois l'action purement civile en payement des droits fraudés peut être exercée pendant un an à dater du jour de la découverte de la fraude. Et, après la délivrance d'une contrainte, elle ne se prescrit que par trente ans (Cass. civ. 14 juin 1880 ; Cass. req. 4 avril 1906);

3° *L'amnistie* qui éteint l'action en payement des amendes, mais laisse subsister celle qui tend au recouvrement de l'impôt (Décret 16 mars 1856, art. 2 ; Cass. crim. 15 avril 1818);

4° *La transaction* qui met obstacle à l'action du ministère public, s'il s'agit de délits fiscaux, mais ne peut entraver cette action pour injures ou voies de fait envers un fonctionnaire (Cass. crim. 30 juin 1820).

La transaction après jugement ne libère de l'emprisonnement que si le jugement qui a prononcé cette peine n'est pas encore devenu définitif. Les incapacités prononcées par application de l'article 53 de la loi du 28 avril 1816 sont soumises à la même règle à moins que, dans les deux cas, le Président de la République ne gracie le condamné (C. n° 2006 du 24 janvier 1844 et n° 1486 du 24 mai 1835).

SECTION III.

PROCÉDURE.

Elle est : soit civile; soit correctionnelle; soit criminelle; soit par voie de contrainte.

Il y a aussi les procédures spéciales de l'opposition à l'exercice des fonctions des préposés et de l'inscription de faux (Voir *supra*).

Dispositions communes à toutes les instances en matière purement civile :

a. Dans toute affaire de douanes, l'instruction est prompte et sommaire. En 1ʳᵉ instance et sur appel, elle est verbale, sur simple mémoire et sans frais de justice à répéter de part ni d'autre (Loi 4 germinal an 11, titre VII, art. 17).

L'Administration et ses adversaires sont ainsi dispensés de recourir au ministère des avoués à condition de ne prononcer aucune plaidoirie (Cass. 23 juin 1896 ; Doc. lith., n° 335).

Ne porte pas atteinte aux droits de la défense le tribunal qui se conforme à l'article 17 du titre 6 de la loi du 4 germinal an 11 et aux articles 87 et 111 du Code de procédure civile (Cass. req. 12 janvier 1914).

b. Les préposés des douanes peuvent faire, en ce qui concerne les droits de douanes, tous exploits et tous actes de justice (loi du 22 août 1791, titre 13, art. 18) en observant les obligations essentielles qui s'imposent aux huissiers ; mais les dispositions de la loi du 29 décembre 1873 concernant le timbre des copies d'exploits ne leur sont pas applicables (C. Enregist. 15 février 1875 ; C. douanes 2 mars 1875, n° 1261).

Cette disposition ne vise que la signification des exploits, jugements, arrêts ; elle exclut les voies d'exécution sur les biens des débiteurs de la douane, sauf le cas de vente de marchandises saisies ; elle ne concerne pas les affaires qui ne sont pas relatives à la perception des droits ou à la répression de la fraude.

c. On distingue les *jugements avant-faire-droit,* qui peuvent être *provisoires,* ou réglant par provision certaines questions détachées de la cause principale et qui réclament une solution urgente, *préparatoires,* ou rendus pour l'instruction de la cause et sans préjuger la décision du tribunal en vue de mettre le procès en état d'être réglé définitivement, *interlocutoires,* ou rendus lorsque le tribunal ordonne une preuve, une vérification ou une instruction qui, d'une manière conditionnelle, préjuge le fond et les *jugements définitifs.*

d. *Solidarité* (Lois 22 août 1791, titre 13, article 3 ; 4 germinal an 11, titre VI, art. 22, et Code pénal, art. 55), et *responsabilité civile* (Voir *supra,* pages 206 et 209).

Dispositions spéciales à certaines instances. — La douane est dispensée de la consignation et du payement de l'*amende de fol appel* prévue par l'article 471 du Code de procédure civile (Déc. min. 9 avril 1847), de l'amende pour requête civile ou pourvoi en cassation téméraire (Loi 2 brumaire an IV, art. 17 ; C. n° 2175 du 25 juin 1847).

Le trésor et la douane ne doivent faire aucun payement, versement ou remise d'objets saisis en exécution de jugements ou d'objets saisis dont la mainlevée serait accordée par jugements, contre lesquels il y aurait pourvoi en cassation, qu'après constitution par le bénéficiaire d'une bonne et suffisante caution (Décret Conv. nat. 16-19 juillet 1793 ; Loi 9 floréal an vii, titre IV, art. 15).

La douane doit procéder suivant les règles tracées par la loi du 14 fructidor an iii (art. 6) pour l'appel des jugements intervenus après saisie, même dans les affaires n'ayant pas trait à la répression de la fraude, telles que celles relatives au remboursement de droits (Cass. civ. 23 février 1836).

Il n'existe pas de voie d'exécution spéciale pour les jugements rendus au profit de la douane dans les affaires purement civiles (Loi 22 juillet 1867 sur la contrainte par corps, exposé des motifs).

Procédure devant les tribunaux de paix. — Le procès-verbal qui constate l'infraction donne *citation à comparaître* devant le tribunal dans les vingt-quatre heures.

Ce délai est évidemment augmenté aux colonies; par exemple il est prolongé, à la Côte des Somalis, d'un jour par deux myriamètres de distance entre le siège du tribunal et celui du bureau où sont déposées les marchandises saisies (Décret 18 août 1900, art. 93).

S'il n'a pas été dressé de procès-verbal, la citation est donnée à la requête du ministère public ou de la douane dans les formes ordinaires c'est-à-dire conformément aux articles 1 à 7 du Code de procédure civile (Lett. comm. 8 août 1899, n° 1066).

Les personnes civilement responsables sont également citées conformément aux mêmes articles.

Les significations de jugements et d'appels aux contrevenants et prévenus sont faites à la personne ou au domicile de l'intéressé s'il en a un réel ou élu dans le lieu de l'établissement du bureau, sinon au domicile du maire de la commune et, à défaut, à celui de l'administrateur de la région ou du chef de la police locale suivant les circonstances.

Les significations à la douane sont faites à la personne ou au domicile de l'agent chargé des poursuites (Loi 14 fructidor an iii, art. 11).

Le juge doit prononcer son jugement à l'audience même où la partie comparaît; si des circonstances exceptionnelles (autres bien entendu que l'inscription de faux) nécessitent un délai, ce délai ne doit pas dépasser trois jours (Loi 9 floréal an vii, titre IV, art. 13).

La partie condamnée par défaut peut faire *opposition* suivant les règles du droit commun (Voir Côte des Somalis, décret 18 août 1900, art. 96).

L'*appel* d'un jugement doit être interjeté dans les huit jours (Loi, 14 fructidor an iii, art. 6). Il est suspensif.

En Océanie et à Saint-Pierre et Miquelon, le délai d'appel, en matière de saisies, a été fixé à trois jours (décrets des 9 mai 1892, art. 41, et 23 avril 1914, art. 40).

La déclaration d'appel doit contenir assignation devant le tribunal d'arrondissement (ou aux colonies la Cour d'appel) dans un délai qui est, dans la métropole, de trois jours francs augmenté d'un jour par cinq myriamètres de distance (Loi 9 floréal an vii, titre IV, art. 14; loi 3 mai 1862, art. 4).

Procédure devant les tribunaux correctionnels. — C'est celle prévue par le Code d'instruction criminelle et par les actes modificatifs spéciaux aux colonies.

La citation est donnée à la requête du ministère public (s'il s'agit de délits pouvant entraîner des peines corporelles) ou du chef du Service des Douanes.

Si au jour fixé, le prévenu ne comparait pas en personne, le tribunal est tenu de rendre son jugement (Loi 28 avril 1816, art. 46). S'il comparaît et qu'il y ait lieu d'accorder une remise, cette remise ne peut excéder cinq jours; le cinquième jour, le tribunal doit prononcer, que la partie soit présente ou absente (même loi, art. 47).

Indo-Chine : Voir : Arrêté du Gouverneur général 10 mars 1900 sur la procédure en matière de contributions indirectes. Consulter également l'Arrêté du Gouverneur général du 5 juin 1903 modifié par les Arrêtés du Gouverneur général des 26 juillet 1904, 1er août 1907, 12 novembre 1908, 25 août 1909 et 25 août 1911 sur la procédure en matière de fraudes de contributions indirectes et l'exécution des jugements prononcés en matière de douanes et régies contre les indigènes et assimilés.

SECTION IV.

MINUTIES.

Si plusieurs saisies de marchandises ont été faites sur inconnus dans le ressort d'un même tribunal et que la valeur de chaque lot n'excède pas cinquante francs, la Douane peut en demander la confiscation par une seule requête contenant l'estimation des différents objets saisis. Il est statué sur cette demande par un seul et même jugement (Loi 5 sept. 1792 art. 5 et 6).

Ces saisies portent le nom de *saisies de minuties.* Elles s'appliquent également aux objets de faible valeur trouvés sur la personne d'individus venant de l'extérieur, non déclarés et dont l'introduction illicite constitue la fraude dite de filtration. Ces objets sont alors saisis sans qu'il soit verbalisé ni requis de pénalités (C. 23 sept. 1841, n° 1877).

Il convient d'énoncer au registre de travail ou au registre de dépôt le nom des délinquants non arrêtés afin d'établir au besoin la récidive lors de la rédaction d'un procès-verbal spécial (Déc. 19 décembre 1835 et C. 8 juillet 1842, n° 1923).

Les objets, au fur et à mesure de leur saisie, sont transportés et déposés au bureau où ils sont inscrits sur le registre coté et paraíé par le chef du service et qui est intitulé «registre des objets de minuties arrêtés sur inconnus et déposés au bureau de...». Ce document indique les jour, heure et lieu de la saisie, les noms des préposés, la nature, la valeur approximative de la marchandise, etc.

A la fin de chaque mois, ou tous les deux ou trois mois, suivant l'importance des saisies, la Douane réunit tous les objets en un seul procès-verbal énonçant pour chacun d'eux une indication correspondant à celle du registre et obtient pour eux un seul et même jugement (C. 5 novembre 1818, n° 439). Un procès-verbal collectif doit être établi dès que la réunion des objets saisis atteint une valeur estimée à 50 francs (déc. 27 avril 1842). Ce procès-verbal donne le détail de chaque saisie et l'indication séparée (mais sans date) de l'objet de chacune des captures (Déc. 19 octobre 1843 et 28 janvier 1854).

Dans certaines colonies (Guinée) la confiscation et la vente des objets précités sont prononcées par ordonnance du juge rendue sur simple requête du chef de service toutes les fois que la valeur desdits objets n'atteint pas 100 francs. Pour la forme, les affaires ainsi réglées sont soumises au tribunal.

La vente des marchandises et objets saisis comme minuties demeure soumise aux règles générales c'est-à-dire qu'elle n'a lieu qu'en vertu du jugement de confiscation définitif, sauf les exceptions résultant de la nécessité de vendre d'urgence, sur autorisation du juge le plus voisin, les objets sujets à dépérissement.

Vérification. — Il importe de procéder au recensement des objets saisis sur inconnus et de s'assurer que les existants réels correspondent à ceux mentionnés sur le registre spécial. Examiner si les objets ne séjournent pas trop longtemps en magasin, si les jugements de confiscation sont provoqués en temps utile, si les ventes s'effectuent normalement, etc.

SECTION V.

VENTE DES OBJETS SAISIS.

Vente avant jugement. — La vente avant jugement s'applique aux animaux et aux marchandises sujettes à détérioration. Elle doit être autorisée par le président du tribunal civil dont l'ordonnance est signifiée, dans le jour, au domicile de la partie saisie ou, à défaut, au maire de la commune, à l'administrateur de la région ou au chef de la police locale avec déclaration qu'il sera immédiatement procédé à la vente, même en l'absence du saisi.

L'ordonnance du juge est exécutoire nonobstant opposition ou appel.

La vente est faite aux enchères à la diligence de la Douane. Le jour de la vente est indiqué par affiches, 24 heures à l'avance, à moins que la modicité de l'objet ne détermine le magistrat à en ordonner la vente sans formalités.

Le produit de la vente est déposé dans la caisse de la Douane pour en être disposé ainsi qu'il sera statué en définitive par le tribunal chargé de prononcer sur la saisie.

Voir Décret 18 septembre 1811; décrets (Côte d'Ivoire, Dahomey et Côte des Somalis) des 26 janvier 1897, 28 septembre 1897 et 18 août 1900.

Vente après jugement définitif. — Quand le jugement prononçant la confiscation des marchandises est devenu définitif, l'agent chargé des poursuites annonce la vente par une affiche apposée à la porte du bureau et à celle de l'auditoire du tribunal (Loi 14 fructidor an III, art. 7).

La vente ne peut avoir lieu que 5 jours après l'apposition de l'affiche (*ibid.*).

Les affiches de vente et toutes celles apposées pour le Service de la Douane sont dispensées du timbre (Loi 9 vendémiaire an VI, art. 56; Déc. min. 27 brumaire an VI et C. 15 octobre 1839, n° 1779).

Les affiches émanant de l'autorité publique et des Administrations sont seules imprimées sur papier blanc (Loi 28 juillet 1791).

La vente est faite publiquement aux enchères dans les conditions indiquées plus haut à propos des ventes de marchandises abandonnées en douane et devenues la propriété de la colonie.

Les marchandises sans valeur vénale sont détruites en présence des préposés qui dressent procès-verbal de l'opération.

Voir aussi décrets précités des 26 janvier et 28 septembre 1897 et 18 août 1900 (Côte d'Ivoire, Dahomey et Côte des Somalis).

SECTION VI.

DES SAISIES NON FONDÉES.

Dans toute action sur une saisie, les preuves de la non-contravention sont à la charge du saisi (Loi 4 germinal an II, titre VI, art. 7).

Lorsque la saisie n'est pas fondée, le propriétaire des marchandises a droit à un intérêt d'indemnité à raison de 1 p. 100 par mois (un jour étant compté pour 1/30e de mois) de la valeur des objets saisis (à l'exclusion de la valeur des moyens de transport). L'intérêt court de la date de la saisie jusqu'au jour inclus de la remise ou de l'offre qui en aura été faite (Loi 9 floréal an VII, titre IV, art. 16).

L'offre de remise doit être pure et simple et ne saurait être remplacée par une offre de mainlevée moyennant caution (Cass. civ. 12 novembre 1832; 24 juin 1840; Cass. req. 15 mars 1836).

La retenue, jusqu'à justification de leur origine, des produits déclarés en retour et celle des marchandises destinées à être soumises à l'expertise, n'ouvrent aucun droit à indemnité (Cass. civ. 18 octobre 1886; Cass. civ. 1er avril 1894 et 24 juillet 1895).

Le propriétaire de marchandises sujettes à dépérissement vendues avant jugement et qui, informé régulièrement de la vente, n'a pas pris mainlevée sous caution desdites marchandises, ne peut plus réclamer que le remboursement de leur prix d'adjudication majoré de 1 p. 100 par mois sur ce prix, calculé depuis la date de la saisie jusqu'au jour de l'offre de la remise de ce prix (Cass. civ. 15 novembre 1839; Cass. req. 17 mars 1836).

Se reporter, pour l'Océanie, la Côte d'Ivoire, le Dahomey, la Côte des Somalis et Saint-Pierre et Miquelon, aux décrets des 9 mai 1892 (art. 42); 26 janvier 1897 (art. 97 et 98); 28 septembre 1897 (art. 105 et 106); 18 août 1900 (art. 113 et 114); 23 avril 1914 (art. 41).

SECTION VII.

POURSUITE PAR VOIE DE CONTRAINTE.

La contrainte est l'ordre d'un agent dépositaire d'une partie de la puissance publique, enjoignant à un contribuable de s'acquitter d'une obligation envers l'État, une colonie ou une autre personne juridique en faveur de laquelle cette procédure a été instituée. Décerner contrainte, c'est revêtir d'une formule exécutoire et signifier à un débiteur du Trésor un titre de créance (Voir Cass. civ. 14 mars 1888).

La contrainte, étant susceptible d'exécution immédiate, doit être réservée au recouvrement de *créances liquides.*

Toutefois, une contrainte peut être décernée, par les administrations de l'État, pour le recouvrement d'une somme non liquide. L'agent du fisc en arbitre alors le chiffre, sauf à l'augmenter ou à le diminuer ensuite (Cass. req. 29 décembre 1909, Douanes Madagascar).

Il peut être décerné contrainte :

1° Contre tout redevable de droits de douane ou de taxes locales de navigation qui refuse ou est en retard d'acquitter ces droits (Loi 22 août 1791, titre XIII, art. 31; Cass. 14 mars 1899; Doc. cont. n° 365);

2° Pour obtenir d'anciens agents la remise de commissions d'emploi, registres, etc. (Loi 22 août 1791, titre XIII, art. 24);

3° Contre tout souscripteur d'une soumission et contre sa caution, qu'il s'agisse d'un crédit de droits, d'une mise en entrepôt ou d'un acquit-à-caution (Loi 22 août 1791, titre XIII, art. 31 et 32);

Toutefois, lorsqu'en raison de la consignation des droits, l'engagement souscrit pour l'acquit-à-caution ne porte que sur l'amende, le payement de celle-ci doit être l'objet d'une demande en justice (Loi 22 août 1791, titre III, art. 12).

En effet, il n'est pas permis de poursuivre par voie de contrainte le recouvrement d'amendes de cette nature, lorsque, le législateur ayant déterminé un minimum et un maximum, la fixation du chiffre est dévolue aux tribunaux. Mais la contrainte peut être employée lorsque le montant d'une amende est, en vertu d'une soumission de s'en rapporter à la décision de l'Administration souscrite par le contrevenant, déterminé par l'Administration elle-même dans les limites du maximum fixé par la loi (Cass. req., 2 mai 1911).

En cas de non rapport, dans le délai fixé, des acquits-à-caution ou permis donnant lieu à soumission, il convient, pour prévenir la prescription, à défaut d'instructions spéciales, de décerner d'office une contrainte dans les dix mois qui suivent l'époque à laquelle les intéressés étaient tenus de satisfaire à leurs engagements (C. 18 novembre 1825, n° 951);

4° Contre celui qui ayant, à la suite d'une infraction, souscrit l'engagement de s'en rapporter à la décision de l'autorité administrative, n'aura pas

30.

obtempéré sans délai à l'injonction de verser la somme fixée par cette décision ;

5° Contre celui qui ayant, à la suite d'une infraction, souscrit une transaction devenue définitive par l'approbation de l'autorité compétente, n'en aura pas exécuté les clauses sans délai à la première sommation.

Eu égard aux dispositions de l'article 6 du titre III de la loi du 4 germinal an II modifiant l'article 31 du titre XIII de la loi du 22 août 1791, ce n'est plus un extrait du registre établissant la créance, mais la feuille portant déclaration ou soumission du redevable, ou constatant l'opération administrative qui donne ouverture à la créance, que l'on revêt de la formule exécutoire (Pallain, 1913, tome III)

Il est d'ailleurs satisfait à l'obligation de mentionner en tête de la contrainte le titre de créance par l'indication de la loi ou du décret autorisant la perception (Cass. 14 mars 1899; doc. cont. n° 365 : Lett. comm. 8 août 1899, n° 1068).

Avant d'être signifiée et exécutée une contrainte doit être visée en original par le juge de paix et rendue ainsi exécutoire (Loi 22 août 1791, titre XIII, art. 32 et loi 14 fructidor an III, art. 10 ; Cass. 22 décembre 1874).

Le juge ne peut, sous aucun prétexte, s'y refuser, à peine d'être personnellement responsable des objets en cause (Loi 22 août 1791, titre XIII. art. 32).

Les contraintes décernées par les receveurs des douanes s'exécutent par toutes les voies de droit (Loi 22 août 1791, titre XIII, art. 32). Mais la *contrainte par corps* ne peut être employée que si la créance a pour origine un crime, un délit ou une contravention et il faut que sa durée ait été fixée par le juge, ce qui exclut son emploi pour obtenir le payement d'une somme stipulée par transaction.

La contrainte, permettant de procéder à une *saisie immobilière*, donne aussi le droit de prendre *hypothèque sur les biens du débiteur* (Avis Cons. d'Ét. 29 octobre 1811).

Les contraintes sont susceptibles d'*opposition*. Mais l'opposition ne suspend l'exécution que si le redevable acquitte ou consigne la somme qui lui est réclamée.

L'opposition aux contraintes décernées pour retards d'apurement d'acquits-à-caution en interrompt l'exécution lorsque l'opposant consigne la valeur des marchandises ou le simple droit, suivant qu'il s'agit de marchandises prohibées ou non prohibées (Loi 22 août 1791, titre XIII, art. 33).

L'opposition est portée devant le tribunal de paix (Tribunal civil aux colonies) de la circonscription du bureau où la contrainte a été décernée. (Cass. 14 nivôse an XI ; Jug'. trib. Seine 20 juillet 1899 ; lett. comm. 8 août 1899 n° 1066). L'affaire suit les mêmes degrés de juridiction qui si elle était intentée par action principale.

Un jugement qui fait allusion à une soumission autre que celle reproduite en tête de la contrainte ne substitue pas un autre titre à celui mentionné sur la contrainte (Cass. req. 12 janvier 1914).

Il est défendu à tout juge, sous peine de répondre personnellement des objets pour lesquels la contrainte aurait été décernée, de donner aucune défense ou surséance; celle qui serait donnée serait nulle et de nul effet (Loi 22 août 1791, titre XIII, art. 33).

S'il s'agit de marchandises prohibées, le soumissionnaire n'est admis à plaider au fond qu'après avoir consigné le montant de la valeur énoncée dans l'acquit-à-caution (C. 22 fructidor an xi).

La contrainte est soumise, dans les quatre jours de sa date, à peine de nullité, à la formalité de l'*enregistrement* (Loi 22 frimaire an vii, titre II, art. 70) au lieu de résidence des agents qui l'ont délivrée ou de la partie à laquelle elle est notifiée (même loi, titre III, art. 20). Le jour de la date n'est pas compté; de même si le dernier jour du délai est un jour de fête légale, ce jour n'est pas compté (Loi 22 frimaire an vii, titre III, art. 25).

Le droit n'est exigible qu'au moment de la signification, car c'est la notification qui constitue l'existence de la contrainte (C. 22 février 1817, n° 251).

Sont enregistrées gratis, les contraintes ayant pour objet le recouvrement de droits ou de créances n'excédant pas le total de 100 francs (Loi 16 juin 1824, art. 6).

SECTION VIII.

ARRESTATION DES FRAUDEURS ET PRIMES DE CAPTURE.

Arrestation des fraudeurs. — Les prévenus, même étrangers, ne doivent être arrêtés et conduits en prison que si l'infraction commise comporte la peine d'emprisonnement (C. 18 novembre 1811 et 14 octobre 1867, n° 1073).

A moins de flagrant délit, toute arrestation doit s'effectuer en vertu d'un mandat d'amener ou d'un mandat d'arrêt délivré par le Ministère public (Code Inst. crim., art. 97).

Lorsqu'ils ont arrêté un délinquant, les préposés le conduisent sans délai devant le procureur de la République et le lui remettent sur récépissé, avec l'original de leur procès-verbal (Arr. 4ᵉ jour complémentaire an xi, art 3; C. 16 janvier 1811). Le parquet doit régulariser cette arrestation préventive en décernant un mandat de dépôt et en faisant incarcérer le prévenu.

Le délinquant arrêté ne peut obtenir sa mise en liberté provisoire que *sous caution* (Déc. 24 décembre 1841; lett. Min. just., 11 novembre 1858).

Primes de capture. — Une *prime de capture* est allouée aux préposés pour chaque arrestation de fraudeur dans les conditions déterminées par la loi et les règlements (Déc. min. 2 janvier 1815; C. du 18).

Toute arrestation effective implique la rédaction d'un procès-verbal régulier sans lequel il ne saurait y avoir prime de capture et que ne saurait remplacer une simple soumission contentieuse constatant l'arrestation (C. 24 décembre 1897, n° 1351).

Seuls les *saisissants* participent à la distribution des primes de capture; les *intervenants* qui n'ont pas contribué à la capture des fraudeurs sont exclus du partage (Déc. 10 août 1842).

Les personnes étrangères qui arrêtent ou contribuent à arrêter les contrebandiers sont admis au partage de la prime (Déc. min. 15 février 1845; C. n° 2056).

La prime de capture est imputable sur les crédits budgétaires si la quotité en a été déterminée par un jugement réglant l'affaire; sinon elle est prélevée sur la somme payée en transaction ou, à défaut, sur le produit même de la confiscation. Dans ce second cas, les énonciations des procès-verbaux, vérifiés et certifiés exacts par le chef du Service des Douanes, servent à déterminer d'après le nombre des contrebandiers arrêtés, le taux de la prime à distribuer (Déc. 28 octobre 1843; C. 12 juin 1844, n° 2023).

En cas de réalisation volontaire, avant jugement, des pénalités encourues, la prime de capture est prélevée sur la part du produit disponible après retenue des sommes revenant au budget (Déc. 10 juin 1854).

Le payement de la prime, sur état émargé par chacun des ayants droit (C. n° 190 du 5 août 1816), ne peut s'effectuer que lorsque les jugements sont passés en force de chose jugée ou qu'il est intervenu un arrangement définitif (C. 23 juillet 1816 et 8 octobre 1833, n° 1405).

Pièces à produire à l'appui des demandes d'allocation des primes adressées par le Service des Douanes au secrétariat général : copie du procès-verbal; copie de l'extrait soit du jugement de confiscation, soit de la décision approbative de la transaction; état du partage projeté. En principe ce n'est qu'au retour de ces pièces que l'état doit être émargé par les ayants droit (C. lith. 18 juin 1846).

Les extraits des jugements peuvent être délivrés par les comptables pourvu qu'ils soient revêtus du visa du chef du Service des Douanes (Déc. 6 juin 1843).

CHAPITRE III.

REMISE ET MODÉRATION DES PEINES.

SECTION I.

LIMITATIONS APPORTÉES AU POUVOIR DES JUGES.

Il est expressément défendu aux tribunaux d'excuser les contrevenants d'après leur intention (Loi 9 floréal an VII, titre 4, art. 16).

Le peu d'importance matérielle de l'objet saisi ne saurait être un motif de de ne pas appliquer la loi pénale (Cass. 31 juillet 1841; C. n° 1877).

Les juges ne peuvent modérer les droits, ni la confiscation, ni l'amende, ni en ordonner l'emploi au préjudice de l'Administration sous peine d'en répondre personnellement (Loi 22 août 1791, titre 13, art. 4; loi 4 germinal an II, titre 6, art. 23; loi 9 floréal an VII, titre 4, art. 17).

Il est interdit aux tribunaux de prononcer sur une question préjudicielle quand elle est du ressort de l'autorité administrative (Cass. 9 fructidor an VII motivé sur l'article 13, titre II, loi 24 août 1790).

Les tribunaux ne peuvent donner mainlevee provisoire des marchaudises saisies, à peine de nullité des jugements et de dommages-intérêts envers l'Administration. La mainlevée ne doit être prononcée que lorsqu'il est statué définitivement sur l'instance entamée (Loi 22 août 1791, titre 12, art. 2).

Les juges ne peuvent faire ni admettre aucune supposition contraire à la teneur d'un procès-verbal non argué de faux.

La prise à partie est le seul moyen d'obtenir des dommages-intérêts contre un magistrat ou un juge (Cass. 25 août 1835).

L'Administration seule a le droit de remettre ou de modérer les condamnations encourues (Cass. 11 juin 1818, 21 juillet 1827, 31 juillet 1841; C. n° 1877).

SECTION II.

DROIT DE TRANSACTION DE L'ADMINISTRATION.

C'est l'arrêté des consuls du 14 fructidor an X qui a conféré à la Douane le droit de «transiger sur les procès relatifs aux contraventions aux lois qui régissent cette partie du revenu public, soit avant, soit après jugement» (préambule et art. 1er).

Le décret (Fin.) du 8 mai 1911 règle le droit des diverses autorités en matière de transaction. Cet acte a été notifié et commenté par la Circulaire n° 4149 du 27 juin 1911.

Caractères du droit de transaction. — En droit, la transaction est un contrat synallagmatique par lequel les parties préviennent ou terminent une contestation (Code civ. art. 2044). En matière de douane, ce n'est pas un contrat civil, mais une convention spéciale, comportant remise, abandon, renonciation de la part de l'Administration. Le contrevenant souscrit une demande en remise impliquant de sa part reconnaissance de l'infraction. En transigeant l'Administration prend de son côté, une décision purement gracieuse et renonce à son droit d'action devant les tribunaux. Ce caractère de remise d'amende attribué à la transaction résulte des textes de lois qui ont réservé à la Douane le droit de transiger, notamment des lois du 23 brumaire an III (art. 1er) et du 9 floréal an VII (art. 17). V. aussi Cass. 30 juin 1820.

Bien que la transaction en matière de douane ne puisse être considérée comme un contrat civil, les articles 2044 et suivants du Code civil lui sont applicables. Passée en conformité de l'arrêté du 14 fructidor an X, sur les procès relatifs aux contraventions, elle a entre les parties l'autorité de la chose jugée en dernier ressort et ne peut être attaquée ni pour cause d'erreur de droit, ni pour cause de lésion (Cass. 20 décembre 1881; doc. lith. n° 262). Mais tant qu'elle n'a pas été approuvée par l'autorité compétente, elle a un caractère provisoire et ne saurait empêcher l'Administration de porter l'affaire devant les tribunaux. Elle est annulée si l'autorité supérieure refuse de l'approuver.

Étendue du droit de transaction. — Le droit de transaction consiste dans la faculté de faire remise, avant ou après jugement, même définitif, de tout ou partie des peines pécuniaires encourues ou prononcées par les tribunaux, et dans le pouvoir d'arrêter l'action publique quant aux peines corporelles tant que le jugement n'est pas devenu définitif. L'Administration a donc le droit de transiger et d'arrêter l'action publique tant que la Cour de cassation n'a pas statué ou que les délais de pourvoi ne sont pas expirés (V. Cass. 30 juin 1820).

Si après jugement définitif une transaction sur les condamnations pécuniaires est encore possible, la remise ou la modération des peines corporelles ne peut plus être accordée que par le Chef de l'État.

Les incapacités prononcées par l'article 53 de la loi du 28 avril 1816 ne peuvent être remises que par lettres de grâce, mais si le jugement qui les prononce n'est pas définitif, l'Administration conserve encore sur ce point le droit de transiger.

Quand peuvent intervenir les transactions. — En matière de contravention, une soumission peut intervenir avant jugement lorsque l'infraction n'est accompagnée d'aucune circonstance aggravante; dans le cas contraire, il y a lieu de la constater par procès-verbal et le délinquant ne peut être admis à transiger qu'après jugement.

Lorsqu'il s'agit de délits d'une gravité relative, ou ayant un caractère accidentel et émanant d'un fraudeur isolé, le service est libre de dresser ou non procès-verbal mais la transaction intervient avant jugement.

Si le délit a pour objet l'importation d'une quantité notable de marchandises, s'il est commis par un professionnel ou par un récidiviste, par une bande ou par des entrepreneurs de fraude, on ne saurait permettre aux coupables de se soustraire, par des transactions hâtives, à l'emprisonnement correctionnel qu'ils ont encouru. C'est seulement quand la peine publique a été subie qu'il y a lieu d'accueillir les offres des coupables et de leur faire remise, — moyennant indemnités proportionnées à la gravité du délit et aux ressources des délinquants, — de l'incarcération aux fins civiles (C. 25 novembre 1874, n° 1254).

Tant qu'un jugement n'a pas prononcé la confiscation des marchandises saisies sur inconnus, on ne saurait (sans s'exposer à une action en restitution de la part du véritable propriétaire) transiger avec les individus qui réclament contre ces saisies à des titres divers.

En cas de transaction avant jugement, il convient, pour au besoin reprendre les poursuites, de ne pas faire rayer l'affaire du rôle. On demandera simplement au tribunal une remise de la cause et on ne produira le désistement qu'après approbation de la transaction par l'autorité supérieure.

Forme des transactions. — Lorsque les chefs locaux ont jugé à propos de transiger, ils doivent, si le contrevenant n'a pas déjà souscrit une obligation cautionnée de s'en rapporter à la décision administrative, passer avec lui un acte énonçant les conditions de l'arrangement. Cet acte est fait sur papier timbré en autant d'originaux qu'il y a de parties ayant un intérêt distinct. Dans les affaires de peu d'importance intéressant un certain nombre d'inculpés, on admet qu'un seul, ou même une personne étrangère, stipule tant en son nom personnel qu'en celui des co-prévenus; il suffit alors de rédiger la transaction en double original (V. aux annexes de la C. du 27 juin 1911 n° 4149 les nouvelles formules à employer).

L'original et les copies relatent si l'accord a été conclu avant ou après jugement.

Les sommes offertes par les prévenus sont énoncées en toutes lettres et en chiffres.

Stipulations diverses à prévoir dans les transactions. — Les transactions énoncent que dans le cas de non-approbation par l'autorité compétente, les clauses provisoirement adoptées seront considérées comme non avenues et que les parties rentreront respectivement dans leurs droits tels qu'ils existaient au moment de la signature.

La réalisation des conditions de l'arrangement provisoire doit d'ailleurs être garantie soit par une consignation immédiate en argent, soit par un acte de cautionnement émanant d'une personne notoirement solvable qui s'engage solidairement avec le prévenu à payer les sommes stipulées. Il est en outre exigé du contrevenant une consignation ou un engagement cautionné garantissant le payement éventuel de la valeur intégrale de la marchandise lorsque celle-ci lui est remise avant l'approbation de la transaction.

Les offres des prévenus sont relatées dans l'ordre suivant :

1° Le remboursement des frais exigibles ou non du prévenu, y compris ceux de l'acte lui-même.

Quand le chiffre des frais ne peut être déterminé, il est indiqué que la somme versée sera appliquée tant au remboursement des frais qu'à la confiscation, à l'amende, etc. Il doit être énoncé explicitement que les frais comprennent le timbre et l'*enregistement*. Ils peuvent, s'il y a lieu, comporter le remboursement des honoraires de l'avocat et de l'avoué pris par l'Administration et des droits de poste. Lorsqu'il existe plusieurs contrevenants passibles d'une condamnation solidaire ou condamnés solidairement, la divisibilité des frais entre eux n'est pas permise en principe : la première transaction passée avec l'un d'eux doit prévoir le recouvrement de tous les frais connus ou prévus;

2° L'abandon des marchandises saisies ou le payement d'une somme tenant lieu de leur valeur. Pour une transaction souscrite après jugement, on se borne à déclarer que le contrevenant acquiesce à la confiscation prononcée par le tribunal (C. 23 oct. 1840, n° 1837 et 12 oct. 1841, n° 1882).

L'abandon des marchandises n'est stipulé que lorsque la contravention est de nature à entraîner soit la confiscation, soit le payement d'une somme destinée à en représenter la valeur. Sinon on énonce qu'il est donné mainlevée des marchandises à charge d'acquittement des droits, de mise en entrepôt ou de réexportation suivant le cas.

La valeur à attribuer aux marchandises est celle qu'elles ont au lieu de saisie, à l'exclusion des droits de douane et de la valeur des moyens de transport et des marchandises qui ont pu servir à masquer la fraude;

3° Le payement d'une somme déterminée (à fixer autant que possible en chiffres ronds) représente l'amende, décimes compris;

4° L'abandon des moyens de transport et des marchandises ou objets masquant la fraude ou le versement d'une somme les représentant.

Régime applicable aux marchandises saisies et remises aux contrevenants après transaction. — Ce régime est le même que celui appliqué aux autres marchandises régulièrement déclarées et présentées à la vérification.

Effets des transactions au point de vue de la solidarité. — Les effets des transactions ne sont pas limités aux seuls délinquants à qui elles sont accordées; les co-auteurs ou les complices de l'infraction peuvent, dans une certaine mesure, en réclamer le bénéfice.

Les sommes offertes après jugement définitif ne doivent être acceptées qu'à titre d'acompte sur les réparations pécuniaires à recouvrer, ce qui implique non pas transaction, mais surséance indéfinie des poursuites (Déc. 13 septembre 1852). Le versement effectué par le prévenu fait dès lors l'objet d'une simple quittance. L'Administration conserve ainsi le droit de réclamer aux autres condamnés la totalité de l'amende, déduction faite de la somme recouvrée.

La douane ne doit pas perdre de vue l'article 1285 du Code civil qui, en matière d'obligations solidaires, décide que la remise ou décharge conventionnelle consentie au profit de l'un des co-débiteurs libère tous les autres à moins que le créancier n'ait expressément réservé ses droits contre ces derniers; dans ce cas, il ne peut plus répéter la dette que sous déduction de la part du débiteur auquel il a fait la remise. Les lois de douane prévoyant en général une amende unique pour un même fait de fraude, la dette dont les co-auteurs de l'infraction peuvent se trouver ainsi libérés est la part personnelle du bénéficiaire de la transaction ou le montant de la somme réalisée si cette dernière est supérieure à cette part.

Suivant la jurisprudence, la transaction obtenue avant jugement par un des inculpés ne met pas obstacle aux poursuites contre les co-auteurs ou les complices (Cass. 26 août 1820). Il convient en conséquence, dans la transaction passée avant le jugement avec l'un des prévenus solidaires, de réserver les droits de l'Administration contre les autres contrevenants délinquants. Et le Service devra dans ses conclusions, demander que le prévenu assigné soit déclaré solidaire des condamnations prévues par la loi, sauf à ne lui réclamer ultérieurement que le payement de la part dont il restera tenu à raison de la remise de dette accordée (Chambéry, 27 septembre 1878).

Droit de transiger. — Le droit de transiger conféré à la Douane par l'Arr. du 14 fructidor an x est exercé, dans la métropole tantôt par le Ministre, tantôt par le directeur général ou par le directeur local (Décret [fin.] 8 mai 1911, art. 1ᵉʳ). Le décret du 8 mai 1911, qui a remplacé l'ancien décret du 8 août 1890, détermine les limites de la compétence de ces diverses autorités et donne l'énumération des affaires sur lesquelles elles ont à statuer. Un décret du 26 octobre 1891 a rendu applicable en *Indo-Chine* le décret métropolitain sur le droit de transaction en matière de douane. Aux termes d'un second décret du 31 mai 1898 modifiant l'article 2 de celui de 1891, les attributions conférées en France au Directeur général des douanes sont dévolues au Directeur en Indo-Chine. Celles du Ministre des Finances sont réservées au Gouverneur général. Les sous-directeurs et chefs de service exercent, dans chaque circonscription, le droit de transiger attribué aux directeurs locaux métropolitains.

En Océanie, dans les archipels et dépendances autres que Tahïti et Moorea, les transactions sont faites par écrit et sont définitives avec l'approbation du chef du bureau des contributions où la contravention a été constatée, lorsque le montant des condamnations, confiscations, amendes à appliquer ne s'élève pas à plus de mille francs. Dans tous les autres cas, elles doivent être approuvées par le Gouverneur en Conseil (Décret 9 mai 1892, art. 47.)

Pour les autres colonies, il faut se reporter à la circulaire ministérielle (Colonies) du 25 décembre 1897 ainsi conçue : «Dans les colonies où n'a pas été promulgué le décret métropolitain qui a reconnu aux chefs des services locaux des pouvoirs propres en matière de transaction douanière, la législation douanière qui régit la matière n'attribue point au chef du Service des douanes le droit de statuer sur les offres de transaction d'un contrevenant et du fait qu'il appartient aux agents des douanes d'établir les actes de transaction, on n'en saurait déduire que le chef du service ait le droit d'écarter préjudiciellement les propositions des contrevenants; la transaction, en effet, est un mode exceptionnel, contraire au droit commun, dont l'usage doit être exclusivement confié à l'Administration supérieure, c'est-à-dire au Gouverneur en Conseil privé ou d'administration».

Pour Saint-Pierre et Miquelon, voir le décret du 23 avril 1914, art. 45 et 46.

Avec qui peut-on transiger? — Pour transiger, il faut avoir la capacité de disposer des objets compris dans la transaction (Code civ., art. 2045).

En conséquence, pour les mineurs la transaction est passée avec leur père ou leur tuteur (Code civ., art. 467 et 1120); une femme mariée ne peut transiger qu'avec l'assentiment de son mari ou du tribunal dans les formes prescrites par la loi; pour les faillis, c'est le syndic seul qui a pouvoir de transiger (Code Co., art. 487).

Les prévenus qui ne savent pas signer doivent se faire représenter par un fondé de pouvoirs ou assister par deux témoins non choisis parmi les agents des douanes.

La C. du 27 mars 1905, n° 3494, indique les règles à suivre en ce qui concerne les fondés de pouvoirs des commissionnaires, des transitaires, des compagnies de transport, etc.

Du reste, le service peut toujours admettre les personnes «se portant fort» pour les prévenus à signer les actes d'arrangement.

Cautions. — La caution s'oblige solidairement avec le prévenu à remplir les engagements qu'il a contractés. Elle doit offrir des garanties complètes de solvabilité.

Dans les affaires correctionnelles entraînant l'arrestation du prévenu, celui-ci, pour être admis à transiger avant jugement, devrait fournir, indépendamment de la caution relative aux condamnations civiles, une autre caution, exclusivement pécuniaire, pour garantir que le cas échéant il se constituera prisonnier (C. 13 septembre 1822, n° 752). Dans la pratique, une seule caution répond à ce double objet.

Pour les contraventions de minime importance et graciables on peut faire fléchir cette règle. De même que les agences en douane des Compagnies de chemins de fer sont dispensées de la constitution de caution.

Il n'est pas nécessaire que l'acte de cautionnement soit séparé de la transaction (Déc. 21 février 1840).

Montant des réparations pécuniaires à exiger. — Les contraventions se rangent en quatre catégories distinctes suivant les délinquants et les circonstances. La 1re catégorie comprend les affaires dégagées de tout soupçon de manœuvres frauduleuses; la 2e catégorie, celles dans lesquelles la bonne foi, n'ayant pu être admise faute de preuves, est cependant présumable; la 3e catégorie, celles où la fraude, sans être certaine, est cependant présumée; la 4e catégorie comprend les affaires dans lesquelles l'intention d'abus est évidente.

La circulaire n° 4149, du 27 juin 1911, contient le tableau synoptique ci-après, indiquant les sanctions à appliquer dans ces divers cas et les modalités particulières justifiant une atténuation ou une aggravation des peines :

Intention de fraude			
écartée	ne pouvant échapper		Passer outre ou amende de principe de 25 francs au maximum.
	ayant des chances d'échapper		le taux d'une amende de principe et le droit compromis.
	pouvant facilement échapper	Amende variant entre	la moitié et le double du droit compromis.
douteuse	ne pouvant échapper		le taux d'une amende de principe et le droit compromis.
	ayant des chances d'échapper		la moitié et le double du droit compromis.
	pouvant facilement échapper		le simple droit et le quadruple du droit compromis.
présumée	ne pouvant échapper		la moitié et le double du droit compromis.
	ayant des chances d'échapper		le simple droit et le quadruple du droit compromis.
	pouvant facilement échapper		le double et le sextuple du droit compromis.
certaine	ne pouvant échapper		le simple droit et le quadruple du droit compromis.
	ayant des chances d'échapper		le double et le sextuple du droit compromis.
	pouvant facilement échapper		le quadruple du droit compromis et l'intégralité des pénalités encourues.

| Droit compromis | { peu élevé (moins de 50 francs). élevé (plus de 50 francs). | { Circonstance atténuante Circonstance aggravante | { pouvant motiver l'application du | { minimum maximum | { des taux prévus ci-dessus. |

Nota. — Lorsque l'infraction porte sur une marchandise récemment classée, ce fait constitue une circonstance atténuante en faveur du contrevenant de bonne foi qui prétend avoir ignoré ce classement.

Soumissions contentieuses. — Dans certains cas, par exemple quand l'infraction résulte d'une erreur ou d'une omission, le service peut se dispenser de dresser procès-verbal et recevoir du contrevenant une soumission cautionnée par laquelle il s'engage : 1° à s'en rapporter à la décision de l'Administration; 2° à n'élever aucune réclamation contre ce mode exceptionnel (Déc. 2 novembre 1839; doc. lith. n° 56).

Cette soumission diffère donc de la transaction qui suppose, en principe, l'existence d'un procès-verbal ou la constatation de l'infraction par les voies du droit commun; de plus la transaction intervient avant ou après jugement.

La soumission contentieuse, souscrite sur papier timbré en double expédition et sans que les représentants de l'Administration y apposent leur signature (Déc. 9 janvier 1846), constitue un engagement civil dont l'effet ne se prescrit que par trente ans (Déc. 15 mai 1849 et C. 27 juillet 1888, n° 1933). Impliquant aveu de la part du prévenu, elle dispense la douane de prouver la contravention par procès-verbal, ou par tout autre mode de preuve. L'Administration n'est, dans ce cas, obligée à aucune réduction des pénalités, lesquelles peuvent être recouvrées intégralement par voie de contrainte (Trib. paix Bordeaux, 29 janvier 1901; Cass. req. 2 mai 1911).

La substitution d'une soumission contentieuse à un procès-verbal déjà rédigé n'est admise que pour les compagnies de chemins de fer. En dehors de ce cas, les suites du procès-verbal ne peuvent être arrêtées que par une transaction (Déc. 13 juin 1881).

La soumission peut suppléer à un acte conservatoire; mais dès que cet acte a été rédigé, elle ne peut servir qu'à prévenir sa conversion en un procès-verbal définitif (Déc. 16 août 1856).

La soumission rend inutile toute transaction ultérieure et doit appuyer la comptabilité du receveur (C. comptabilité 31 décembre 1838, n° 35; C. 2 juin 1858, n° 540).

Comme la transaction, la soumission avant jugement doit stipuler expressément l'abandon des marchandises saisies afin que la Douane puisse l'invoquer pour disposer de celles-ci et justifier ainsi son action répressive. Après jugement on se borne à exprimer que le contractant acquiesce à la disposition du jugement qui a prononcé la confiscation (C. 23 oct. 1840 n° 1837, et 12 oct. 1841, n° 1882).

Timbre et enregistrement. — Soumissions et transactions sont soumises au timbre de dimension, sur des formules timbrées au préalable au moyen de l'empreinte noire dite « à l'extraordinaire ».

Les soumissions sont passibles de droits d'enregistrement quand elles interviennent avant jugement; elles en sont exemptées lorsqu'elles comportent acquiescement à un jugement de condamnation.

Les transactions souscrites avant jugement sont enregistrées dans le cas seulement où elles stipulent l'abandon d'objets susceptibles de confiscation et destinés à être mis en vente. Celles passées après jugement ne le sont qu'en matière de saisies de sels, lorsqu'il s'agit de réserver à l'Administration la faculté d'établir ultérieurement la récidive des contrevenants.

Il n'y a pas de délai pour l'enregistrement, car il s'agit d'actes ayant le caractère d'actes sous seing-privé et d'une formalité qui a seulement pour but de leur donner date certaine.

Les procès-verbaux rapportés à la requête de l'Administration des Douanes et les actes en tenant lieu seront désormais visés pour timbre et enregistrés en débet (Loi de fin. du 26 décembre 1908, art. 8).

Il n'est rien innové à l'égard des transactions avant ou après jugement, ni en ce qui concerne les soumissions tenant lieu de procès-verbaux et dont les frais sont acquittés par les souscripteurs au moment même où ils donnent leur signature. De même pour les significations de jugements ou d'autres actes contentieux, les assignations et les contraintes, les receveurs continueront à faire l'avance des frais de timbre et d'enregistrement.

Quant aux actes contentieux à timbrer et enregistrer en débet, ils devront être présentés au bureau de l'enregistrement à l'effet d'y recevoir les mentions nécessaires dans le délai maximum de quatre jours fixé par l'article 20 de la loi du 22 frimaire an VII.

En vue de la poursuite éventuelle du recouvrement des frais restés en suspens, le détail continue d'en être inscrit au sommier E 69 et sur les dossiers E 69 B.

Lorsqu'ils se rapportent à une affaire portée en justice, on en comprend le montant dans le total des sommes à liquider. Après jugement, ils deviennent recouvrables au même titre que les autres condamnations.

En cas de reprise indéfinie ils figurent dans la somme admise en non-valeur mais ne sont pas mentionnés sur l'état C 76, puisqu'il n'en aura pas été fait avance.

Les droits de timbre et d'enregistrement dont le recouvrement suspendu peut être opéré par la suite, sont, à ce moment, pris en recette aux produits budgétaires et classés à l'article « Amendes et confiscations ». Au bordereau C 4 est ouverte une rubrique intitulée « Sommes recouvrées à titre de droits de timbre et d'enregistrement afférents aux procès-verbaux ou actes en tenant lieu ». Il est entendu que le montant en sera déduit des sommes devant laisser un produit net à répartir. Le sommier E 69 et les dossiers E 69 B doivent, au surplus, être annotés en conséquence. (C. n° 3852 du 29 décembre 1908).

Exécution des soumissions contentieuses et des transactions. — Les soumissions contentieuses comportant une reconnaissance de dette et la créance de l'Administration étant, dans ce cas, liquide et dûment constatée, la Douane peut en poursuivre l'exécution par voie de contrainte (Trib. paix, Alger 29 juin 1890; Trib. paix Bordeaux, 29 janvier 1901; Cass. req. 2 mai 1911).

Lorsqu'il s'agit d'une transaction souscrite après procès-verbal ou après jugement, il suffit de suivre l'effet du procès-verbal ou de faire exécuter le jugement. En l'absence de procès-verbal, on procède, s'il y a lieu, par voie de citation directe devant le tribunal civil (C. 6 octobre 1809).

Les sursis de payement ne doivent être accordés aux contrevenants que sur l'autorisation de l'Administration supérieure. Dans ce cas, le double de la transaction n'est remis à l'intéressé qu'au moment du solde définitif.

Contestations au sujet des transactions. — *Compétence des tribunaux.* — Les tribunaux sont compétents pour statuer sur les difficultés relatives à l'interprétation et à l'exécution des transactions. Mais l'autorité de la chose jugée en dernier ressort qui s'attache aux transactions ne permet aux juges de rechercher, par voie d'interprétation, les intentions des parties que pour les stipulations dont le sens est obscur ou douteux (Cass. 20 décembre 1881).

En ce qui concerne les soumissions, l'action en exécution rentre dans la catégorie des «autres affaires de douanes» soumises par l'article 10 de la loi du 14 fructidor an III à la compétence des tribunaux de paix (Trib. paix Alger, 29 juin 1890; Trib. paix Bordeaux, 29 janvier 1901).

Affectation des sommes réalisées. — Les sommes réalisées sont affectées aux pénalités, jusqu'à concurrence du montant intégral de chacune d'elles et dans l'ordre de préférence ci-après : 1° aux frais exigibles ou non des prévenus; 2° à la confiscation des marchandises faisant l'objet principal de la contravention (au cas où l'abandon n'en aurait pas été stipulé); 3° à l'amende, double décime et décime compris; 4° à la confiscation des moyens de transport; 5° à la confiscation des marchandises ayant servi à masquer la fraude.

En matière d'infractions au régime du transit international, le montant de la transaction est appliqué, suivant le cas, à la confiscation ou à l'amende; aucune somme n'est affectée aux droits.

Lorsque la transaction concerne des contraventions multiples, les réalisations sont en principe appliquées à chacune d'elles proportionnellement à l'importance relative des condamnations encourues, sauf les dérogations jugées nécessaires.

Si le condamné subit la contrainte par corps, sa libération est subordonnée à l'assentiment de l'autorité compétente. Après élargissement il ne peut plus être incarcéré pour la même dette (loi 12 juillet 1867, art. 12), sauf en cas de mise en liberté consenti sous réserve des droits de l'Administration; s'il refuse alors d'exécuter les clauses de la transaction, le service est fondé à demander que la contrainte par corps soit à nouveau exercée pour le temps restant à courir.

Transactions provisoires. — Les chefs locaux peuvent, à titre provisoire, agréer les offres de transaction et déterminer les conditions de l'arrangement.

Le chef de service fixe en principe le montant des réparations pécuniaires à exiger. Les chefs locaux chargés de rédiger l'acte transactionnel, lui font part, s'il y a lieu, des renseignements qu'ils possèdent sur les prévenus et des raisons qui militent en faveur d'une modification des clauses ordinaires. A la suite de cette communication, le chef de service maintient ou non ses premières instructions.

En cas de rejet absolu d'une transaction, avis en est notifié au prévenu et à la caution par exploit portant citation à comparaître devant le tribunal compétent dans les délais légaux. L'affaire suit alors son cours.

Les intéressés doivent également être prévenus du rejet des transactions souscrites après jugement.

Réalisations volontaires. — Elles ont lieu lorsqu'en raison du peu d'importance de l'infraction (par exemple en matière d'excédent de poids), le chef local estime qu'il est inutile de dresser procès-verbal et que le contrevenant, pour éviter des frais, demande à solder immédiatement le montant de l'amende. Dans ce cas, la douane se borne à rédiger un certificat ou acte de réalisation sur papier revêtu du timbre de dimension : ce document, dressé en double, comme la transaction, énonce la nature de l'infraction, les noms des employés qui l'ont reconnue, l'offre, l'acceptation et le payement immédiat de l'amende encourue (C. man. 9 mars 1837). Ce certificat doit être enregistré (Déc. 22 décembre 1857). L'arrangement est soumis comme les transactions à l'approbation du Gouverneur en Conseil.

Consignations pour assurer l'exécution des transactions. — Les sommes versées à titre de transaction sont prises en recettes aux consignations et figurent sous cette rubrique jusqu'à notification de la décision du Gouverneur. Elles sont alors appliquées aux amendes et confiscations, ou remboursées dans la forme ordinaire.

Elles comprennent le prix du timbre de la quittance et les sommes versées par les contrevenants, même celles qui le seraient pour obtenir la mainlevée des marchandises et des moyens de transport saisissables.

Pièces appuyant les restitutions : ordres de dépense; copie des décisions administratives qui ont arrêté le règlement des affaires; production de la quittance de consignation sur laquelle se trouve spécifié l'emploi fait de ladite consignation (restitution, application) La quittance est acquittée par le contrevenant consignataire.

En cas d'absence des ayants droit, les sommes à restituer sont versées à la Caisse des dépôts et consignations à la fin de l'année qui suit celle dans laquelle la restitution a été autorisée, si cette autorisation est antérieure au 1er décembre de cette dernière année (C. c. p. 28 décembre 1842, n° 228/39).

Lors de la régularisation des consignations en matière contentieuse, la somme applicable aux produits d'amendes et de confiscations est l'objet d'une quittance définitive extraite d'un registre à souche. Le prix du timbre n'est pas exigé quand cette quittance n'est pas réclamée par le contrevenant et reste attachée à la souche, car il s'agit d'une simple opération d'ordre intérieur (C. c. p. 25 janvier 1890).

CHAPITRE IV.

MODE D'ÉCRITURES DU CONTENTIEUX.

Dès que les conditions provisoires d'une transaction sont arrêtées, le receveur ou le chef local en résume les clauses sur une *feuille n° 85*; il indique également la date du procès-verbal ou de l'acte en tenant lieu, la nature et l'objet de la contravention, les noms des prévenus, le montant des droits compromis et la valeur estimative des marchandises, la date des jugements contradictoires ou par défaut, les condamnations prononcées ou encourues, l'époque à laquelle les jugements sont devenus définitifs, la durée de la détention aux fins correctionnelles et civiles subie par les prévenus, les conditions de la transaction, le montant des frais, etc.

Dans les propositions d'arrangement, il y a deux choses à considérer :

1° *Les renseignements* sur les habitudes et les antécédents du prévenu, sur ses ressources pécuniaires, sur les circonstances qui ont accompagné la saisie;

2° *L'avis* à émettre sur le fond de l'affaire, c'est-à-dire sur les conditions de la transaction et les motifs des propositions d'arrangement.

Les renseignements émanent en général soit des vérificateurs et des receveurs ou chefs de bureau en ce qui concerne les affaires de bureau, soit des officiers et des receveurs ou chefs de bureau en cas de saisies de campagne.

Les avis sont énoncés exclusivement par les inspecteurs, les receveurs principaux, les inspecteurs principaux et les directeurs (c'est-à-dire aux colonies par les chefs du service des douanes). Ces chefs doivent, d'ailleurs, compléter eux-mêmes ou rectifier, s'il y a lieu, les renseignements fournis par leurs subordonnés.

Par exception, en matière d'infractions relevées à la charge des voyageurs, les transactions souscrites ont, en fait, un caractère définitif et l'autorité supérieure est, le plus souvent, obligée de les ratifier purement et simplement, car elle est privée de tout recours efficace.

Après avoir été revêtue des annotations du vérificateur ou des officiers, la feuille 85 est communiquée, en France, à l'inspecteur, puis transmise au receveur principal, à l'inspecteur principal et enfin au directeur qui envoie à l'Administration, pour les affaires sur lesquelles il ne statue pas lui-même, une ou deux copies complétées par ses propositions personnelles, suivant qu'il s'agit d'affaires de la compétence du directeur général ou du Ministre. S'il a, au contraire, qualité pour statuer, il rend sa décision et la notifie dans le plus bref délai possible. Ces différentes transmissions doivent être effectuées sans retard.

Les feuilles n° 85 se rapportant aux affaires de la compétence de l'Administration lui sont adressées vers le 10 et le 25 de chaque mois à l'appui d'un relevé n° 84 et sans bulletin d'envoi. Il n'est pas nécessaire de comprendre sur ces états de quinzaine les affaires sur lesquelles la direction générale a déjà eu l'occasion de statuer au contentieux. On y fait, au contraire, figurer celles qui donnent lieu à un *désaccord entre le directeur et les autres chefs locaux.* Quant aux feuilles d'avis relatives aux transactions de la compétence ministérielle, elles sont transmises sans aucun retard à l'Administration par un simple bordereau.

Le premier envoi à l'Administration d'un relevé, bordereau, note ou correspondance concernant une affaire *constatée* doit être accompagné d'une feuille n° 70 renfermant une copie du procès-verbal, de la transaction, de la soumission ou de l'acte de réalisation. Dans le cas où une infraction ne reçoit de suites contentieuses qu'après une première correspondance, la feuille n° 70 est adressée sans délai au bureau compétent et porte, sous la rubrique «circonstances particulières à certaines affaires», une référence à la communication antérieure pour en permettre le classement.

Le 15 de chaque mois, les directeurs transmettent au bureau du contentieux les relevés n° 82 des infractions de toute nature constatées pendant le mois précédent ou les mois antérieurs.

En Indo-Chine, conformément au décret du 31 mai 1898, les sous-directeurs et chefs de service, le directeur et le Gouverneur général exercent respectivement les attributions dévolues, dans la métropole, aux directeurs locaux, au directeur général et au Ministre des finances.

Dans les autres colonies, le chef du Service des Douanes se borne à transmettre le dossier des affaires, avec ses propositions, au chef de la colonie qui statue en Conseil privé ou d'administration. Le chef du Service des Douanes assiste, avec voix consultative, à la séance du Conseil (C. [col.] 25 décembre 1897 et décret 2 mars 1912, art. 3).

Dans chaque bureau, un *registre série E, n° 69,* sert à la transcription des procès-verbaux de toute sorte et leur donne un numéro d'ordre (C. 28 août 1848, n° 2273). On y annote successivement et chaque jour, les suites de toute nature et les opérations de comptabilité de chaque affaire. Ce livre est suivi d'une *table alphabétique* des contrevenants avec l'indication des infractions commises par chacun d'eux (C. 13 décembre 1823, n° 837).

Les procès-verbaux doivent être transcrits le lendemain de la saisie. (Loi du 4 germinal an II, titre VI, art. 10).

Le registre E n° 69 n'est pas tenu dans les bureaux de direction; mais pour faciliter les recherches et les vérifications, on y ouvre un *répertoire* donnant un numéro d'ordre à chaque affaire (C. lith. 4 octobre 1848) et dont l'examen permet de constater si les receveurs apportent la célérité nécessaire au règlement et à la production du dossier comptable (déc. 18 mars 1876). On y tient également la table alphabétique des contrevenants afin de pouvoir apprécier le degré à donner à la répression.

Il a déjà été parlé *supra* du *registre des saisies de minutes* (C. 5 novembre 1818, n° 439, et 23 sept. 1841, n° 1877).

Les receveurs tiennent en outre : un *sommier série E, n° 71 A,* ou registre des droits constatés au contentieux présentant la suite des affaires (C. 11 juin 1834, n° 1443). Il est ouvert à ce sommier un compte par exercice;

Un *registre série E, n° 71 B* des recettes et quittances des sommes payées.

Il faut distinguer dans le droit constaté la *prise en charge* et *l'apurement*. En ce qui concerne la prise en charge, les comptables doivent attendre, pour inscrire au sommier les sommes recouvrées pour amendes et autres condamnations en vertu de jugements ou de contraintes, de transactions ou de soumissions, que l'Administration ou la direction en ait donné l'autorisation et fixé le montant des sommes à recevoir. Il en est de même pour les sommes volontairement versées à titre de doubles droits (la somme versée reste aux consignations jusqu'à ce moment). L'apurement s'opère par l'inscription aux recouvrements des sommes qui ont été prises en charge.

Afin de permettre le redressement des erreurs d'appréciation et de satisfaire, le cas échéant, aux réclamations légitimes, les amendes recouvrées ne sont réparties qu'un mois après leur réalisation s'il s'agit de soumissions contentieuses et un mois après la décision rendue lorsque l'affaire a donné lieu à transaction.

Tous les ans après la clôture de l'exercice, le chef du Service des Douanes, adresse au Secrétariat général *un état collectif des droits constatés et non apurés* en matière de contraventions (C. 22 janvier 1839, n° 1729 et 9 avril 1851, n° 2432).

Les frais de procès perdus et les frais relatifs aux procès-verbaux ou autres actes conservatoires non fondés restent à la charge de la Colonie (Déc. 14 novembre 1842 et 19 janvier 1846).

La liquidation des frais d'un procès-verbal imputé au budget local est provoquée auprès du Secrétariat général par une lettre spéciale contenant une formule série E, n° 100 *ter*, une copie de la décision administrative, un état de frais série C, n° 77 et l'original ou une copie du procès-verbal (Déc. 7 décembre 1873). Les pièces comptables jointes aux chemises C, n° 77 sont visées par le chef du Service des Douanes (Déc. 12 août 1890).

La liquidation des frais laissés à la charge de la colonie, en cas de perte d'un procès ou d'insolvabilité du prévenu, est provoquée par un état de frais série E, n° 61 établi en double expédition et appuyé des quittances et autres pièces et une copie certifiée de la décision administrative portant autorisation d'acquiescer ou de provoquer la liquidation (C. man. 23 octobre 1837).

Un arrêté du Gouverneur général (A. O. F.) du 25 août 1911 réglemente le fonctionnement d'une caisse d'avance de 250 francs pour frais de justice de l'administration des Douanes à la Côte d'Ivoire.

Vérification de l'inspection. — Dans les colonies autres que l'Inde-Chine, le service du contentieux des Douanes fonctionne généralement dans des conditions simplifiées. Le chef de service ou, sous son autorité, le chef du bureau principal du chef-lieu, centralise toutes les affaires contentieuses et prépare les dossiers ainsi que les solutions au moyen des éléments transmis par les chefs locaux.

Les principaux points à examiner sont les suivants : Importance annuelle des affaires contentieuses depuis la précédente mission d'inspection. Tenue des registres. Célérité apportée au règlement des affaires. N'est-il pas accordé des sursis abusifs aux prévenus d'une solvabilité douteuse? Dans la répression des infractions, la Douane n'a-t-elle pas plus de rigueur envers certains rede-vables que pour les autres? Le chiffre des transactions est-il fixé d'après les indications du tableau synoptique annexé à la Circulaire n° 4149, du 27 juin 1911? L'Administration supérieure, n'entrave-t-elle pas l'action de la Douane en matière de répression de la fraude soit par des instructions in-opportunes, soit par la réduction excessive du montant des transactions? Les tribunaux se conforment-ils aux lois qui interdisent aux juges d'excuser les contrevenants d'après l'intention et de modérer les peines applicables? Exa-miner un certain nombre d'affaires, notamment les plus importantes et celles qui sont en instance ou litigieuses. Discuter au besoin l'application des péna-lités et la jurisprudence admise pour les affaires solutionnées. Proposer à la réglementation fiscale les modifications de nature à faciliter l'action répres-sive de la Douane.

CHAPITRE V.

EMPLOI DU PRODUIT DES AMENDES ET CONFISCATIONS.

Textes qui régissent la matière. — Le décret (finances) du 31 décembre 1889 et la circulaire du 11 janvier 1890, n° 2003, ont réglementé la répar-tition du produit des amendes et confiscations. La loi de finances du 26 dé-cembre 1908 (art. 22) attribue au Trésor la part jusqu'alors prélevée au pro-fit des pensions civiles.

Le décret du 31 décembre 1889 a été rendu applicable dans la plupart des colonies, notamment dans les suivantes :

Martinique.	Décret 6 septembre 1895;
Saint-Pierre et Miquelon,	Décret 6 septembre 1895 et décret 23 avril 1914 (art. 48);
Congo Français,	Décret 5 mai 1896;
Guadeloupe,	Décret 17 août 1897;
Guinée,	Arrêté local 1er octobre 1909;
Réunion,	Arrêté local 13 mai 1910.

Les décrets concernant la Martinique, Saint-Pierre et Miquelon et le Congo français prévoient un prélèvement préalable de 10 p. 100 au profit du bud-get local en compensation des frais relatifs aux saisies improductives. Or, l'application aux colonies de l'article 22 de la loi de finances du 26 décembre 1908 ne saurait aboutir à faire verser au Trésor les 40 p. 100 jadis attribués au service des pensions civiles pour la raison que les recettes douanières aux colonies sont encaissées au profit des budgets locaux et que les lois annuelles de finances ne comprennent pas les 40 p. 100 précités parmi les recettes du budget général de l'État effectuées outre mer. Il s'ensuit que le prélèvement de 10 p. 100 prévu par les décrets (Colonies) de 1895 et 1896 fait, en réalité, double emploi avec les 40 p. 100 acquis d'autre part aux budgets lo-caux. Pour rester dans la légalité il importerait de refondre les textes en vigueur de façon à concilier leurs dispositions avec les prescriptions plus récentes de la loi de finances de 1908. L'inspecteur portera utilement son attention sur ce point. A signaler que l'arrêté local (Guinée) du 1er octobre 1909 prévoit le versement des 40 p. 100 au profit du budget général de l'Afrique Occidentale française tandis que l'arrêté (Réunion) du 13 mai 1910 les attribue à tort au Trésor.

Formation du produit à répartir. — Le produit des amendes et confiscations pour infractions aux lois de Douanes supporte, avant tout partage, les prélèvements suivants :

1° Des droits d'entrée non payés par les acquéreurs des marchandises;

2° Des frais non recouvrés sur les prévenus;

3° Des décimes revenant au budget général ou local sur les amendes.

Le surplus forme le *produit disponible* duquel on déduit la rétribution revenant à l'*indicateur* s'il existe. Cette rétribution est de 1/3 lorsque l'indicateur a fourni un avis ayant amené directement la découverte de la fraude; sinon elle oscille entre 1/6°, 1/12° ou 1/24° suivant l'utilité des renseignements fournis (Voir note annexe à la C. n° 2003 du 11 janvier 1890).

En Indo-Chine, la part de l'indicateur est fixée dans tous les cas au quart du montant des réalisations d'amendes ou de transactions et du produit de la vente des objets confisqués ou de leur valeur s'il s'agit d'objets prohibés (Voir Arr. G. g. 9 octobre 1900).

La somme restant à répartir après après ce dernier prélèvement constitue le *produit net à répartir* (Décret 31 décembre 1889, art. 1er).

Pour l'Océanie : Voir Décret 9 mai 1892, art. 48, aux termes duquel une moitié du produit net des saisies et amendes est immédiatement payée à l'agent capteur et un quart est aussi immédiatement réparti entre les agents du service actif qui ont le plus efficacement concouru à la répression de la fraude.

Division du produit net. — Ce produit net est attribué comme suit :

a. *40 p. 100 au Trésor dans la métropole et au budget général ou local aux colonies* (Loi 26 décembre 1908, art. 22). Ce prélèvement est réduit à 25 p. 100 lorsqu'il s'agit d'infractions constatées à la requête des autres Administrations (D. 31 décembre 1889, art. 10).

b. *8 p. 100 au compte «fonds commun»* (art. 2).

Cette part s'accroît éventuellement :

1° Des 12 p. 100 attribués aux chefs et de la part des saisissants lorsque les uns et les autres ne sont pas admissibles au partage (art. 3). Ce cas se présente lorsque la saisie a été uniquement opérée par des agents du cadre supérieur et que le double office de poursuivant et de dépositaire est exercé par un receveur principal. Il se produit encore quand il s'agit de délits de douanes poursuivis directement par le Parquet sans qu'il y ait eu saisie préalable de marchandises, si le receveur chargé de représenter l'Administration devant le tribunal, comme partie civile, est un receveur principal;

2° De la part du receveur principal exclu, par son grade, de la répartition (art. 3 et 5);

3° Des parts des saisissants lorsque la découverte de la fraude est due uniquement, *pour les saisies de bureau*, à une indication précise ou à des instructions spéciales émanant des chefs locaux ou de l'Administration supérieure (art. 3);

4° Des parts des ayants droits lorsque les circonstances de la saisie ont fait relever à leur charge de grandes négligences ou des fautes de service (*Ibid.*);

5° Des 40 p. 100 du montant à répartir dans le produit des amendes encourues pour infractions au régime des acquits-à-caution prévues par la section C, § 1er, de l'article 14 du décret du 31 décembre 1889.

Par contre, la part du fonds commun revient à la masse des saisissants dans le cas où la saisie a été opérée uniquement par des personnes étrangères à l'Administration (art. 3).

Dans le partage des amendes prononcées pour rébellion, la part des chefs et celle du fonds commun sont réunies à la masse des saisissants, laquelle revient exclusivement aux agents victimes des violences ou voies de fait (art. 12).

c. 12 p. 100 aux chefs (art. 2).

Les directeurs, inspecteurs principaux, inspecteurs et receveurs principaux ne peuvent participer, ni comme chefs, ni comme saisissants ou verbalisants, à la répartition du produit des saisies et contraventions de toute nature (Arr. min. 6 juin 1848, art. 1er; C. n° 2253; Arr. 31 mars 1849, art. 1er; C. n° 2322).

Dans les colonies formant le Gouvernement général de l'Afrique Occidentale française, le chef du Service des Douanes, quel que soit son grade, n'est point admis au partage du produit des amendes, confiscations et transactions, sous quelque forme et à quelque titre que ce soit (Décret 9 septembre 1912, art. 1er).

Dans certaines colonies, le chef du bureau principal centralise, sous l'autorité du chef de Service, toutes les affaires contentieuses. Mais cette situation ne saurait lui ouvrir des droits dans la répartition des 12 p. 100 revenant aux chefs pour les affaires qui ne sont pas du ressort de son bureau. Il importe donc de s'assurer qu'aucun abus n'est commis à cet égard.

La *saisie de campagne*, généralement effectuée par les agents du service actif, est celle qui ne se rattache pas nettement à une opération de bureau. C'est donc plutôt à la nature du fait qui a amené la découverte de l'infraction qu'au lieu où la saisie est pratiquée qu'il convient de s'attacher. Les chefs du service actif ne peuvent être considérés comme saisissants que s'ils étaient présents sur le lieu de la saisie au moment où elle a été faite.

La *saisie de bureau* est celle qui a lieu à l'occasion d'infractions dont la constatation est dévolue aux agents du service sédentaire et qui, en cas d'insuffisance de ce personnel, peut être faite par les agents du service actif.

Le partage des 12 p. 100 réservés aux chefs a lieu par portions égales :

1° Pour les saisies de campagne, entre le receveur, le capitaine, le lieutenant, le brigadier ou le sous-brigadier chef de poste (Décret 31 décembre 1889, art. 5);

2° Pour les saisies de bureau entre le receveur et le contrôleur chef de section (art. 5).

La part afférente à un grade qui reste non attribuée faute d'ayants droit, profite aux autres bénéficiaires (art. 5).

Le receveur, s'il est a la fois poursuivant et dépositaire, a droit à une part. Au cas où deux receveurs sont intervenus, chacun obtient la moitié de la part. En cas de deux poursuivants ou dépositaires successifs, cette demi-part est à son tour divisée en deux parts revenant à chaque ayant droit (art. 5).

L'agent qui a des droits à la répartition comme chef et comme saisissant reçoit les parts qui lui reviennent à ce double titre (art. 6).

Les chefs militaires, les chefs de la gendarmerie ou de la police, qui ont *pris personnellement part* à des saisies, sont appelés à partager les 12 p. 100 : avec le receveur, si la saisie a été uniquement opérée par les militaires, gendarmes ou agents sous leurs ordres ; avec les chefs de Douanes énumérés à l'article 5 du décret de 1889 si les militaires, gendarmes, agents, ont agi avec le concours des préposés (art. 11).

Receveur poursuivant. — Il n'y a pas de poursuivant de droit. Le poursuivant est le receveur de la résidence où siège le tribunal compétent ou, à défaut, l'agent désigné pour exercer la poursuite. La même qualité appartient au receveur qui a obtenu un jugement ou une transaction, ou qui a fait réaliser l'intégralité des condamnations encourues.

Receveur dépositaire. — C'est, de droit, le receveur du bureau le plus prochain du lieu de la saisie (Loi 9 floréal an VII, art. 2). Il y en a deux si la marchandise a dû être transportée dans un autre bureau.

d. *40 p. 100 aux saisissants, préposés ou étrangers* (art. 2).

Le partage entre les saisissants, préposés ou étrangers à l'Administration, a lieu par tête et sans acception de grade. La rétribution des intervenants est fixée à la moitié de celle des saisissants (art. 7).

Les agents des brigades régulièrement appelés à coopérer aux saisies de bureau ont droit à la moitié de la part accordée aux employés saisissants du service sédentaire.

Si la constatation de l'infraction résulte de l'initiative ou des investigations personnelles de l'agent des brigades, les 40 p. 100 sont partagés également entre les ayants droit (art. 7).

Par intervenant, on entend l'agent, l'officier, le sous-officier, préposé ou matelot ayant contribué sur le terrain au résultat obtenu; ou bien l'agent dont le concours a été indispensable pour la rédaction du procès-verbal ou de la soumission contentieuse, comme dans le cas de la saisie pratiquée par un homme seul (Déc. 22 janvier 1898).

Les agents ou autres personnes qui ont prêté secours à ceux qui ont eu à souffrir d'une rébellion peuvent recevoir une part d'intervenant (art. 12).

Ne sont admis au partage comme saisissants que ceux dont les noms se trouvent dans les procès-verbaux ou qui sont ultérieurement désignés comme tels dans un état certifié par l'inspecteur et approuvé par l'Administration (art. 8).

Toutefois l'agent qui aura transmis à ses chefs un avis de fraude sera, bien que n'ayant pas concouru à la saisie, admis à la répartition pour une part de saisissant. Si ces indications n'ont pas un caractère de précision suffisant pour être assimilées à un avis direct, il n'obtiendra qu'une part d'intervenant (art. 8).

Le montant des parts afférentes aux agents des services étrangers qui ont coopéré à la saisie est remis aux comptables de ces services, ou, s'il s'agit de militaires aux Conseils d'administration des corps de troupe, pour être distribué aux ayants droit.

La part de saisissant revenant aux préposés indigènes, canotiers ou gardes-frontières est égale à celle des préposés européens (Décret A. O. F. 9 sept. 1912, art. 3).

Parts non réclamées. — Elles restent acquises aux intéressés tant que leurs droits ne sont pas atteints par la prescription (C. n° 2003).

Intérimaires. — L'intérimaire a droit, à l'exclusion du titulaire dont il remplit momentanément la fonction, à la part dévolue au grade dans les répartitions du produit des saisies, à moins que la fonction intérimaire qu'il remplit ne soit celle d'un employé du cadre supérieur exclu par son grade de la répartition, auquel cas il perd tout droit à ces répartitions. Mais le chef du Service des Douanes est autorisé, lors de la répartition générale du fonds commun, à tenir compte à l'intéressé, dans une certaine mesure, du préjudice matériel que lui a ainsi causé l'intérim qu'il a rempli.

Attribution du fonds commun. — Le fonds commun est attribué dans la proportion déterminée chaque année par le Gouverneur général ou le Gouverneur, sur la proposition du chef du Service des Douanes, savoir :

1° Aux agents qui se sont signalés par des actes de courage et de dévouement à l'occasion de rébellions ou faits quelconques de contrebande;

2° Aux agents des deux services, actif et sédentaire, d'un grade inférieur à celui de receveur principal ou d'inspecteur qui ont concouru le plus efficacement à la répression de la fraude, aux employés de bureau chargés de la suite des affaires contentieuses et, en général, à tous les agents ayant utilement contribué à la perception ou à la sauvegarde des droits du Trésor;

3° Après enquête approfondie et sur avis motivé des chefs locaux, aux personnes étrangères à l'Administration qui ayant aidé à la constatation d'actes de fraude ou de délits de douanes n'ont pu obtenir, sur le produit des affaires, une rétribution en rapport avec les résultats procurés (art. 4).

Le taux des parts ne doit pas être inférieur à 40 francs pour les préposés, 50 francs pour les sous-brigadiers, 70 francs pour les brigadiers. Au-dessus de ces chiffres, les parts doivent être calculées en raison des titres exceptionnels des agents. Pour les officiers et les employés de bureau la part ne descendra pas au-dessous de 100 francs (Déc. 16 avril 1891).

Les allocations payées par avance à des indicateurs, peuvent être prélevées sur le fonds commun lorsque, faute de produit suffisant, il n'aura pas été possible de les imputer sur les sommes leur revenant dans la répartition (C. n° 2003).

Répartition du produit des amendes prononcées dans les affaires suivies à la requête des autres Administrations. — Après prélèvement de 25 p. 100 au profit du Trésor en France ou du budget général ou local aux colonies, la somme à répartir est divisée en 60 parties dont 12 aux chefs, 8 au fonds commun, 40 aux saisissants.

Le receveur n'est admis au partage (part des chefs) que s'il a eu momentanément la garde des marchandises saisies. Sa part est alors celle revenant au receveur dépositaire (art. 10).

Mode de répartition des amendes pour infractions au régime des acquits-à-caution (art. 14). — Il est unique quelle que soit la nature de l'acquit-à-caution (transit ordinaire ou international, admissions temporaires, etc.). Les seuls agents admis au partage sont : le receveur poursuivant; l'employé qui a signalé la non-rentrée des acquits-à-caution; ceux qui ont constaté matériellement la contravention d'où est résulté le défaut de décharge des expéditions.

Dans le cas d'infraction résultant de la non-représentation de l'acquit-à-caution et de la marchandise au bureau de destination, les 40 p. 100 attribués aux saisissants sont versés au fonds commun. Les 12 p. 100 représentant la part des chefs sont seuls répartis entre le receveur poursuivant et l'employé chargé de ce service spécial ou bien attribués exclusivement audit receveur s'il assure personnellement la rentrée des acquits-à-caution. Dans les services où ce contrôle est confié à plusieurs agents, les 12 p. 100 reviennent entièrement à celui qui a personnellement signalé l'infraction.

En cas de contraventions constatées au bureau de destination (déficit, excédent, différence de nature ou de qualité, etc.) les 12 p. 100 sont attribués intégralement au receveur poursuivant, ou, s'il est exclu par son grade, versés au fonds commun. Les 40 p. 100 réservés aux employés du bureau de destination (vérificateur et préposé-visiteur qui ont reconnu l'infraction), sont répartis suivant les règles tracées par le décret du 31 décembre 1889 (art. 7).

Payement aux ayants droit. — Aucun payement de part du produit des amendes et confiscations ne sera effectué avant l'approbation des transactions ou que les jugements de condamnation aient acquis force de chose jugée. Aucune répartition ne pourra être faite sans l'autorisation de l'Administration supérieure ou du chef du Service des Douanes dans la limite de ses attributions.

Toutefois le chef du service est autorisé à permettre le versement anticipé entre les mains de l'indicateur, si celui-ci le demande, de 50 p. 100 de sa part éventuelle (art. 13).

Indo-Chine. — Un arrêté du Gouverneur général du 15 mai 1906 modifié par un second arrêté du 19 novembre 1907, a fixé les prélèvements préalables que supporte le produit des amendes et confiscations des douanes et régies et leur répartition entre les ayants droit.

Les dispositions de cet acte sont calquées sur celles du décret du 31 décembre 1889.

Le produit net est attribué comme suit, suivant que la saisie a été opérée ou la fraude constatée (art. 2) :

AVEC LE CONCOURS D'UN INDICATEUR :		SANS LE CONCOURS D'UN INDICATEUR :	
Indicateur	10 p. 100.		"
Budget général	4		4 p. 100.
Caisses de retraite	40		40
Fonds commun	8		8
Chefs	8		8
Saisissants	30		40

Pour la répartition du fonds commun, — laquelle est semestrielle, — il est tenu compte du temps de service accompli par les bénéficiaires pendant le semestre avec minimum de deux mois de présence effective (art. 4).

Les agents indigènes qui ont effectivement participé à la saisie figurent dans les répartitions et pour une part entière; mais ils n'en touchent que la moitié, l'autre moitié étant versée au fonds commun (art. 7).

Vérification. — L'inspection devra porter tout particulièrement son attention sur cette partie du service. Principaux points à examiner : légalité de la réglementation en vigueur; comment s'effectuent les répartitions; les textes applicables sont-ils exactement observés? N'existe-t-il aucun retard dans l'exécution du service? Reviser un certain nombre de répartitions. S'assurer que les agents exclus par leur grade du partage ne sont pas irrégulièrement compris dans les répartitions. Examiner les conditions dans lesquelles le fonds commun est employé, les indicateurs rétribués, etc. Les sommes sont-elles régulièrement versées au Trésor et encaissées au C/ Saisies et doubles droits de douane à répartir? Examiner ce compte au Trésor et voir s'il ne présente aucun solde dont l'apurement soit en souffrance, etc.

CHAPITRE VI.

GARANTIES RESPECTIVES DE L'ADMINISTRATION ET DES REDEVABLES.

Les propriétaires de marchandises (c'est-à-dire ceux au nom de qui elles sont déclarées) sont responsables civilement du fait de leurs agents, serviteurs et domestiques en ce qui concerne les droits dus, les confiscations, amendes et dépens (Loi 22 août 1791, titre XIII, art. 20 ; Océanie, décret 9 mai 1892, art. 35).

En ce qui concerne les fraudes commises dans l'intérieur des navires, le capitaine est déchargé de toute responsabilité s'il administre la preuve qu'il a rempli tous ses devoirs de surveillance ou si le délinquant est découvert (Loi 10 avril 1906, art 3).

Les redevables sont fondés à demander aux tribunaux civils (juge de paix ou à défaut tribunal civil en première instance) des dommages-intérêts lorsque les agents des douanes leur ont refusé à tort la délivrance d'une expédition (quittance, passavant, congé ou acquit-à-caution) [Loi 22 août 1791, titre XI, art. 2].

Ils ont également une action contre les employés qui, désignés pour assister à un débarquement, ne s'y sont pas rendus à première réquisition et contre ceux qui ne sont pas présents au bureau pendant les heures légales (même loi, titre II, art. 13 et titre XIII, art. 5).

Dans tous les cas, la douane est civilement responsable du fait de ses agents, dans l'exercice et pour raison de leurs fonctions seulement, sauf son recours contre eux et leurs cautions (même loi, titre XIII, art. 19 ; Océanie, décret 9 mai 1892, art. 35).

Est exempt de toute inculpation, l'agent qui peut justifier avoir agi par ordre de ses chefs et en restant dans les conditions légales de l'obéissance hiérarchique (Code pén., art. 114 et 190); autrement, il pourrait s'ouvrir contre lui, devant le tribunal civil, une action en indemnité ou dommages-intérêts (décret 19 septembre 1870).

Voir : aussi Saint-Pierre et Miquelon, décret 23 avril 1914, art. 34.

TITRE VI.

CONTRÔLE DE L'INSPECTION DES COLONIES.

Le contrôle supérieur du Service des Douanes aux colonies est attribué à l'Inspection des Colonies, placée sous l'autorité immédiate du Ministre des Colonies (Loi de finances du 25 février 1901, art. 54). Le droit de vérification de l'Inspection des Colonies s'étend à toutes les parties du service ; il est illimité. Tous les registres et documents généraux ou particuliers d'administration doivent lui être présentés à sa première demande. Toutes les explications et tous les renseignements nécessaires au sujet du service ou du personnel doivent lui être fournis ; la correspondance officielle ou confidentielle doit lui être communiquée (C. 29 mai 1831, n° 1265 ; 2 mai 1900, n° 3098).

Les inspecteurs des colonies peuvent, en justifiant de leur qualité au moyen de leur commission, s'adresser pour leurs vérifications, à tout agent, sans s'être fait accréditer par les chefs locaux.

Les chefs du Service des Douanes doivent aviser l'autorité supérieure de la venue de l'Inspection (C. 27 mai 1884, n° 1441) et de la fin des vérifications de celle-ci dans leur service.

Le chef du Service des Douanes se met en rapport avec le chef de la mission d'inspection dès l'arrivée de ce dernier au siège de la direction. Il en est de même des chefs locaux à l'égard des inspecteurs des colonies ; ils doivent se mettre spontanément en rapport avec eux dès leur arrivée à la résidence (C. 2 mai 1900, n° 3098).

Lorsque l'Inspection des Colonies est en cours de vérification dans le Service des Douanes, l'effet de tout congé accordé aux employés et dont le titulaire n'a pas encore profité doit être momentanément suspendu (*ibid.*).

Les chefs de service et agents de tous grades sont tenus de rendre personnellement et sans retard à l'inspecteur vérificateur, après y avoir consigné leurs réponses, les rapports qui leur auront été communiqués par lui (*ibid.*).

www.ingramcontent.com/pod-product-compliance
Lightning Source LLC
Chambersburg PA
CBHW070759270326
41927CB00010B/2208